노동시장의
유연성 – 안정성
균형을 위한
실험

노동시장의 유연성-안정성 균형을 위한 실험

유럽연합의 유연안정성 모델과 비정규직 지침

1판1쇄 | 2016년 8월 22일

지은이 | 조돈문

펴낸이 | 정민용
편집장 | 안중철
편집 | 윤상훈, 이진실, 최미정

펴낸 곳 | 후마니타스(주)
등록 | 2002년 2월 19일 제300-2003-108호
주소 | 서울 마포구 양화로 6길 19(서교동) 3층
전화 | 편집_02.739.9929/9930 영업_02.722.9960 팩스_0505.333.9960

홈페이지 | www.humanitasbook.co.kr
페이스북 | facebook.com/humanitasbook
트위터 | @humanitasbook
이메일 | humanitasbooks@gmail.com

인쇄 | 천일_031.955.8083 제본 | 일진_031.908.1407

값 25,000원

ISBN 978-89-6437-253-1 94300
    978-89-90106-64-3 (세트)

이 도서의 국립중앙도서관 출판예정도서목록(CIP)은 서지정보유통지원시스템 홈페이지
(seoji.nl.go.kr)와 국가자료공동목록시스템(www.nl.go.kr/kolisnet)에서 이용하실 수
있습니다(CIP제어번호: CIP2016018455).

노동시장의
유연성-안정성
균형을 위한
실험

유럽연합의 유연안정성 모델과
비정규직 지침

후마니타스

| **차례** |

제2부 유연성-안정성 균형 실험과 노동의 선택

제3부 유럽연합의 비정규직 지침과 파견 노동자 보호

제4부 유연성-안정성 균형과 노동의 대안

제11장 | 유럽연합의 유연성-안정성 균형의 실험과 노동의 대안

| 표 차례 |

| 그림 차례 |

약어	원어	우리말
AETT	Asociación Estatal de Empresas de Trabajo Temporal	(스페인) 공공부문파견업협회
AGB	Avgångsbidragsförsäkring	(스페인) 실업자 보상 기금
AGETT	Asociación de Grandes Empresas de Trabajo Temporal	(스페인) 파견대기업협회
CBI	Confederation of British Industry	영국산업협회
CCOO	Confederación Sindical de Comisiones Obreras	(스페인) 노동자위원회총연맹
CEEP	European Centre of Employers and Enterprises	유럽공적서비스사용자연합
CFCI	Contrato de Fomento de la Contratación Indefinida	(스페인) 정규직채용촉진계약
CIETT	International Confederation of Private Employment Services	국제파견업협회
CME	Coordinated Market Economy model	조정시장경제모델
CO-Industri	Centralorganisationen af industriansatte i Danmark	덴마크산업노동자연맹
Comfia	Federación de Servicios de CCOO	(스페인) 서비스연맹
DI	Dansk Industri	덴마크산업협회
DG-EMPL	Directorates–General Employment, Social Affairs and Inclusion	유럽연합 집행위원회의 고용사회통합부
EES	European Employment Strategy	유럽 고용 전략
EESC	European Economic and Social Committee	유럽 경제사회위원회
EMCO	Employment Committee	EPSCO 산하 고용자문위원회
EMU	European Monetary Union	유럽통화동맹
EPL	Employment Protection Legislation	고용보호 법제화
EPSCO	Employment, Social Policy, Health and Consumer Affairs Council	(유럽연합) 고용사회통합위원회
ETUC	European Trade Union Confederation	유럽 노총
ETUI	European Trade Union Institute	유럽노동조합연구소
Eurochambres	Association of European Chambers of Commerce and Industry	유럽상공회의소
EuroCiett	Euro International Confederation of Private Employment Services	유럽파견업협회
ERE	expediente regulación de empleo	(스페인) 고용조정 계획
ETUC	European Trade Union Confederation	유럽 노총
FE	Contrato Temporal de Fomento del Empleo	(스페인) 고용 촉진 임시직 계약
FEDETT	Asociación de Empresas de Trabajo Temporal	(스페인) 파견업협회
FeS	Federación de Servicios	(스페인) 서비스연맹
FNV	Federatie Nederlandse Vakbeweging	(네덜란드) 노총
HAO	Handelns Arbetsgivareorganisation	(스웨덴) 상업서비스업협회
HTF	Handelstjänstemannaförbundet	(스웨덴) 서비스사무직연맹
ILO	International Labour Organization	국제노동기구
IPREM	Indicador Público de Renta de Efectos Múltiples	(스페인) 공적소득기준액
Kommunal	Svenska Kommunalarbetareförbundet	(스웨덴) 지자체 노조
LAS	Lag om anställningsskydd	(스웨덴) 고용 보호법
LME	Liberal Market Economy model	자유시장경제모델
LO	Landesorganisationen i Danmark	(덴마크) 생산직노총
LO	Landsorganisationen i Sverige	(스웨덴) 생산직노총

약어	원어	우리말
OECD	Organisation for Economic Co-operation and Development	경제협력개발기구
OMC	Open Method of Coordination	개방형 조정 방식
PTK	Privattjänstemannakartellen	(스웨덴) 민간부문사무전문직협의체
PRODI	Programa temporal de Protección por Desempleo e Inserción	(스페인) 실업자 보호 및 노동시장 편입을 위한 임시 조치
SACO	Sveriges akademiker	(스웨덴) 전문직 노총
SAF	Svenska Arbetsgivareföreningen	(스웨덴) 사용자 단체
SEPE	Servicio Público de Empleo Estatal	(스페인) 고용청
TCE	Treaty establishing a Constitution for Europe	유럽 헌법 조약
TCO	Tjänstemännens centralorganisation	(스웨덴) 사무직노총
TUC	Trades Union Congress	(영국) 노동조합회의
UEAPME	European Association of Craft, Small and Medium-Sized Enterprises	유럽중소기업협회
UGT	Unión General de Trabajadores	(스페인) 노동자총동맹
UNICE	Union des Industries de la Communauté européenne	유럽산업연합
UNI	Union Network International	국제노조네트워크
UNI-Europa	Union Network International-Europa	유럽노조네트워크

이 책은 노동시장의 유연성과 안정성 간의 균형을 이루기 위해 시도한 유럽연합의 실험을 연구한 것이다. 왜 유연성-안정성인가? 왜 유럽인가?

노동시장의 효율성은 사회 통합과 경제성장을 동시에 실현하기 위한 기본 전제이며, 유연성과 안정성은 이를 위해 해결해야 할 우선적 과제이다. 그런데 유연성과 안정성은 각각 자본과 노동의 이해관계를 대변하기 때문에 통상 대립·갈등하는 양상을 보인다. 따라서 유연성-안정성의 균형은 쉽지 않으며, 균형을 이루느냐의 여부 혹은 어느 한쪽으로 얼마나 기울어지느냐는 계급 역학 관계에 따라 좌우된다.

한국의 노동시장은 과도한 유연성을 보여 주는데, 이는 비정규직 규모에서 잘 나타난다. 2015년 8월 경제활동 부가 조사를 보면, 비정규직은 860만 명으로 전체 피고용자의 45퍼센트 정도로 산정되었는데, 이는 명백한 과소 추산이다. 자영인으로 분류된 특수 고용 비정규직이 1백만 명 정도, 중소 업체 정규직으로 분류된 대기업 사내 하청 비정규직이 1백만 명 정도, 대학생 알바 노동자가 1백만 명 정도라는 점만 감안해도 비정규직 비율은 적어도 55퍼센트는 된다. 게다가 정규직-비정규직의 임금격차는 날로 확대되어 현재 비정규직의 임금수준은 정규직 임금의 절반 이하로 떨어졌다. 남성-여성, 대기업-중소기업 임금격차도 축소되지 않고 있다.

노동시장의 과도한 유연성은 사회 통합을 해치고 안정적 경제성장을 저해하는 심각한 문제라는 사회적 인식도 널리 확산되고 있다. 그럼에도 유연화 프로젝트는 멈추지 않고 있고, 국가는 이 프로젝트를 대행하고 있다. 이는 이명박 정부에 이어 박근혜 정부도 기간제 사용 기간 연장과 파견 노동 허용 사유 확대 및 사용 기간 연장을 통해 전 국민의 비정규직화를 넘어, 평생 비정규직 시대를 열고자 하는 데서도 확인된다. 민주 노조 운동이 계급적 전망은 고사하고 전노협 시대의 거부 권력veto power마저 상실한 지 오래되었음을 실감하게 한다.

우리가 유럽연합에 주목하는 이유가 여기에 있다. 유럽연합은 우리보다 먼저 노동시장의 여러 도전들에 맞서 유연성-안정성 균형을 확립하기 위한 다양한 정책적 실험을 했고 경험을 축적해 왔다. 유럽연합은 노동시장의 효율적인 작동을 담보하기 위해 유럽 수준의 노동과 자본의 입장뿐만 아니라 개별 회원국들의 의견도 수렴하여 실천한다. 그렇게 유럽연합은 노동시장의 유연성과 안정성의 균형을 추구한다. 유럽연합 회원국들은 북미나 중남미 혹은 아시아 등 다른 대륙의 국가군들보다 상대적으로 노동조합 조직률이 높고 노동계급 정당의 정치적 영향력도 강하다. 그래서 유럽연합은, 신자유주의 세계화 추세 속에서 경제성장을 위해 사회적 통합을 희생시키는 영미형의 자유 시장경제 모델에 맞서, 사회적 통합에 기초해 경제성장을 추구하는 유럽의 사회적 모델European Social Model을 대안으로 수립해 집행할 수 있었다.

유럽연합은 영국 등 영미형 자유 시장경제 모델 국가들, 스웨덴 등 북유럽형 사회민주주의 스칸디나비아 모델 국가들, 독일 등 대륙형 조정 시장경제 모델 국가들, 스페인 등 지중해형 조정 시장경제 모델 국가들 등 다양한 국가들을 망라하고 있다. 유럽연합이 수립한 노동시장 체제는 이처럼 다양한 시장경제 모델 국가들의 적극적 합의 혹은 소극적 동의 속에서 채택된 것이다. 영국과 아일랜드 등 자유 시장경제 모델 국가들도 의사 결정 과정에 참여해 영향력을 행사했지만, 최종적으로 수립된 노동시장 체제는 영미형 시장경제 모델의 탈규제 유연화가 아니라, 사회적 규제에 기초한 유연성과 안정성의 균형이었다. 이를 위해 유연안정성 모델을 수립하고 비정규직 관련 지침들을 제정해 회원국들로 하여금 도입·집행하도록 했는데, 이 책은 바로 그 과정과 내용을 분석한다.

이 책에서는 유럽연합 회원국들 가운데 유연성과 안정성 모두 높은 수준으로 평가되는 북유럽형 스칸디나비아 모델의 스웨덴과, 유연성과 안정성 모두 낮게 평가되는 지중해형 조정 시장경제 모델의 스페인을 선별해 심층 분석한다. 이처럼 스웨덴과 스페인은 각각 유연안정성과 '비-유연안정성'inflexicurity의 전형으로 서로 대척점에 위치해 있다. 양국은 유럽연합의 유연안정성 모델과 비정규직 관련 지침을 수립하는 과정과 국내에 도입·집행하는 과정에서도 대조적이므로 정책 대안을 모색할 때 유럽연합과 더불어 주요 준거 대상으로 활용될 수 있다.

특히 스웨덴은 자본주의 국가들 가운데 노동조합 조직률이 가장 높고 노동계급 정당이 집권한 기간도 가장 길다. 스웨덴의 노동계급은 세계 최강으로 불릴 만하다. 이들은 노동시장 유연성을 원천적으로 부정하기보다는 이를 허용하되 적절한 수준에서 사회적으로 규제하는 방식을 선택했다. 이런 '관리된 유연성'에 기초하여 황금 삼각형golden triangle의 정책 요소들이 단위 사업장보다 노동시장 차원에서 고용안정성을 보장하는 것이 스웨덴식 유연성-안정성의 균형 전략이다. 그 결과 스웨덴의 노동시장은 효율적 작동을 통해 사회 통합과 경제성장을 동시에 구현할 수 있는 기초를 제공한다. 노동계급의 이해관계를 보호하며 노동시장의 효율적 작동을 실현하는 스웨덴 노동계급의 전략은 맥락적 벤치마킹contextual benchmarking의 대상임이 분명하다.

원고를 출판사에 보내고 난 뒤 영국에서 브렉시트Brexit, 즉 유럽연합 탈퇴 여부를 묻는 국민투표가 실시되었고 탈퇴 쪽이 다수를 차지했다는 뉴스를 접했다. 이 투표 결과의 배경으로 영국의 제조업 붕괴와 양극화 심화가 거론되었는데, 이는 유럽연합의 통합 자체에서 비롯된 것이라기보다 대처 정부가 출범한 1970년대 말부터 신자유주의 경제정책과 더불어 급격하게 진전된 것으로 영미형 자유 시장경제 모델의 특성을 반영하는 것이다. 또 다른 요인으로 지적된, 동구권 이주민과 아랍권 난민 문제는 유럽연합을 포함한 세계 공동체가 치러야 할 비용인데, 스웨덴과 독일 등 대부분의 유럽연합 회원국들이 이민자와 난민 거부라는 극우적 해법 대신 사회적 비용을 부담하기로 선택한 반면, 영국은 그 비용 부담을 거부한 것이다.

브렉시트는 유럽연합 회원국이 추가로 탈퇴할 가능성 등 상당한 불확실성을 수반하고 있는 것이 사실이지만 노동시장에 미칠 영향은 이론의 여지가 별로 없다. 비정규직 관련 지침을 수립하는 과정에서도 확인되었듯이, 유럽연합이 자본의 일방적인 지배와 노동시장의 유연성에 대해 규제를 선택하고, 노동자 보호 장치를 수립하고자 할 때 항상 가장 강력하게 반대한 세력은 영국이었다. 그 점에서 대처의 보수당 정부와 블레어의 노동당 정부 사이에 유의미한 차별성은 없었다. 따라서 브렉시트는 유럽연합으로 하여금 유럽 사회적 모델의 사회적 성격을 강화하고 노동시장 규제와 노동자 보호를 좀 더 적극적으로 추진할 수 있게 하는 반면, 영국은 유럽연합의 개입으로부터 벗어나 시장의 지배와 노동시장의 유연성을 강화할 수 있게 되었다. 유럽연합이 추진하는 유럽의 사회적 모델과 영국의 자유 시장경제 모델 사이의 차별성이 더욱 커지는 가운데 영국이 탈규제 유연화의 '바닥을 향한 경주'race to the bottom를 부추길 개연성은 부인하기 어렵다.

이 책은 4부로 구성되어 있다. 제1부는 유럽연합이 사회 통합과 경제 성장을 동시에 이루기 위해 영미형 자유 시장경제 모델에 대한 대안으로 유럽의 사회적 모델을 수립하고 집행하는 한편, 노동시장의 효율적인 작동을 위해 덴마크와 네덜란드를 경험적 준거로 유연성-안정성 균형을 모색하는 과정을 분석한다. 유럽연합은 유연성-안정성의 균형을 확립하기 위해 유연안정성 모델과 비정규직 관련 지침들을 수립해 회원국들로 하여금 도입·집행하도록 하는 전략을 추진하는데, 그것이 제2부와 제3부의 분석 대상이다. 제2부는 유럽연합의 유연안정성 모델 수립 과정과 유럽 노총의 전략적 선택을 검토하는 한편, 스웨덴과 스페인을 중심으로 개별 회원국들이 유연안정성 모델과 관련해 어떤 실천을 전개하는지 분석한다. 제3부는 유럽연합이 비정규직 관련 지침들을 어떤 동학을 거쳐 어떤 내용으로 수립하는지, 스웨덴과 스페인은 간접 고용 비정규직 사용을 어떻게 규제하며 노동자를 보호하는지, 유럽연합 회원국들이 어떻게 비정규직 지침을 도입·집행하는지를 파견 노동 지침에 초점을 맞춰 분석한다. 제4부는 제1~3부에서 다룬 내용들을 몇 가지 핵심 쟁점들을 중심으로 정리한 다음 한국 노동시장에 대한 정책적·실천적 함의를 논의한다.

이 책의 제1부에서 제3부까지는 필자가 지난 몇 년 동안 발표했던 원고들을 수정·보완하여 수록했으며, 제4부는 새로 집필했다. 수정 게재를 허락해 준 한국산업노동학회, 한국사회과학연구소, 한국스칸디나비아학회, 한국인문사회학회, 매일노동뉴스에 감사를 표한다. 각종 발표·토론회, 학술지 심사 과정과 개인적 교신을 통해 값진 논평을 주신 분들, 늘 필자의 원고를 검토하고 유익한 의견을 준 조교 김직수 님과 남우근 님, 그리고 좋은 책을 만들어 준 후마니타스 관계자들께도 감사를 드린다.

2016년 8월
조돈문

제1부

유럽의 사회적 통합과
유연안정성 모델

유럽연합European Union은 신자유주의 세계화 추세 속에서 경제적 효율성을 위해 사회적 통합을 포기하는 영미형 자유 시장경제 모델Liberal Market Economy model, LME을 거부하고, 사회적 통합을 훼손하지 않으며 경제적 효율성을 강화하기 위한 노력을 전개해 오고 있다. 제1부는 유럽연합이 회원국들의 경제적 통합을 넘어 사회적 통합을 실현하기 위해 '유럽의 사회적 모델'을 수립하고 '리스본 전략'Lisbon Strategy을 추구하는 과정을 분석하는 한편, 그 핵심을 구성하는 노동시장 유연안정성 모델의 경험적 준거가 된 덴마크와 네덜란드 사례를 비교 분석한다.

유럽연합은 시장보다 민주정치를 우선시하는 개입주의 국가, 삶의 기회의 공정한 배분, 시민들에 대한 보편적이고 효율적인 사회적 보호 등 회원국들이 공유하는 가치들로 유럽의 사회적 모델을 설정했다. 신자유주의 세계화 추세 속에서 사회적 가치는 경제적 효율성을 위해 희생되어야 한다는 압박에 맞서 유럽연합은 사회적 가치를 중시하는 유럽의 사회적 모델을 지키고 경제성장과 사회 통합을 동시에 구현하기 위해 리스본 전략을 채택했다. 경제성장, 일자리, 사회 통합의 삼각 축을 중심으로 구성된 리스본 전략의 성패는 경제적 가치와 사회적 가치의 양립 가능성을 검증하는 바로미터가 될 것이다. 제1장은 리스본 전략의 추진 과정을 분석하고 성과를 평가하며, 경제성장과 사회 통합을 동시에 추구하는 데 제약을 준 요인들을 규명한다.

리스본 전략은 개별 회원국들의 정책 결정 방식 및 정책 내용에 영향을 주었으며, 전반적으로 '제한적 성공'을 거둔 것으로 평가되었다. 우선 경제성장과 사회 통합을 동시에 구현할 수 있음을 확인해 주었는데, 이론적으로는 세계화 수렴론에 비해 자본주의 다양성론이 설명적 우위를 갖는다는 점, 실천적으로는 미국의 시장 주도 모델에 비해 유럽의 사회적 모델이 우월하다는 점을 입증했다. 리스본 전략이 기초로 했던 스웨덴 중심의 스칸디나비아 모델이 경제적 성과와 사회적 성과에서 모두 효율성을 보여 주었다는 점에서 향후에도 유럽 사회적 모델의 전범으로 역할하리라 전망된다.

다른 한편, 리스본 전략이 제한적 성공에 그치게 된 것은 지식 경제 효과의 과대평가 및 공급 중심 경제정책 등 리스본 전략 자체의 문제점, 이념적 우경화 같은 유럽연합 추진 주체의 문제점, 구속력이 취약한 연성법 형태의 추진 방법이 갖는 한계, 과도한 자율성을 지닌 개별 회원국들의 실천이 미흡했던 점, 경제 위기의 부정적 영향 등에 따른 것이었다. 그 가운데 리스본 전략 자체의 문제점은 주로 추진 주체의 문제인데, 특히 리스본 전략이 수요 측면을 무시한 공급 중심의 경제정책들로 구성되어 있었다는 점은 사고의 전환이 필요한 부분이다.

리스본 전략의 경험은 경제성장과 사회 통합의 성공을 위해서는 무엇보다 수요 중심 조치들이 경제정책의 필수 요소이고, 사회 통합은 경제성장에 기여한다는 점에서 사회정책 자체를 유럽 사회적 모델의 최우선 과제로 설정할 것을 요구한다. 또한 긴축정책 일변도의 경제 위기 대응책에서 벗어나려면 사회적 행위 주체들의 적극적 참여와 사회적 타협이 필요하며, 개별 회원국들은 스칸디나비아 모델을 벤치마킹하되 사회경제적 조건이 다르다는 점을 고려해야 한다는 것을 보여 준다.

유럽연합은 영미형 자유 시장경제 모델의 탈규제 유연화 전략에 맞서, 노동 유연성에 대한 자본의 요구와 소득 및 고용 안정성에 대한 노동의 요구를 동시에 구현하는 유연안정성 모델을 정책 대안으로 제시한다. 유럽연합이 유연안정성 모델을 수립하는 과정에서 덴마크와 네덜란드를 주요한 경험적 준거로 검토했는데, 최종 확립된 모델은 주로 덴마크의 황금 삼각형에 기초한 것으로 확인되었다. 제2장은 덴마크를 중심으로 한 유연안정성 모델의 실체를 분석·규명하고, 네덜란드의 경험과 비교함으로써 유연안정성의 두 유형을 정립하고자 한다.

덴마크와 네덜란드는 공통적으로 상당한 규모의 노동시장 예산을 지출해 높은 소득 및 고용 안정성을 보여 주지만, 유연성 측면에서는 상당한 차이가 있다. 덴마크는 비정규직과 정규직을 포함한 노동력 전체를 대상으로 유연성을 허용한다. 반면 네덜란드는 정규직은 제외하고 주로 비정규직을 대상으로 유연성을 허용함으로써, 덴마크에 비해 고용 보호 수준이 양극화되어 있다. 덴마크가 네덜란드를 포함한 여타 유럽연합 회원국들에 비해 고용 보호 수준이 상대적으로 낮은 것은 중소기업 중심의 산업구조에서 그 이유를 찾을 수 있다. 중소기업은 대기업에 비해 경기 변동과 시장 경쟁에 취약할 뿐만 아니라, 기업 차원의 고용 안정성 보장이 실효성을 갖기 어렵기 때문이다. 덴마크의 해법은 기업 수준을 넘어서는 노동시장 수준의 적극적 노동시장 정책을 통해 취업 보장employment security 방식의 고용 안정성을 보장하되, 화이트칼라 노동자는 높은 임금수준을 유지하고 해고 통지 기간을 길게 함으로써, 그리고 블루칼라 노동자는 하후상박형 실업수당의 소득 대체율을 높임으로써 외적 수량적 유연성을 보상해 주는 사회적 타협이었다.

유연안정성 모델이 형성되는 과정을 보면, 덴마크의 경우 오랜 시간을 거치며 형성된 역사적 산물인 반면, 네덜란드는 구체적인 정책 목표를 달성하기 위해 의도적으로 도입된 정책 수단이다. 이처럼 형성 과정은 다르지만, 양국 모두 노동과 자본 사이에 상호 신뢰를 기초로 사회적 대화와 협의를 통해 형성되었다는 점에서는 동일하다.

덴마크와 네덜란드의 노동시장은 여타 유럽연합 국가들에 비해 상대적으로 실업률은 낮고 고용률은 높다. 경제 위기로 실업률이 오르고 고용률이 떨어졌을 때도 양국의 노동시장은 다른 회원국들에 비해 효율적으로 작동했다. 그러나 양국 노동시장 가운데 어느 쪽이 더 우월한가를 판단하는 것은 쉽지 않다. 그런 점에서 덴마크와 네덜란드를 서로 다른 유연안정성 모델의 두 유형으로 설정하는 것이 적절하다고 할 수 있다. 한편 2008년 세계 금융 위기 발발 직후 덴마크의 고용률이 급격히 하락하고 실업률이 상승했던 현상이 유연안정성 모델의 비효율성을 보여 주는 근거로 지적되고 있는데, 주택건설 붐이 붕괴되고 경제 위기 전의 노동력 사재기 현상 등 외적 요인들에 기인한 바가 컸다는 점에서 그렇게 해석되어서는 안 된다.

제1장

유럽의 사회적 모델과 유럽연합의 리스본 전략

1. 들어가는 말

신자유주의 세계화 추세 속에서 사회적 가치는 경제적 가치에 종속되고 경제적 효율성을 위해 희생되어야 한다는 압박을 받아 왔다. 그 결과 개별 국가들은 앞 다투어 탈규제와 유연화를 통한 '바닥을 향한 경주'를 지속하게 된다.

이런 미국 주도의 세계화 흐름 속에서, 유럽 국가들은 사회적 가치를 훼손하지 않으면서 경제적 경쟁력을 확보할 수 있는 방안을 모색했다. 유

● 본 장은 『현상과 인식』 제37권 4호(2013)에 실린 원고를 수정·보완한 글이다. 게재를 허락해 준 한국인문사회과학회에 감사한다.

럽 국가들이 전통적으로 사회적 가치를 중시해 왔으며 이런 차별성에 대해 자부심을 갖고 있었기 때문이다. 미국의 시장 주도 모델에 대비된 유럽의 모델을 '유럽의 사회적 모델'이라 부르는데, 이를 실행하기 위해 유럽연합이 추진한 것이 바로 '리스본 전략'이다.

요컨대, 리스본 전략은 유럽연합이 신자유주의 세계화 추세에 맞서 경제성장과 사회 통합을 동시에 구현함으로써 사회적 가치에 대한 헌신성을 유지하면서 경제적 효율성도 확보하기 위해 선택한 것이다. 세계화의 압박하에서 사회적 가치는 희생될 수밖에 없으며 미국식 자유 시장경제 모델이 유일한 대안이라는 시각이, 국제통화기금IMF과 세계은행World Bank을 중심으로 한 국제금융 기구들의 물적 자원과 미국의 패권에 힘입어 세계시장을 지배하고 있다. 그런 점에서 리스본 전략이 실패한다면 경제적 가치를 위해 사회적 가치를 포기하는 것은 자본주의 시장경제의 기본 전제로 정립될 것이다. 반면, 성공한다면 경제적 가치와 사회적 가치가 양립될 수 있음이 경험적으로 입증되어, 포드주의적 계급 타협에 기초한 자본주의 황금기 30년의, '인간의 얼굴을 한 자본주의'가 다시 등장할 수도 있을 것이다.[1] 그런 점에서 리스본 전략의 분석과 평가는 큰 의미가 있다.

본 연구는 리스본 전략의 추진 과정을 검토한 다음, 그것의 성공과 실패를 평가하고, 경제성장과 사회 통합을 동시에 구현하는 데 제약이 된 요인을 규명하고자 한다. 이를 통해, 본 연구는 경제성장과 사회 통합이 동시에 구현될 수 있는가를 확인하고, 이것이 가능하기 위해 필요한 실천적 과제는 무엇인지 살펴보고자 한다.

1_자본주의 황금기 30년에 대해서는 Lipietz(1987), Glyn et al(1990)을 참조할 것.

2. 유럽의 사회적 모델과 리스본 전략

1) 유럽의 사회적 모델과 유럽 통합의 사회적 성격

유럽의 사회적 모델이란 유럽연합 집행위원회European Commission 위원장을 역임한 바 있는 들로르Jacques Delors가 1980년대 중반 미국식 순수 시장 지배 자본주의 모델에 대한 유럽식 대안을 지칭하며 사용되기 시작했다. 이 개념은 과학적으로 엄밀하게 정의되지 않은 채 학계와 정치권에서 널리 사용됨으로써 다양한 함의를 지니게 되었다. 개념의 모호성에도 불구하고 유럽의 사회적 모델이 유럽연합 회원국들이 공유하는 공통의 가치들로 구성되어 있다는 점에는 이견이 없다.

유럽의 사회적 모델과 유럽 통합의 사회적 성격을 연구하는 연구자들의 권위 있는 학술지인 『사회적유럽연구』Social Europe Journal는 유럽의 사회적 모델을 구성하는 핵심 요소들로 시장보다 민주정치를 우선시하는 개입주의 국가, 무상 의무교육, 삶의 기회의 공정한 배분, 모든 시민에게 효율적인 사회적 보호를 제공하는 강건한 복지 제도, 불평등의 억제, 사회적 파트너들의 역할 중시, 적극적 환경보호를 꼽고 있다(SEJ 2008). 이 모델은 경제 발전과 사회 통합을 동시에 구현하겠다는 것으로, 경제성장을 위해 사회적 가치를 희생하는 미국식 자본주의 모델과의 차별성이 여기에 있다.[2]

조정 시장경제 모델CME을 스칸디나비아 모델, 대륙형 모델, 지중해형

2_미국식 자본주의에 대한 유럽 사회적 모델의 차별성에 대해서는 Jepsen & Serrano (2006), Serrano & Jepsen(2006), SEJ(2008), Berghman(2009)을 참조할 것.

모델로 세분해 보면, 공적 사회 지출 규모, 사회경제적 불평등 수준, 빈곤층 비율, 인구 대비 수감자 비율 등 사회적 측면에서는 실제 스칸디나비아 모델과 대륙형 모델이 자유 시장경제 모델과 지중해형 모델에 비해 월등히 우월한 것으로 나타났다.[3] 한편, 연평균 일인당 GDP 성장률과 노동시장 참여율 등 경제적 측면에서는 스칸디나비아 모델과 자유 시장경제 모델이 대륙형 모델과 지중해형 모델에 비해 성과가 더 나은 것으로 나타났다. 이처럼 경제적 성과와 사회적 성과의 측면에서 보면 자유 시장경제 모델이 경제성장을 위해 사회적 가치를 희생한다는 점을 확인할 수 있다. 한편, 조정 시장경제 모델에 해당하는 유럽 국가들은 편차가 있다. 지중해형 모델은 경제적 측면뿐만 아니라 사회적 측면에서도 강점을 보이지 못하는 반면, 대륙형 모델은 사회적 측면에서는 우수하지만 경제적 성과로는 경쟁력이 약한 것으로 나타났다. 하지만 스칸디나비아 모델은 사회적 측면뿐만 아니라 경제적 측면에서도 상당한 성과를 거두어 유럽 사회적 모델의 전형적인 모습을 보여 주고 있다.

2) 유럽의 사회적 모델의 위기와 리스본 전략의 추진 배경

1990년대 들어 유럽의 사회적 모델을 둘러싸고 위기의식이 형성되기 시작했다.[4] 일인당 GDP 증가율과 노동생산성 등 경제적 성과 지표들에서

3_시장경제 모델들의 사회적 성과와 경제적 성과를 비교 분석한 연구로는 Aiginger & Leoni(2009, 3-11), Berghman(2009, 167-173), Mathieu & Sterdyniak(2008, 3-20)을 참조할 것.

4_유럽의 사회적 모델에 대한 위기의식 형성 과정 및 그 배경 요인들에 대해서는 Mathieu

미국이 유럽을 압도하기 시작한 것이다. 1990년대 초반까지만 하더라도 유럽 국가들은 독일을 중심으로 고진로High Road 전략을 통해 경제적 효율성을 갖는다는 평가를 받았으나, 미국에게 추월당하면서 유럽 국가들의 경제 발전 전략에 의구심이 일게 되었다. 유럽 통합이 시장 통합을 중심으로 한 경제적 통합으로 진전되면서 유럽 국가들이 지녔던 사회적 성과에서의 우위마저 신자유주의 세계화 추세 속에서 훼손되고 있었다.

그 결과 유럽의 통합 과정이 미국에 비해 경제적 성과도 내지 못하면서 사회적 가치만 훼손하고 있다는 점을 확인해 주었다. 이처럼 유럽의 사회적 모델이 지닌 상대적 강점들이 후퇴하는 가운데 유럽 국가들은 세계화의 경쟁 압력, 지식 집약 경제로의 이행 요구, 저출산율과 고령화 추세로 인한 재정 건전성의 약화, 여성의 경제활동 증대에 따른 육아 지원을 비롯한 복지 서비스 확대 요구 등 새로운 도전을 맞고 있었다.[5]

유럽연합은 경제적 통합이 진전되는 가운데 훼손된 사회적 가치들을 복원하고 유럽 경제의 경제적 효율성도 강화하기 위해 리스본 전략을 추진하게 된다. 리스본 전략은 2000년 3월부터, 후속 프로젝트인 '유럽 2020' (Europe 2020)이 시작되기 전인 2010년 6월까지 10여 년 동안 진행되었다.

& Sterdyniak(2008, 3-21), Stuchlik & Kellermann(2009, 5-9), Berghman(2009, 167-173)을 참조할 것.

5_이런 도전들에 대해서는 Rodrigues(2009b, 50-56), Mathieu & Sterdyniak(2008, 21-37)을 참조할 것.

3) 선행 연구와 리스본 전략 연구의 의의

리스본 전략은 유럽연합이 미국형 자유 시장경제 모델에 맞서 유럽 국가들의 사회적 성과를 유지하면서 경제적 효율성도 확보하기 위한 것으로, 경제성장과 사회 통합을 동시에 실현하고자 채택한 전략이다. 리스본 전략의 성과에 대해서는 유럽연합이 자체적으로 실시한 중간평가뿐만 아니라 여러 학술적 연구들이 있는데, 성공이라는 평가와 실패라는 평가가 혼재되어 있다(Kok 2004, 6-11; European Commission 2005, 4-7; Rodrigues 2009e, 3-17; Boyer 2009, 152-4; ETUI 2012, 22-39; Magnusson 2010, 11-13; Natali 2010, 104-107).

그러나 이런 평가들은 대부분 2010년 리스본 전략이 종료되기 이전에 실시되었기 때문에 10년의 성과를 평가했다고 볼 수 없으며, 리스본 전략을 어떤 방향으로, 어떤 정책 대안들과 함께 어느 정도의 적극성을 지니고 추진되어야 하는가를 결정하는 데 개입하려는 의도('리스본 전략의 정치')를 가질 수밖에 없었다는 점에서 이념적 편향성을 배제할 수 없다. 그러므로 이제 리스본 전략을 전체적이고 종합적으로, 그리고 객관적으로 평가 및 분석할 수 있는 시점이 되었다고 할 수 있다. 또한 우리 사회는 시장경제 모델의 변화 과정 속에서 바람직한 발전 모델을 모색하며 다양한 시각들이 각축하고 있어 리스본 전략의 성과를 평가하는 작업이 대단히 큰 정책적 함의를 가짐에도 불구하고 아직 본격적으로 시도되지 않고 있다(조돈문 2011a, 제8장; 이병천 2011; 전창환 2011; 안현효·류동민 2010).

리스본 전략에 대한 평가는 경제 발전과 사회 통합을 동시에 구현할 수 있는가라는 정책적 의미를 넘어, 세계화 시대 시장경제 모델의 수렴 혹은 다양성을 둘러싼 이론적 논쟁에도 기여할 수 있다. 세계화 흐름 속에서 자본주의사회들이 시장 경쟁에서 생존하고 승리하기 위해 시장에 대한 규제를 해소하고 시장 자율성에 사회경제적 질서를 종속시킴에 따라, 국가

간 차별성은 소멸되고 시장이 주도하는 자유 시장경제 모델로 수렴한다는 '세계화 수렴론'이 설득력을 얻게 되었다(Friedman 2000; Berger & Dore 1996; Keohane & Milner 1996). 반면 시장경제 모델들은 사회경제적 조건도 다르고 기반으로 하는 제도적 장치도 다르므로 동일한 대응 전략이 보편적으로 적용될 수 없다는 점, 그 결과 시장경제 모델에 따라 서로 다른 대응 전략을 구사하게 된다는 '자본주의 다양성론'이 경험적 근거와 함께 제기되고 있다(Hall & Soskice 2001; Hall 2007; Iversen 2007; Rhodes 2005).

세계화 수렴론은 경제적 효율성을 위해 사회적 가치를 포기하는 자유 시장경제 모델이 유일한 대안이라고 본다. 그 외의 대안들은 경제적으로 경쟁력이 없기 때문에 시장 경쟁에서 패배할 것이므로 자본주의사회들은 자유 시장경제 모델로 수렴할 것이라고 주장한다. 이에 따르면 경제 발전과 사회 통합은 양립될 수 없으며, 리스본 전략도 실패할 수밖에 없을 것으로 전망된다. 반면, 자본주의 다양성론은 조정 시장경제 모델이 기업 지배 구조, 노동시장 제도, 기업 경영 방식, 이윤 전략 면에서 자유 시장 경쟁 모델과는 다른 제도적 비교 우위를 갖기 때문에 경제적 효율성을 확보할 수 있다고 주장한다. 따라서 자본주의 다양성론에 따르면 경제 발전을 위해 사회 통합을 포기할 필요가 없으며 리스본 전략은 자유 시장경제 모델 사회에 비해 조정 시장경제 모델 사회에서 성공 가능성이 더 높다고 할 수 있다. 그럼 점에서 리스본 전략의 성패는 경제 발전과 사회 통합의 양립 가능성 여부를 넘어 세계화 수렴론과 자본주의 다양성론의 상대적 설명력을 경험적으로 검증해 줄 수 있다.

유럽의 조정 시장경제 모델도 동질적인 것이기보다 내적으로 다양하며, 앞에서도 말했듯이 스웨덴 중심의 스칸디나비아 모델, 독일 중심의 대륙형 모델, 스페인 중심의 지중해형 모델로 하위 범주화되고 있다. 이 가운데 스칸디나비아 국가들은 여타 모델들에 비해 낮은 실업률, 낮은 빈곤율과 낮은 소득 불평등 정도, 정부의 높은 사회적 지출 수준 등 사회적 가치 실현에서 모범을 보여 줄 뿐만 아니라, 일인당 GDP 성장률과 고용률 등 경제성장 지표들에서 우월성을 보여 주며 기술개발 투자, 교육 지출, 정보 통신 기술 지출 등 경제성장의 미래 지속 가능성을 확보하는 데서도 모범을 보여 온 것으로 평가된다(Aiginger & Leoni 2009, 3-11; Mathieu 2008, 51-53; Heyes et al. 2012, 233-234; Magnusson 2010, 21-25).

이처럼 스칸디나비아 모델이 자유 시장경제 모델과 여타의 조정 시장경제 모델들에 비해 경제성장과 사회 통합을 실현하는 데 상대적으로 성공적이었기 때문에 리스본 전략이 성공할 가능성은 스칸디나비아 모델 국가들에서 더 크다고 할 수 있다. 실제 리스본 전략은 스칸디나비아 모델의 제도적 요소들을 많이 받아들이고 있기 때문에 이 모델에 기초해 있다는 평가를 받고 있으며, 유럽연합의 시민들 또한 선호하는 것으로 알려져 있다(Berghman 2009, 169-173; Rodrigues 2009, 135-142; Boyer 2009, 160).

3. 리스본 전략의 추진 과정

리스본 전략의 추진 과정은 3단계로 나누어 볼 수 있다. 2000년 수립되어 국가별 정책으로 전환되도록 추진하는 초기 단계, 2004년부터 2005년까지 중간평가 단계, 2006년부터 2010년에 이르는 재발진 단계가 그것이다.

1) 리스본 전략의 수립과 내용: 제1단계, 2000~2004년

유럽 국가들의 공동체 형성 과정은, 1993년 유럽연합 창설과 1999년 유럽통화연맹European Monetary Union 결성에서 보듯이, 유럽의 단일 시장화를 지향하는 경제적 통합의 방식으로 추진되어 왔다. 경제적 통합은 경제적 효율성 제고를 목표로 했기 때문에 유럽 통합의 사회적 차원은 경제적 통합의 목표에 종속되었다. 따라서 통합이 진전될수록 경제적 통합은 강화되었지만 그것의 사회적 성격은 점점 더 주변화되었다. 이런 경제적 통합과 사회적 통합의 괴리에 대한 문제의식은 유럽 통합에 사회적 성격을 부과하기 위한 일련의 시도로 나타나게 되었다.[6]

1986년의 단일유럽법Single European Act 이후 이런 시도들이 전개되기 시작했다. 1989년 발표된 사회 헌장Social Charter은 근본 권리를 규정하며 파업권 등 유럽 노동법의 모델을 수립했고, 1993년 발효된 마스트리히트 조약Maastricht Treaty은 회원국들의 사회적 합의에 기초하여 사회 의정서 social protocol를 작성, 노동·사회법의 거의 모든 영역에서 유럽 최저 기준에 기초한 법제화를 추진하도록 했으며, 1997년 발효된 암스테르담 조약 Amsterdam Treaty은 사회 의정서를 유럽 수준의 법제화 기본틀로 전환하고 고용에 관한 별도의 장을 포함했다. 이런 시도들의 문제의식을 공유하며 그 연장선상에서 좀 더 체계적으로 추진된 것이 리스본 전략이었다.

2000년 3월 23~24일 리스본에서 개최된 유럽연합 이사회European Council는 "향후 10년의 새로운 전략적 목표를 보다 많고 보다 나은 일자리와 보다 강화된 사회 통합과 함께 지속가능한 경제성장을 이룰 수 있는, 세계에서 가장 경쟁력 있고 역동적인 지식 기반 경제가 되는 것"(Rodrigues 2009e, 2)으로 결론지었다. 이처럼 리스본 전략의 삼각축은 경제성장, 일

6_Stuchlik & Kellermann(2009, 5-7), Goetschy(2009, 74-78)를 참조할 것.

자리, 사회 통합으로 천명되었는데,[7] 이는 경제성장과 사회적 가치, 유럽의 경제적 통합과 사회적 통합 사이의 타협으로서 유럽연합의 경제적 통합에 사회적 요소를 결합한 것이라 할 수 있다(Boyer 2009, 149; Goetschy 2009, 78; Natali 2010, 93-95).

리스본 전략은 2001~2002년에 '리스본 의제'Lisbon Agenda라 부르는 구체적 정책 지향들로 전환되었다. 이는 정보사회를 위한 정책 개발, 연구 개발 정책 수립, 기술혁신 우대, 기업가 정신을 위한 조건 조성, 유럽 시장 통합 강화를 통한 단일 시장 체계 완성, 개방적 교육정책, 적극적 고용정책 강화, 사회적 보호의 현대화를 위한 회원국 간 협력, 교육·보건·주택 등 각종 사회적 배제를 해소하는 구체적인 사회적 포용 계획 수립, 지속가능한 발전을 위한 환경보호로 정의되었다(Rodrigues 2009e, 4-6).

회원국들로 하여금 리스본 의제를 받아들여 리스본 전략의 목표를 달성하기 위해 유럽연합이 선택한 접근법은 개방형 조정 방식Open Method of Coordination, OMC이었다.[8] 사회정책은 대부분 개별 회원국 차원에서 결정되고 있었고, 유럽연합은 협약에 기초한 지침 같은, 좀 더 강제적인 수단을 사용할 만큼 내적 통합력을 갖지 못했기 때문에 구속력 없는 개방형 조정 방식을 선택하게 된 것이다. 개방형 조정 방식은 회원국들이 공통의 목표와 접근 방안들을 확인하고, 각 회원국의 특성에 맞는 방식으로 정책화하고, 공통된 지표들에 기초해 그 실행 과정을 평가·감시하며, 최선의 모델

7_2001년 스웨덴 의장 체제하에서 환경적 지속 가능성이 네 번째 전략적 목표로 추가되었다(Zeitlin 2010, 254-257).

8_개방형 조정 방식에 대해서는 Mailand(2009a, 155-158), Zeitlin(2010, 254-257), Rodrigues(2009e, 11-13), Mathieu(2008, 40-45), Boyer(2009, 155-156)을 참조할 것.

을 검토해 벤치마킹하도록 하는 것이다. 따라서 개방형 조정 방식이 영향력을 행사하는 메커니즘은 회원국들에 의한 수평적 압력peer pressure, 담론의 공유 및 확산, 자기 성찰과 상호 학습, 행위 주체에 의한 전략적 활용 등으로 구성되어 있다.

2) 리스본 전략 추진 과정과 중간평가 : 2004~2005년

유럽연합은 2004~2005년 실시한 중간평가에서 리스본 전략이 목표를 달성하지 못했다고 평가했다(Kok 2004; European Commission 2005). 2000년대 전반기 동안 생산성 향상률이 낮았고, 신규 고용 창출이 둔화되었으며, 연구 개발에 대한 투자도 부진했고, 친환경적 경제성장도 이루지 못했다는 점이 지적되었다. 반면 고용 확대라는 측면에서는 성과가 있었는데, 1999년과 2003년 사이 62.5%에서 64.3%로 증가했고, 여성 고용률과 노인 고용률도 증가했다. 이는 적극적 노동시장 정책에 힘입은 바도 크지만 저임금 노동력의 고용 규제를 완화하고 임시직 고용이 확대되는 결과도 가져왔다. 따라서 리스본 전략을 단순히 성공 혹은 실패로 규정하기는 어렵지만 당초의 목표를 달성하지는 못했다는 데는 이견이 없다. 리스본 전략이 성공하지 못한 요인으로는 정책 의제들이 지나치게 많았고, 정치적 우선순위가 불분명했고, 재정적 인센티브 같은 정책 수단들이 결여되어 있었고, 정책 실현을 위한 조정과 참여의 메커니즘이 결여되어 있었다는 점들이 지적되었다.[9]

9_리스본 전략의 중간평가에 대해서는 Kok(2004, 6-11), European Commission(2005, 4-7), Rodrigues(2009e, 3-14), Boyer(2009, 152-154)를 참조할 것.

유럽연합은 중간평가에서 리스본 전략의 중요성을 재확인하고 성공의 필요성을 거듭 강조했다. 이를 위해서는 네 가지 구성 요소 모두 여전히 필요하고, 경제성장과 고용 증대는 사회적 통합과 환경적 지속 가능성을 담보하며 후자 또한 전자의 진전에 기여할 수 있다고 규정했다. 또한 리스본 전략의 성공적인 추진을 위해 연구 개발을 우선시하고 정보 통신 기술의 개발과 혁신에 박차를 가하는 지식사회 건설, 금융과 서비스 시장의 통합을 포함한 유럽 시장의 확대 강화, 사회보장 체계의 개선과 인적 자본 투자 및 적극적 노동시장 정책을 통한 고용 확대 등 핵심적인 정책 영역들을 구체화했다. 이처럼 2000년대 하반기에 재발진된 리스본 전략은 무엇보다도 경제성장과 고용 증대에 초점이 맞추어져 있었다.[10]

3) 리스본 전략의 재발진 : 제2단계, 2006~2010년

재발진된 리스본 전략은 성장과 고용을 위한 24개 통합 가이드라인 integrated guidelines과 함께 추진되기 시작했다.[11] 통합 가이드라인들은 지속적인 성장과 균형예산을 동시에 구현하는 거시 경제 전략, 생산성 증가와 혁신을 통해 경쟁력을 제고하는 미시 경제 전략, 노동력의 이동성과 질적 수준을 향상하는 고용 전략 등 세 부분으로 구성되었다.

이처럼 리스본 전략 2단계도 경제성장과 사회 통합이라는 양축을 견

10_재발진 리스본 전략의 내용에 대해서는 Kok(2004, 18-38), European Commission (2005, 7-31), Rodrigues(2009b, 92-100), Goetschy(2009, 78-81)을 참조할 것.

11_통합 가이드라인들에 대해서는 Zeitlin(2010, 258-260), Rodrigues(2009b, 92-100), Mathieu(2008, 46-48)을 참조할 것.

표 1.1 | 리스본 전략의 중간 평가와 제2단계 추진 방식

	중간 평가	리스본 전략 제2단계
전략적 목표	지나치게 많음	경제성장과 고용 증대로 단순화
정치적 우선순위	우선순위 불분명하고 상호 모순	성장과 고용을 위한 네 가지 우선순위
정책 수단	재정적 인센티브 등 정책 수단 결여	재정적 인센티브 등 정책 수단 개발
정책 실현 방식	조정과 참여의 메커니즘 결여	유럽연합과 회원국 간의 양자 대화 방식 도입

지했으며, 사회적 가치에 대한 헌신은 2007년 12월 체결된 리스본 조약 Lisbon Treaty에서도 확인할 수 있다. 리스본 조약에는 근본 권리 헌장이 의 정서로 첨부되어 있는데, 여기에는 물론 사회적 기본권이 포함되어 있었 다. 또한 리스본 조약은 제9조에서 "유럽연합은 정책과 사업을 수립·추진 함에 있어 높은 고용수준의 추진, 적절한 사회적 보호의 보장, 사회적 배 제에 맞선 투쟁, 높은 수준의 교육 훈련 및 건강 보호와 관련된 필수 조건 들을 고려할 것"(Frazer & Marlier 2010, 15)을 명문화했다. 그런 점에서 리 스본 조약은 2004년 체결된 유럽 헌법 조약TCE이 근본 권리 헌장을 포함 하여 사회정책의 점진적 확대를 천명했던 것을 좀 더 발전시키는 한편, 사 회적 가치에 대한 헌신을 재확인한 것이다.[12]

또한 1단계 성과에 대한 중간평가에서 지적되었던 문제점들을 극복 하기 위해 리스본 의제를 재조정했는데, 이런 노력은 앞에서 말한 통합 가 이드라인에서도 이미 확인된다.[13] 2단계는 전략적 목표를 경제성장과 고 용 증대 중심으로 단순화하고, 정치적 우선순위를 성장과 일자리를 위한

12_리스본 조약의 내용과 배경에 대해서는 Stuchlik(2009, 7-9), Frazer & Marlier(2010, 15-17)을 참조할 것.

13_리스본 전략의 수정 내용에 대해서는 Rodrigues(2009e, 9-14), Zeitlin(2010, 258-260), Boyer(2009, 152-154), Stuchlik(2009, 8-9)를 참조할 것.

거시 경제정책, 지속가능한 성장 엔진으로서의 지식과 혁신, 유럽을 보다 매력적인 투자와 노동의 장소로 만들기, 보다 많고 보다 나은 일자리 등 네 가지로 설정하고, 정책 실현을 위한 재정적 인센티브를 개발하는 한편, 개방형 조정 방식을 개선해 유럽연합 집행위원회와 회원국들 사이에 양자 간 심층 대화 방식을 도입했다(〈표 1.1〉).

4. 리스본 전략의 영향 및 성과

리스본 전략 10년의 성과는 정책 내용뿐만 아니라 정책 결정 방식에 대한 영향으로 나누어 볼 수 있는데, 후자는 전자에 비해 덜 가시적이며 효과가 더 천천히 나타날 수 있다. 리스본 전략에 따라 회원국들의 정책 결정 방식과 정책 내용이 어떻게 변화했는지를 검토한 다음, 리스본 전략의 성과를 종합적으로 평가해 보고자 한다.

1) 회원국 정책 결정 방식의 변화

개방형 조정 방식은 유럽연합이 개별 국가의 정책 내용 및 정책 결정 방식에 영향을 주기 위한 접근법인 동시에 그 자체가 정책 결정 방식이기도 하다. 물론 법제화를 강제할 수 있는 구속력이나 재정적 인센티브를 갖고 있지는 못하지만 개별 국가에 어느 정도 영향을 미친 것으로 평가되고 있는데, 주로 네 가지 측면에서 살펴볼 수 있다.[14]

첫째, 수평적 조정 기능이 강화되었다. 유럽연합이 개별 회원국들에 대해, 리스본 전략을 실천하기 위한 개혁 프로그램인 국가정책기본계획

National Action Plan, NAP을 수립하도록 요구함에 따라 회원국들은 정부 부처 간 공동 작업팀을 조직하거나 새로운 조정 기구를 신설해 관련 정책 영역들의 협력과 조정 기능을 수행하고자 했다. 벨기에는 정부 부문 간 조정 기구를 새로 출범시켰고, 독일은 기존의 부문 간 협력 과정을 강화했다.

둘째, 수직적 조정 방식이 개선되었다. 중앙정부, 광역 지방정부, 기초 지방정부들 간의 수직적 조정 노력이 좀 더 활발해졌다. 스웨덴·스페인·벨기에·독일·프랑스·영국·오스트리아 등에서는 수직적 조정과 통합을 위한 공식·비공식 구조가 새롭게 만들어졌다.

셋째, 정책 기획 능력이 향상되었다. 개방형 조정 방식은 유럽연합 수준에서 공통된 문제점들과 제약 요인들을 진단하고 바람직한 정책 대응 방안을 모색하고, 자국을 포함한 회원국들의 정책 접근들을 비교 평가하며 기존의 정책 접근들을 재고할 수 있게 한다. 또한 유럽연합 차원의 정책 집행 성과를 점검 및 평가하기 위한 지표를 정립하고 필요한 자료를 수집하는 과정에서 정보 수집·분석 능력이 향상되고 전체적 과정이 좀 더 체계화됨으로써 회원국 정책 주체들의 정책 기획 능력이 크게 제고되었다. 프랑스는 빈곤과 사회적 통합·배제 영역에서 다른 지표를 사용했으나 추후 단일화되었으며, 독일은 기존의 정책 수립 과정이 좀 더 체계화되고 제도화되었다.

14_유럽 의회가 2007년 연성법의 법제화 압박 효과에 대해 경고한 것은 개방형 조정 방식이 경성법 같은 구속력을 갖고 있지 못한 한계에도 불구하고 일정 정도 효과를 발휘했음을 반증한다. 리스본 전략에 따른 회원국 정책 결정 방식의 변화에 대해서는 Zeitlin (2009, 221-226; 2010, 255-256), Vanhercke(2010, 129-132), Natali(2010, 104-107)을 참조할 것.

넷째, 비정부 행위 주체들의 참여가 확대되었다. 개방형 조정 방식은 정책 수립 과정에 사회적 파트너들이 관여하는 것을 중요시함으로써 회원국들의 정책 수립·집행·감시·평가 과정에 사회적 파트너들과 시민사회단체들을 포함한 다양한 비정부 행위 주체들이 참여할 수 있게 되었다. 비정부 행위 주체들의 참여는 사회 통합 부문에서 특히 두드러졌는데, 이탈리아와 영국을 제외한 대부분의 회원국들에서 새로운 노사정 기구가 만들어지는 등 사회적 대화 과정이 보강되었다. 비정부 행위 주체들의 참여는 시간이 지남에 따라 더욱 심화되었고, 참여 주체들의 만족도도 커졌다. 이 과정에서 이들의 초국가적 연결망이 만들어지거나 기존의 연결망들이 강화되었는데, 이런 연결망은 집행위원회 등 유럽연합 기구들에 영향력을 행사할 뿐만 아니라 개별 국가 차원에서도 비정부 행위 주체들의 정책 역량을 강화하는 결과도 가져왔다.

2) 회원국 정책 내용의 실질적 변화

리스본 전략은 일자리와 사회적 통합을 중심으로 한 사회적 의제의 정책적 중요성을 높이는 데 기여했으며, 이는 정책적 사고의 변화와 정책 의제의 확장을 통해 이루어졌다.[15] 리스본 전략은 적극적 노동시장 정책, 일자리 중심 노후 정책, 평생 학습, 양성 평등, 아동 빈곤 및 이민자 통합 문제 등의 의제 및 개념들을 회원국 내 중요한 정책 의제들로 편입시켰다. 또한 개방형 조정 방식을 통해 정책 결정자들에게 새로운 고용 증대 방안, 실업

15_회원국 내 사회적 의제의 정책적 중요성 제고에 대해서는 Zeitlin(2009, 217-220; 2010, 255-256), Vanhercke(2010, 126-132), Natali(2010, 104-107)을 참조할 것.

정책, 유연안정성flexicurity 정책, 노동·복지 정책 등 외국 사례에서 발견되는 대안적인 정책적 접근법들을 검토할 수 있게 했으며, 노동시장 조기 퇴장 정책 등 이미 관행화되어 있었지만 부정적 효과를 수반하는 정책들을 재고하도록 했다.

리스본 전략에 힘입어 사회적 의제가 중요해지면서 구체적 정책들에서도 변화가 있었다.[16] 평생교육 정책 영역에서는 직업·기술 교육 및 유아 교육이 확대되었고, 고용정책 영역에서는 순수 고용 창출의 증대, 고용 서비스의 현대화, 여성 고용률 증가가 이루어졌으며, 사회 보호 정책 영역에서는 연금 개혁을 통한 지속 가능성의 제고, 사회 포용 정책 영역에서는 육아 서비스의 확대가 이루어졌다.

이 밖에도 회원국들은 학교와 공공서비스에서의 인터넷 활용 증진 등 정보사회 건설을 진전시키고, 유럽 연구 개발 연결망을 구축하고 공동 기술개발을 추진하는 등 연구 개발 및 혁신 정책을 추진했으며, 전화 통신 및 금융 서비스 등 유럽 단일시장의 통합을 증진시키는 등 경제성장을 실현하기 위한 정책들을 추진했다. 물론 경제성장을 위한 이 같은 정책들은 세계화 시장 경쟁의 압박에 의해서도 강제되었을 수 있다는 점에서 리스본 전략의 개입 효과는 경제정책의 변화보다 사회정책의 변화에서 더 크게 작동했다고 볼 수 있다.

리스본 전략에 따른 사회정책의 변화는 회원국마다 크게 다르다. 스페인의 경우 유럽연합의 압력 아래 새로운 유형의 적극적 노동시장 정책 프로그램들이 도입될 수 있었고, 여성 문제에 대한 관심이 커지면서 일자

16_리스본 전략에 따른 실질적 정책 변화에 대해서는 Rodrigues(2009e, 15-17), Zeitlin (2009, 218-220), Mailand(2009a, 162-169), Magnusson(2010, 11-13)을 참조할 것.

리 창출 프로그램의 표적 집단에 여성이 포함되었다는 점에서 리스본 전략의 영향이 컸다고 할 수 있다. 반면, 덴마크나 영국의 노동시장 정책에는 거의 영향을 미치지 못했다.

한편 회원국별로 영향을 받은 영역도 달랐는데, 적극적 노동시장 정책은 프랑스·독일·아일랜드·네덜란드에서, 평생 학습과 근로 노년active ageing 정책은 프랑스와 독일에서, 연금제도 개혁은 스페인·포르투갈·프랑스·라트비아에서 상대적으로 큰 변화를 가져왔다.

3) 리스본 전략의 종합적 평가: '제한적 성공'

리스본 전략은 경제성장보다 사회 통합의 측면에서 상대적으로 더 나은 성과를 보였지만, 사회적 가치를 실현하는 데 있어서도 한계는 있었다.[17] 리스본 전략은 사회정책 영역에서 유연안정성 정책, 청년 고용, 이민자 통합, 근로 노년, 빈곤율 감축 등에서 '제한적 성공'qualified success을 거둔 것으로 평가된다. '제한적'이라는 평가는 일부 영역에서 나타난 부정적 결과 때문이다.

첫째, 임시직 등 비정규직 비율이 증가했다. 그 결과 일자리의 질이 나빠지고 직무 안정성은 약화되었는데, 일자리의 질 지수가 남성 노동자의 경우 소폭 상승한 반면 여성 노동자의 경우 소폭 하락한 것으로 나타나 성별 격차 또한 심화되었다.

둘째, 노동조건이 열악한 저임금 일자리가 증가함에 따라 회원국들의

17_리스본 전략의 목표 달성 평가에 대해서는 Rodrigues(2009e, 15-17), ETUI(2012, 22-39), Magnusson(2010, 11-13), Natali(2010, 104-107)을 참조할 것.

국내 소득 불평등이 심화되었다.

비정규직이 증가하고 소득 불평등이 심화되는 현상은 사회적 가치의 실현이라는 리스본 전략의 방향에 역행하는 것이다. 재발진된 리스본 전략은 '보다 많고 보다 나은 일자리' 전략을 추진하며, 일자리의 질과 생산성의 향상, 고용 안정성과 유연성을 함께 추진하고 노동시장 분절화를 약화시킨다는 것을 통합 가이드라인 17~24에서 명시한 바 있다(Rodrigues 2009e, 10-11). 따라서 비정규직의 증가와 소득 불평등의 심화는 개별 회원국들이 리스본 전략의 목표와 지침에 반해, 고용 안정성을 강화하지 않고 노동시장의 유연성만 추구한 결과라 할 수 있다.

유럽연합 회원국들은 리스본 전략의 실천 정도와 목표 달성에서 상당한 편차를 보여 주었다. 4개 회원국들의 노동시장 정책 변화를 비교분석한 연구 결과에 따르면(Mailand 2009a), 스페인과 폴란드는 노동시장 정책이 크게 변화했지만 덴마크와 영국은 변화가 매우 제한적이었다. 변화의 정도를 결정하는 데는 다양한 요인이 작동하겠지만, 해당 정책 대안들이 이미 실시되고 있는 경우, 기존의 노동시장 정책에 대한 사회적 합의 수준이 높을 때, 유럽 통합, 특히 유럽 단일 통화에 대해 회의적일수록, 그리고 유럽연합에 대한 정치경제적 의존도가 낮을 때, 정책 변화가 적은 것으로 나타났다.

따라서 리스본 전략의 성과를 평가할 때는 회원국들마다 정책 변화의 필요성과 변화 정도에 다양한 맥락적 변인들이 영향을 미친다는 점을 고려해야 한다. 2008년 3월 유럽연합에서 상대적으로 규모가 큰 14개 회원국들에 대해 경제성장, 생산성 향상, 고용, 인적 자본, 미래지향적 투자와 재정 건전성, 환경기준 충족 등의 기준들로 평가한 조사에서도 국가 간 편차가 확인된다(Goetschy 2009, 78-81). 같은 조사에 따르면, 14개국 가운데 11개국이 리스본 전략의 목표를 달성하는 과정에 있는 반면, 프랑스·

오스트리아·이탈리아는 벗어나 있는 것으로 나타났다. 이들 가운데 가장 모범적인 국가는 핀란드·아일랜드·덴마크·스웨덴·폴란드로 평가되었다. 스칸디나비아 국가들의 경우 리스본 전략에 따른 정책 변화가 제한적인 것으로 나타났지만, 제시된 정책 대안들이 이미 실천되고 있거나, 정책 목표가 이미 상당 정도 달성되어 있었기 때문이다. 따라서 변화는 작았지만 리스본 전략의 정책 목표 달성에서는 매우 성공적일 수 있었던 것이다.

4) 국가 간 편차 및 스칸디나비아 모델의 우수성

조정 시장경제 모델의 세 가지 유형을 자유 시장경제 모델과 비교하기 위해, 스칸디나비아형의 스웨덴, 대륙형의 독일, 지중해형의 스페인을, 자유 시장경제 모델의 미국과 비교해 보면 경제적·사회적 성과에서 스칸디나비아 모델의 우수성을 확인할 수 있다.

경제 위기 발발 전인 1998~2007년의 10년 동안 전년 대비 연평균 GDP 성장률을 비교하면(〈표 1.2〉), 독일이 1.675%로 경제협력개발기구 OECD 평균에도 못 미치는 가장 낮은 경제성장률을 보인 반면, 스페인과 스웨덴이 각각 3.898%와 3.475%로 성장률이 꽤 높았으며, 미국은 스웨덴에는 못 미치지만 OECD 전체 평균보다는 상대적으로 높았다. 한편 경제 위기의 타격을 가장 크게 받는 나라는 스웨덴으로, 2008~2009년 연평균 경제성장률이 −2.871%로 하락했다. 하지만 경제 위기 이후 2010~2014년 연평균 경제성장률을 보면 스웨덴이 2.375%로 가장 높아, 경제 위기를 성공적으로 극복했음을 알 수 있으며, 독일이 그 뒤를 이었다. 이처럼 경제 위기 이전의 경제성장률과 경제 위기 극복 과정을 보면 스칸디나비아형의 스웨덴이 경제적 성과 측면에서 가장 효율적임을 확인할 수 있다.

사회적 성과 측면에서는, 〈표 1.3〉에서 볼 수 있듯이, 4개국 가운데

표 1.2 | 전년 대비 실질 GDP 성장률(1998~2014년)

단위 : %

	미국	스페인	독일	스웨덴	OECD 전체
1998	4.450	4.306	1.98	4.227	2.789
1999	4.685	4.485	1.987	4.530	3.406
2000	4.092	5.289	2.962	4.735	4.098
2001	0.976	4.001	1.695	1.563	1.404
2002	1.786	2.880	0	2.074	1.723
2003	2.807	3.188	-0.71	2.386	2.106
2004	3.786	3.167	1.170	4.321	3.308
2005	3.345	3.723	0.707	2.818	2.787
2006	2.667	4.174	3.700	4.688	3.146
2007	1.779	3.769	3.261	3.405	2.682
2008	-0.292	1.116	1.082	-0.557	0.256
2009	-2.776	-3.574	-5.619	-5.185	-3.462
2010	2.532	0.014	4.080	5.989	3.024
2011	1.601	-1.000	3.660	2.664	1.953
2012	2.224	-2.620	0.405	-0.286	1.247
2013	1.490	-1.672	0.298	1.241	1.192
2014	2.428	1.361	1.6	2.267	1.837
〈기간 평균〉					
1998~2007	3.037	3.898	1.675	3.475	2.745
2005~2007	2.597	3.889	2.556	3.637	2.872
2008~2009	-1.534	-1.229	-2.269	-2.871	-1.603
2010~2014	2.055	-0.783	2.009	2.375	1.851

자료: stats.oecd.org/

표 1.3 | 국가별 사회 지표 비교(2014년 기준)

	미국	스페인	독일	스웨덴	OECD 전체	비고
고용률(%)	68.15	56.00	73.78	74.85	65.66	
실업률(%)	6.17	24.45	4.99	7.93	7.35	
장기 실업자 비율(%)	25.91	49.68	44.66	17.01	35.09	12개월 이상 실업자(2013년)
임시직 비율(%)	4.21	24.00	13.04	17.45	11.14	미국 2005년
지니계수	0.380	0.338	0.286	0.269	0.313	2010년
소득 배수(9분위/1분위)	5.22	3.08	3.28	2.27	4.63	2012년
유아 사망자 수(1천 명당)	6.1	3.2	3.6	2.1	-	2011년
GDP 대비 적극적 노동시장 정책 지출(%)	0.12	0.89	0.69	1.33	0.57	2012년
GDP 대비 정부 사회 예산 지출(%)	19.4	26.3	26.3	28.2	21.7	2012년

자료: www.oecd.org/statistics/

불평등 정도, 유아 사망자 수, GDP 대비 정부의 적극적 노동시장 정책 지출과 사회 예산 지출 등에서 미국이 가장 열악해, 자유 시장경제 모델의 취약함을 확인해 주었다. 반면 스웨덴은 독일과 함께 사회적 지표가 우수했는데, 스웨덴이 독일보다 고용률, 장기 실업자 비율, 경제적 평등 정도, 유아 사망자 수, 정부의 적극적 노동시장 정책 지출 및 사회 예산 지출 등에서 좀 더 우월한 것으로 나타났다. 리스본 전략 기간 동안 스웨덴은 사회경제 정책에 큰 변화가 없었지만, 독일은 하르츠 개혁을 포함한 일련의 노동시장 유연화 정책을 추진해 고용률을 2000년 65.58%에서 2010년 71.2%까지 크게 높였음에도 저임금 노동력의 확대로 같은 기간 지니계수는 0.264에서 0.286로 크게 상승했다.[18] 한편 스페인은 대체로 독일과 미국의 중간 정도라 볼 수 있다.

스웨덴은 경제적 성과와 사회적 성과 모두에서 가장 앞서면서 스칸디나비아 모델의 상대적 우수성을 확인시켜 주었다. 또한 경제성장 목표와 사회 통합 목표가 양립될 수 있으며, 동시에 달성될 수 있다는 것을 경험적으로 입증해 주었다.

5. 리스본 전략 성공의 제약 요인 분석

앞에서도 말했듯이 리스본 전략을 '제한적' 성공이라고 평가할 때, 어떤

18_독일의 유연화 정책과 그 결과에 대해서는 Leschke et al(2007), Lehndorff(2012b), OECD(www.oecd.org/statistics/)를 참조할 것.

요인들이 목표 달성을 어렵게 했을까. 제약 요인을 분석하는 것은 리스본 전략의 후속 10년 프로젝트인 '유럽 2020'를 실행하고 유럽의 사회적 모델을 완성하기 위해서도 필요하다.

1) 리스본 전략 자체의 문제점

리스본 전략의 성과에 대한 구체적 평가에서는 이견이 있을 수 있지만 (경제성장과 사회 통합을 동시에 구현하는) 유럽의 사회적 모델의 실현이라는 목표의 정당성에는 이견이 없다. 이는 중간평가 뒤 재발진된 제2단계의 지침들에서도 재확인되었고, 후속 프로젝트인 '유럽 2020'에서도 그대로 승계되고 있다는 점에서 유럽연합 차원에서 합의가 형성되어 있다고 할 수 있다.[19]

그럼에도 불구하고 리스본 전략이 채택한 경제성장 전략이 몇 가지 잘못된 전제를 바탕으로 했기 때문에 사회적 가치는 물론 경제성장도 성취하기 어려웠다는 지적이 있다.[20]

첫째, 유럽의 경제성장과 고용 창출의 미래가 지식 기반 경제로의 이행에 달려 있다는 전제이다. 실제 유럽은 스마트폰, 노트북, DSLR, 평면 텔레비전 등 정보 통신 산업의 발달로부터 별로 혜택을 입지 못했고, 자동

19_유럽의 사회적 모델을 중심으로 한 리스본 전략과 '유럽 2020'의 연속성에 대해서는 Frazer & Marlier(2010, 18-34), Onkelinx(2010, 11), Zeitlin(2010, 269)을 참조할 것.

20_리스본 전략의 잘못된 전제들과 경제성장 전략에 대해서는 Magnusson(2010, 17-24), Boyer(2009, 155-160), Staab(2008, 88-89), Natali(2010, 101-103), Jenssen 면담(2012)을 참조할 것.

차 산업 등 전통적인 제조업에 비해 전후방 연관 효과나 고용 창출 효과가 미약했다는 것이다. 결국 정보 통신 산업 부문을 경제성장과 고용 증대의 엔진으로 설정한 것은 부적절했고, 정보 통신 산업의 거품도 2000년대 들어서면서 이미 붕괴되기 시작했음에도 불구하고, 지식 기반 경제의 효과에 대한 과대평가가 리스본 전략의 중간평가와 제2단계에서도 그대로 지속되었다.

둘째, 리스본 전략의 경제성장 전략은 수요 측면을 무시한, 공급 중심 경제개혁 조치들로 구성되어 있었다. 유럽 경제는 스페인·포르투갈·아일랜드 등에서 확인되듯이 주택 건설 붐으로 수요 문제가 해결되고 있었지만 거품이 붕괴되고 부채 문제가 대두되면서 수요 측면을 경시한 공급 중심 경제성장 전략은 경제 위기를 막을 수 없게 되었다. 이처럼 공급 중심 전략은 경제성장의 지속 가능성을 담보할 수 없다는 한계가 있었다.

셋째, 리스본 전략은 회원국들의 시장경제 모델과 개별 국가의 차별성을 고려하지 않고 정책 방안을 제시하고 있는데, 동일한 조치가 어떤 국가에서는 효율적이더라도 다른 국가들에서는 비효율적일 수 있다는 점을 간과했다. 예컨대, 임금 유연성은 생산비용 문제로 고용이 늘지 않는 국가들에서는 고용 증대 효과가 있지만, 유효수요 부족 문제를 겪고 있는 국가에서는 실업 문제를 악화시킬 수 있다. 기술혁신은 첨단 경제 부문과 관련 국가들의 경우 경제성장에 기여할 수 있지만, 생산능력 부족 문제를 겪고 있거나 기술 수준이 낮은 국가들의 경우 기술혁신을 위한 투자보다는 선진 기술 따라잡기와 기술 개선 및 응용을 위한 투자가 더 절실한 것이다.

리스본 전략이 사회적 가치를 실현하는 데 한계가 있었던 것은 경제성장 전략의 결함 외에도, 리스본 전략 자체가 사회적 의제보다 경제적 경쟁력을 우선시했기 때문이다. 사회보장을 확대하고 불평등을 완화함으로써 사회 통합을 강화하는 방안은, 시민들로 하여금 현실에 대한 안정감과 미래에 대한 긍정적 전망을 갖게 해 교육 훈련 등 인적 자본에 대한 투자를 촉진하고 노동력의 이동성과 유연성을 높임으로써 경제 발전에 기여하는 효과가 있다. 하지만 리스본 전략은 사회 통합이 경제성장에 기여하는 효과를 경시하는 한편, 금융과 서비스를 포함한 유럽 단일시장의 통합을 심화하고 회원국들의 경쟁력을 강화하기 위해 시장에 대한 규제를 완화하고 시장 경쟁을 촉진시키는 정책을 추진했다. 그 결과 금융 투기와 단기 업적주의를 제어하지 못하고 사회 통합에 부정적인 영향을 미치게 되었다. 요컨대, 경쟁력 강화라는 리스본 전략의 방향은 사회 통합 의제를 경제성장 의제에 종속시키는 한편, 사회 통합의 진전을 어렵게 하기도 했다.

2) 유럽연합 추진 주체의 문제점

유럽연합은 집행위원회를 통해 리스본 전략을 추진하는데, 사회적 의제에 대한 관심과 회원국들에 대한 영향력에 있어 리스본 전략 추진 1단계에 비해 재발진된 2단계에서 크게 약화되었다.[21]

추진 주체는 유럽연합 집행위원회이지만, 집행위원회는 유럽연합 지배 구조의 정점에 위치한 집행이사회의 직접적인 지배력 아래 있기 때문에 집행이사회와 회원국들의 정치적 지형 변화에 따라 크게 영향을 받게된다. 유럽연합은 서유럽 회원국들을 중심으로 구성되어 있었으나 2004

21_유럽연합 정치 지형 변화와 집행위원회의 사회적 의제에 대한 관심 약화에 대해서는 Staab(2008, 52-66), Barbier(2011, 13-16), Goetschy(2009, 81-82), Magnusson (2010, 17-19)을 참조할 것.

년 5월 동유럽 10개국이 가입하면서 회원국이 15개국으로 확대되었다. 경제적으로 낙후되어 있던 동유럽 국가들의 가입은 리스본 전략의 목표를 경제성장과 사회 통합의 균형에서, 경제성장을 우선시하는 방향으로 움직이게 했다. 또한 2005년 5~6월 프랑스와 네덜란드가 실시한 국민투표에서 유럽연합 헌법 채택 안이 연이어 부결되었는데, 이는 유럽연합의 결속력과 회원국들에 대한 영향력을 약화시켰다. 그 결과 리스본 전략의 추진력도 타격을 입게 되었다.

2000년대 후반 유럽연합 회원국들의 정치 지형은, 리스본 전략이 시작된 2000년에 비해 크게 우경화되었다. 동유럽 국가들이 합류한 데다가 다수 서유럽 회원국들에서 우파 정당들이 재집권함에 따라 유럽연합 집행이사회도 이념적으로 보수화되었다. 세력 판도의 변화는 집행이사회뿐만 아니라 유럽 의회European Parliament에서도 나타났는데, 2004~2009년 유럽 의회 의석 분포를 보면 전체 785석 가운데 보수당과 친자본 계열의 정치 세력으로 구성된 우파 블록은 383석으로 사민주의와 공산주의 계열 정치 세력으로 구성된 좌파 블록 259석의 1.5배에 달했다.

요컨대, 동유럽 국가들의 가입, 일부 회원국들에서 유럽연합 헌법 채택 부결, 회원국 정권 교체에 따른 유럽연합 집행이사회와 유럽 의회의 우경화는 유럽연합이 사회 통합보다 경제성장을 우선시하도록 압박하는 한편 회원국에 대한 집행위원회의 영향력을 크게 약화시켰다. 이처럼 리스본 전략의 추진 동력이 떨어지고 있었지만 유럽연합에 대한 노동조합 연합체와 사회단체들의 영향력 또한 매우 취약하여 이를 제어할 수 없었다. 결국 유럽연합 집행위원회는 리스본 전략을 통해 사회 통합과 경제성장을 동시에 추진하는 것이 어려워졌고, 추진 목표는 균형을 회복할 수 없게 되었다.

3) 추진 방식의 문제점: 개방형 조정 방식의 한계

유럽연합이 회원국들에 개입하는 세 가지 방식은 유럽연합 수준의 법제화를 통해 회원국을 강제하는 경성법hard law 방식, 재정적 자원이나 인센티브를 제공해 회원국을 유도하는 재정 지원 방식, 법적 구속력 없이 정책과정 및 내용을 조정하는 연성법soft law 방식이다. 유럽연합이 리스본 전략을 추진하기 위해 채택된 개방형 조정 방식은 세 가지 방식 가운데 구속력이 가장 약한 연성법 방식에 해당된다.[22]

유럽연합이 개방형 조정 방식을 선택한 것은 회원국 사회정책의 수준과 조건의 편차를 배려하되, 세계화 추세 속에서 사회적 가치에 대한 헌신성이 와해되는 것을 막고, 공유할 수 있는 최저 기준을 실천할 수 있도록 조정하기 위해서였다. 개방형 조정 방식이 회원국의 정책 개혁에 영향을 미치는 핵심 메커니즘은 수평적 압력, 담론 확산, 상호 학습이라 할 수 있다.[23]

첫째, 수평적 압력이란, 유럽연합 집행위원회에 의한 압력에 더해 여타 회원국들로부터 받게 되는 압력을 의미한다. 회원국들은 자문과 교류 같은 소극적 압력뿐만 아니라, 이행 부진에 대해 공개적으로 평가하고 망신 주기 혹은 모범적 이행에 대한 칭송 같은 적극적 압력의 방식을 통해 모범적 국가들을 격려하고 부진한 국가들을 분발하도록 하는 분위기를 조성한다.

둘째, 담론 확산이란 회원국들이 정책을 수립하고 중간 점검하고 사

22_유럽연합의 영향력 행사 방식과 개방형 조정 방식의 효과에 대해서는 Mathieu(2008, 40-44), Stuchlik(2009, 9-15), Vanhercke(2010, 126-131)를 참조할 것.

23_개방형 조정 방식의 영향력 메커니즘에 대해서는 Zeitlin(2009, 226-233), Stuchlik (2009, 13-15), Mathieu(2008, 40-44)를 참조할 것.

후 평가하는 과정에서 유럽연합의 정형화된 개념·범주·지표들을 활용하도록 하는 것이다. 이 과정에서 리스본 전략의 구체적인 의제들이 유럽연합의 차원을 넘어, 회원국들 수준에서 담론 형식으로 확산되며 정책 수립·집행의 우선순위에도 영향을 미치게 된다.

셋째, 상호 학습이란 회원국들이 유럽연합의 표준화된 지표들을 사용함에 따라 정책의 내용과 성과를 좀 더 분명하게 비교할 수 있게 함으로써, 다른 회원국들의 성공과 실패의 경험으로부터 배우게 하는 것이다. 회원국들은 다양한 정책 대안의 문제점과 성과를 쉽게 파악할 수 있게 되어, 관행화된 기존 정책을 재점검하며 다른 회원국들에서 문제점이 확인된 정책 대안은 배제하고 우수성이 입증된 정책 대안을 도입하고자 한다.

그 밖에도 구조 조정 기금과 같은 재정적 지원이 있거나, 회원국의 행위 주체들이 특정 방향의 정책 수립 혹은 정책 개혁을 위해 리스본 전략의 의제를 창의적으로 활용할 때 개방형 조정 방식의 영향력은 커진다.

이처럼 개방형 조정 방식은 일정한 영향력을 행사할 수 있었지만 법적 강제력이 없는 연성법 방식의 한계를 갖는다. 그런 점에서 공공 부채비율과 물가 인상률을 억제하도록 강제하는 유럽통화동맹EMU의 경성법 방식과는 달리, 개방형 조정 방식은 최종적으로 정책 대안을 선택하는 데 있어 회원국들에게 상당한 자율성을 부여했다. 게다가 제2단계 리스본 전략은 다자간 동학multilateral dynamics 방식에서, 유럽연합 집행위원회와 개별 회원국 정부 사이의 양자 간 동학bilateral dynamics 방식으로 바뀌면서 개방형 조정 방식의 영향력 메커니즘이 제대로 작동하기 어려워졌으며, 개별 회원국의 자율성은 더욱 커졌다.[24]

이처럼 개방형 조정 방식의 연성법적 한계와 리스본 전략 추진 방식의 변화로 말미암아 개별 회원국들의 자율성이 커진 가운데, 유럽연합이 개입할 수 있는 여지도 적었고 그럴 수 있는 정책 수단도 없었기 때문에 리스본 전략은 큰 제약을 받게 되었다.

4) 개별 회원국들의 미흡한 실천

개별 회원국 수준에서 리스본 전략의 실천은 부족함이 많았다. 경제성장 목표의 경우, 회원국들은 재정 적자 감축과 세금 인하 경쟁에 몰두한 가운데 연구 개발 투자에 소홀했으며, 사회 통합 영역은 좀 더 심각했다.[25] 사회정책은 개별 회원국의 정치경제적 제약 조건 속에서 사회 세력들 간 힘의 역학 관계에 따라 방향과 수준이 결정될 수밖에 없다. 리스본 전략이 추구하는 사회 통합 정책은 사회적 약자에게 사회적 보호를 제공하며 사회경제적 불평등을 완화하는 소득재분배 정책을 핵심으로 하지만 회원국의 국내 역학 관계에서는 사회정책의 결정 과정에서 사회적 강자가 막강한 영향력을 행사한다. 그러므로 자본계급을 중심으로 한 지배 블록은 소득재분배 정책을 수립·집행하기 위한 사회적 타협을 기피하며, 노동조합의 조직력과 영향력이 전반적으로 약화되는 가운데, 국내적으로 사회적 타협을 압박하기란 쉽지 않다.[26]

실제 일부 회원국들은 사회정책 영역에 유럽연합이 영향력을 행사하

24_리스본 전략과 회원국의 자율성에 대해서는 Zeitlin(2009, 231-233; 2010, 258-263), Natali(2010, 104-107), Clauwaert 면담(2012), Jenssen 면담(2012)을 참조할 것.

25_경제성장 목표 관련 미흡한 실천에 대해서는 Magnusson(2010, 17-25), Jenssen 면담(2012)을 참조할 것.

26_회원국의 사회적 역학 관계에 의한 제약에 대해서는 Bosch(2009, 48-51), Mathieu(2008, 51-55), Magnusson(2010, 17-19), Stuchlik(2009, 3-9)을 참조할 것.

는 데 거부감을 숨기지 않았다.[27] 이런 거부감은 폴란드·영국·덴마크 등에서 나타났는데, 그 이유는 좀 다르다. 폴란드와 영국은 시장의 탈규제와 노동력 활용의 유연화 정책을 통해 자본 유치 경쟁에서 비교 우위를 확보하는 경제성장 전략을 채택하고 있기 때문에 유럽연합의 개입으로 사회적 기준을 향상하는 것은 경쟁력 전략과 배치된다. 반면, 덴마크 등 스칸디나비아 모델을 포함한 조정 시장경제 모델 국가들은 노동시장 정책 등과 함께 평형상태equilibrium를 유지하고 있고, 상대적으로 관대하며 국민적 합의 위에 건설된 복지국가라는 점에서, 유럽연합을 포함한 외부의 변화 압력을 거부하게 된다.

이처럼 유럽연합의 개입에 대한 거부감 혹은 국내 역학 관계로 인해 회원국들은 리스본 전략이 요구하는 사회적 의제를 실천하는 데 소극적이 될 수 있다. 그 결과 유럽연합에 제출한 국가정책 기본 계획이 리스본 전략을 실천하기 위한 계획이 아니라 단순한 보고서로 치부되곤 하는 것이다(Zeitlin 2010, 257).

5) 경제 위기의 부정적 영향

2008~2009년 세계적인 경제 위기가 리스본 전략을 수행하는 데 부정적인 영향을 미쳤다는 점에는 이견이 없다. 경제 위기는 유럽연합과 개별 회원국들에 긴축재정 정책과 노동시장 유연화 정책을 압박함으로써, 사회 통합이라는 목표를 달성하는 데 상당한 제약을 준 것으로 평가된다.

27_유럽연합의 사회정책 개입에 대한 회원국들의 거부감에 대해서는 Stuchlik(2009, 4-5), Staab(2008, 88-89), Mathieu(2008, 51-55)를 참조할 것.

유럽연합은 유럽 통화 연맹의 출범으로 균형재정을 강제함으로써 개별 회원국들에 일상적으로 긴축재정을 요구하고 있었다. 그런 가운데 경제 위기가 발발하자 유럽연합은 경제 위기를 해소하기 위한 기본 전제로 회원국들에 긴축재정 정책을 강제하는 데까지 나아갔으며, 특히 경제 위기로 큰 타격을 입어 유럽연합의 재정적 지원을 필요로 하는 회원국들은 이를 피할 수 없게 되었다. 그 결과 사회 통합을 위한 재정지출이 어려워짐으로써 리스본 전략은 간접적인 제약을 받게 되었다. 또한 경제 위기는 유럽연합으로 하여금 노동력 활용 유연화를 압박하도록 함으로써 사회 통합에 역행하는 정책을 직접적으로 유발했다.[28]

경제 위기는 유럽연합의 긴축정책 권고 혹은 강제에 노출되지 않은 회원국들에게도 사회 통합 정책을 추진하는 데 부정적인 영향을 미쳤다. 프랑스·영국·독일을 포함한 대다수 회원국들은 경제 위기를 관리·극복하기 위해 스스로 긴축정책을 선택했으며, 이런 선택을 경제 위기로 정당화했다. 유럽연합의 개입과 영향력은 이런 추세를 보강한 것에 불과했다.

회원국 정부들은 경제 위기에 대처하기 위해 고용 조정을 실시했는데, 구체적인 방식은 국가별로 크게 달랐다. 독일과 덴마크는 노동시간 단축을 선택함으로써 부정적인 영향을 최소화할 수 있었다. 하지만 영국과 아일랜드는 상근 정규직 노동자들을 중심으로 정리 해고를 실시하고 파트 타임 노동력을 확대함으로써 실업과 불완전고용을 증대했다. 프랑스와 스페인은 정규직 노동자들의 고용 안정성을 보장한 반면, 임시직 중심으로 대량 해고를 실시해 노동시장 분절화와 사회 양극화가 심화되었

28_유럽연합을 매개로 한 경제 위기의 부정적 영향에 대해서는 Natali(2010, 102-3), Galgoczi 면담(2012), Nilsson 면담(2012), Caluwaert 면담(2012)을 참조할 것.

다. 이처럼 대다수 회원 국가들은 경제 위기 극복을 이유로, 긴축정책과 함께 사회 통합에 역행하는 노동시장 정책을 추진함으로써 리스본 전략의 가치를 후퇴시켰다.[29]

6. 맺음말

리스본 전략은 개별 회원국들의 정책 결정 방식 및 정책 내용에 영향을 주었으며, 어느 정도 편차는 있지만 전반적으로 의미 있는 성과를 거둔 것으로 확인되었다. 이 점에서 '제한적 성공'이라는 평가를 받는다.

이런 평가는 중간 평가 시기에 비해 종료 시점을 전후로 좀 더 우호적으로 바뀌었다. 리스본 전략이 재발진된 2000년대 후반부에 일부 회원국들의 우경화와 경제 위기로 외적 조건이 더 나빠졌다는 점을 고려하면, 앞선 평가들이 리스본 전략 추진 과정에 개입하려는 정치적 의도가 있었음을 짐작할 수 있다.

리스본 전략은 완벽한 수준은 아니지만 경제성장과 사회 통합이 양립될 수 있다는 점을 확인해 주었다. 이론적으로는 세계화 수렴론에 비해 자본주의 다양성론의 설명력을 경험적으로 입증한 것이다. 또한 정책적·실천적으로는 유럽연합 회원국들이 스칸디나비아 국가들을 중심으로 사회적 가치를 포기하지 않으면서 경제적 효율성을 확보했다는 점에서 유럽의

29_회원국들의 긴축정책과 고용 조정 정책에 대해서는 Lallement(2011, 627-636), Barbier (2011, 15-20), Caluwaert 면담(2012)을 참조할 것.

사회적 모델이 미국의 시장 주도 모델에 비해 우월하다는 것을 보여 주었다.

　그 결과 유럽연합은 리스본 전략에 이어 '유럽 2020'의 방향도 사회적 모델을 좀 더 진전시키는 쪽으로 설정할 수 있었다. 유럽의 조정 시장경제 모델 유형들 가운데서도 특히 스웨덴을 중심으로 한 스칸디나비아 모델이 경제적 성과와 사회적 성과 모두에서 수월성을 보여 주어 경험적 준거가 되었다. 리스본 전략은 출범 당시부터 스칸디나비아 모델에 기초해 있었다는 점에서 향후에도 유럽의 사회적 모델의 전범으로서 역할하게 될 것이다.

　다른 한편, 리스본 전략이 '제한적' 성공에 그친 것은 지식 경제 효과에 대한 과대평가, 공급 중심 경제정책 등 리스본 전략 자체의 문제점, 이념적 우경화 같은 유럽연합 추진 주체의 문제점, 구속력이 약한 연성법 형태의 추진 방법이 갖는 한계, 자율성이 큰 개별 회원국들의 실천이 미흡했던 점, 경제 위기의 부정적 영향 등 다양한 요인을 들 수 있는데, 그 실천적 함의는 같지 않다.

　첫째, 리스본 전략이 경성법이 아닌 연성법 유형의 개방형 조정 방식을 선택할 수밖에 없었다는 점, 회원국들의 정치 지형 변화와 세계 수준의 금융 위기와 경제 위기 같은 외적 여건의 악화는 유럽연합이 통제할 수 있는 수준을 넘어선다.

　둘째, 리스본 전략 자체의 문제로, 지식 경제 효과를 과대평가했고, 수요 측면을 무시한 공급 측면의 경제정책들로 구성되어 있었으며, 사회경제적 조건이 회원국마다 다르다는 점을 고려하지 않았다. 지식 경제 효과에 대한 평가와 회원국 간 차별성을 고려하는 문제는 정책을 수정·보완해 바로잡을 수 있지만, 수요 측면을 무시한 선택은 경제사회 정책의 패러다임 문제라는 점에서 사고의 전환을 요구한다.

　셋째, 개별 회원국들의 실천이 미흡했던 데는 회원국의 문제와 리스본 전략 추진 방식의 문제가 혼재되어 있다. 사회정책의 특성과 개방형 조정 방식의 한계로, 개별 회원국들은 사회정책을 선택하는 데 큰 폭의 자율성을 갖게 되어 리스본 전략을 추진하는 데 미온적으로 임할 수 있었던 것이다. 스칸디나비아 국가들처럼 리스본 전략의 목표를 이미 상당 정도 달성했기 때문에 소극적인 경우도 있지만, 영국과 일부 동유럽 국가들처럼 경쟁력 전략의 일환으로 탈규제·유연화 정책을 견지하는 경우는 정당화되기 어렵다.

리스본 전략의 경험은 몇 가지 교훈과 함께 향후 실천 과제를 남겨 주었다.

첫째, 경제성장과 사회 통합의 양립이라는 수준을 넘어 사회 통합을 위한 좀 더 적극적인 사고가 필요하다는 점을 확인해 주었다. 수요 중심 조치들이 경제정책의 필수적인 요소이고 사회 통합은 경제성장에 기여한다는 점에서 사회정책이 유럽 사회적 모델의 우선적 과제가 되고 경제성장은 그 자체가 목적이 아니라 수단이라는 사고의 전환이 필요하다.

둘째, 리스본 전략은 경제 위기에 긴축정책으로 대응해 그리스와 스페인 등 회원국들에서 경제 위기를 장기화했으며, 사회적 가치 실현을 어렵게 했다. 긴축정책은 리스본 전략에서도 나타난 공급 중심 경제정책의 기조 위에서 추진되었는데, 긴축정책의 추진 여부는 사회적 행위 주체들의 사회적 타협에 따라 좌우된다. 그러므로 이해 당사자가 좀 더 실질적으로 참여해야 하며, 유럽연합의 경제정책 패러다임 전환과 함께 유럽연합과 회원국 정부의 적극적인 개입이 필요하다.

셋째, 유럽연합은 유럽의 사회적 모델을 추진함에 있어 회원국들의 사회경제적 조건의 편차와 함께 시장경제 모델의 유형을 고려한 정책 대안들을 제시해야 하며, 개별 회원국들은 유럽 사회적 모델의 전범인 스칸디나비아 모델을 벤치마킹하되, 주어진 조건을 고려해 '맥락적 벤치마킹'(Boyer 2009, 158-160)을 해야 할 것이다.

제2장

유연안정성의 두 유형

덴마크와 네덜란드 비교

1. 문제 제기

유럽연합은 영미형 자유 시장경제 모델의 탈규제 유연화 전략에 맞서 유연안정성 모델을 유럽연합과 회원국들을 위한 정책 대안으로 제시하고 있다. 유연안정성 모델은 노동력 활용 유연성에 대한 자본의 요구와, 소득 및 고용 안정성에 대한 노동의 요구를 동시에 구현함으로써, 노동시장의 효율적인 작동뿐만 아니라 생산성의 향상과 경제적 경쟁력을 확보하고자 한다.

● 본 장은 『스칸디나비아연구』 제15호(2014)에 실린 원고를 수정·보완한 글이다. 게재를 허락해 준 한국스칸디나비아학회에 감사한다.

유럽연합이 유연안정성 모델을 수립하는 과정에서 경험적 준거가 된 사례는 덴마크와 네덜란드였는데, 그 이유는 두 나라가 유럽연합 회원국들 가운데 상대적으로 높은 고용률과 낮은 실업률로 노동시장의 효율성을 보여 주고 있었기 때문이다. 유럽연합은 2007년 말 유연안정성 모델을 최종 확정하면서 유연한 고용계약, 현대적 사회보장 체계, 포괄적 평생학습 전략, 효과적인 적극적 노동시장 정책을 제시했다. 이 정책 요소들이 덴마크의 황금 삼각형을 구성하는 제도적 장치들과 일치한다는 점에서 유럽연합은 네덜란드가 아니라 덴마크 사례를 기초로 유연안정성 모델을 수립한 것으로 확인되며, 덴마크 모델은 유연안정성 모델의 전형으로 간주되었다.

유럽연합의 유연안정성 모델을 둘러싸고 회원국들과 사회적 행위 주체들 사이에 논란이 진행되는 가운데, 유럽 노총ETUC 등 비판적 입장을 표명하는 세력들은 유럽연합의 유연안정성 모델이 덴마크 모델을 잘못 적용하고 있다고 지적하면서, 고용계약 체계는 덴마크 방식보다 네덜란드 방식이 더 바람직하다고 주장한다. 이런 비판의 두 가지 전제는 ① 덴마크와 네덜란드의 유연안정성 모델은 모두 노동시장의 효율성을 실현하고 있지만 그 내용과 방식이 다르다는 것, ② 유럽연합의 유연안정성 모델이 덴마크 모델의 실체를 잘못 이해하고 있다는 것이다.

그런 점에서 덴마크 모델을 분석하고 네덜란드 모델과 비교하는 작업이 필요하다. 본 연구는 덴마크를 중심으로 유연안정성 모델의 실체를 분석·규명하고 덴마크 모델과 네덜란드 모델을 비교분석해 유연안정성 모델의 두 유형을 정립하고자 한다.

2. 덴마크의 유연안정성 모델과 황금 삼각형

덴마크의 유연안정성 모델은 의도적으로 개발된 것이 아니라 사회적 대화와 타협의 오랜 역사 속에서 형성된 것이다. 덴마크 노사는 지난하고 격렬한 노사분규를 겪은 뒤 1899년 대타협을 했는데, 유연안정성 모델의 근원은 바로 이 '9월 대타협'September Compromise으로 거슬러 올라간다. 덴마크 모델은 1백 년이 넘는 역사를 지니며, 노동시장 규제를 둘러싼, 노사를 포함한 행위 주체들의 전략적 선택과 실천의 의도하지 않은 결과가 누적된 것이다.

덴마크 모델은 유연한 노동시장, 관대한 사회보장 체계, 적극적 노동시장 정책이라는 세 요소로 구성되어 있다. 덴마크의 노동시장이 여타 유럽 국가들에 비해 높은 고용률과 낮은 실업률을 유지하고 있는 것은 바로 이 세 요소가 원활하게 작동한 결과로 평가되는데, 그런 점에서 이 세 요소의 결합은 황금 삼각형으로 불린다. 덴마크의 노동 장관이 덴마크 노동시장의 핵심 요소로 이 세 요소를 지적하면서 황금 삼각형은 덴마크식 유연안정성 모델의 핵심으로 알려지게 되었다.[1]

1) 고용계약 유연성

덴마크의 노사정은 1899년 9월 대타협과 뒤이은 법제화를 통해 노동력 이동을 쉽게 했고, 이로 인해 노동자들의 고용 보호 수준이 완화되었다.

1_덴마크의 유연안정성 모델과 황금 삼각형에 대해서는 Mailand(2009b), Madsen(2009), Jørgensen & Madsen(2007), Bredgaard et al.(2007)을 참조할 것.

화이트칼라 노동자들의 경우 고용주와 봉급생활자 간의 고용 관계를 규제하는 '화이트칼라법'Funktionærloven에 따라, 정리 해고에 대해 3개월 수습 기간을 지나면 최저 3개월 이상의 사전 통고 기간이 보장되며, 9년 근속의 경우 사전 통고 기간이 6개월로 연장된다. 하지만 블루칼라 노동자들은 별도의 법적 규제 조항이 없으며, 부문별 단체협약에 규정된 정리 해고 사전 통고 기간은 여러 해 근속한 경우에도 3개월 이내에 불과하다. 6개월 근속자의 경우 통고 기간은 건설업은 0일, 제조업은 14일에 불과하며, 9년 근속자의 경우 건설업은 7주, 제조업은 70일이며 50세 이상의 고령자는 90일로 연장된다. 이처럼 블루칼라의 경우 정리 해고의 사전 통고 기간이 짧을 뿐만 아니라 해고 수당도 거의 없고, 까다로운 행정절차도 없어서 정규직 노동자들도 고용 보호 수준이 매우 낮다.[2] 여타 유럽 국가들과 비교해도, 덴마크의 고용 보호 수준은 정규직 해고나 집단 해고의 경우 모두 상대적으로 낮다.

그 이유로 중소기업 중심의 산업구조를 들 수 있다. 중소기업은 경기 변동과 시장 경쟁에 그대로 노출되어 있어 시장의 수요 변동과 경쟁 압력에 신속하게 대응해야 하므로 외적 수량적 유연성에 의존하는 경향이 크다. 또한 시장 경쟁력이 취약한 중소기업은 기업 차원에서 고용 안정성을 담보하기 어렵다. 따라서 이런 산업구조에서는 기업 단위의 고용 보호와는 다른 노동시장 장치들이 필요하다.

고용 보호 수준이 낮은 기업들은 외적 수량적 유연성을 확보해 시장 수요에 따라 인력 구조 조정을 빈번하게 수행한다. 또한 기업들은 해고가

2_덴마크의 낮은 고용 보호 수준에 대해서는 Jensen(2011, 725-7), Bredgaard et al. (2007, 374-8), Mailand(2009b, 1), Andersen(2012, 120-1)을 참조할 것.

쉬운 만큼 인력 채용에 대한 부담이 줄어 채용과 해고의 빈도가 높아지므로, 노동력의 근속년수는 짧아지고 노동시장의 이동성은 커진다.

2) 관대한 사회보장 체계

황금 삼각형을 구성하는 사회보장 체계의 핵심은 실업보험 제도이다.[3] 피고용자의 80~85% 정도가 실업보험료를 납입하고 있어 실업수당 수급 자격을 지니고 있으며, 수급 자격이 없는 피고용자들은 정부가 지원하는 실업 부조를 받는데 액수는 실업수당에 크게 못 미친다.[4] 실업수당은 실직자가 구직 노력을 하고 적극적 노동시장 정책 프로그램에 참여하면 최장 2년까지 받을 수 있으며, 실업수당 기금은 정부로부터 부분적으로 지원받지만 노동조합 관련 기구들이 지역별로 관리한다.

　실업수당의 소득 대체율은 소득수준에 연계되어 있는데, 최저 소득 집단의 경우 소득 대체율이 90%에 달하지만 소득수준이 높을수록 소득 대체율은 하락한다(〈표 2.1〉). 예컨대 소득수준이 전체 피고용자의 연소득 평균치로 산정되는 기준 소득에 해당할 경우 소득 대체율은 61%인데, 소득수준이 기준 소득의 75% 수준에 해당되는 저소득 집단의 경우 소득 대체율은 69%에 달하지만, 소득수준이 기준 소득의 150%에 해당되는 고소득 집단은 소득 대체율이 46%에 불과하다. 여타 유럽 국가들과 비교해

3_실업보험제를 중심으로 한 사회보장 체계에 대해서는 Ilsøe(2008, 68-72), Jensen(2011, 727-9), Mailand(2009b, 3), Frederiksen(2006, 1)을 참조할 것.

4_실업보험은 중앙정부가 책임지는 반면 실업보험 적용을 받지 못하는 실업자들에 대한 사회부조는 지자체들이 책임진다(Mailand 2009b, 2).

표 2.1 | 소득수준에 따른 실업수당의 소득 대체율 국가 비교(1999년 기준)

단위: %

	75%	100%	125%	150%	75%-150% 차이
덴마크	69	61	52	46	23
영국	25	20	16	14	11
독일	59	58	58	58	1

자료: Ilsøe(2008, 70).

표 2.2 | 실업수당의 소득 대체율 국가 비교(실업 초기 단계 기준)

단위: %

	저소득 피고용자		고소득 피고용자	
	독신+무자녀	2인 맞벌이+2자녀	독신+무자녀	2인 맞벌이+2자녀
덴마크	83	93	47	65
독일	59	92	57	84
프랑스	70	85	69	78
미국	62	84	39	60
영국	54	66	26	45

자료: Jensen(2011, 729).

보면, 독일의 경우 소득수준에 따른 소득 대체율 차이가 없는 반면, 덴마크는 하후상박 정도가 매우 강해 75% 소득 집단과 150% 소득 집단의 소득 대체율 차이가 23%로, 영국의 11%에 비교해도 월등히 크다.

실업수당은 소득수준뿐만 아니라 결혼 여부 및 자녀 수에 따라서도 차등화되는데, 덴마크는 무자녀 독신 가구나 2자녀 맞벌이 가구로 나누어 봐도 저소득 피고용자의 경우 소득 대체율이 여타 국가들보다 훨씬 높다(〈표 2.2〉). 덴마크는 실업수당의 소득 대체율을 결정하는 데 가구 구성보다 소득수준이 훨씬 더 유의미한 영향을 미치며 그 정도는 여타 국가들보다 크다.

실업수당의 소득 대체율이 이처럼 소득수준과 가구 구성에 따라 편차를 보이는 가운데, 생산직 노동자들의 평균 소득 대체율은 60% 수준에 달한다. 상대적으로 수급 기간이 길고 수급률이 높다는 점을 고려하면 덴마크의 실업보험 체계는 실직 노동자들에게 소득 안정성을 보장하는 데 매우 효율적이라 할 수 있다. 실업보험제 외에도 연금제, 유급 휴가제, 상병 급여제 등이 사회보장 체계를 구성하는데, 연금제도도 연금 기여금을 기금으로 적립해 노동자가 이직하더라도 청구권을 보전할 수 있도록 하는 등 노동조합의 높은 조직률과 사회적 합의 전통 덕분에 사회보장 체계가 전반적으로 관대한 편이라 할 수 있다.

3) 효율적인 적극적 노동시장 정책

실업보험 제도처럼 실업자에게 소득을 보전해 주는 소극적 노동시장 정책과는 달리, 구직 서비스와 적절한 교육 훈련 기회를 제공해 재취업을 촉진하는 것이 적극적 노동시장 정책이다. 이는 덴마크 황금 삼각형의 핵심이며 여타 국가들에 비해 훨씬 체계적이고 효율적으로 제도화되어 있다.

적극적 노동시장 정책은 주로 세 가지 서비스로 구성된다.[5] 첫째, 취업 상담과 자격 재취득 서비스로, 정규교육 체계 내의 특별 프로젝트뿐만 아니라 단기간 취업 상담과 프로그램 평가도 포함한다. 둘째, 직무 훈련으로, 취업 전망이 밝은 사람들이나 자격 조건 미달로 적절한 일자리를 찾기 어려운 사람들을 위해 공공 부문이나 사기업체에서 실시된다.[6] 셋째,

---

5_적극적 노동시장 정책에 대해서는 Andersen(2012, 122-3, 136-8), Mailand(2009b, 1-2), Ilsøe(2008, 70-74), Jensen(2011, 729-730), 홍석표(2010)를 참조할 것.

6_사업장의 직무 훈련 수준을 넘어 덴마크에는 평생 학습 체계도 잘 갖추어져 있는데, 평생 학습에 대한 공공 지출은 유럽연합 최고 수준이며 직업 관련 교육·훈련도 큰 비중을 차지하고 있다. 이런 평생 학습 체계는 취업자들의 숙련 향상과 경력 관리를 도와 노동시장 내 안정적 이직 가능성을 높여 줌으로써 노동시장의 이동성과 인력 수급 활성화에도 크게 기여한다. 뿐만 아니라 거의 모든 산업 부문별 단체협약들은 노동자들의 훈련받

임금 보조금을 통한 취업 지원이다. 이는 실업자들이 특별한 기능이나 언어, 사회적 숙련 같은 자격 조건을 향상시킬 수 있도록 공공 부문이나 사기업체에서 재훈련을 받게 하는 것이다.

이 가운데 취업 상담과 자격 재취득 서비스가 적극적 노동시장 정책의 핵심이며, 전체 예산의 3분의 2를 점한다. 직무 훈련과 보조금 지원 취업 서비스가 각각 예산의 6분의 1씩 차지하고 있는데, 비중이 점점 확대되고 있다.

덴마크의 적극적 노동시장 정책은 오랜 역사를 갖는데, 사민당 정부 하에서 예산 지출이 증가했으며, 1994년부터 활성화 프로그램으로 정책 전환을 했다. 사민당 정부는 실업수당의 최대 수급 기간을 절반으로 단축하고, 노동시장 정책 프로그램에 참여하거나 적극적 구직 활동을 하지 않으면 실업수당 수급 자격을 박탈하도록 했다. 이런 활성화 프로그램은 자격 미달로 인한 취업 제약을 극복하고 구직 인센티브를 강화해 실업자, 특히 청년 실업자의 실업 상태가 장기화할 가능성을 차단하고, 노동시장 재진입을 압박하기 위해 도입되었다. 1994년의 노동시장 정책 개혁으로 1995년과 2005년 사이 실업률은 6.8%에서 4.8%로 2%p 감소했다. 적극적 노동시장 정책의 활성화 프로그램은 실업 기간을 단축하고 구직률을 제고하는 데 기여하는 것으로 확인되었는데, 공적 부문보다 사적 부문에서 정책 효과가 더 컸다. 또한 취업 기회가 많을 때, 즉 실업률이 낮을 때

을 권리를 보장하기 위한 장치들을 도입하고 있는데, 건설업의 경우 단체협약을 통해 훈련받을 권리를 이주 노동자들에게까지 확대하고 있다. 이처럼 적극적 노동시장 정책의 직무 훈련을 통한 노동자 숙련 형성 프로그램은 정부의 평생 학습 정책과 노자 간의 단체협약들에 의해 보강되면서 그 효율성이 더욱 제고된다(Mailand 2009b, 1-2).

더 효과적인 것으로 나타났다. 하지만 고학력 노동력의 경우 저학력 노동력에 비해 이런 정책 효과가 훨씬 낮았는데, 이는 고학력자의 경우 단기간의 교육 훈련이 지식·기술 수준을 향상시키는 데 큰 도움이 되지 않기 때문으로 볼 수 있다.

적극적 노동시장 정책은 거의 전적으로 중앙정부가 재정을 지원하고 있으나, 정책 집행은 2007년부터 지자체 수준에서 새로 설립된 취업 센터 job center가 중심적인 역할을 담당한다. 취업 센터는 취업 상담 및 취업 기회 모니터링을 통해 구직자와 일자리를 매칭하는데, 지역 수준의 노동시장 수요에 부합하기 위해 지방 기업들과 긴밀하게 접촉하며 활동한다.

적극적 노동시장 정책 지출의 GDP 대비 비중을 보면, 2005년 현재 덴마크는 1.43%로 영국과 미국의 0.12%, 독일 0.62%와 프랑스의 0.66%에 비해 압도적으로 높다(Jensen 2011, 729-730).

3. 덴마크 유연안정성 모델의 작동 및 효율성

1) 유연성과 안정성의 동시 실현

유연안정성 모델이란 자본의 유연성 요구와 노동의 안정성 요구를 결합한 것으로, 영미형 자유 시장경제 모델의 노동시장 역동성과 북유럽형 사회민주주의 복지국가 모델의 사회보장을 동시에 구현하는 것이다. 황금삼각형은 이 유연안정성 모델을 구체적인 법제도와 정책들로 구현한 것으로, 노사정 행위 주체들이 오랜 기간 갈등과 협의를 거쳐 만들어 낸 역사적 산물이다.[7] 황금 삼각형은 노동과 자본의 상충된 이해관계를 조율했기 때문에 끊임없는 긴장과 갈등의 동학[8]을 내재하고 있으며, 노사정 3자 간의 상호 신뢰 없이는 유지되기 어렵다.

덴마크는 고용 보호 수준이 낮아 노동시장 유연성이 유럽 최고 수준이다. 유럽연합 부설 여론조사 기관인 유로바로미터가 2011년 9~10월 조사한 바에 따르면, 현 직장의 평균 근속년수는 9.9년으로 유럽연합 27개국 평균 12.3년에 크게 못 미치며, 자유 시장경제 모델을 따르는 영국(9.8년)·아일랜드(9.7년)와 거의 비슷한 수준을 보인다(Eurobarometer 2011, 25-32). 이직 빈도는 고용주 기준으로 4.6회인데, 유럽연합 회원국들 가운데 가장 높다. 이는 유럽연합 27개국 평균치 3.2회를 크게 상회하며 영국(4.4회)과 아일랜드(3.5회)보다도 높다.

고용 보호 수준이 낮고 노동시장이 유연할 때 노인 등 노동시장 취약계층이 어려워지며, 고급 기술 인력보다 육체 노동자에게, 육체 노동자 중에서도 숙련노동자보다 비숙련 노동자에게 불리하다. 고급 기술 인력과 숙련노동자들은 기업의 내부 노동시장으로 편입되어 인적 자본 투자를 통한 기술·숙련 향상의 기회를 가지며, 임금과 고용 안정성 등 노동조건이 좀 더 나은 일자리를 선택할 수 있다. 반면, 비숙련 노동자들은 노동력 대체 가능성이 높고 생산성 검증에 더 많이 노출되어 일자리를 찾기 어

7_CO-Industri(2012, 2), Jørgensen & Madsen(2007, 12-13), Bredgaard et al.(2007, 371-378), Madsen(2013, 1-2), Jensen(2011, 730-1)을 참조할 것.

8_노동과 자본은 황금 삼각형을 구성하는 세 가지 요소들의 중요성에는 동의하지만 개별 법제도와 정책들의 내용과 변화 방향에 대해서는 의견이 다르다. 예컨대 자본은 유연성을 증대하고 실업수당의 최대 수급 기간을 단축하고 소득 대체율도 인하할 것을 주장하는 반면, 노동은 이런 자본의 주장에 반대하며 안정성을 강화할 것을 요구한다(Mailand 2009b, 3-6).

려울 뿐만 아니라 지키기도 어려우며, 이직이 잦으므로 숙련 형성을 기대
하기 어렵다(Bredgaard et al. 2007, 379-384).

　　비숙련 노동자들은 주로 불안정한 일자리, 즉 임시직 같은 비정규직
일자리들에 취업하게 된다. 덴마크는 해고가 상대적으로 쉽기 때문에 임
시직을 사용할 유인이 적어, 임시직 고용 비율이 2012년 현재 전체 피고
용자 가운데 8.5%에 불과하다. 이는 영국의 6.3%와 미국의 4.2%에 근접
하며 OECD 평균 11.8%에 크게 못 미치는 수치다. 또한 시간제와 파견
노동자의 사용 비율 역시 여타 유럽연합 국가들에 비해 매우 낮은 편이고,
비정규직 노동자들의 경우 해고에 대한 사용 사유 제한 같은 법적 규제 조
항이 없으며, 주로 단체협약을 통해 규제된다. 예컨대, 노동조합 측 덴마
크 산업노동자연맹CO-Industri과 사용자 측 덴마크 산업협회DI 산하 사업장
들의 경우 직접 고용 임시직, 파견 노동자, 용역 노동자를 포함한 모든 노
동자가 사용 업체 정규직과 임금, 노동시간, 연금, 교육 훈련 기회 등에서
동등한 처우를 보장받는다. 따라서 기업은 숙련 노동자를 비정규직으로
채용할 유인이 없다. 특히 파견 노동자들의 경우 사용 업체는 파견 업체에
인력 사용 대금을 지불해야 하므로 파견 노동자를 사용해 인건비를 절감
하기는 어렵다. 파견·용역 등 간접 고용 노동력이 많이 사용되는 건설업
의 경우 단체협약으로 원하청 업체들에 연대책임chain responsibility을 부과
하고 있다. 사용 업체들이 비정규직을 사용할 인센티브를 없애는 노동조
합의 전략이, 정규직 노동력의 낮은 고용 보호 수준과 맞물려 실제로 비정
규직을 사용할 인센티브가 최소화된 것이다.[9]

9_CO-Industri(2012, 20-21), Johansen 면담(2012), Larsen 면담(2012), OECD Statistics
　　를 참조할 것.

덴마크의 유연안정성 모델은 노동력을 유연하게 활용하고자 하는 자본 측 요구를 제도화함으로써 노동자들이 노동시장의 유연성, 특히 외적 수량적 유연성에 노출되어 있으나, 안정성에 대한 노동자들의 요구는 황금 삼각형의 다른 두 요소, 즉 사회보장 체계와 적극적 노동시장 정책에 의해 충족되고 있다. 관대한 사회보장 체계는 높은 실업수당 수급률과 소득 대체율로 실업 기간 동안 소득 안정성을 보장하는데, 소득 대체율은 저소득 피고용자의 경우 2인 맞벌이 2자녀 집단처럼 90%를 넘기도 한다. 적극적 노동시장 정책은 노동자들로 하여금 노동시장 수요에 부합하는 숙련을 형성할 수 있게 해 재취업 가능성을 높임으로써 노동시장 차원의 고용 안정성을 보장한다. 그 결과 실업률이 낮으며, 전체 실업자 가운데 실업 기간이 1년을 초과하는 장기 실업자의 비율도 28.0%로, 유럽연합 21개국 평균 43.7%에 크게 못 미친다. 이처럼 관대한 사회보장 체계와 효율적인 적극적 노동시장 정책이 소득 안정성과 고용 안정성을 보장함으로써 노동자들은 노동시장의 유연성을 받아들이게 되는 것이다. 그런 점에서 덴마크의 노동시장 유연성은 일방적으로 강제된 것이 아니라 황금 삼각형에 의해 구현되는 균형 잡힌 유연안정성이라 할 수 있다.[10]

2) 단체협약과 노동시장의 분절

유연안정성 모델에 대한 논의는 덴마크 노동시장이 동질적임을 전제하지만, 유연안정성이라는 측면에서 노동시장은 분절된 양상을 보인다. 유연

10_Madsen(2009, 63-65), Jørgensen & Madsen(2007, 12-13), Frederiksen(2006, 1-2), OECD Statistics를 참조할 것.

표 2.3 | 덴마크 정규직 노동자들의 정리 해고 사전 통고 기간

블루칼라(제조업 단체협약 기준)		화이트칼라(화이트칼라법)	
근속년수	해고 통지 기간	근속년수	해고 통지 기간
0-6개월	0일	0~3개월	0일
6-9개월	7일	3~6개월	1월
9개월~2년	21일	6개월~3년	3월
2~3년	28일	3~6년	4월
3~6년	56일	6~9년	5월
6년 이상	70일	9~12년	6월
〈50세 이상〉			
9~12년	90일		
12년 이상	120일		

자료: CO-Industri(2012, 19).

안정성 모델은 주로 숙련-비숙련 노동자들을 포함하는 블루칼라 노동자들에 해당되며, 화이트칼라 노동시장은 논의에서 배제되고 있다. 화이트칼라 노동자들의 고용 보호는 주로 화이트칼라법에 의해 규제되는 반면 블루칼라 노동자들은 단체협약에 의해 보호된다.[11]

　고용 보호 수준을 정리 해고 사전 통고 기간으로 비교해 보면 〈표 2.3〉과 같이, 단체협약에 의해 보호되는 제조업 블루칼라 노동자들에 비해 화이트칼라법에 의해 보호되는 화이트칼라 노동자들의 보호 수준이 훨씬 더 높다는 사실을 확인할 수 있다. 제조업 블루칼라의 경우, 근속년수가 0~6개월이면 해고 통고 기간은 0일이며, 최장 해고 사전 통고 기간은 70일로서 6년 이상 근속자에 해당되며, 50세 이상의 고령인 경우 사전 통고 기간이 연장되는데 12년 이상 근속한 사람은 120일로 가장 길다. 한편 화이트칼라 노동자는 근속년수 0~3월이면 사전 통고 기간이 0일이지

11_Jensen(2011, 721-735), Mailand(2009b, 6-7), Bredgaard et al(2007, 384-386), CO-Industri(2012, 19)을 참조할 것.

| 표 2.4 | 덴마크 노동시장의 두 모델: 블루칼라 대 화이트칼라 | | | | |

노동력	고용 보호 수준	실업 보상 수준	보호 수단	노동시장 모델
블루칼라	수량적 유연성 (짧은 해고 통고 기간)	소득 안정성 (높은 소득 대체율)	단체협약	유연안정성
화이트칼라	직무 안정성 (긴 해고 통고 기간)	소득 불안정성 (낮은 소득 대체율)	법 규정	경직·불안정성

만, 3~6개월이면 1개월로 연장되며, 근속년수가 9~12년의 경우 6개월로 블루칼라 노동자 70일의 2.6배에 달하며 50세 이상 고령자 90일의 두 배에 달한다.

이처럼 고학력 화이트칼라의 경우 블루칼라에 비해 임금수준이 더 높을 뿐만 아니라 고용 안정성도 훨씬 더 높다. 하지만 역진적인 하후상박형 실업수당 산정 방식 때문에, 저임금에 해당하는 블루칼라 노동자들이 상대적으로 고임금군에 해당되는 화이트칼라 노동자들에 비해 실업수당의 소득 대체율이 높다. 이처럼 고임금군의 화이트칼라 노동자들은 법제도에 의한 높은 고용 보호 수준으로 인해 낮은 소득 대체율을 받아들임으로써 상대적으로 유연성도 낮고 소득 안정성도 낮다는 점에서 유연안정성 모델과는 상반되는 경직·불안정성을 보인다. 반면, 저임금군의 블루칼라 노동자들은 실업수당 소득 대체율이 상대적으로 높아 소득 안정성을 보장받기 때문에 단체협약상의 낮은 고용 보호 수준을 받아들임으로써 전형적인 유연안정성 모델의 특성을 보인다.

3) 경제 위기하 유연안정성 모델

2008년 경제 위기의 발발로 여타 유럽연합 국가들에 비해 실업률이 급등하면서 덴마크 유연안정성 모델의 효율성이 의문시된 바 있다. 덴마크의 고용률은 2008년 77.9%에 달했으나 경제 위기로 점차 감소해 2012년에 는 72.6%까지 떨어졌다. 실업률은 2008년 3.5%에 불과했으나 경제 위기로 이듬해 6.1%로 급상승했고, 2010년과 2012년에는 각각 7.6%와 7.7% 로 비슷한 수준을 유지했다.[12]

급격한 고용률 하락과 실업률 상승의 원인으로는 유연안정성 모델과 무관한 몇 가지 외적 요인을 들 수 있다. 첫째, 국제경제의 급격한 불황인데, 이는 덴마크뿐만 아니라 유럽과 세계 전역에 걸쳐 경기 후퇴를 가져왔다. 둘째, 주택 건설 붐의 붕괴이다. 2000년대 초부터 시작되어 2005년 이후 가속화된 건설 붐이 경제 위기와 함께 급격히 붕괴되면서 건설업과 관련 업종의 일자리가 크게 감소했다. 셋째, 여유 인력의 사전적 비축이다. 경제 위기 전 노동시장의 높은 고용률과 낮은 실업률 때문에 기업들은 노동력 부족에 따른 구인난을 겪으면서 불필요한 여유 인력을 경쟁적으로 비축했으나 경제 위기가 발발하면서 여유 인력을 방출했던 것이다. 기업들은 신속하게 정리 해고를 실시했다. 정규직 고용 보호 수준이 낮기 때문에 외적 수량적 유연성을 우선적으로 활용해 고용 조정을 실시했다. 이처럼 경기 변동에 따라 고용 규모가 즉각적으로 변화하는 현상은 노동시장 유연성이 높은 국가들에서 보편적으로 나타난다. 이는 (GDP 변화에 따른 고용 규모의 상대적 변화인) 고용 탄력성에서 덴마크가 유럽연합 평균보다 월등히 높은 수준을 보이는 것에서도 확인할 수 있다. 덴마크 기업들은 경제 위기 초기에는 주로 저숙련 노동자들을 중심으로 정리 해고를 단행했

12_경제 위기 이후 실업률 급등과 덴마크 기업들의 대응 방식, 정부의 노동시장 개혁 조치들에 대해서는 Andersen(2012, 123-126), Madsen(2013, 1-13), Lallement(2011, 633-634), OECD Statistics를 참조할 것.

지만, 이후 일자리 나누기 지원 대상 기간 연장 등의 조치에 힘입어 노동 시간 단축과 일자리 나누기 같은 내적 유연성을 활용하는 방식으로 전환했다.

경제 위기로 실업률이 급상승할 것에 대처하기 위해 덴마크 정부는 일련의 노동시장 개혁 조치들을 실시했다. 첫째, 2010년 6월 실업수당 체계를 개혁했는데, 실업보험 피보험자의 실업수당 수급 기간의 상한을 4년에서 2년으로 단축했고, 수급권 상실 후 재취득을 위한 조건을 지난 3년 기간 가운데 전일제 고용 기간 26주에서 52주로 연장해 조건을 강화했다. 둘째, 2011년 5월, 조기퇴직제를 개혁했다. 자발적 조기 퇴직수당 수급 자격자가 60세에 퇴직하면 65세까지 실업수당 수준의 연금을 수령할 수 있었으나, 2014년부터 매년 반년씩 퇴직 연령을 연장해 수급 기간을 5년에서 3년으로 단축하기로 했다. 셋째, 해고 수당제를 도입했다. 3년 이상 고용된 블루칼라 노동자들의 경우 정리 해고에 대한 해고 수당제를 도입해, 한 달 실제 임금과 15% 공제된 실업수당 사이의 차액을 해고 수당으로 지급하도록 했고, 해고 수당은 6년 이상 근속의 경우 2배, 8년 이상 근속의 경우 3배로 인상 책정했다. 넷째, 2009년 2~3월과 2011년 9월, 적극적 노동시장 정책 개혁을 실시했다. 실업자의 숙련 향상을 위한 프로그램을 확대하는 한편, 정리 해고된 노동자들을 지원하는 기금도 증액했고, 실업자 활성화 프로그램을 강화해 활성화 평가 단위를 12개월에서 6개월로 단축했으며, 청년 실업 감축을 위해 청년 직무 순환을 증대하고 기초교육이 부족한 청년들을 위해 맞춤형 프로그램을 도입했다.

경제 위기에 대한 기업들의 이 같은 대응과 정부의 노동시장 개혁 조치는 유연안정성 모델의 기본 성격을 변화시키기보다는 황금 삼각형의 효율성을 강화하기 위한 것이라 할 수 있다. 물론 경기 침체기에는 실업률이 높고 신규 일자리 창출 기회가 적기 때문에 교육 훈련을 통한 취업 기회의 확대 효과가 약해지고, 프로그램 참여자들이 늘어 정책 수행을 위한 재정적 부담은 커져 맞춤형 교육 훈련이 어려워지므로 적극적 노동시장 정책의 효율성이 낮아지게 된다. 이런 제약 조건들에도 불구하고, 덴마크의 실업률은 증가했음에도 아직 유럽연합의 평균보다 낮다. 특히 장기 실업자의 비율은 상승했지만 여전히 유럽연합에서 가장 낮은 편이다. 이는 덴마크의 황금 삼각형과 유연안정성 모델이 경제 위기에도 노동자들을 효율적으로 보호하고 있으며, 그 결과 큰 변화 없이 기본 골격을 유지하고 있음을 의미한다.

다른 한편, 덴마크의 황금 삼각형은 효율적으로 작동하고 있지만 안팎으로 도전에 직면해 있다는 점에서 일정 수준 변화가 필요하다.[13] 첫째, 실업수당의 수급 기간과 소득 대체율이 줄어 수급 대상 피보험자들의 비율이 작아지고 있다. 둘째, 적극적 노동시장 정책이 조기 활성화와 숙련 향상을 강조하지만 실업자들이 구직 상담과 교육 훈련 프로그램에 참여하는 비율이 하락하고 있고, 실업자들의 경우 활성화 만료 기간을 충족시키지 못하는 비율이 증가하고 있는 가운데, 적극적 노동시장 정책, 특히 직무 훈련에 대한 예산이 감축되고 있다. 셋째, 단체협약을 통해 블루칼라 노동자들의 해고 수당제가 도입되었다. 이는 노동시장의 외적 수량적 유연성을 제약하는 요소로 지적되기도 하지만, 노동조합은 실업수당의 수급 기간이 단축되고 소득 대체율이 떨어지는 조건에서 안정성을 보장하기 위해 해고 수당제 도입이 불가피했다고 주장하며, 한발 더 나아가 적극적 노동시장 정책의 예산 증대를 요구한다. 또한 노동조합은 블루칼라

13_Madsen(2013, 12-15), CO-Industri(2012, 27-30)을 참조할 것.

노동자들이 화이트칼라 노동자들에 비해 상대적으로 고용 보호 수준이 낮고, 특히 비숙련 노동자들의 경우 임시직 등 비정규직으로 취업하는 경향이 높다는 점을 지적하며, 노동시장 분절 문제를 해소하기 위해 황금 삼각형을 제도적으로 보완해야 한다고 주장한다.

4. 네덜란드의 유연안정성 모델

1) 유연안정성 모델의 형성

네덜란드의 유연안정성 모델은 덴마크처럼 오랜 역사적 과정을 거친, 법제도와 정책의 누적적 산물이 아니라, 정책적 목표를 위해 의도적으로 개발되었으며 노사의 타협으로 만들어진 것이다.[14] 네덜란드는 역사적으로 높은 실업률과 낮은 고용률 문제를 겪고 있었는데, 정규직의 고용 보호를 완화하려는 시도는 노동 측의 반대로 관철되지 못했다. 결국 정규직 해고 규제 장치는 완화하지 않은 채 비정규직 활용을 용이하게 함으로써, 노동시장 유연성을 허용하는 대신 비정규직의 임금 등 노동조건과 고용 안정성은 보호하는 방식을 제도화했다.

이렇게 비정규직 사용 유연성과 보호를 핵심으로 하는 유연안정성 모델이 발달했는데, 중요한 계기는 1980년대 초 바세나르 협약Wassenaar

---

14_네덜란드 유연안정성 모델의 형성 과정에 대해서는 Wilthagen & Bekker(2008, 42-45), Tros(2009, 1-6, 9), Schils(2009, 112), 정희정(2008)을 참조할 것.

Agreement과 1990년대 말 유연성·안정성 법FLEXWET이다. 바세나르 협약은 낮은 고용률과 높은 실업률 문제를 해결하기 위해 1982년 노동과 자본의 중앙 조직이 합의했는데, 핵심 내용은 임금 인상을 자제하는 한편, 노동시간을 단축해 일자리를 나누고, 연 단위의 노동시간 배분, 시간제 노동자 및 조기 퇴직제 등을 통해 노동시간을 유연하게 활용할 수 있도록 하는 것이었다.

1990년대 초, 중도 좌파 연립정부는 노동시장의 유연성과 안정성을 결합한다는 방침을 천명하고 사회적 합의를 추진했으나 합의 도출에 실패하자 노동재단Stichting van de Arbeid에 자문을 구했다. 노동재단을 구성하는 노동과 자본의 연합체들은 1996년 4월 유연성과 안정성을 결합하기 위한 구체적 합의를 도출했고, 정부는 노자 합의에 기초한 법안을 1997년 3월 의회에 제출했다. 이렇게 제정된 유연성·안정성법은 1999년 1월 1일 발효했다. 유연성·안정성법은 기업에게 임시직 노동자 사용을 통한 유연성 확보를 보장하되, 임시직 노동자들의 임금과 노동조건을 개선하고 노동계약의 갱신 횟수와 총 계약 기간을 제한함으로써 임시직 노동자들에 대한 보호를 강화하는 한편, 파견 노동자에 대해서도 2년 이상 사용할 경우 정규직으로 전환하도록 하는 등 비정규직 노동자들의 안정성을 강화했다.

2) 고용 보호 양극화, 사회보장 체계와 적극적 노동시장 정책

네덜란드의 정규직 고용 보호 수준은 유럽연합 국가들 중 독일과 더불어 가장 높은 경직성을 보이는 반면, 임시직 등 비정규직 고용 보호 수준은 OECD 평균 수준에도 훨씬 못 미쳐 영국과 미국 등에 근접할 정도로 유연성이 높다.[15] 따라서 네덜란드의 시간제 노동자 비중은 39.2%로서 유럽

뿐 아니라 OECD 국가들 가운데서도 가장 높은 수준이며, OECD 평균 15.7%의 2.5배에 달한다. 뿐만 아니라 임시직 비중도 19.5%로, OECD 평균 11.8%의 두 배에 가깝다는 점에서 비정규직 사용 비율이 전반적으로 높다.

임시직 노동자들의 경우 계약 종료 시 재계약을 하지 않아도 해고 수당이 지급되지 않으며, 연속적 기간제 계약 체결 3회, 전체 계약 기간 3년으로 사용 기간을 제한하고 있다. 시간제 노동자는 '노동시간 동등 처우법'에 따라 임금과 교육 훈련 기회 등 동등한 노동조건을 보장받음으로써 일과 생활을 양립할 수 있도록 해, 시간제 노동은 대부분 자발적으로 선택한 경우이며 비자발적 시간제 비율은 매우 낮다. 한편 비정규직 가운데 파견 노동자에 대한 규제가 가장 엄격하다. 파견 노동자는 파견 업체의 정규직 고용을 지향한다는 원칙 아래, 근속년수가 증가함에 따라 고용 안정성뿐만 아니라 임금과 교육 훈련 기회 등 노동조건도 향상된다.

네덜란드는 2012년 기준 5.3%라는 낮은 실업률에도 불구하고 GDP 대비 소극적 노동시장 정책 지출 예산 비중은 1.63%로서 OECD 평균의 두 배 가까이 된다. OECD 실업률 평균치가 8.2%로 네덜란드 실업률의 1.55배에 달한다는 점을 고려하면 네덜란드의 사회보장 체계가 제공하는 소득 안정성의 수준은 상대적으로 매우 높다고 할 수 있다. 수급 요건 강

15_Schils(2009, 110-112), Wilthagen & Bekker(2009, 42-45), Tros(2009, 1-2), Verhulp 면담(2012), Sol 면담(2012), Boonstra 면담(2012)를 참조할 것. Verhulp 면담(2012)에 따르면, 정규직 노동자들의 경우 정리 해고를 위해서는 사전 통고를 포함한 까다로운 절차를 거쳐야 하기 때문에 대기업들은 이런 절차를 거치지 않고 법적 소송을 통해 추가 비용을 부담하는 방법을 주로 선택하는 반면, 까다로운 절차를 거치는 경우는 주로 추가 비용 부담을 회피하고자 하는 중소기업들이라고 한다.

화 등 사회보장 지출 감축 요구를 둘러싼 논란이 끊이지 않는 것도 이런 맥락에서 이해할 수 있다.[16]

한편, 적극적 노동시장 정책에 대한 지출 비중도 GDP 대비 1.11%로서 스웨덴과 같은 수준이며, OECD 평균치 0.58%의 두 배에 달한다. 적극적 노동시장 정책은 집단별로 차별화된 정책 수단들로 구성되어 있다. 여성의 고용률을 높이기 위해 자녀를 위한 탁아 시설 및 육아 서비스 지원을 확충하고, 실업자를 위해 구직 노력과 훈련 참여를 실업수당 지급에 연계하는 활성화 프로그램을 운영한다. 특히 장기 실업자를 위해서는 고용주 혹은 직무 단위로 보조금을 지급해 임금 비용 절감을 돕는다. 청년들을 위해 취업을 알선하고 자격증 취득을 독려하며, 노인들을 위해 실업수당 최대 지급 기간을 3년으로 단축하고 노인 실업자 구직 활동 의무제를 도입했다.

3) 유연안정성과 노동시장의 중층적 분절

네덜란드의 유연안정성 모델은 모든 노동자를 대상으로 유연성과 안정성의 교환을 적용하지 않는데, 이는 노동시장의 분절 현상을 반영한다.[17] 정규직 노동자를 중심으로 한 내부자들에게는 고용계약 경직성과 소득 안정성을 보장하는 반면, 비정규직 노동자들을 중심으로 한 외부자들에게

16_네덜란드의 사회보장 체계와 적극적 노동시장 정책에 대해서는 Schils(2009, 110-112), Tros(2009, 2-3), OECD Statistics를 참조할 것.

17_Verhulp 면담(2012), Wilthagen & Bekker(2009, 42-45), OECD Statistics를 참조할 것.

는 고용계약 유연성과 소득 불안정성을 부과하고 있다. 하지만 이를 정규직-비정규직 양극화 현상의 제도화로 규정하기는 어렵다.

비정규직 가운데 시간제 노동자들은 소득 안정성과 고용 안정성을 보장받는 경우가 많으며, 이들 대다수는 자발적으로 시간제 노동을 선택한 사람들이다. 뿐만 아니라 임시직 노동자들의 경우도 40%는 수습기간 노동자이며, 수습기간이 종료되면 정규직으로 전환된다는 점에서 고용 불안정성에서 비롯되는 불만은 별로 없다. 한편, 임시직 가운데 노동조건이 가장 열악한 하층 40%는 저학력, 저임금, 저숙련 혹은 비숙련 노동자들로, 임시직을 포함한 비정규직 노동자들도 수직적 이질성을 보인다. 따라서 네덜란드 노동시장은 중층적으로 분절화되어 있다고 할 수 있으며, 유연안정성 모델은 전체 노동시장에 해당되는 것이 아니라 주로 비정규직 노동자 사용에 한정되는 현상이라 할 수 있다.

현재의 유연안정성 모델을 제도화했다는 1999년 유연성·안정성법에 대해, 2007년에 평가가 이루어졌는데, 자본과 노동의 평가가 대조적이었다.[18] 자본은 유연성·안정성법의 효과를 긍정적으로 평가하면서, 이 법의 실행으로 고용계약 유연화가 확대된 것은 사실이지만 앞으로 좀 더 진전되어야 한다고 주장했다. 반면, 노동은 유연성·안정성법이 안정성보다 유연성 강화에 더 크게 기여했다며, 단체협약을 통해 비정규직의 보호를 강화하고자 했는데, 임시직 계약 횟수를 최대 2회로 제한하고 연속 계약의 총 기간을 2년으로 감축할 것과 더불어, 임시직과 파견 노동자를 위한

18_유연성·안정성법에 대한 노동과 자본의 평가와 유연안정성 모델을 둘러싼 긴장·갈등에 대해서는 Tros(2009, 1-9), Verhulp 면담(2012), Boonstra 면담(2012)를 참조할 것.

교육 설비 확대를 추진했다.

이상에서도 볼 수 있듯이 유연안정성 모델을 둘러싸고 자본과 노동의 이해관계가 대립하고 있는데, 그 핵심에는 해고 규제 법제도가 있다. 자본 측은 정규직 노동자들의 해고 비용을 줄이고 해고 절차를 완화하면 신규 채용이 증대될 것이라고 주장한다. 반면, 노동 측은 해고 절차 완화가 고용 창출로 자동 귀결되는 것은 아니라고 반박하며 현재의 정규직 고용 보호 수준은 유지되어야 한다고 주장한다. 네덜란드 노총FNV은 유럽연합 차원에서 자본가 단체들이 추진하는 유연화 중심의 유연안정성 모델이 유연성과 안정성의 균형을 상실했다고 비판하며, 산업·업종 혹은 지역 단위로 기금을 수립해 노동자들의 구직·훈련·현장실습·재취업을 위해 사용할 수 있도록 하는 스웨덴의 경력 이행 기금career transition fund 제도의 도입을 검토하고 있다.

4) 단체협약의 유연안정성 제도화

네덜란드는 노사 합의에 따른 입법화의 기초 위에서 단체협약으로 유연안정성 조치들을 제도화했다. 단체협약으로 구현된 유연안정성 조치로는 세 가지를 꼽을 수 있다.[19]

첫째, 연 단위 노동시간 조정제는 1982년 이래 단체교섭을 통해 정착된 것으로, 성수기에 노동시간을 늘리고 비수기에 노동시간을 줄임으로써 노동자들의 고용 안정성을 보장하며 시장 수요 변화에 유연하게 대응

19_Tros(2009, 1-9), Wilthagen & Bekker(2009, 42-46), Verhulp 면담(2012)를 참조할 것.

할 수 있도록 한다.

둘째, 생애 비축 계정제는 2006년 단체교섭과 연금제도 개혁을 통해 구축한 제도로, 노동자들이 수입과 휴가 시간을 자신의 계정에 비축해 육아, 교육 훈련 안식년, 조기 퇴직 등 다양한 사유에 따라 사용할 수 있도록 했다.

셋째, 유연 퇴직제는 1990년대 초부터 단체협약으로 추진되기 시작했는데, 고령화되는 노동자들의 업무 부담을 줄이기 위해 노동 기간을 줄이고 직무를 조정함으로써 직무 안정성을 유지하는 가운데 기업 측이 내적 기능적 유연성을 활용할 수 있도록 하는 것이다.

이런 유연안정성 조치들 외에도 산업·업종 부문별로 유연안정성을 실천하는 사례들도 있다. 자동차 산업의 경우 네덜란드 남부에서 네덜란드계 자동차 회사 네드카NedCar와 협력 업체들이 구조 조정을 실시하면서 실업자가 양산되자 지역 노사정이 자동차 산업 이동성 센터MCA 프로젝트를 시작해, 실직 위험에 노출된 자동차 산업 노동자들의 이직을 지원하는 한편, 실직 노동자들의 소득을 보전해 주는 동시에 배치전환, 교육 훈련, 구직 서비스, 일자리 알선 등의 서비스를 제공하도록 했다. 이 프로젝트는 공적 기금뿐만 아니라 금속 산업과 건설업 등 산업 부문 단위에서 노사협약으로 조성된 부문 교육기금의 지원을 받아 운영되었다. 이를 통해 자동차 업체들은 외적 수량적 유연성을, 노동자들은 소득 안정성과 재취업 안정성을 확보할 수 있게 되었다.

또 다른 사례로 1999년부터 파견업 부문에서 체결된 단체협약은 파견 노동자들의 임금, 교육 훈련, 경력 개발, 연금 등 고용조건들을 규제하고 있다. 파견 노동자들은 근속 기간에 따라 고용조건이 개선되는데, 예컨대 1년 반이 지나면 교육권과 무기 계약 체결권이 부여된다. 또한 동일 업체에서 근무한 기간이 26주를 넘으면 해당 사용 업체의 직접 고용 정규직 노동자들과 동등한 임금을 받을 자격이 생긴다. 이처럼 기업들에 파견 노동자를 사용할 권리를 부여하되, 파견 노동자의 남용을 막고 보호 장치를 마련함으로써 자본의 노동력 사용 유연성과 노동자들의 소득 및 고용 안정성을 동시에 보장하고 있다.

5) 경제 위기와 유연안정성 모델의 도전

네덜란드는 OECD 국가들 가운데 최저 수준의 실업률과 최고 수준의 고용률을 자랑하고 있었다. 2008년까지 실업률은 3.0%에 불과했는데, 경제 위기가 발발하자 점진적으로나마 증가하기 시작해 2012년 현재 5.3%까지 올랐다. 고용률은 2005년 71.5%에서 꾸준히 상승해 2008년에는 75.9%로 최고치를 기록했는데 경제 위기 이후에도 하락하지 않았으며, 2012년 현재 75.1%로 경제 위기에도 불구하고 75~76%라는 높은 수준을 유지하고 있다.[20]

실업률이 소폭이나마 상승했음에도 고용률이 떨어지지 않은 것은 경제 위기로 인해 고용률 상승 추세가 멈췄음을 의미할 뿐이다. 즉 경제 위기가 노동시장에 미친 부정적 효과는 신규 진입을 억제하는 정도였다는 것이다. 결과적으로 네덜란드는 현재 OECD 국가들 가운데 고용률은 최고 수준 국가들에, 실업률은 최저 수준 국가들에 속한다. 이는 네덜란드 노동시장의 높은 효율성을 확인해 주며, 네덜란드식 유연안정성 모델의 경쟁력을 보여 준다.

20_OECD Statistics를 참조할 것.

5. 덴마크와 네덜란드 유연안정성 모델 비교

유연성과 안정성 지표

덴마크와 네덜란드는 유연안정성 모델의 두 전형으로 소개되고 있지만 유연성과 안정성 지표를 비교해 보면 상당한 차이가 있다.

노동시장 경직성을 보면, 정규직 고용 보호는 네덜란드가 더 경직적인 반면, 비정규직 고용 보호는 덴마크가 더 경직적이다. 덴마크는 정규직과 비정규직 사이의 고용 보호 수준 격차가 상대적으로 작은 반면, 네덜란드는 격차가 매우 커서 양극화 현상을 보인다.

한편, 안정성을 보여 주는 간접적 지표로 노동시장 정책 예산 지출 수준을 살펴보면, GDP 대비 소극적 노동시장 정책의 예산 지출 비중은 덴마크와 네덜란드가 거의 비슷해, OECD 평균 0.86의 두 배에 달하는 높은 수준을 보인다. 적극적 노동시장 정책의 예산 지출은 GDP 대비 비율이 네덜란드는 1.11%로 OECD 평균 0.58%의 두 배, 덴마크는 2.26%로 OECD 평균의 네 배에 달한다. 이는 덴마크와 네덜란드 모두 소득 안정성과 재취업 안정성이 매우 높고, 적극적 노동시장 정책은 네덜란드에 비해 덴마크에서 훨씬 더 발달했음을 의미한다.

두 가지 유형

덴마크와 네덜란드 모두 상당한 규모의 노동시장 예산 지출을 통해 높은 소득 및 고용 안정성을 보여 준다. 그러나 유연성 측면에서는 큰 차이가 있다.

덴마크는 정규직과 비정규직의 고용 보호 수준 모두 상대적으로 낮은 반면, 네덜란드는 정규직 고용 보호 수준은 높으나 비정규직 고용 보호 수준은 매우 낮다. 이처럼 덴마크는 노동력 전체를 대상으로 노동력 활용의 유연성을 허용하는 반면, 네덜란드는 정규직은 제외하고 주로 비정규직을 대상으로 유연성을 허용하고 있다.

따라서 유연성과 안정성을 동시에 구현하는 유연안정성 모델은 덴마크의 경우 전체 노동력에 해당되지만, 네덜란드의 경우 비정규직에만 적용된다고 볼 수 있다. 이처럼 덴마크는 강한 노동시장 통합성을, 네덜란드는 높은 노동시장 분절성을 보여 준다.

형성 과정

덴마크의 유연안정성 모델은 오랜 기간 사회적 대화와 합의 속에서 자연스럽게 형성된 역사적 산물인 반면, 네덜란드의 경우에는 구체적 정책 목표를 달성하기 위해 기획되어 도입된 정책 수단이다.

그러나 양국 모두 강한 노동과 자본의 조직체들이 존재하며, 노동과 자본 사이의 상호 신뢰에 기초한 사회적 대화와 협의 과정을 거쳐 이 모델이 형성되었다는 점에서는 동일하다. 이런 사회적 합의가 법제도로 구현되거나 생산 현장에서 단체협약으로 구체화되고 있다는 점도 다르지 않다.

유연안정성 모델은 노동력 활용 유연성에 대한 자본의 요구와, 소득 및 고용 안정성에 대한 노동의 요구라는, 상충된 이해관계의 상호 교환을 제도화한 것이라는 점에서 여전히 노동과 자본 사이의 긴장과 갈등의 동학을 내재하고 있다. 하지만 그런 긴장과 갈등의 관계 속에서도 상호 신뢰는 근본적으로 훼손되지 않는 수준에서 유지되고 있으며, 거의 모든 유연안정성 조치들이 전국적 수준의 법제도, 혹은 산업·업종 부문 수준의 단체협약이나 노사 합의를 기초로 형성되었다. 그런 점에서 노사 간 상호 신뢰가 유연안정성 모델의 재생산에 기여하고 있다고 할 수 있다.

노동시장 효율성

앞에서도 말했지만, 유연안정성 모델을 따르고 있는 덴마크와 네덜란드는 여타 유럽연합 국가들이나 OECD 회원국들에 비해 상대적으로 낮은 실업률과 높은 고용률을 보인다. 이런 성과로 인해 유럽연합은 유연안정성 모델을 영미형 자유 시장경제 모델에 대한 정책 대안으로, 도입·실행할 것을 회원국들에 적극 권고해 왔다.

경제 위기는 유럽연합 회원국들과 OECD 회원국들에 무차별적으로 타격을 주며 실업률 상승과 고용률 하락이라는 결과를 가져왔다. 덴마크와 네덜란드도 경제 위기의 영향을 피할 수 없었지만 상대적으로 양호한 양상을 보인다. 덴마크와 네덜란드를 비교하면 부정적 효과는 네덜란드의 경우 경미하게 나타난 반면, 덴마크에서는 훨씬 강하게 나타났다.

네덜란드는 실업률이 2008년 3.0%에서 2012년 5.3%로 2.3%p 상승했으나, 고용률은 상승세만 꺾였을 뿐 여전히 75~76%라는 높은 수준을 유지하고 있다. 반면 덴마크의 실업률은 경제 위기 전 2008년 3.5%에서 꾸준히 증가해, 2012년 현재 7.7%로 4.2%p 올랐는데, 이 상승폭은 네덜란드의 그것에 비해 거의 두 배 가까운 수준이다. 고용률의 경우 경제 위기 전인 2008년에는 77.9%였으나 경제 위기로 꾸준히 떨어져 2012년 현재 72.6%로 5.3%p나 하락했다. 이런 결과를 보면 네덜란드는 노동시장의 효율성에 거의 타격을 입지 않았으나 덴마크는 타격이 컸음을 알 수 있다.

이는 네덜란드 유연안정성 모델의 효율성을 입증하지만, 그렇다고 덴마크 모델이 비효율적이라는 증거로 보기는 어렵다. 앞에서도 말했듯이,

덴마크의 경우 2000년대 초중반의 주택 건설 붐이 붕괴했다는 점과 경제 위기 전 노동력 사재기 현상이라는 요인이 크게 작용했기 때문이다. 또한 경제 위기에도 불구하고 장기 실업자 비율이 28.0%에 불과해 OECD 국가들 가운데 가장 낮다는 사실은 황금 삼각형의 한 축인 적극적 노동시장 정책이 여전히 효력을 발휘하고 있음을 입증한다.

요컨대, 덴마크와 네덜란드가 여타 유럽연합 국가들에 비해 상대적으로 우월한 노동시장 효율성을 보여 주고 있지만, 양국 간에 어느 나라가 더 나은가를 판단하는 것은 시기상조이므로, 덴마크와 네덜란드를 유연안정성 모델의 두 유형으로 설정하는 것이 적절하다고 할 수 있다.

제2부

유연성-안정성 균형 실험과
노동의 선택

유럽연합은 사회적 통합과 경제적 효율성을 지향하며 노동시장의 효율적 작동을 위해 유연안정성 모델을 수립한 다음 회원국들에 도입·실행하도록 했다. 제2부는 유럽연합의 유연안정성 모델이 어떻게 자본의 유연성 요구와 노동의 안정성 요구를 동시에 구현하는지를 설명하고, 유럽연합이 유연안정성 모델을 추진하는 과정에서 노동은 어떤 딜레마에 직면하며 어떤 전략적 선택을 하는지를 분석하는 한편, 개별 회원국들은 어떻게 유연안정성 모델을 구현하며 유연성과 안정성의 균형을 이루고자 하는지를 분석한다. 유럽연합 회원국 노동시장의 심층적 사례 분석을 위해 유연안정성 모델의 전형을 이루며 유연성과 안정성을 동시에 구현하는 것으로 평가되는 스칸디나비아 모델의 스웨덴과, 그 대척점에서 '비-유연안정성'의 전형으로 평가되는 지중해 모델의 스페인을 선별하여 비교 분석한다.

유럽연합은 영미형 자유 시장경제 모델의 탈규제 유연화에 대한 정책 대안으로 유연성과 안정성을 결합한 유연안정성 모델을 수립하여 추진하고 있다. 하지만 유연안정성 모델의 의미를 둘러싼 논란은 지속되고 있다. 제3장은 유럽연합의 유연안정성 모델이 어떤 정책 요소들로 구성되어 있으며 어떻게 유연안정성을 실현하고자 하는지를 분석하는 한편, 어떤 유형의 유연성과 안정성을 결합했으며 유연성과 안정성 간의 균형을 어떻게 이루고 있는지를 분석함으로써 유연안정성 모델의 실체를 규명하고자 한다.

유럽연합은 경제·산업 구조의 변화, 세계화 및 시장 상황 변동, 급격한 기술 변화, 노동력의 고령화와 유럽 경제의 경쟁력 약화 등 회원국들이 공통적으로 직면한 도전들에 대응하기 위한 전략으로 유연안정성 모델을 수립했다. 유럽연합의 유연안정성 모델을 구성하는 네 가지 정책 요소들은 유연하고 신뢰할 만한 고용계약 제도, 포괄적인 평생 학습 제도, 효율적인 적극적 노동시장 정책, 적절한 사회 보호 체계로서 덴마크의 황금 삼각형을 벤치마킹한 것이다.

유럽연합의 유연안정성 모델은 유연성과 안정성의 균형을 강조하며 유연성 개념이 외적 유연성뿐만 아니라 내적 유연성도 포괄한다는 점을 분명히 함으로써 유연안정성 모델을 통해 자본의 유연성 요구와 노동의 안정성 요구를 동시에 실현한다는 정책 방향을 수립했다. 이런 유럽연합의 유연성·안정성의 균형 입장은 유연안정성 모델을 황금 삼각형을 통해 정책적으로 실천하는 스칸디나비아 국가들에서도 그 실효성이 경험적으로 확인되고 있다.

유럽연합은 유연안정성 모델이 노동시장의 효율적 작동 효과뿐만 아니라 생산성 향상 등 긍정적인 경제적 효과도 수반한다는 점을 추진 근거로 제시하고 있는데, 경험적 분석 결과들은 대체로 이를 지지한다. 적극적 노동시장 정책과 평생 학습 제도는 일관되게 긍정적 효과를 보여 주고 있다. 관대한 사회보장제도는 소득 안정성과 일자리 연결 적합성을 제고하는 긍정적 효과를 인정받고 있지만 취업 인센티브 약화라는 부정적 효과도 지적되는데, 효율적인 적극적 노동시장 정책과 결합되면 그러한 부정적 효과가 상쇄되고 긍정적 효과가 강화되는 것으로 확인되었다. 반면, 고용 보호 경직성-유연성의 효과가 일관되게 나타나는 것은 아니다. 고용 보호 경직성은 정규직 채용 기피, 임시직 등 비정규직 비율 확대, 비정규직의 정규직 전환 제약, 노동시장 분절화, 실업의 장기화 등 부정적 효과를 유발하는 동시에, 노동자들의 교육 훈련 증대에 따른 숙련 형성과 고용 안정성에 기초한 충성심 향상을 통해 긍정적 효과도 갖는 것으로 나타났다. 이런 고용계약 제도의 효과 분석은 주로 외적 수량적 유연성의 효과에 국한되어 진행되었는데, 내적 유연성의 경우 상대적으로 긍정적 효과가 크다고 할 수 있다.

유럽연합이 유연안정성 모델을 수립하는 과정에서 자본 측은 일관된 지지 입장을 견지했지만, 노동 측은 그렇지 않았다. 제4장은 유럽연합이 유연안정성 모델을 논의·수립하는 과정에서 유럽 노총이 어떤 입장을 취했으며, 왜 일관된 입장을 견지하지 못했는지, 왜 찬성 혹은 반대 입장을 선택하게 되었는지를 분석·설명한다.

유럽 노총은 유연성-안정성 균형의 관점에 입각하여 유럽연합의 추진 방식과 유연안정성 모델의 제안 내용에 대해 비판했으나, 유럽연합 집행이사회가 유연안정성 모델을 최종 확정하자 입장을 바꿔 비판적 수용의 태도를 보여 주었다.

유럽 노총이 유연안정성 모델의 향방에 대해 우려했던 것은 그것의 내용과 추진 방식이 회원국들의 내적 역학 관계에 의해 결정된다는 점이었다. 그것은 노동 측에 비해 힘의 우위를 지닌 자본 측이 외적 수량적 유연성 중심의 노동시장 유연화를 추진하고 있고, 회원국들의 유연안정성 모델의 도입·실행 과정에 개입하는 역할을 수행하게 될 유럽연합 기구는 집행이사회에 비해 상대적으로 유연성에 우호적인 집행위원회이기 때문이다. 그럼에도 유럽 노총이 유연안정성 모델을 전면 거부하기 어려웠던 것은 유럽연합 집행이사회가 회원국들의 합의하에 확정되었고, 유럽 노총이 노동시장 효율성과 경제적 성과를 동시에 구현할 수 있는 대안적 정책 패키지를 제시하여 회원국들의 합의를 도출하기 쉽지 않았으며, 유럽 노총이 반대하더라도 유연안정성 모델의 최종 결론이 철회될 가능성은 희박했기 때문이다. 이런 딜레마 속에서 비판적 수용이라는 전략적 선택을 한 것이다.

유럽 노총은 유연안정성 모델의 정책 요소들 가운데 효율적인 적극적 노동시장 정책, 평생 학습 제도와 관대한 사회보장 체계에 대해서는 원칙적 지지 입장을 견지하면서, 정부의 재정지출 확대와 기업의 인적 자본 투자 증대를 촉구했다. 유럽 노총이 유럽사용자연합과 대립하며 유럽연합 집행위원회를 비판한 것은 유연안정성 모델의 고용계약 제도에 대한 입장 차이 때문이었다. 유럽 노총은 외적 유연성의 필요성을 원천적으로 부정하는 것이 아니라, 유럽 노동시장이 충분히 유연하기 때문에 노동력의 안정성 보장과 비정규직 사용 규제를 강화해야 한다고 주장하며 부당해고 금지, 정리 해고의 조기 해고 통지 의무화, 취업 보장을 통한 직장 보장 보완 등의 제도적 장치들을 제안했다. 한편 유연안정성 모델이 경제 위기 시 외적 유연성을 남발하여 실업을 장기화하고 경제 위기를 극복하기 어렵게 할 수 있다는 위험성을 지적하며, 유럽 노총은 이런 취약성을 극복하기 위해 산업·업종·지역 단위의 경력 이행 기금을 조성하고 개별 기업 단위의 노동시간 단축을 통한 일자리 나누기에 대해 재정적 인센티브를 제공함으로써 내적 유연성 방식을 적극적으로 활용할 수 있도록 하는 한편, 기업의 전략적 의사 결정뿐만 아니라 정부의 정책 결정 과정에서도 사회적 대화를 활성화해야 한다고 주장했다.

한편, 유연안정성 모델의 경험적 준거가 되었던 덴마크가 경제 위기 속에서 노동시장의 유연성-안정성 균형을 유지하는 데 실패했다는 비판이 제기되었다. 덴마크 사례에 대한 비판은 논리적·경험적 타당성에서 의심을 받기도 했지만, 유연안정성 모델을 통한 유연성-안정성 균형 방식의 효율성을 검증하기 위해 제3의 사례를 경험적으로 연구할 필요가 있음을 환기했다. 제5장은 스칸디나비아 모델의 전형인 스웨덴에서 유연안정성 정책 요소들의 황금 삼각형이 유연성과 안정성을 동시에 구현하고 있는지, 보수당 정부 출범과 경제 위기 발발이라는 불리한 여건 속에서 어떤 변화를 겪었으며, 여전히 유연성과 안정성의 균형을 유지하고 있는지를 분석한다.

스웨덴 노동시장은 실제 높은 유연성과 높은 안정성의 결합이라기보다 높은 고용 안정성과 높은 소득 안정성을 동시에 보장하고 있는 것으로 확인되었다. 이는 전국 수준의 법 규정에 의한 보호 층위와, 산업·사업장 수준의 노동조합에 의한 보호 층위로 구성된 이중적 보호 체계의 결과이다.

스웨덴의 황금 삼각형은 노동자들에게 높은 수준의 고용 안정성과 소득 안정성을 보장해 주고 있지만 노동력 활용의 유연성을 원천적으로 금지하는 것이 아니라, 유연성을 허용하되 철저하게 규제하는 '관리된 유연성'managed flexibility 전략을 취한다. 노동조합은 임시직 사용을 중심으로 한 노동력 활용의 유연성을 허용하되 철저하게 규제하는 전략을 취하고 있다. 비정규직 사용에 대해서는 사용 사유를 제한하고 동등 처우를 보장하여 인건비 절감을 위한 비정규직 사용 여지를 없애는 한편, 불가피한 정리 해고는 수용하되 긴 사전 통지 기간을 의무화하고 공동 결정제에 따른 노사 교섭 절차를 준수하도록 하여 정당화될 수 없는 정리 해고 가능성을 차단하는 것이다. 한편, 노동력 활용 유연성의 부정적 효과를 최소화하기 위해 적극적 노동시장 정책을 통한 취업 보장 방식의 고용 안정성과 사적 소득 보장 제도의 보완을 통한 소득 안정성을 보장한다.

황금 삼각형 정책 요소들 가운데 가장 논란이 많은 것은 실업자 소득 보장 체계로서 총선 시기마다 주요 선거 쟁점으로 부각되었다. 논란의 핵심을 구성한 공적 실업자 소득 보장 제도의 자율적 실업보험제는 2007년 보수당 정부의 노동시장 개혁 조치로 실업보험 수급 요건 강화와 소득 대체율 인하 등 큰 변화를 겪었다.

황금 삼각형 정책 요소들은 2007년 이후 경제 위기 속에서도 별다른 변화를 겪지 않았다. 2007년 노동시장 개혁 조치도 스웨덴 모델의 기본 원칙이라 할 수 있는 균형 재정 정책과 노동 우선주의를 벗어나지 않았으며, 스웨덴 모델을 훼손하기보다 변화된 외적 여건에 대응한 조정 과정이라 할 수 있다. 또한 단체협약에 기초하여 적립된 실업자 보상 기금 등 노동조합이 구축한 사적 소득 보장 제도의 완충 역할로 인해 자율적 실업보험제의 변화에도 노동자들의 소득 안정성에 미치는 부정적 효과가 최소화됨으로써 '관리된 유연성'과 함께 노동시장의 유연성-안정성 균형은 유지될 수 있었다.

스페인의 노사정 행위 주체들은 노동시장의 비효율성과 노동시장 개혁의 필요성, 그리고 유연안정성 모델의 긍정적 평가를 공유했지만, 정부는 사회적 합의를 도출하지 못한 채 일방적으로 노동시장 유연화를 추진했고 노동조합은 총파업으로 대응했다. 제6장은 스페인의 황금 삼각형 정책 요소들의 내용과 변화를 분석함으로써 왜 노동시장 비효율성 문제의 심각성을 인정하고 유연안정성 모델의 효율성에 동의하면서도, 유연안정성 모델을 구현하는 황금 삼각형 정책 요소들의 개혁을 위한 사회적 합의를 도출하지 못하고 극렬한 노정 충돌을 겪게 되었는지를 설명한다.

　　연구의 결과는 네 가지로 축약될 수 있다.

　　첫째, 사회적 행위 주체들이 노동시장의 비효율성 문제점을 인정하면서도 사회적 합의에 실패한 것은 스페인 노동시장의 문제점에 대해 자본은 공급 중심 시각에서 유연성이 부족하다고 진단한 반면, 노동은 수요 중심 시각에서 안정성이 부족하다고 진단하며 서로 상반된 노동시장 개혁 방안을 제시했기 때문이다.

　　둘째, 정부의 노동시장 개혁 조치들의 핵심은 고용 보호 체계 유연화로서 정규직 노동력의 해고를 쉽게 하는 방식으로 추진되었는데, 그 핵심은 정리 해고 요건 완화, 정규직 해고 수당 삭감, 정리 해고 시 고용 조정 계획 승인제 폐지였다. 결국, 스페인 노동시장은 경제 위기 발발 이후 유의미한 안정성 강화 없이 고용 보호 체계가 유연화됨으로써 '비-유연안정성'에서 '안정성 없는 유연성' 방향으로 변화하게 되었는데, 그것이 노정 충돌의 핵심 쟁점이었다.

　　셋째, 사회당 정부와 국민당 정부의 노동시장 정책은 내용적으로 상당한 연속성을 지니고 있다는 점에서 경제 위기 이후의 스페인 노동시장 변화는 정권의 성격보다 경제 위기의 효과라고 할 수 있다. 사회당과 국민당은 전통적으로 각각 노동과 자본의 입장에 호응하며 차별성을 보여 왔지만, 경제 위기 발발 이후 집권 사회당이 수요 중심 시각에서 공급 중심 시각으로 일정 정도 이동하며 고용 보호 체계 유연화를 추진하면서, 사회당·노동 대 국민당·자본의 대립 구도는 정부·자본 대 노동의 대립 구도로 전환되었다.

　　넷째, 경제 위기하 일련의 노동시장 개혁 조치들은 노동시장 비효율성 문제는 개선하지 못하고 노동조건을 하향평준화하는 결과를 가져왔다. 정규직의 고용 안정성만 훼손하는 고용 보호 체계의 유연화 조치는 임시직 중심의 인력 감축 현상을 제어하는 데 기여할 수 없었기 때문에 노동시장 분절화 현상은 완화될 수 없었다.

제3장

유럽연합의 유연안정성 모델
유연성과 안정성의 균형 실험

1. 문제 제기

유럽연합은 사회적 통합과 경제적 효율성을 동시에 구현하기 위해 유럽의 사회적 모델을 추진해 오고 있는데 그 핵심에 유연안정성 모델이 있다. 유연안정성 모델이란 자본의 유연성 요구와 노동의 안정성 요구를 결합한 것으로, 노동과 자본의 이해관계를 동시에 대변할 뿐만 아니라 높은 고용률과 낮은 실업률이라는 노동시장의 효율성을 실현하는 것으로 평가된다. 또한 영미형 자유 시장경제 모델의 탈규제 유연화에 대한 정책 대안을

● 본 장은 『산업노동연구』 제20권 2호(2014)에 실린 원고를 수정·보완한 글이다. 게재를 허락해 준 한국산업노동학회에 감사한다.

모색해 온 데 대한 하나의 해답이기도 하다. 요컨대, 유연성과 안정성의 균형, 자본과 노동의 이해관계 균형은 유럽연합 유연안정성 모델의 근간이다.

유럽연합은 유연안정성 모델을 수립, 회원국들이 도입·실천하도록 촉구하고 있고, 유럽연합 안팎의 많은 국가들이 이에 높은 관심을 보이고 있는데 한국도 예외가 아니다. 그러나 유연안정성 모델은 다양한 의미로 해석되고 있고, 유연성과 안정성이라는 개념이 무엇을 지칭하는지에 대한 논란도 지속되고 있다. 유럽연합이 유연성과 안정성의 균형을 표방하고 있음에도 불구하고, 자본 측은 유연안정성 모델을 탈규제 유연화로 해석하고 있고, 노동 측은 자본의 탈규제 유연화 프로젝트에 불과하다고 비판한다. 이처럼 다양하게 해석되고 개념적 혼란을 벗어나지 못하고 있는 가운데, 유연안정성 모델은 안정성보다는 주로 유연성과 동일시되는 경향이 많다. 따라서 본 연구는 이 모델의 실체를 분석하고자 한다.

유럽연합은 자본과 노동을 포함한 사회적 행위 주체들과 회원국들의 의견을 수렴해 유연안정성 모델을 수립했다. 따라서 이해관계가 대립될 수밖에 없는 자본과 노동이 타협했을 뿐만 아니라 다양한 시장경제 모델 국가들이 합의했다는 점에서, 유연안정성 모델이 어떤 내용들로 구성되었는지를 분석하는 작업은 그 자체로 의의가 있다. 먼저 선행 연구들(Auer 2007; 2010; Jørgensen & Madsen 2007; Keune & Jepsen 2007; Goetschy 2009; Tangian 2010; Crouch 2012)의 한계를 살펴보자.

첫째, 유럽의 사회적 모델에서 차지하는 유연안정성 모델의 중요성에 대해서는 동의하고 있지만, 어떤 정책 요소들로 구성되어 있으며 이런 구성 요소들이 효율적으로 작동하는 데 어떤 가능성과 한계가 있는지를 분석하기보다, 유연안정성이라는 개념 자체 혹은 유럽연합이 이를 추진하는 방식에 대한 찬성/반대의 구도 속에서 해당 관점의 근거를 제시하는 경우가 많다.

둘째, 유럽연합의 유연안정성 모델은 긴 논의 과정에서 일정하게 내용이 변화되었음에도 불구하고 최종적으로 확정된 모델을 분석하기보다, 주로 유연안정성 모델을 수립하기 위해 초안을 제시하고 의견을 수렴하는 논의 과정을 중심으로 분석한다.

이런 선행 연구들의 한계를 극복하기 위해, 본 연구는 유럽연합이 최종적으로 확정한 유연안정성 모델을 중심으로, 그것이 어떤 정책 요소들로 구성되어 있으며 그 내용은 무엇인지, 어떤 유형의 유연성과 안정성을 결합했는지, 유연성과 안정성 간의 균형 및 노동-자본 이해관계가 균형을 이루고 있는지, 어떻게 효율성을 실현하고 있는지 등을 살펴보고자 한다.

2. 유연안정성의 개념과 유연안정성 모델의 수립 과정

1) 개념적 혼란

노동시장의 유연성과 안정성을 실현하기 위해서는 노동시장 정책, 사회보장 정책, 고용정책, 단체교섭 정책, 인적 자원 정책 등 사회정책 전반에 걸친 다양한 정책 수단들이 동원되어야 한다. 그런 점에서 유연안정성 모델이 노동시장 정책을 넘어, 유럽 사회적 모델의 핵심적 구성 요소로 추진된 것은 자연스런 일이다. 유럽연합은 유연성과 안정성을 조합해 경제적 효율성을 훼손하지 않는 가운데 높은 고용률과 낮은 실업률을 유지하는 네덜란드와 덴마크를 준거로 삼았다.

1990년대 초 유럽이 경제 위기를 겪으며 유럽연합 국가들의 실업률이 10%를 넘어서는 가운데 네덜란드와 덴마크의 낮은 실업률은 큰 관심을 모았다. 양국은 낮은 실업률과 높은 고용률이라는 노동시장 성과뿐만 아니라 높은 생산성에 기초한 기업 경쟁력과 더불어 안정적 경제성장, 노사 평화에 기초한 높은 사회 통합 효과도 보여 주었다. 이런 경제·사회적 성공이, 사용자에게는 노동력 사용의 유연성을 제공하고 노동자에게는 노동시장에서의 안정성을 제공함으로써 가능했다는 사실이 확인되면서, 두 나라의 유연안정성 모델은 미국식 신자유주의 구조 조정으로 표현되는 노동시장 유연화에 대한 대안으로 각광받게 되었다. 유럽연합이 네덜란드와 덴마크 사례를 준거로 삼아 유연안정성 모델을 구축하게 된 것은 이런 배경을 갖는다.

유럽연합은 유연성과 안정성의 결합이 갖는 긍정적 효과를 강조하며 유연안정성 모델을 도입·확산할 필요를 역설했지만 유연안정성이라는 개념 자체가 여전히 불분명하고 유럽연합의 유연안정성 모델이 의미하는 바도 애매하다는 지적을 받아왔다. 이처럼 개념적 혼란을 피할 수 없었던 것은 무엇보다도 유연성과 안정성이라는 개념이 다의적이기 때문이다.[1]

유연성은 피고용자를 채용·해고하고 임시직 계약을 체결하는 방식으로, 인력 규모를 조정하는 수량적 유연성, 작업 조직의 변경 및 노동자들의 직무 이동·배치를 통해 개별 노동력의 수행 기능을 조정하는 기능적 유연성, 노동력의 채용·해고 없이 노동시간을 조절하는 노동시간 유연

1_유연성과 안정성의 다양한 의미에 대해서는 Bredgaard et al(2007, 367-269), Auer (2007, 88-93; 2010a, 380-1), Tangian(2010, 2-6), European Commission(2006a, 77-78)을 참조할 것.

성, 경제적 여건에 맞춰 임금수준을 조절하는 임금 유연성으로 나눠 볼 수 있다. 수량적 유연성은 정리 해고를 통한 인력 감축 등 외부 노동시장을 이용해 해당 업체의 인력 규모를 조정한다는 점에서 외적 유연성으로 분류되는 반면, 기능적 유연성, 노동시간 유연성, 임금 유연성은 인력 규모를 감축하지 않고 노동력 활용 방식을 조정하면서 시장 변동에 대응한다는 점에서 내적 유연성으로 분류된다.

안정성은 노동자가 동일 직무를 계속 수행할 수 있도록 하는 직장 보장job security, 직무나 고용주가 바뀌더라도 고용을 유지하는 취업 보장, 실업과 질병에도 소득수준을 유지하도록 하는 소득 안정성으로 대별된다. 직장 보장은 좁게 보면 동일 업체 내에서 동일 직무를 유지하는 것을 뜻하지만, 넓은 의미로는 직무가 바뀌더라도 동일 업체 내에서 일자리를 유지하고 있는 경우까지를 포괄하는데, 대체로 점차 좁은 의미보다 넓은 의미로 사용되고 있다. 취업 보장은 대체로 고용된 업체에서 다른 업체로 이직하거나 실직 상태에서 재취업하는 사례까지 포함해, 노동시장 내에서 취업 상태를 유지하는 것을 말한다. 요컨대 직장 보장은 기업 단위의 안정성을 의미하는 반면, 취업 보장은 노동시장 단위의 안정성을 의미한다.

이처럼 유연성과 안정성이 다양한 의미를 갖고 있기 때문에, 자본과 노동은 각자의 시각에서 유연안정성을 해석하게 되었고, 유럽연합의 다양한 기구들과 사회적 행위 주체들 역시 서로 다른 의미로 이 개념을 사용함으로써 개념적 혼란이 가중되었다. 이제 유럽연합의 유연안정성 모델이 수립되는 과정을 검토하고 그 실체를 확인해 보자.

2) 수립 과정

유연안정성 개념은 1995년 네덜란드 정부정책과학위원회 위원인 노동당

사회학자 한스 아드리안센스Hans Adriaansens가 노동시장 개혁 방향을 논의하는 과정에서 처음 제시됐다. 이는 노동력 활용의 유연화 추세 속에서 유연한 노동 계약으로 고용된 노동자들의 안정성을 높임으로써 유연성과 안정성을 결합한다는 의미로 사용되기 시작했다. 이 과정에서 유연성·안정성법이 제정되어 1999년에 발효되었는데, 이 법은 파견 노동자를 2년 이상 사용할 경우 정규직으로 전환하도록 하고, 임시직 노동자들의 고용 계약 갱신 횟수와 총 계약 기간을 제한하는 등 비정규직 노동력 사용을 허용하되 보호 장치를 구비함으로써 노동력의 유연성과 안정성을 동시에 구현하고자 했다.[2]

유연안정성 개념은 일찍이 네덜란드에서 사용되기 시작하면서 네덜란드 노동시장의 특징을 규정하는 개념으로 자리 잡았으나, 이후 덴마크의 노동시장도 유연성과 안정성을 동시에 구현한 것으로 평가됨에 따라 두 나라 모두 유연안정성 개념의 준거 사례로 언급되기 시작했다. 네덜란드의 경우 비정규직 중심의 유연한 노동력에 대해 안정성을 제공했지만, 덴마크는 비정규직뿐만 아니라 정규직 사용에도 유연성을 허용하면서, 사회보장 체계와 노동시장 정책을 통해 노동력 전반에 안정성을 보장했다는 점에서 좀 달랐다. 이렇게 덴마크는 유연한 고용계약을 통한 노동시장 유연화, 관대한 실업수당 중심의 사회보장 체계, 그리고 교육 훈련과 취업 지원에 효과적인 적극적 노동시장 정책으로 유연안정성을 구현하고 있는데, 앞에서도 말했듯이 이 제도적 장치들을 '황금 삼각형'이라고 부른다.

네덜란드와 덴마크에서 유연안정성 개념이 구체적 노동시장 정책 및

2_초기 유연안정성 개념의 사용에 대해서는 ILO(2009b, 2-4), Auer(2010a, 371-4), Dolenc & Laporsek(2013, 225-6)을 참조할 것.

제도로 실천되는 가운데, 유럽연합 차원에서는 이미 1980년대부터 유연성과 안정성의 결합에 대한 정책적 관심이 형성되고 있었다. 이는 1993년 『들로르 백서』Delors White Paper로 구체화되었으며, 유럽연합의 정책 담론들 속으로 침투하기 시작했다.[3] 유럽연합 집행위원회는 2000년에 채택된 리스본 전략에서 유연안정성 개념을 공식적으로 언급했고, 2001년 고용지침Employment Guidelines에서는 유연성과 안정성의 결합이 필요하다는 점을 명시적으로 표명했다.

유연안정성 개념을 유럽연합 차원에서 정책 대안으로 본격적으로 검토하기 시작한 것은 2005년 말과 2006년 초였다.[4] 이 시기 유럽연합 집행위원회의 고용사회통합부DG-EMPL가 집행위원회의 노동법 개정을 위한 녹서Green Paper 작성을 준비하기 시작했고, 유럽연합 집행이사회는 고용사회통합위원회EPSCO 산하 고용자문위원회EMCO로 하여금 유연안정성 접근법에 대한 내부 작업팀을 구성하도록 했다. 2006년 5월 고용자문위원회 작업팀의 유연안정성 보고서(EMCO 2006)가 제출되었고, 마침내 11월에는 유럽연합 집행위원회의 유연안정성 녹서(European Commission 2006a)가 발표되었다. 녹서는 노동시장이 유연화되는 추세 속에서 기존의 법적 규제 틀과 노동시장 현실 간의 괴리가 커지는 문제를 해결하기 위해, 노동시장을 좀 더 공정하고 통합적으로 만들고 유럽의 경쟁력을 강화하기 위

3_유럽연합 차원에서의 유연안정성 개념 사용에 대해서는 Goetschy(2009, 83-86), Tangian(2010, 1-2), Auer(2010a, 372-4), Tsarouhas & Ladi(2013, 488-491)를 참조할 것.

4_이 시기에 대해서는 Mailand(2010, 244-245), Tsarouhas & Ladi(2013, 488-491)를 참조할 것.

해 유연안정성 의제를 진전시켜야 한다고 강조했다. 유럽연합 집행위원회는 녹서에서 주요 정책 쟁점들과 대안들을 공론화하자고 제안하며, 회원국들 및 노동과 자본을 포함한 이해 당사자들의 의견을 수렴해 2007년 6월 "유연안정성에 대한 집행위원회 회람 자료"Commission Communication on flexicurity를 발표하고, 2007년 말까지 유연안정성의 공통 원칙들Common Principles을 확정하겠다는 계획을 밝혔다.

2005년 말과 2006년 초 유럽연합의 주요 단위들은 유연성과 안정성을 결합해 긍정적인 고용 효과를 창출할 수 있다는 점을 일관되게 강조했는데, 경험적 준거는 네덜란드와 덴마크였다. 2006년 1월 오스트리아 발라흐Villach에서 열린 유럽연합 집행이사회 고용사회장관들의 비공식 모임에서는, 유연성과 안정성을 동시에 구현하는 회원국으로 덴마크 사례를 인용하며, 유연성과 사회보장은 상호 적대적인 것이 아니라 상호 의존적이라는 점을 지적했으며, 덴마크가 주요 준거 사례임을 확인하는 보도 자료(Council Presidency 2006)를 발표했다. 보도 자료는 유연안정성이란 "안정성을 통한 유연성"Flexicurity-Flexibility through Security이라며, 유연안정성을 추진하는 데 노동자들이 적극적으로 임해야 하고, 노동자 고용 보호 방식을 직장 보장 방식에서 취업 보장 방식으로 이행해야 한다는 점을 분명히 했다.

고용자문위원회 작업팀이 2006년 5월 유연안정성 보고서를 발표했지만 유럽연합 이사회는 유연안정성 개념이 여전히 분명하지 않다는 판단하에 2006년 여름 전문가 집단Expert Group을 조직했다.[5] 법학·경제학 교

5_2006년 전문가 집단 구성에서 집행위원회가 회람 자료를 제출하고 유연안정성 모델이 최종 확정을 위해 의견을 수렴하는 과정에 대해서는 Mailand(2010, 245-251), Dolenc

수들과 집행위원회의 고용사회 통합부, 유럽 노총와 유럽사용자연합 BusinessEurope의 대표들로 구성된 전문가 집단은, 유연안정성의 공통 원칙을 수립하는 동시에 개별 국가들이 따라야 할 유연안정성의 구체적인 경로를 제시해 달라는 요청을 받았다. 이런 과정을 거쳐 유럽연합 집행위원회는 유연안정성의 공통 원칙을 수립하기 위한 회람 자료(European Commission 2007a)를 2007년 6월 27일 제출했는데, 여기에서 유연안정성 정책의 4대 구성 요소, 유연안정성의 8대 공통 원칙과 네 가지 경로를 제시했다. 이 회람 자료는 유럽연합 기구들과 회원국들뿐만 아니라 유럽 차원의 노동과 자본 등 이해 당사자들 사이에 포괄적 논의와 사회적 대화를 촉구했다. 유럽연합 집행위원회를 중심으로 의견 수렴 과정을 거쳐 2007년 12월 6일 이사회가 유연안정성의 공통 원칙을 확정함으로써, 유럽연합의 유연안정성 모델이 마침내 수립되었다. 유럽연합은 유연안정성의 공통 원칙을 발표하며 회원국들로 하여금 유연안정성 모델을 정책적으로 구현할 것을 요청했다. 이후 유연안정성 모델은 유럽연합의 유럽 고용 전략EES 지침으로 통합되며, 유럽연합의 핵심 정책으로 자리 잡았다.[6]

유럽연합이 유연안정성 모델을 수립하기 위한 논의를 시작할 때만 하더라도 주요 준거 사례는 덴마크와 네덜란드였지만 시간이 지날수록 점차 덴마크 쪽으로 기울고 있었다. 여기에는 몇 가지 요인이 있다. 첫째, 직장 보장 방식의 고용 보호 체제는 이미 와해되고 있을 뿐만 아니라 노동시

& Laporsek(2013, 225-226), Tsarouhas & Ladi(2013, 488-491), Fudge(2013, 219-220)를 참조할 것.

6_Mailand(2010, 253-4), Tsarouhas & Ladi(2013, 488-491), Janssen 면담(2012)을 참조할 것.

장 분절성을 심화시킨다는 점에서 취업 보장 방식의 고용 보호 체제로 이행해야 한다는 판단이, 집행위원회와 집행이사회를 포함한 유럽연합 기구들 내에서 상당한 공감대를 형성하고 있었다. 그런 점에서 정규직의 경직된 고용 보호와 비정규직의 유연한 사용을 골자로 하는 네덜란드 사례가 취업 보장 방식을 실천하는 덴마크 사례에 밀리게 되었다고 할 수 있다 (Mailand 2010, 244-245; Janssen 면담 2012).

둘째, 유럽연합 집행위원회는 내부 기구들 가운데에서도 유럽연합의 경쟁력을 향상시키기 위해 노동력 활용의 유연성이 필요하다는 입장이 강한 편이었는데, 2005년 말 독일에 기민당 연립정부가 출범하는 등 유럽연합 회원국들의 세력 균형이 중도 좌파에서 중도 우파로 이동하면서 그런 입장이 좀 더 강화될 수 있었다(Klindt 2011, 981-984; Tsarouhas & Ladi 2013, 489-492; Janssen 면담 2012).

3. 유연안정성 모델의 원칙과 정책 요소

1) 공통 원칙

유럽연합 집행이사회가 2007년 12월 최종 확정한 유연안정성 8대 공통 원칙의 핵심 요지는 다음과 같다.[7]

7_유연안정성 공통 원칙은 Consilium(2007a; 2007b)을 참조했음.

첫째, 유연안정성을 새로운 형태의 유연성과 안정성을 통해 리스본 전략의 집행을 보강하고, 보다 많고 보다 좋은 일자리를 창출하고, 노동시장을 현대화하고 좋은 일자리를 증대하기 위한 수단으로 정의함으로써, 유연안정성 모델을 수립하고 확산시키는 목적을 분명히 했다.

둘째, 유연안정성을 구성하는 정책 요소들을 유연하고 신뢰할 만한 고용계약 제도, 포괄적인 평생 학습 전략, 효율적인 적극적 노동시장 정책, 현대적이고 적절하며 지속가능한 사회 보호 체계 등 네 가지로 규정함으로써, 덴마크의 황금 삼각형을 준거 모델로 삼았음을 분명히 했다.

셋째, 유연안정성 접근은 단일한 노동시장 모델 혹은 단일한 정책 전략이 아니라, 개별 회원국의 구체적 여건에 맞추어 설계되어야 하며, 개별 회원국은 유연안정성의 공통 원칙들에 기초해 자체적인 유연안정성 정책 조치를 개발해야 한다고 밝힘으로써, 개별 회원국의 자율성을 허용했다.

넷째, 외적 유연안정성뿐만 아니라 기업 내적 유연안정성도 똑같이 중요하며, 계약의 유연성에는 안정적인 일자리 이동이 수반되어야 하고, 사회적 보호 장치는 일자리 이동과 신규 취업을 위한 인센티브와 지원을 제공해야 한다고 밝힘으로써 유연안정성 가운데 안정성을 담보하는 장치의 중요성을 강조했다.

다섯째, 유연안정성은 모든 이해 당사자들 사이에 신뢰와 광범위한 사회적 대화의 분위기가 형성되어야 하고, 정부 당국이 전반적 책임을 지되 사회적 파트너들이 사회적 대화와 단체교섭을 통해 유연안정성 정책의 설계와 집행에 관여해야 한다고 밝힘으로써 노사정 행위 주체들의 사회적 대화를 강조했다.

이 다섯 가지 외에도 노동시장 분절화 극복, 성 평등, 재정 건전성 등을 강조했는데, 이는 상대적으로 논란의 여지가 적은 일반적 원칙들에 해당된다.

유럽연합 집행위원회가 최종 확정한 8대 공통 원칙은, 앞서 집행위원회가 제출한 유연안정성 회람 자료의 8대 공통 원칙을 수정·보완한 것으로, 핵심 논지는 변하지 않았다. 집행이사회와 집행위원회는 유럽이 직면한 도전에 대응하기 위해서는 유럽연합과 회원국들이 유연안정성 모델을 채택·실천해야 한다고 일관되게 주장해 왔다.[8] 회원국들마다 어느 정도 차이가 있지만, 공통적으로 직면한 도전들로 세계화 추세, 급격한 기술 변화, 경제·산업구조의 변화, 노동력의 고령화와 유럽 경제의 경쟁력 약화가 지적되고 있고, 이에 대한 공통된 대응책으로 유럽연합은 유연안정성 모델을 제시했다. 유연안정성 모델은 이처럼 유럽연합과 회원국들이 직면한 도전을 극복하기 위한 대응책인 동시에, 중장기적으로 나아가야 할 방향이기도 하다.

유연안정성 공통 원칙의 최종 결론은 집행위원회 회람 자료에서도 지적했듯이, 유연한 고용계약 제도, 평생 학습 제도, 적극적 노동시장 정책, 사회 보호 체계를 정책 요소로 꼽고 있다. 앞서도 말했듯이 이는 덴마크의 황금 삼각형을 준거로 수립되었는데, 유연안정성 가운데 안정성이란 덴마크에서와 같이 동일 고용주, 동일 업체 내의 직장 보장이 아니라 고용주와 업체들 사이의 안정적 이동을 포함하는 노동시장 차원의 취업 보장을 의미한다.

그러나 유럽연합 집행이사회의 유연안정성 공통 원칙 최종 결론은 집

8_집행이사회와 집행위원회 입장의 공통점과 차이점에 대해서는 Consilium(2007a; 2007b)과 European Commission(2007a; 2007b)을 중심으로 비교·분석했으며, Mailand (2010, 249-251), Tsarouhas & Ladi(2013, 489-492), Janssen 면담(2012)을 참조했음.

행위원회 회람 자료와 구체적 내용에서는 일정한 차이도 있다.

첫째, 집행이사회의 최종 결론은 집행위원회의 회람 자료에 비해 유연성보다 안정성을, 외적 유연성보다 내적 유연성을 상대적으로 더 강조했는데, 내적 유연안정성과 외적 유연안정성이 동등하게 중요하다는 입장이었다. 또한 집행이사회의 최종 결론이 집행위원회 회람 자료에 비해 유연성보다 안정성을 더 강조하고 있다는 것은, 유연안정성 모델의 정책 구성 요소로 단순히 사회보장제도가 아니라 사회 보호라는 더 포괄적인 개념을 사용함으로써 직장 보장의 약화를 전제하지 않고, 내부자-외부자 준거틀을 제거해 "내부자 혜택을 삭감하여 외부자에게 부여한다는 정책 방향을 함의한다."는 오해를 불식시키고자 한 데서 잘 나타난다.

둘째, 집행이사회의 최종 결론은 집행위원회 회람 자료에 비해 사회적 대화를 더 강조하면서 노동 측의 이해 대변 및 개입력을 강화하고 있다. 집행위원회 회람 자료의 공동 원칙이 노사정 간 상호 신뢰와 대화만을 언급한 반면, 집행이사회의 최종 결론은 사회적으로 균형 잡힌 정책의 관점에서 이해 당사자들의 상호 신뢰와 포괄적 대화를 강조하면서, 사회적 대화와 단체교섭을 통해 유연안정성 정책들을 설계하고 집행하는 데 노동을 포함한 이해 당사자들이 관여할 것을 요청하고 있다. 이처럼 이해 당사자들의 정책 수립 과정 개입뿐만 아니라 균형된 정책과 단체교섭을 강조하면서 노동 측의 이해관계와 개입력이 사회적 대화의 실질적 내용을 구성하도록 함으로써 노동을 배제하거나 노동의 이해관계에 반하는 정책이 수립될 가능성을 차단하고자 했다.

셋째, 집행이사회의 최종 결론은 모든 회원국에 동일한 유연안정성 모델의 정책 수단들을 부과하지 않고, 개별 회원국이 각자의 여건에 맞게 설계할 수 있도록 했다. 즉, 개별 회원국들이 고려할 여건을 노동시장과 노사 관계에 국한하지 않고 포괄적으로 규정함으로써, 각국이 노동시장과 노사 관계뿐만 아니라 정치·경제·사회적인 제반 조건을 고려해 유연안정성 모델을 수립할 수 있도록 자율성을 부여했다. 또한 집행위원회 회람 자료에 포함되었던 유연안정성 경로들을 삭제함으로써 그것이 단순한 준거 대상을 넘어서는 규정력을 지니지 못하도록 했다.

이처럼 유럽연합 집행이사회가 최종적으로 확정한 유연안정성 모델의 내용은 집행위원회의 회람 자료에 비해 전반적으로 친노동적 성격과 개별 회원국의 입장을 좀 더 적극적으로 반영했다. 집행위원회가 유럽연합의 일상적 집행 기구로서 개별 회원국의 영향력으로부터 상대적으로 자유로운 반면, 집행이사회는 회원국 정상들 혹은 담당 장관들로 구성되어 있어 개별 회원국의 입장을 좀 더 적극적으로 반영하게 되어 있다. 한편, 친노동적 성격이 강화된 것은 무엇보다도 유럽 노총이 집행위원회가 추진하는 유연안정성 모델이 안정성보다는 유연성을, 노동의 이해관계보다는 자본의 이해관계를 반영하는 프로젝트라고 강도 높게 비난하고 있어, 집행이사회가 유연안정성 모델을 회원국들에 확산시키기 위해 필요한 노동과 자본 등 사회적 행위 주체들의 적극적 참여와 지지를 담보하기 어렵게 되었다고 판단했기 때문이다(ETUC 2007a; 2007c; 2007k; Janssen 면담 2012). 또한 유럽 의회가 집행이사회에 고용 안정성을 강화해 유연성과 안정성의 균형을 이루는 유연안정성 모델을 수립할 것을 주문했고, 2007년 하반기 집행이사회의 의장국을 맡게 된 포르투갈은 사회당이 집권하고 있어 유럽연합의 전반적 보수화 속에서도 집행이사회가 친노동적 성격을 가질 수 있었던 것으로 보인다(European Parliament 2007a; 2007b; ETUC 2008a; Janssen 면담 2012).

2) 정책 요소 및 경로

유럽연합 집행이사회와 집행위원회는 유연안정성 모델을 구성하는 네 가지 정책 요소들의 효율성에 대해 긍정적인 평가와 입장을 일관되게 견지하고 있다. 유럽연합은 개별 정책 요소들이 고용 및 인적 자본 문제를 개선하는 데 기여한다는 선행 연구 결과에 기초해 유연안정성 모델을 설계했다고 밝혔다.[9]

첫째 요소는 유연하고 신뢰할 만한 계약 제도이다. 경직된 고용 보호 제도는 정리 해고를 까다롭게 하여 정리 해고 피해자 숫자는 줄일 수 있지만 실업자들의 취업을 어렵게 하는데, 이는 기업들이 신규 채용 여부를 결정할 때 인력 수요뿐만 아니라 미래에 발생하게 될 높은 해고 비용의 가능성도 함께 고려하기 때문이다. 경직된 고용 보호 제도가 특히 부정적인 영향을 미치는 집단은 청년·여성·노인과 장기 실업자 등 노동시장 진입에 어려움을 겪는 취약 집단들이다. 또한 경직된 고용 보호 제도는 고용 보호 수준이 낮은 임시직 계약들을 양산할 수도 있는데, 유연안정성 모델은 이런 노동시장 분절 문제를 해결하고자 한다. 물론, 경직된 고용 보호 제도는 기업들로 하여금 노동자 훈련에 투자하도록 하고 노동자들의 충성심과 높은 생산성을 촉진하는 긍정적 효과도 갖는다.

둘째 요소는 포괄적인 평생 학습 전략이다. 급격한 시장 변화와 기술 혁신에 대응하기 위해서는 포괄적인 평생 학습 전략과 인적 자본 투자 증대가 필요한데, 이는 기업들의 경쟁력과 변화 대응력을 높일 뿐만 아니라 노동자들의 고용 유지 및 신규 취업 가능성을 높이는 데 점점 중요해지고

9_정책 요소들에 대해서는 European Commission(2007a, 5-7)을 참조했음.

있다. 그러나 이런 인적 자본 투자와 평생 학습은 고숙련자들에게만 혜택을 주는 경우가 많으며, 학습의 필요가 가장 큰 저숙련 노동자, 임시직 노동자, 자영업자 및 노령 노동자들이 소외되기 쉽다는 문제가 있다. 이런 문제를 해소하기 위해서는 산업 부문 단위에서 기금을 조성해 비용을 나눌 필요가 있다.

셋째 요소는 효율적인 적극적 노동시장 정책이고, 넷째 요소는 현대적이고 적절하며 지속가능한 사회 보호 체계다. 적절한 실업수당 지급 제도는 일자리 이동 과정에서 소득을 상실할 위험부담을 해소함으로써 노동자들의 이직을 돕는 반면, 구직 활동의 강도를 떨어뜨리고 취업 기회를 포착할 물적 인센티브를 약화시킨다는 문제도 있는데, 이런 문제는 효율적인 구직 지원 및 취업 인센티브 제도를 수립함으로써 해결될 수 있다. 적극적인 노동시장 정책들 가운데는 구직 코스와 취업 센터 같은 직접적 구직 지원 서비스가 실업자들의 취업을 돕는 데 가장 효과적이고, 적극적 노동시장 정책에 대한 지출을 증대하면 실업률이 낮아지는 것으로 알려져 있다. 적절한 수준의 실업수당과 적극적 노동시장 정책은 노동자들의 고용 안정감에 긍정적인 영향을 미치는 것으로 나타난다.

유럽연합 집행위원회는 개별 회원국들이 당면한 장애물들의 유형에 따라 유연안정성 모델을 실현하는 경로도 달라진다고 판단해 네 가지 경로를 제시했다.[10] 집행이사회는 유연안정성 모델 최종 결론에서 이 네 가지 경로 논의를 삭제했는데, 이는 그 외에도 경로가 가능하다는 것을 의미하지만, 네 가지 경로는 여전히 주요한 준거 대상이 되고 있다. 각 경로는

10_유연안정성 경로들에 대해서는 European Commission(2007a, 10-18)을 참조했음.

해당 국가들이 당면한 노동시장의 문제점들의 유형에 따라, 이를 극복하기 위해 동원되는 유연안정성의 네 가지 정책 요소들에 대해 차별화된 접근법을 제시하고 있다.

경로 ①은 내부자와 외부자 간의 노동시장 분절이 심각한 국가들에 추천된다. 이들은 사회보장보다는 직무 보호를 통해 안정성을 보장하며, 실업 급여 수준이 낮고 사회보장제도가 저발달되어 있으며, 기업은 노동시장 유연성을 확보하기 위해 기간제, 호출 노동과 파견 노동 등 다양한 비정규직 노동자들을 활용한다. 노동법과 단체협약을 통해 정규직 노동자들은 보호되는 반면, 비정규직 노동자들은 노동법과 단체협약뿐만 아니라 사회보장제도와 훈련 기회로부터도 배제되어 있다.

이렇게 노동시장 분절이 심각한 국가들에서 경로 ①은 유연성과 안정성을 모든 노동력 범주에 균등하게 배분함으로써 노동시장 신규 진입을 용이하게 하고자 한다. 이를 위해 고용계약 제도는 비정규직 노동자들의 임금, 노동시간, 연금 혜택 및 훈련 기회 등 노동조건을 개선하고, 평생 학습 제도는 비정규직 노동자들에게 산업 부문 혹은 지역 단위의 훈련 기금 및 훈련 기구를 설치하고, 기업과 노동자들이 훈련에 참여할 수 있도록 재정 지원과 세제 혜택을 부여한다. 적극적 노동시장 정책은 장기 실업자와 빈번하게 실업에 노출되는 노동자들을 대상으로 숙련 형성 지원 등 공적 고용 서비스를 강화하고, 사회보장 체계는 비정규직 노동자들이 이직해도 실업 급여 수급 자격을 축적할 수 있도록 하되 반복되는 짧은 실업 기간에도 높은 실업 급여를 받을 수 있도록 한다.

경로 ②는 일자리 이동이 상대적으로 적은 국가들에 추천된다. 이 국가들에서는 대기업이 높은 수준의 고용 보호를 제공하고 노동자들은 해당 기업에 강하게 결속되어 있어 노동시장이 역동성을 잃게 된다. 사회보장제도는 잘 발달되어 있지만 적극적 노동시장 정책은 실업자들의 재취업 지원에 별로 효율적이지 못하다.

이처럼 정체된 노동시장 국가들에서 경로 ②는 기업 내에서 노동자들이 꾸준히 숙련 형성을 지속해, 미래의 생산방식 및 작업 조직 변화에 적응할 수 있도록 함으로써 구조 조정과 정리 해고에도 성공적으로 일자리를 지키거나 새로운 일자리를 찾을 수 있도록 한다. 이를 위해 고용계약 제도는 평생 학습에 대한 투자를 명문화하는 예방적 접근 방식을 제도화하고, 정리 해고 가능성이 확인되면 조기에 개입해 구직 활동을 시작할 수 있도록 한다. 평생 학습 제도는 기업들이 노동력의 고용 가능성을 높이기 위해 평생 학습 투자를 늘리고, 중소기업들은 산업 부문 차원에서 효율적인 인적 자본 개발 정책을 수립하기 위해 협력한다. 적극적 노동시장 정책은 성공적인 이직을 돕는 한편, 장기 실업자에 초점을 맞춰 노동시장 수요에 잘 호응하는 맞춤형 구직 지원 서비스를 제공하며, 사회보장 체계는 실업 급여 수혜 수준을 구직 활동에 연계하고 일자리 이동을 돕기 위해 실직 초기에는 실업 급여 수준을 상향 조정한다.

경로 ③은 노동력 내의 숙련 형성과 구직 기회 격차가 큰 국가들에 추천된다. 이 국가들은 고용률은 높지만 모두에게 기회가 주어지는 것은 아니라서 상향 이동이 촉진될 필요가 있으며, 여성, 이주 노동자, 장애인, 청년 및 노인 등 취약 집단들이 노동시장으로부터 배제될 위험이 크다.

이렇게 숙련 형성과 구직 기회의 괴리가 심한 국가들에서 경로 ③은 저숙련 노동자들이 숙련 향상을 통해 좀 더 안정적인 일자리를 취득할 수 있도록 해야 하며, 실업자들이 재취업을 선택하도록 강한 인센티브를 제공하고 일자리의 질과 노동력의 숙련 수준을 향상할 수 있도록 노력해야 한다. 이를 위해 고용계약 제도는 저숙련 노동자들이 좀 더 나은 조건에서 취업할 수 있도록 하고, 숙련 수준이 향상되면 좀 더 안정적인 고용계약을 체결할 수 있도록 해야 한다. 평생 학습 제도는 초중등교육 중퇴 현상을 해결하고 공식 교육 수료자 자격 조건을 개선하며 성인 문맹 퇴치를 위해 노력해야 한다. 노동력 교육 훈련은 저숙련 노동자들에게 표적을 맞추며, 정부는 기업이 노동자 교육 훈련에 투자를 늘릴 수 있도록 조세 감면 등의 인센티브를 제공하고, 노동자들에게는 개인별 훈련 계정 제도를 통해 인적 자본 개발 등을 위해 노동시간과 재정 자원의 일정 부분을 사용할 수 있도록 하는 인센티브제를 도입할 필요가 있다. 적극적 노동시장 정책은 노동력을 양분하여 고숙련층에게는 구직 지원 서비스를 제공하고 저숙련층에게는 상향 이동과 지속 가능성을 위해 적절한 숙련 형성 훈련을 제공한다. 사회보장 체계는 취업을 촉진하기 위해 실업 급여 수급 조건에 구직 활동을 포함하고, 필요하다면 임금 보충 수당을 제공하거나 실업 급여를 단계적으로 감액하는 조치도 도입한다.

경로 ④는 최근 정리 해고를 비롯해 대대적인 구조 조정이 실시되어 상당수가 장기간 실업 급여 혜택을 받으며 재취업 전망이 어두운 국가들에 추천된다. 이 국가들은 주로 전통 산업에서 대규모 정리 해고자가 발생해, 신규 취업을 지원하는 것이 아니라 노동시장 퇴장에 대한 보상 방식으로 소득 안정성을 보장하는 정책을 실시하고 있는데, 적극적 노동시장 정책에 대한 투자는 제한적이고 신규 취업 가능성은 매우 낮다. 새로운 일자리는 고용 보호 수준이 낮을 뿐만 아니라 주로 서비스 부문에서 창출되기 때문에 전통적 제조업의 해고자들은 취업 기회를 포착하기 어렵다. 직업 훈련 체계가 취약해 저숙련 노동자들이나 취업 경험이 없는 청년들은 노동시장의 구인 요건을 충족시키기 어렵고, 많은 사람들이 비공식 부문의 일자리를 선택하게 된다.

이처럼 실업률이 높고 비공식 부문에 대한 의존도가 큰 국가들에서 경로 ④는 효율적인 적극적 노동시장 정책과 직업 훈련 제도 개발을 통해 실업자들과 비공식 부문 노동력을 공식 부문에서 취업할 수 있도록 기회를 제공하고자 한다. 이를 위해 고용계약 제도는 신흥 산업 부문에 대해 비정규직을 포함한 모든 노동자에게 적절한 수준의 취업 보장을 제공하고, 비공식 부문 노동자들의 권리를 신장하며 직업훈련 기회를 제공함으로써 이들을 공식 부문에서 정규직화한다. 평생 학습 제도는 노동시장 수요에 부응하는 직업 교육 훈련 서비스를 제공하고, 노동자 직업훈련에 대한 기업 측의 투자를 의무화하는 내용의 단체협약을 체결하도록 한다. 적극적 노동시장 정책은 공적 고용 서비스 기구들의 인력, 능력, 의사 결정 과정 및 작업 조직을 개선하고, 장기 실업자와 장애 노동자 및 해고 위협을 받고 있는 노동자들에게 초점을 맞추어 맞춤형 구직 서비스를 제공하고, 사회보장 체계는 실업 급여 수준을 높여 경제적 곤궁 때문에 비공식 부문 취업을 선택하는 유인을 약화하고, 취업 인센티브와 구직 활동 조건부 실업 급여 제도를 개선해 실업 탈출을 유도한다.

3) 정책 목표와 정책 수단들

유연안정성 모델을 실현하기 위한 네 가지 경로의 정책 목표와 정책 제안을 검토하면, 이 모델이 지향하는 노동시장 변화와 더불어 이를 구성하는 네 가지 정책 요소의 구체적인 내용을 확인할 수 있다(〈표 3.1〉).

첫째, 고용계약 제도는 비정규직 노동자들의 임금과 취업 보장 등 노동조건을 개선하고 교육 훈련 기회의 확대를 단체협약 등을 통해 제도적으로 보장함으로써, 저숙련의 비정규직 노동자들이 숙련 향상을 통해 정규직으로 전환하거나 취업 보장을 강화하는 것을 돕는다.

둘째, 평생 학습 제도는 저숙련·비정규직 노동자들의 교육 훈련 기회를 확대하고, 교육 훈련 프로그램에 대한 기업과 노동자들의 참여 수준을 높이기 위해 재정 지원과 세제 혜택을 부여하며, 산업 부문 혹은 지역 단

표 3.1 | 유연안정성 모델의 네 가지 경로와 정책 요소들

	경로 ①	경로 ②	경로 ③	경로 ④
〈국가별 특성〉				
대상 국가	노동시장 분절	일자리 이동 저조	숙련 형성 및 이동 기회 괴리	대규모 경제적 구조 조정 경험
안정성 부여 방식	직무 보호	대기업 중심 직무 보호	높은 고용률, 취약 집단 배제	노동시장 퇴장 보상식 소득 보장
저발달	사회보장제도	적극적 노동시장 정책	적극적 노동시장 정책	적극적 노동시장 정책, 훈련 제도
〈유연안정성 전략〉				
모델 목표	유연성-안정성 균등 배분	기업 간 이동 안정성 보장	노동력 숙련 향상을 통한 취업 지원	공식 부문 취업 확대
모델 전략	비정규직 보호, 노동시장 진입 수월함	숙련 형성을 통한 일자리 이동 지원	저숙련 노동자 취업 지원	실업 및 비공식 부문 탈출 기회 제공
고용계약 제도	비정규직 노동조건 개선	숙련 향상을 통한 예방적 접근, 정리 해고 조기 개입	저숙련 숙련 향상을 통한 취업 조건 개선	신흥 산업 고용 보호, 직업훈련 기회를 통한 정규직화
평생 학습 제도	비정규직 훈련 기회 확대	평생 학습에 대한 기업의 투자 확대	저숙련자 표적 훈련, 노동자 개인별 훈련 계정 제도	단체교섭 의제화
적극적 노동시장 정책	실업(위험)자 공적 고용 서비스 강화	이직 지원, 장기 실업자 맞춤형 구직 지원	고숙련 구직 지원, 저숙련 숙련 형성 훈련 제공	장기 실업자 및 해고 위협 노동자의 맞춤형 서비스
사회보장 체계	이직해도 실업 급여 수급 자격 축적, 짧은 실업 기간에도 높은 실업 급여 제공	실업 초기 실업 급여 상향 조정	구직 활동 연계 실업 급여, 임금 보충 수당, 실업수당 단계적 삭감	실업수당 상향 조정을 통한 저질 일자리 선택 억제

주: European Commission(2007a, 10-18)에 근거하여 필자가 작성함.

위의 훈련 기금 및 훈련 기구를 설치·운영하고, 노동시장 수요에 부응하는 교육 훈련 서비스를 제공하는 한편, 개인별 훈련 계정 제도를 통해 노동자가 노동시간과 재정 자원을 효율적으로 활용할 수 있도록 한다.

셋째, 적극적 노동시장 정책은 장기 실업자와 저숙련층에 초점을 맞춰 노동시장 수요에 부응하는 맞춤형 교육 훈련 및 구직 지원 서비스를 제공하되, 정책 대상을 양분하여 고숙련층에게는 구직 지원 서비스를, 저숙련층에게는 교육 훈련 기회를 제공한다.

넷째, 사회보장 체계는 실업 초기에는 실업 급여 수준을 상향 조정해 안정적으로 구직 활동을 할 수 있도록 하되, 적극적 구직 활동을 실업 급여 수혜 조건으로 설정하고, 실업 급여의 단계적 감액 조치와 취업 시 임금 보충 수당을 제공해 취업 인센티브를 강화하는 한편, 비정규직 노동자들의 경우 이직해도 실업 급여 수급 자격을 축적할 수 있도록 한다.

이처럼 각 경로를 구성하는 유연안정성의 정책 수단들은 주로 실업자, 특히 장기 실업자와 저숙련층 및 비정규직 노동자들을 주된 표적 집단으로 설정해 교육 훈련 기회와 구직 지원 서비스를 제공함으로써 소득 안정성을 보장하는 가운데 노동시장 차원의 취업 보장을 강화하고자 한다.

유럽연합 집행위원회 회람 자료가 유연안정성 사례로 소개하고 있는 제도들도 이런 정책 요소들의 내용에 포함되어 있다(European Commission 2007a, 19-20). 오스트리아의 해고 수당 제도는 고용주가 개별 노동자의 개인 계정에 매월 일정액을 적립해, 정리 해고 시 노동자들이 이 계정으로부터 재원을 인출할 수 있고, 노동자들이 이직하더라도 개인 계정을 보유한다는 점에서 평생 학습 제도의 개인별 훈련 계정 제도로 표현되어 있다. 네덜란드의 임시직 노동 관련 협약은 기간제 계약의 갱신 횟수를 제한하고, 임시직 노동 전반에 대해 노동관계법으로 보호하며, 임금과 고용 보호의 최저 기준을 설정하고 있는데, 이는 고용계약 제도의 운영 방향에 표현되어 있다. 물론 덴마크의 황금 삼각형은 유연안정성 모델의 전형으로서, 유럽연합이 바람직하다고 판단하는 정책 요소들의 조합을 가리킨다.

4. 유연안정성 모델의 추진 논리 및 효율성

1) 유연성과 안정성의 조합 방식

유연안정성 모델의 네 가지 구성 요소를 보면 덴마크의 황금 삼각형, 즉

표 3.2 | 유럽연합 유연안정성 모델의 내용

	유연성	안정성
〈정책 요소〉		
고용계약 제도	외적 유연성 ≥ 내적 유연성	
평생 학습 제도		취업 보장 > 직장 보장
적극적 노동시장 정책		취업 보장
사회보장 체계		소득 안정성
〈유럽연합 기구〉		
집행위원회	외적 유연성 중심 추진	취업 보장 > 소득 안정성
이사회/집행이사회	내적 유연성 강조	취업 보장 > 소득 안정성

주: Consilium(2007a; 2007b)과 European Commission(2007a; 2007b)에 근거하여 작성함.

유연한 노동시장, 관대한 사회보장제도, 적극적 노동시장 정책에 평생 학습 제도를 추가한 것이다. 평생 학습 제도는 적극적 노동시장 정책에 포괄될 수 있기 때문에 유럽연합 유연안정성 모델은 덴마크의 황금 삼각형을 여타 회원국들에도 도입·실천할 수 있도록 보편적 모델로 정교화한 것이라 할 수 있다. 이처럼 유연안정성 개념은 유럽연합 차원에서 논의되면서 학술적 개념에서 정책적 개념으로, 협의의 개념에서 광의의 개념으로 발전했다.

유연안정성 네 경로의 정책 요소를 검토하면 유연성과 안정성의 조합 방식 및 균형성 여부를 포함해, 유연안정성 개념의 실체를 확인할 수 있다. 〈표 3.2〉에서 보듯이, 고용계약 제도는 외적 유연성과 내적 유연성을 포괄하되 상대적으로 외적 유연성이 강조되고 있고, 적극적 노동시장 정책과 사회보장 체계는 각각 고용 안정성과 소득 안정성을 지원하며 평생 학습 제도는 직장 보장에 비해 취업 보장에 더 비중을 두고 있다. 유연성 개념은 외적 유연성과 내적 유연성 사이의 상대적 중요성을 둘러싸고 유럽연합 내부뿐만 아니라 회원국들 사이에도 상당한 편차가 존재하기 때문에 유럽연합도 일관된 입장은 없다. 반면, 안정성 개념에 있어 유럽연합은 직장 보장이 아니라 취업 보장을 지칭하는 가운데 대체로 내부 이견

없이 일관된 입장을 견지해 오고 있다. 직장 보장은 외적 유연성의 대척 개념으로 유연한 고용계약을 허용하는 한 보장하기 어렵기 때문에, 유럽연합은 고용계약의 외적 유연성으로 말미암아 훼손되는 직장 보장을 보강하기 위해 적극적 노동시장 정책을 추진하는 한편, 소득 안정성을 통해 취업 보장에 기초한 고용 안정성을 보완한다.

이처럼 유럽연합의 유연안정성 모델은 포드주의 시대에 구축된 직장 보장에서 취업 보장으로 고용 보호 방식의 중심을 이동시키고 있다. 이는 세계화 추세 속에서 노동시장 유연화가 진전되는 가운데, 경직된 고용계약 제도를 지키기 어려운 현실을 인정하고, 고용 보장의 단위를 직무·기업 단위에서 노동시장 단위로 전환한 것이다. 이처럼 유럽연합의 유연안정성 모델은 포드주의 고용계약 경직성에 비하면 노동자들의 고용 보장 측면에서 상대적으로 후퇴했다고 볼 수 있지만, 신자유주의 세계화 추세를 주도하는 영미형 자유 시장경제 모델의 탈규제 유연화 전략에 맞서 상대적으로 노동 친화적인 대안으로 수립된 것이다.

유럽연합은 2000년 리스본 전략을 추진하며 유연안정성 모델을 노동시장 정책 틀 속으로 포용하기 시작했고, 2005년 말 유연안정성 모델을 수립하기 위한 논의를 본격적으로 시작해, 2007년 말에 유럽연합의 유연안정성 모델을 최종 확정했다. 이 과정에서 준거 사례가 네덜란드에서 덴마크로 바뀌었다. 이는 유연안정성 모델의 적용 대상이 유연화 추세의 희생자인 비정규직 노동자 집단에서 전체 노동자 집단으로 확대되었고, 유연안정성의 실천 방식은 유연성에 대한 안정성 보상 방식에서 유연성과 안정성의 교환 방식으로 이행했음을 의미한다.

2007년 6월 말 제출된 유럽연합 집행위원회의 유연안정성 회람 자료를 수정 보완해 집행이사회가 12월 초 유연안정성 모델을 최종 확정하는 과정에서 유연안정성 모델은 어느 정도 내용적인 변화를 겪었다. 집행위원회의 회람 자료는 외적 유연성과 소득 안정성의 결합을 추진한 반면, 집행이사회의 최종 결론은 유연성보다 안정성을 더 강조하는 가운데, 유연성의 내용에서도 외적 유연성을 내적 유연성으로 보강했다.

2) 추진 논리

유럽연합은 유연안정성 모델이 세계화, 경제·산업 구조 변화, 급격한 기술 변화와 고령화 등 외적 여건의 변화에 대응하며, 자본의 유연성 요구와 노동의 안정성 요구를 동시에 충족시킬 뿐만 아니라, 고용률 증대와 실업률 하락이라는 노동시장 정책 목표를 잘 수행할 수 있다고 주장한다(European Commission 2007b, 3-8; 2006a, 75-118). 유럽연합이 유연안정성 모델을 추진하는 논리를 개별 구성 요소별로 정리하면 다음과 같다.

첫째, 경직된 고용 보호 제도는 정규직 해고를 어렵게 해 정리 해고자 숫자를 감축하는 반면 부정적 효과도 지닌다. 기업이 신규 채용 여부를 검토할 때 미래의 해고 비용을 고려하기 때문에 신규 채용, 특히 정규직 채용을 기피하고 해고의 자유가 보장된 임시직 계약을 선호한다. 그 결과 고용 보호 경직성은 실직자의 노동시장 진입을 어렵게 하는 한편, 임시직 등 비정규직 노동자의 비율을 증가시키며, 임시직의 정규직 전환을 제약함으로써 노동시장 분절화를 심화시킨다. 유연안정성 모델은 이런 노동시장 분절화 문제를 해소하는 데 효과적이다. 물론, 유럽연합은 고용 보호 경직성이 노동자 교육 훈련에 대한 기업의 투자를 증대하고 노동자들의 충성심과 생산성을 제고하는 긍정적 효과가 있다는 점을 인정한다.

둘째, 포괄적인 평생 학습 제도는 노동자들의 다능공화와 숙련 향상을 가져와서, 기업은 경제·산업구조 변화뿐만 아니라 기술혁신과 시장 상황 변화에도 잘 대응할 수 있게 하는 한편, 노동자들이 일자리를 유지할 수 있게, 그리고 실직하더라도 새로운 일자리를 찾을 가능성을 높여 준다. 따라서 평생 학습 제도가 발달하면 고용률이 상승하고 실업률, 특히 장기 실업률이 하락한다. 하지만 평생 학습 제도를 통한 인적 자본 투자의 혜택이 고학력·고숙련자에게만 돌아갈 우려도 지적되고 있다.

셋째, 효율적인 적극적 노동시장 정책은 실업자들에게 적절한 구직 지원 서비스를 제공함으로써 재취업의 가능성을 높여 준다. 따라서 적극적 노동시장 정책은 실업 기간을 새로운 시장 수요에 부응하는 기술과 숙련을 습득하는 과정으로 활용하기 때문에 실업자의 재취업 가능성을 높여 주고, 그 결과 장기 실업자 비율이 떨어지게 된다.

넷째, 관대한 사회보장 체계는 이직 및 재훈련 기간의 소득 안정성을 보장함으로써 취업자들이 이직을 기피하거나 실직자들의 소득수준이 급격하게 하락할 위험을 막아 준다. 따라서 적극적 노동시장 정책이 작동하고 노동시장의 역동성을 유지할 수 있게 된다. 하지만 높은 실업 급여 등 관대한 사회보장 체계가 취업 인센티브를 약화시켜 구직 활동의 강도를 떨어뜨리고 실업 상태에 안존할 경향성을 강화할 수도 있는데, 이런 문제는 효율적인 구직 지원 서비스와 취업의 재정적 인센티브를 제도화하면 해소될 수 있다.[11]

11_관대한 실업수당은 고용 수준에 부정적 영향을 미친다는 통념이 지배하고 있었지만, 유럽연합의 유연안정성 모델 논의를 통해 실업수당이 노동자들의 노동시장 이동을 돕기 위해 필수 불가결하며, 실업 급여 수혜 수준을 높이는 것이 바람직하다는 담론이 확산될 수 있었다(Klindt 2011, 983-991).

3) 유연안정성 모델의 효율성

유럽연합 유연안정성 모델의 네 가지 구성 요소들이 갖는 효과를 노동시장 효과와 생산성 효과를 중심으로 분석해 보면, 유럽연합이 제시한 효율성의 논리적 근거들이 대체로 타당한 것으로 확인되는데, 논란의 여지가 전혀 없는 것은 아니다.

고용계약 제도의 고용 보호 경직성 정도를 보면 독일과 프랑스 등 대륙형 조정 시장경제 모델 국가들의 경우 경직성이 가장 높고, 미국과 영국 등 영미형 자유 시장경제 모델 국가들의 경우 유연성이 가장 높은 것으로 나타난다. 그러나 유연한 고용계약 제도의 경우 유연안정성 모델의 여타 구성 요소들에 비해 노동시장 효과와 경제적 효과는 자명하지 않다.[12]

고용계약 제도의 고용 보호 경직성이 높으면 내부자를 보호함으로써 외부자가 노동시장, 특히 정규직 일자리에 접근하기 어려워진다. 따라서 장기 실업자 비율이 상승하는 한편, 임시직 등 비정규직 노동자들이 정규직으로 전환되기 어려워짐으로써 노동시장 분절 현상이 심화될 수 있다. 유연안정성 모델은 이런 노동시장 분절화 문제를 해결하는 데 도움이 되는 것으로 평가되는데, 고용률 증가와 실업률 감축 효과는 경미한 반면 장기 실업률 감축 효과는 유의미한 것으로 추정된다.[13]

12_고용 보호 경직성-유연성의 효과에 대해서는 European Commission(2006a, 84-89), Dolenc & Laporsek(2013, 226-231), Auer(2007, 69-88), Andersen(2012, 134-135), Tangian(2010, 6-7), ILO(2009b, 5-6), Janssen(2006), Janssen 면담(2012)을 참조할 것.

13_OECD(www.oecd.org/statistics) 노동시장 통계에 따르면, 2012년 현재 고용계약 경직성이 높은 것으로 알려진 독일과 프랑스는 장기 실업자 비율이 각각 45.5%와 40.3%로 매우 높은 반면, 유연안정성을 실천하는 덴마크와 스웨덴은 각각 28.0%와 17.5%로

한편 고용계약 제도의 생산성 효과는 양면적이다. 고용 보호 경직성은 기업이 기술 변화나 시장 수요 변화에 신속하게 대응하지 못하고 신기술 실험을 기피하도록 해 생산성 향상에 부정적인 영향을 미치는 반면, 노동자들을 해고하기 어렵고 이직의 가능성이 낮기 때문에 기업은 노동자들을 교육 훈련하는 데 적극적으로 투자하며, 노동자들은 근속년수가 증가함에 따라 숙련이 축적되고 고용 안정성에 따른 충성심이 제고되어 생산성 증가에 기여할 수 있다. 실제로 근속년수가 증가할수록 생산성이 상승해 근속년수 14년에 생산성이 절정에 달하고, 그 뒤로는 생산성이 떨어지기 시작한다는 연구 결과도 있다(Auer 2007, 78-80). 따라서 고용 보호 경직성의 생산성 효과는 자명하지 않다.

고용 보호 경직성/유연성의 노동시장 효과와 생산성 효과는 일관되지 않지만, 유연성은 경제 위기로 인한 피해를 심화시키는 것으로 확인된다(Tangian 2010, 6-7). 고용 보호 유연성의 경우 경제 위기가 발발하면 기업들은 노동자들을 쉽게 정리 해고해 실업자를 양산하며, 그 결과 실업자 재정 지원 등 소극적 노동시장 정책에 공적 예산이 투입되어, 세수 감축에 시달리는 공적 재정의 적자 부담이 가중된다. 결국 경제 위기를 극복하기 위한 정부의 재정 자원이 고갈되면서 경제 위기는 악화되며 장기화될 수 있다. 반면 경제 위기 시 해고가 쉬워짐에 따라 기업들이 호황기를 이용해 위험부담이 높은 기술혁신 및 신규 사업에 진출을 시도하는 긍정적 효과도 가져온다.

매우 낮은 수준에 머물고 있다. 한편, 고용계약 유연성이 높은 미국과 영국도 장기 실업자 비율이 각각 29.3%와 34.8%로 고용계약 경직성이 높은 국가들에 비해 낮은 것으로 나타나고 있어, 고용계약 유연성이 장기 실업률 감축 효과를 지니는 것으로 추정된다.

평생교육 제도와 적극적 노동시장 정책은 주로 북유럽 스칸디나비아 모델 국가들에서 잘 발달되어 있는 반면, 영미형 자유 시장경제 모델 국가들에서는 저발달되어 있다. 기존 연구에 따르면, 평생교육 제도와 적극적 노동시장 정책은 인적 자본 투자를 통해 노동자들의 고용 가능성을 높이고, 실업률 특히 장기 실업률을 크게 떨어뜨리며 생산성 향상에도 기여한다는 사실을 알 수 있다.[14] 이런 연구 결과는 유연안정성 모델의 구성 요소에 대한 유럽연합의 평가와도 일치하는데, 적극적 노동시장 정책의 경우 정리 해고나 실직이 예상될 때 즉각 시작하는 예방적 조기 개입 방식과, 표적 집단에 특화된 맞춤형 교육 훈련 및 구직 지원 서비스의 경우 특히 성과가 좋은 것으로 나타난다. 하지만 재취업 가능성이 높은 집단보다 재취업에 어려움을 겪는, 노동시장 취약 계층에 상대적으로 많은 자원을 집중하고 있어, 비용-편익의 단기적 관점에서는 비효율적으로 보일 수도 있다. 한편 경제 위기와 관련해, 평생교육 제도와 적극적 노동시장 정책은 기업과 노동자들이 경제 위기와 같은 외적 변화에 대응할 수 있도록 도와주는 것은 사실이지만, 경제 위기하에서는 전반적으로 실업률이 상승하고 재취업 가능성이 낮아지기 때문에 적극적 노동시장 정책의 참여율과 효율성이 떨어진다.

실업 급여를 포함한 사회보장 체계가 잘 발달된 국가들은 스웨덴 등 스칸디나비아 국가들과 독일 등 대륙형 국가들이다. 높은 소득 대체율을 포함한 관대한 실업 급여 제도가 실업을 장기화하고 고용수준에 부정적

14_평생교육 제도와 적극적 노동시장 정책의 효과에 대해서는 European Commission (2007b, 10-12), Dolenc & Laporsek(2013, 227-233), Auer(2007, 69-72), Andersen (2012, 134-135)을 참조할 것.

인 영향을 미친다는 주장을 경험적으로 검증한 결과, 긍정적 효과와 부정적 효과가 혼재하는 가운데, 대체로 유의미하지 않은 것으로 확인된다.[15] 관대한 실업 급여 제도가 생산성에 미치는 효과도 마찬가지로 양면적이다. 관대한 실업 급여 제도는 노동자들이 자신의 자격 요건뿐만 아니라 적성과 장래 전망에 부합하는 일자리를 찾을 수 있도록 시간을 줌으로써, 실제로 적합한 일자리를 찾을 가능성이 높아지고, 고생산성, 고위험 부담 직무에 적극적으로 도전할 수 있게 되어 노동생산성과 전체 경제에 긍정적인 영향을 미친다. 반면, 실업자가 적극적으로 구직 활동을 할 인센티브를 약화시키고 실업 기간을 장기화하는 한편, 취업자에게 실업에 대한 기회비용을 낮춰 직무 수행의 성실성에 제약을 주기 때문에 노동생산성과 전체 경제에 부정적 영향을 미칠 수도 있다. 하지만 관대한 실업 급여 제도가 효율적인 적극적 노동시장 정책과 결합되고, 실업 급여 수급 조건에 적극적 구직 활동과 교육 훈련 참가를 연계할 경우, 부정적인 효과는 상쇄되고 긍정적인 효과가 부각될 수 있다. 그런 맥락에서 유럽연합은, 관대한 실업 제도가 실직자의 숙련 형성과 적절한 일자리 연결 가능성을 높인다는 판단하에, 실업 급여의 수혜 수준을 상향 조정할 것을 회원국들에 제안한 것이다. 한편, 실업 급여를 포함한 관대한 사회보장 체계는 경제 위기를 극복하는 데도 효과적인 것으로 확인되었다.

　　유연안정성 모델의 정책 요소들이 노동시장과 생산성에 대해 갖는 효과를 정리하면, 평생 학습 제도와 적극적 노동시장 정책의 경우 효과가 일

15_사회보장 체계의 효과에 대해서는 Dolenc & Laporsek(2013, 228-234), Klindt(2011, 990-991), LO(2012), Andersen(2012, 134-135), Auer(2007, 69-72), Tangian(2010, 6-7)을 참조할 것.

표 3.3 | 유연안정성 모델 구성 요소별 효과

	고용계약 제도		평생 학습 제도	적극적 노동시장 정책	사회보장 체계
	유연성	[참죄경직성*			
발달 국가	영미형, 스칸디나비아형	대륙형 (프랑스, 독일)	스칸디나비아형	스칸디나비아형	스칸디나비아형, 대륙형(프랑스, 독일)
저발달 국가	대륙형 (프랑스, 독일)	영미형, 스칸디나비아형	영미형, 지중해형, 대륙형	영미형, 지중해형, 대륙형	영미형
노동시장 효과	고용 규모 효과 불분명, 장기 고용률 감축	노동시장 진입 제약, 비정규직 증대	(장기)실업률 하락, 고용률 상승	(장기)실업률 하락, 고용률 상승	적합한 일자리 연결, 구직 인센티브 약화*
생산성 효과	양면적	양면적	향상	향상	양면적**

주: Consilium(2007a; 2007b)과 본 절의 내용에 기초해 작성.
　* 유연안정성 모델의 구성 요소는 유연한 고용계약 제도이며, 고용 보호 경직성은 유연성과의 대비를 위한 참조용임.
　** 적극적 노동시장 정책과 결합되면 부정적 효과 상쇄됨.

관되게 유의미한 수준에서 긍정적으로 나타나고 있어, 유럽연합의 평가가 타당하다는 사실을 확인할 수 있다(〈표 3.3〉). 하지만 고용계약 제도와 사회보장 체계의 경우, 긍정적인 효과와 부정적인 효과가 혼재되어 있거나 유의미하지 않은 것으로 나타나는데, 효율적인 적극적 노동시장 정책이 결합되면 관대한 사회보장 체계의 부정적 효과가 상쇄된다. 따라서 가장 논란의 여지가 많은 것은 고용계약 제도의 효과이다. 고용 보호 경직성이 노동시장 신규 진입을 제약함으로써 고용률이 하락하는 문제, 실업의 장기화 및 비정규직 확대로 인한 노동시장 분절화 등 부정적인 효과를 부인하기는 어렵다. 한편, 고용 보호 유연성이 비정규직 비율을 감축하고 노동시장의 분절화를 완화하는 효과는 있지만, 전반적으로 고용의 질을 하락시키는 부정적 효과도 분명하다.

　유연안정성 모델 정책 요소들의 효율성은, 정책 요소들을 모두 포괄해 여타 요인들의 효과를 통제하고 개별 정책 요소의 생산성 효과를 검토한 회귀분석 결과(Delonc & Laporsek 2013, 234-6)에서도 확인된다. 적극적 노동시장 정책과 평생교육 제도는 생산성을 유의미하게 향상시키는 것으로 나타났다. 한편 관대한 사회보장제도를 의미하는 소극적 노동시장 정책은 생산성을 유의미하게 하락시키고, 고용 보호 유연성은 생산성을 향상시키지만 유의미하지 않은 것으로 나타났다. 하지만 관대한 사회보장제도 효과의 분석 방식이 적극적 노동시장 정책과의 상호작용 효과를 통제함으로써, 두 정책이 결합했을 때 부정적 효과가 상쇄되는지는 확인하지 못했다.

한편 고용 보호 경직성과 그에 따른 높은 근속년수가 노동자들의 고용 안정감을 담보하지 못하고, 고용 보호 유연성이 높고 근속년수가 짧은 나라들에서 노동자들이 고용 안정감을 더 크게 느끼는 것으로 나타났다.[16] 이는 고용 보호 유연화 자체가 노동자들의 고용 안정감을 높이는 것이 아니라 고용 보호 유연성과 상관관계에 있는 여타 요인들의 효과라고 할 수 있다. 노동시장 유연성이 높은 국가들에서 적극적 노동시장 정책과 관대한 사회보장제도가 발달되어 있다는 것은 영미형과 같은 예외가 있음에도 스칸디나비아 국가들과 지중해형-대륙형을 대조함으로써 확인할 수 있다. 그러나 노동시장이 유연한 스칸디나비아 국가들에서 노동자들이 고용 안정감을 크게 느끼는 것은 노동시장 유연성 때문이 아니라 실직하더라도 소득 안정성이 보장되고 재취업 가능성이 높기 때문이다.

유럽연합은 2010년에 리스본 전략 10년을 평가하면서 유연안정성 모델이 노동시장 및 경제 발전에 미친 영향을 긍정적인 성과로 규정했고, 경제 위기를 극복하는 데도 크게 기여했다고 평가했다.[17] 이는 유연안정성

16_고용 안정감에 대한 경험적 근거에 대해서는 Auer(2007, 80-83), European Commission(2006a, 88-100; 2007b, 6-7), Eurobarometer(2006; 2011), 조돈문(2014b)을 참조할 것.

국가들이 경제 위기에도 불구하고 상대적으로 낮은 실업률과 높은 경제 성장률 및 고용 증가율을 보여 주었기 때문이다.[18] 경제 위기가 발발한 뒤 실업률이 크게 증가해 유연안정성 모델의 실패를 보여 주는 사례로 비판받기도 했던 덴마크의 경우, 여타 유럽연합 국가들에 비해 여전히 고용률은 더 높고, 실업률은 더 낮은데, 특히 장기 실업자 비율은 훨씬 낮다. 뿐만 아니라 경제 위기 직후 덴마크의 실업률이 급상승한 것은 주택 경기 붐의 붕괴 효과, 그리고 경제 위기 전에 노동력 부족으로 기업들이 잉여 노동력을 사재기한 결과로 설명될 수 있다는 점에서 유연안정성 모델의 상대적 효율성을 부정하는 사례는 되지 못한다.[19]

17_유럽연합의 유연안정성 모델 성과 평가와 경험적 근거에 대해서는 European Commission(2011, 7-8), Auer(2010a, 376-378), Tsarouhas & Ladi(2013, 491-2)를 참조할 것.

18_고용계약 제도의 유연성이 대량 해고를 수반하여 경제 위기 극복에 제약을 부과함에도 불구하고 유연안정성 모델이 경제 위기 극복에 효과적인 것은 관대한 사회보장 체계가 내수 시장 유효수요를 부양하는 한편 적극적 노동시장 정책과 평생교육 제도가 효율적으로 작동할 수 있게 하는 등 유연안정성 모델을 구성하는 여타 정책 요소들의 효과 때문이라 할 수 있다.

19_덴마크 경제 위기와 노동시장 변화에 대해서는 Andersen(2012, 123-138), Madsen (2013, 2-13), 조돈문(2014b)을 참조할 것.

5. 맺음말

유럽연합의 대안, 유연안정성 모델

유럽연합은 경제·산업 구조의 변화, 세계화 및 시장 상황 변동, 급격한 기술 변화, 노동력의 고령화와 유럽 경제의 경쟁력 약화 등 회원국들이 공통적으로 직면한 도전에 대응하기 위한 전략으로 유연안정성 모델을 수립, 추진했다.

유럽연합이 확정한 유연안정성 모델의 8대 공통 원칙은, 변화된 여건 속에서 좋은 일자리를 확대하고 노동시장 효율성을 높이기 위해 유연성과 안정성을 결합해야 한다는 목적을 분명히 했다. 또한 유연안정성 모델을 구성하는 네 가지 정책 요소를 적시하는 한편, 외적 유연성과 내적 유연성을 포괄하는 유연성의 개념을 규정하고, 유연성과 안정성의 균형을 강조했다.

유연안정성 모델은 제2차 세계대전 이후 자본주의 황금기라 불리는 포드주의 시대에 직장 보장 방식을 기초로 수립된 고용 보호 체제가 더 이상 작동할 수 없다는 것을 확인하고, 노동력 활용의 외적 유연성을 수용했다. 또한 포드주의 체제가 와해되고 신자유주의 세계화가 진행되면서 영미형 자유 시장경제 모델의 탈규제 유연화 방식이 유연성에 대한 자본의 요구에 부응하며 확산되는 데 맞서, 외적 유연성에 내적 유연성을 추가하고 유연성과 안정성의 균형을 유지하며, 유연성에 대한 자본의 요구와 안정성에 대한 노동의 요구를 동시에 실현하고자 한다.

이와 같이 유럽연합은 과거 포드주의 시대의 고용계약 경직성에 기초한 직장 보장 방식과, 영미형 자유 시장경제 모델의 탈규제 유연화 방식에 대한 대안으로 유연안정성 모델을 제시하고 있다. 유럽연합이 수립한 유연안정성 모델의 네 가지 정책 요소들은 유연하고 신뢰할 만한 고용계약 제도, 포괄적인 평생 학습 제도, 효율적인 적극적 노동시장 정책, 적절한 사회 보호 체계로서 덴마크의 황금 삼각형을 벤치마킹한 것이었다.

유연성-안정성의 균형 실천

유럽연합은 유연안정성 모델의 공통 원칙들을 통해 유연성과 안정성의 균형을 강조하며 유연성 개념이 내적 유연성과 외적 유연성을 포괄한다는 점을 분명히 함으로써, 자본과 노동의 이해관계를 동시에 구현한다는 정책 방향을 천명했다. 이는 자본의 이해관계에 입각해 유연성 중심으로 유연안정성을 해석하고, 외적 유연성 중심으로 유연성 개념을 규정할 가능성을 차단하려는 의지를 반영한다.

이 같은 유연성-안정성 균형 입장은 유연안정성 모델을 정책적으로 실천하는 스칸디나비아 국가들에서도 그 실효성을 경험적으로 확인할 수 있다(〈표 3.4〉).

스칸디나비아 국가들은 외적 유연성과 함께 내적 유연성도 활용하고, 유연성과 함께 안정성도 적극적으로 실천하고 있다. 고용 안정성을 담보하는 방식의 중심을 사업장 수준의 직장 보장 방식 대신 노동시장 수준의 취업 보장 방식에 두고 있지만, 전반적인 안정성 수준은 여타 회원국 유형들에 비해 월등히 높다는 사실을 확인할 수 있다. 이들 국가는 외적 유연성을 허용함으로써 야기될 수 있는 노동자들의 고용 불안정과 노동시장 폐해를, 효율적인 적극적 노동시장 정책과 관대한 사회보장 체계로 상쇄하면서, 유연성과 안정성의 균형을 유지하며 노동자들의 이해관계를 보호하고 있다.

이처럼 유럽연합이 천명한 유연안정성 모델의 공통 원칙과 이를 정책

표 3.4 | 시장경제 모델들의 노동시장 정책 및 효과 비교

	스칸디나비아형	대륙형	지중해형	영미형
유연성 수준	높음	낮음	낮음	높음
외적 유연성	높음/중간*	낮음	낮음	높음
내적 유연성	낮음/중간*	높음	낮음	낮음
안정성 수준	높음	높음	낮음	낮음
직장 보장	낮음/중간*	높음	낮음	낮음
취업 보장	높음	낮음	낮음	낮음
소득 안정성	높음	낮음	중간	낮음
노동시장 효과	긍정적	부정적	부정적	중간
고용률	높음	중간	낮음	중간
장기 실업률	낮음	높음	높음	중간
경제적 효과	긍정적	부정적	부정적	긍정적

주: * "법 규정/단체협약"의 유연성 수준을 의미함.
자료: OECD(www.oecd.org/statistics), Eurobarometer(ec.europa.eu/public_opinion), BusinessEurope et al(2007)의 노동
   통계, 유럽 노총의 평가(www.etuc.org), Mathieu & Sterdyniak(2008), Aiginger & Leoni(2009), Lehndorff(2012a), 조돈문
   (2013a) 등에 기초해 필자가 작성했음.

적으로 실천하고 있는 스칸디나비아 국가들의 경험을 검토해 보면, 유연
안정성 모델이 유연성에 대한 자본의 요구를 편향적으로 추구하는 것이
아니라 안정성에 대한 노동의 요구 사이에 균형을 이루고 있음을 확인할
수 있다. 그럼에도 불구하고 유연안정성 모델을 둘러싼 개념적 혼란과 유
연성이 중심이라는 해석이 사라지지 않는 것은 유럽연합이 유연안정성
모델을 구축하는 과정에서 그 원인을 찾을 수 있다. 특히 유럽연합 집행이
사회와 집행위원회의 입장 차이는 유럽연합 내부에 이견이 존재한다는
것과 더불어, 유연안정성 모델의 내적 일관성이 부족하다는 것을 반영하
면서, 유연안정성 모델을 다양하게 해석할 여지를 줌으로써 개념적 혼란
을 초래했다고 할 수 있다. 그 함의를 정리하면 다음과 같다.

첫째, 유럽연합 집행이사회가 유연안정성 모델을 최종 확정했지만 이
후 이를 정책적으로 추진하는 주체는 유럽연합 집행위원회라는 점에서
유연성-안정성 균형에 대한 유럽연합의 실천 의지가 의심받을 수 있게 되
었다.

둘째, 유연안정성 모델의 개념 규정 자체가 각축의 장임을 의미한다. 개별 회원국의 경로 의존성 속에서 집권 세력의 이념적 성향, 자본과 노동의 역학 관계 변화에 따라 유연안정성 모델의 내용과 정책 방향이 달라질 수 있는 것이다.

유연안정성 모델의 효율성과 시장경제 모델

유연안정성 모델은 높은 고용률과 낮은 실업률 등 노동시장 효율성을 일차적 목표로 설정하고 있지만, 노동시장 효율성이란 생산성 및 경제성장에 대한 긍정적 효과 없이는 실현할 수 없다. 그래서 유럽연합은 유연안정성 모델을 경제적 효율성과 사회적 통합을 동시에 실현하는 사회적 모델의 일환으로 추진하며, 유럽의 사회적 모델과 리스본 전략을 추진하기 위한 수단으로 규정하고 있다. 그런 점에서 유연안정성 모델을 실천하고 있는 스칸디나비아 국가들이 유럽의 사회적 모델을 모범적으로 실현하고 있는 것은 당연한 귀결이다.

유럽연합은 유연안정성 모델이 노동시장에서뿐 아니라 생산성 향상에서도 긍정적인 효과를 갖는다는 점을 추진 근거로 제시하고 있는데, 이런 주장은 경험적 분석 결과들과 대체로 상응한다. 적극적 노동시장 정책과 평생 학습 제도는 일관되게 긍정적인 효과를 보여 준다. 한편 관대한 사회보장제도는 소득 안정성을 제고하고 일자리 연결 적합성을 높이는 긍정적 효과를 보이는 반면, 취업 인센티브를 약화시킨다는 부정적 효과도 유발한다. 하지만 여타 제도들, 특히 효율적인 적극적 노동시장 정책과 결합되면 그런 부정적 효과가 상쇄되고 긍정적 효과가 강화된다.

마지막으로, 고용 보호 경직성/유연성의 효과는 일관되지 않은데, 고용 보호 경직성은 정규직 채용 기피, 임시직 등 비정규직 비율 확대, 비정규직의 정규직 전환 제약, 노동시장 분절화, 실업의 장기화 등 부정적 효과를 야기하는 반면, 노동자들의 교육 훈련으로 숙련이 형성되고 고용 안정성과 더불어 충성심이 향상됨으로써 긍정적인 효과도 갖는다. 한편, 고용 보호 경직성의 한계가 유연성 증대로 해소되는 것은 아니지만, 유연성의 증대에도 불구하고 효율적인 적극적 노동시장 정책과 관대한 사회보장 체계가 소득 안정성 및 취업 보장을 제공함으로써 노동자들이 경직된 고용 보호 제도하에서보다 더 높은 고용 안정감을 느낄 수 있게 한다. 고용계약 제도의 효과에 대한 이 같은 분석은 주로 외적 수량적 유연성의 효과에 국한되어 있다는 한계가 있는데, 이는 내적 유연성의 효과는 측정하기 어렵지만 긍정적인 효과가 자명하기 때문이다.

제4장

유럽연합의 유연안정성 모델과 유럽 노총의 전략적 선택

1. 문제 제기

쌍용자동차, 한진중공업, 기륭전자, 삼성전자서비스, 씨앤앰 등 최근 우리 사회에서 첨예한 노사분규를 겪은 사업장들은 모두 정규직 정리 해고 혹은 비정규직 사용을 둘러싼 갈등에서 문제가 비롯되었다. 자본이 불법·탈법적으로 노동력 사용의 유연성을 과도하게 추진하는 데 맞서 노동이 안정성을 요구하며 노사가 첨예하게 대립한 것이다.

자본이 과도하게 유연화를 추진한 것이 문제의 근원이지만, 노동력

● 본 장은 『산업노동연구』 제21권 1호(2015)에 실린 원고를 수정·보완한 글이다. 게재를 허락해 준 한국산업노동학회에 감사한다.

활용의 유연성을 원천적으로 봉쇄하는 것은 가능하지도 않고, 바람직하지도 않다. 그것은 노동이 성공적으로 투쟁해 '단 한 명의 정리 해고'도 허용하지 않았다 하더라도, 신발·봉제·가발 등 저임금에 의존했던 산업화 초기 시대 노동 집약적 산업 분야의 기업들이 현재까지 살아남아 해당 노동자들 모두에게 고용 안정성을 담보해 주기는 어려웠을 것이다. 노동시장의 유연성과 안정성은 각각 자본 측과 노동 측의 이해관계를 대변하지만, 노동시장이 효율적으로 작동하기 위해 해결해야 할 두 가지 모순된 과제이기도 하다. 그렇다면, "어떻게 유연성과 안정성을 동시에 구현하면서 노동과 자본이 윈윈하는 상황을 실현하는 방안은 없는가", "노동은 어떤 전략적 선택을 해야 하는가"라는 물음이 제기되는데, 본 연구는 이 물음에서 시작된다.

유럽연합은 세계화와 경쟁 압박, 경제·산업구조의 변화, 인구의 고령화 등 회원국들이 공통으로 직면한 내·외적 여건 변화와 도전들에 맞서 노동시장 효율성과 경제적 성과를 실현·유지하기 위해 유연성과 안정성을 동시에 구현하는 유연안정성 모델을 수립해 회원국들이 도입·실천하도록 촉구하고 있다. 유럽연합은 사회적 통합과 경제적 효율성을 동시에 실현하기 위해 유럽의 사회적 모델을 추진하고 있는데, 그 핵심에 유연안정성 모델이 있다.

유연성 과제와 안정성 과제는 상호 대립·갈등을 피하기 어렵다는 점에서, 유연안정성 모델 또한 유럽이 사회적 모델을 실험하면서 겪는 내적 긴장과 갈등의 동학을 그대로 담지하고 있다. 유럽연합 집행위원회가 유연안정성 모델의 초안을 마련하고, 집행이사회가 노동과 자본을 포함한 사회적 행위 주체들social partners과 회원국들의 의견을 수렴해, 2007년 12월 6일 유연안정성 모델의 내용을 최종 확정, 발표했다.

유연안정성 모델을 수립하기 위한 논의가 시작되고 최종 확정을 거쳐 회원국들이 도입·실천하는 단계에 이르기까지 자본 측은 일관되게 지지 입장을 견지했지만, 노동 측은 그렇지 못했다. 유럽연합 회원국 노동조합 총연맹들의 연대체인 유럽 노총이 소속 총연맹들의 의견을 수렴해 유럽 연합 차원에서 대변하고 있는데, 유럽 노총은 지지·유보·반대 의사를 표출하는 등 일관된 입장을 보여 주지 못했다.

유럽연합이 유연안정성 모델을 수립하기 위한 노력을 본격적으로 경주하던 2006년 하반기, 노사정 사회 부문 정상 회의를 앞두고 유럽 노총 지도부는 "유연안정성이 기업뿐만 아니라 노동자들에게도 윈윈 상황을 만든다는 조건이라면 유연안정성을 지지한다. …… [그러나] 노동자들로 하여금 기본권을 포기하고 점증하는 불안정한 일자리들을 수용하도록 압박하는 유연안정성이라면 용납할 수 없다"고 선언하며, 유연안정성 모델의 내용에 따라 지지 혹은 반대할 수 있음을 밝힌 바 있다(ETUC 2006). 하지만 유연안정성 모델의 내용이 확정된 뒤에도 "유럽 노총은 유럽연합이 유연안정성 원칙들에 대해 좀 더 균형 잡힌 접근을 채택했다는 사실을 환영한다"(ETUC 2008b), "유럽연합 집행위원회는 여전히 노동시장 개혁에 초점을 맞추며 유연안정성 같은 낡고 지긋지긋한 처방전을 재활용하고 있다"(ETUC 2012b)는 등 여전히 지지와 반대의 상반된 입장이 혼재되어 있어, 유럽 노총의 입장을 가늠하기 어렵다.

본 연구의 목적은 유럽연합이 유연안정성 모델을 논의·수립·집행하는 과정에서 유럽 노총이 어떤 입장을 취했으며, 왜 일관된 입장을 견지하지 못했는지, 왜 찬성 혹은 반대 입장을 선택하게 되었는지를 분석·설명하는 것이다. 이를 통해 유럽 노총이 유연안정성 모델을 둘러싼 각축 과정에서 어떤 딜레마들에 봉착해 어떤 전략적 선택을 했으며, 유럽 노총의 대안적 모델은 어떤 내용으로 구성되어 있는지도 확인할 수 있을 것이다.

2. 유럽연합 유연안정성 모델의 의미

1) 유럽연합 차별성과 이론적 관점

미국이 주도하는 세계화의 추세 속에서 시장의 지배를 관철하는 영미형 자유 시장경제 모델에 맞서, 유럽연합이 경제적 효율성과 함께 사회적 통합을 동시에 구현하는 유럽의 사회적 모델을 추진함에 따라 미국과 유럽연합이 경제정책뿐만 아니라 노동시장 정책을 포함한 사회정책 영역에서도 수렴할 것인지, 아니면 차별성을 유지할 것인지를 둘러싸고 학문적 논쟁이 재점화되었다.

1990년대 초 신자유주의 세계화 추세 속에서 제기된 세계화 수렴이론은 상품과 자본시장의 세계적 통합과 그에 따른 시장 경쟁의 심화로 말미암아, 개별 국가들이 경쟁력 게임과 시장의 탈규제를 강요받으면서 정책 선택 역량이 크게 훼손되어, 경제정책 분야뿐만 아니라 노동시장을 포함한 사회정책 분야에서도 국가들 간의 차별성이 최소화되며 상호 수렴하게 된다고 주장했다(Clayton & Pontusson 1998; Gilbert 2002; Baccaro & Howell 2011). 반면, 탄성이론resilience theory은 세계화 추세 속에서 개별 국가들의 정책 역량이 약화되는 것은 사실이지만, 시장의 압박하에 개별 국가들이 일사불란하게 탈규제 정책으로 대응하는 것이 아니라, 각각의 정치·사회·문화적 조건에 따라 상이한 방식으로 경쟁력을 확보하고자 하기 때문에 국가 간의 차별성은 지속된다는 반론을 폈다(Olsen 2008; Navarro et al 2004; Brady et al 2005).

유럽연합이 영미형 자유 시장경제 모델의 탈규제 유연화에 대한 정책 대안으로 유연안정성 모델을 수립했다는 점에서 탄성이론이 수렴이론에 비해 경험적으로 좀 더 타당한 것으로 판단된다. 하지만 유럽의 사회적 모델이 유연안정성 모델을 중심으로 유럽연합에 의해 수립되어 회원국들에 확산될지에 대해서는 선험적으로 판단할 수 없으며, 유럽연합 행위 주체들의 전략적 선택과 실천적 노력 여하에 따라 결과가 달라질 수 있다는 주장이 제기되고 있다(Boyer 2009; Zeitlin 2009; Stuchlik & Kellermann 2009; Mathieu & Sterdyniak 2008). 이런 입장은 '전략적 선택 이론'strategic choice theory이라 불릴 수 있는데, 수렴이론과 탄성이론이 빠질 수 있는 정태적인 결정론적 해석을 극복하고 있다.

전략적 선택 이론의 관점에서 보면, 유럽연합 차원의 의사 결정 단위들뿐만 아니라 노동과 자본을 포함한 다양한 행위 주체들의 선택과 실천에 따라, 유연안정성 모델의 내용이 달라지고 향후 개별 회원국들에 도입·실천되는 내용과 방식도 달라질 수 있다. 따라서 유럽연합의 유연안정성 모델이 영미형 자유 시장경제 모델의 탈규제 유연화 방식에 비해 얼마나 차별성을 지닐 수 있을지를 결정하는 핵심 동력은, 영미형 탈규제 유연화 방식을 선호하는 자본보다 그에 맞서 대안적 방식을 추구하는 노동에 있다고 할 수 있다. 그런 점에서 유럽 노총이 어떤 선택과 실천을 하는가가 중요하며, 그것이 본 연구가 분석하려는 핵심이다.

2) 행위 주체들과 최소주의-규제주의 대립 구도

유연안정성 모델에 대한 개별 회원국 노동조합총연맹의 입장을 분석한 연구는 많지만, 유럽연합 차원의 노동 측 입장을 체계적으로 분석한 연구는 찾기 어렵다. 그럼에도 유럽연합 수준에서 전통적으로 행위 주체들이 유럽연합의 고용·노동정책을 둘러싸고 최소주의minimalist 블록과 규제주의regulation 블록으로 나뉘어 서로 대립해 왔다는 점은 일관되게 지적되어 왔다. 회원국 대표들은 자국의 자본과 노동의 입장을 대변했는데, 규제에 대한 노동의 입장이 강하고 영향력이 클수록 해당 국가 대표가 규제주의를 적극적으로 대변하는 반면, 그렇지 않을수록 최소주의를 대변하는 경향이 크다. 따라서 노동과 자본은 유럽연합 공식 기구들 내에서 직접 충돌하기보다 주로 회원국 대표들이 최소주의 블록과 규제주의 블록으로 나뉘어 각축하는 양상으로 표출되었다.

유럽연합의 적절한 개입·규제 수준을 둘러싸고, 최소주의는 일자리의 질보다는 일자리의 양을 더 중시하며 노동시장에 대한 규제를 최소화해야 한다는 입장인 반면, 규제주의는 일자리의 양과 질의 균형을 강조하며 이를 위해 노동시장에 대한 규제를 강화해야 한다는 입장이다. 최소주의는 유연성에 대한 자본의 요구를, 규제주의는 안정성에 대한 노동의 요구를 더 잘 반영하고 있는 것이다. 최소주의-규제주의 간의 이 같은 대립구도는 주로 집행이사회 고용사회 통합위원회의 고용자문위원회를 중심으로 표출되어 왔다.[1]

규제주의 블록은 프랑스를 중심으로 벨기에·룩셈부르크·오스트리아·그리스 등 주로 대륙형과 지중해형 회원국들로 구성되어 있으며, 이들은 노동시장의 유연성이 낮은 국가들로서 유럽연합의 개입으로 노동자 보호 장치가 약화되는 것을 거부한다. 한편, 최소주의 블록은 영국을 중심으로 덴마크·스웨덴·네덜란드·아일랜드 등 주로 스칸디나비아형과 영미형 회원국들로 구성되어 있는데, 이들은 노동시장에 대한 경직된 법적 규제가 없는 국가들로서 유럽연합에 의한 노동시장의 추가적 규제·개

1_유럽연합 회원국들의 유연안정성 모델에 대한 입장 변화에 대해서는 Mailand(2010, 242-253), Klindt(2011, 986-989), Jørgensen & Madsen(2007a), Lehndorff(2012), Bosch et al(2009), Janssen 면담(2012)을 참조할 것.

입에 반대한다. 최소주의 블록 안에서도 차이가 있는데, 그것은 스칸디나비아형 국가들과 영미형 국가들이 최소주의 입장을 선택한 이유가 상반되기 때문이다. 영미형 자유 시장경제 모델 국가들은 규제가 강화되면 노동시장 유연화에 기초한 경쟁력 우위가 훼손될 수 있다고 우려하는 반면, 스칸디나비아형 국가들은 법 규정보다 단체협약을 통해 노동시장을 규제하는 방식을 택하고 있으며, 경제적 효율성과 사회적 통합의 양 측면에서 모두 수월성을 구현하고 있는데 추가적인 법적 규제로 평형상태를 흔들고 싶지 않기 때문이다.

이런 규제주의-최소주의 대립 구도는 유연안정성 모델에 대한 입장에서도 재현되었는데, 규제주의 블록 국가들이 상대적으로 더 비판적이다. 한편, 최소주의 블록 국가들은 영국·스웨덴·네덜란드처럼 초기에는 대체로 유연안정성 모델에 회의적이었다. 유럽연합 집행위원회의 고용사회통합부와 함께 유연안정성 모델의 추진을 적극적으로 지지한 국가는 덴마크 정도였다.

유연안정성 모델이 덴마크·네덜란드·스웨덴·오스트리아의 정책적 경험들을 참조해 구체화되고, 유럽연합 집행위원회가 유연성을 일방적으로 강화하는 것이 아니라, 유연성과 안정성을 균형 있게 결합시킴으로써 긍정적인 성과를 가져올 수 있다는 경험적 근거들을 부각시키면서 비판·회의적인 입장이 조금씩 약화되기 시작했다. 회원국들의 입장 변화는 2006년 1월 오스트리아가 의장국을 맡으면서 가시화되기 시작했으며, 2007년 접어들며 큰 흐름을 형성했다. 이런 과정을 거치며, 영국·핀란드·스웨덴·네덜란드 등 최소주의 블록 국가들뿐만 아니라 프랑스·독일·오스트리아·벨기에·룩셈부르크 등 규제주의 블록 국가들도 유연안정성 모델의 지지 세력으로 합류하게 되었다.

유럽연합 국가들이 유연안정성 모델을 지지하는 입장으로 수렴되는

데 크게 기여한 요인으로 두 가지를 들 수 있다.

첫째, 프랑스가 덴마크에 대표단을 파견하는 등 유연안정성에 관심을 보이기 시작했으며, 2007년 5월 정권 교체와 더불어 유연안정성 모델에 대한 지지 입장으로 선회함에 따라, 여전히 의구심을 버리지 못하던 독일 등 여타 규제주의 국가들에 큰 영향을 주었다.

둘째, 유연안정성 모델이 네 가지 정책 요소들과 함께 구체화되면서 유연성에 대한 강조가 완화되고 직장 보장[2]을 훼손하는 요소들이 약화되는 등, 유연안정성 모델의 내용 자체가 변화한 것도 긍정적으로 작용했다.

3. 유연안정성 모델과 노동-자본

1) 노동-자본의 각축과 연대

유연안정성 모델을 둘러싼 최소주의-규제주의 대립 구도는 사회적 행위 주체들의 입장과도 상응한다. 자본은 최소주의 블록처럼 노동시장에 대한 규제를 최소화하여 노동력 활용의 유연성을 확보하고자 하는 반면, 노동은 규제주의 블록처럼 노동력 보호를 위한 규제·개입을 제도화하여 노

2_직장 보장과 취업 보장은 노동자의 고용 안정성을 보장하는 두 가지 유형으로서, 직장 보장은 노동자가 동일 사업체 내에서 동일 직무를 계속 수행할 수 있도록 보장하는 것인 반면, 취업 보장은 직무·사업체·고용주가 바뀌더라도 취업 상태를 유지할 수 있도록 보장하는 것을 말한다.

동자들의 안정성을 보장하고자 한다.[3]

실제 유럽의 대표적인 자본가 단체인 유럽사용자연합은 유럽상공회의소Eurochambres 및 유럽중소기업협회UEAPME와 함께 유럽연합의 유연안정성 모델 추진을 긍정적으로 평가하며 환영했다. 물론, 유연안정성 모델이 노동시장의 유연성을 훼손하거나, 재정지출이 증대해 과도한 세금 압박으로 이어질 수 있다는 우려로 인해 반대 의견들도 존재했다. 하지만 유연안정성 모델이 직무 보전 전략에서 고용 창출 촉진 전략으로 이행하는 것으로 판단해, 찬성 입장이 압도적 다수를 점하며 유연안정성 모델의 정치를 주도했다.

한편 유럽 노총은 찬성 입장보다 반대 입장이 더 우세했는데, 영미형과 스칸디나비아형 같은 최소주의 블록 국가들의 노동단체들에 비해 대륙형과 지중해형 같은 규제주의 블록 국가들의 노동단체들이 더 비판적이었다. 노동단체들은 유연안정성 모델이 해고 억제 제도에 기초한 직장 보장 방식을 공격하고, 안정성에 대한 노동자들의 요구에 비해 유연성에 대한 자본의 요구를 우선시하는 것으로 의심하고 있었다. 이런 노동단체들의 회의적 시각 속에서 유럽 노총의 사무총장 존 몽크스John Monks는 유럽연합의 유연안정성 모델에 대해 강한 유보와 비판의 입장을 표명했다.

요컨대, 유럽사용자연합과 유럽연합 집행위원회가 찬성 블록의 핵심을 구성한 반면, 유럽 노총과 유럽 의회가 반대 블록의 핵심을 구성하면서 대치했다. 노동과 자본은 이처럼 유연안정성 모델을 중심으로 양 축을 형

3_유연안정성 모델을 둘러싼 노동과 자본의 입장에 대해서는 Mailand(2010, 246-253), Tsarouhas & Ladi(2013, 488-9), Jørgensen & Madsen(2007b, 7-8), Janssen 면담(2012)을 참조할 것.

성하며 대립·갈등하면서도 대화·협력의 필요성을 인정하고 실천했다. 유럽연합이 2007년 6월 "유연안정성에 대한 집행위원회 회람 자료"를 발표하고 이를 중심으로 의견을 수렴하는 가운데, 유럽 노총이 유럽사용자연합 등과 함께 공동 작업을 진행해 2007년 10월 유럽 노동시장에 대한 "공동 분석"Joint Analysis을 발표했다.

"공동 분석"은 노동과 자본이 모두 원원하는 상황을 창출할 수 있으며, 이를 위해 유연성과 안정성을 동시에 구현해야 한다고 주장했다. 이렇게 유럽 노총과 유럽사용자연합 등 사회적 행위 주체들이 유연안정성 모델을 중심으로 수렴하는 현상을 보여 주는 가운데 유럽 노총도 분석 결과를 환영했다.

"공동 분석"은 유럽연합 25개 회원국을 대상으로 유럽 노동시장의 현황과 함께 변화 추세를 진단했다. 먼저 1992년과 2001년 사이 매년 전체 일자리의 5~8%가 신규 창출되는 한편, 기존 일자리의 3~4%가 파괴되는 것으로 나타났다. 고용 형태별로 보면, 1997년과 2005년 사이에 정규직은 88.3%에서 85.5%로 줄어든 반면, 기간제는 11.7%에서 14.5%로, 시간제는 16.0%에서 18.4%로 증가해 노동시장 유연화 추세가 진전되고 있음을 확인해 주었다(BusinessEurope et al 2007, 16-29).

적극적 노동시장 정책을 공적 고용 서비스, 취업 인센티브, 창업 인센티브, 일자리 나누기, 직무 순환, 훈련, 장애인 등 취약 계층 특별 지원 프로그램 등을 중심으로 검토한 바에 따르면, GDP 대비 적극적 노동시장 정책 예산 지출 비중은 1995년과 2004년 사이 0.9%에서 0.5%로 감소했다. 이는 직접적 고용 창출과 장애인 취업 지원 프로그램에 대한 지출을 줄였기 때문이다. 한편, 유럽연합 15개국 기준으로 보면, 평생 학습 제도의 교육 훈련에 참가하는 성인 비율은 2000년과 2005년 사이 8.0%에서 11.2%로 증가했지만, 같은 기간 고용주가 제공하는 훈련 수혜 비율은

30.6%에서 27.3%로 하락했고, 노동자 개인 단위의 평균 훈련 참가 일수는 14.3일에서 11.4일로 줄었다. 적극적 노동시장 정책 지출과 평생 학습 참여 비율은 스웨덴과 덴마크 등 스칸디나비아 국가들에서 높은 반면 독일과 프랑스 등 대륙형 국가들에서 낮게 나타났다.

"공동 분석"(BusinessEurope et al 2007, 53-62)은 유럽의 노동과 자본이 노동의 안정성 요구와 자본의 유연성 요구를 동시에 충족하는 정책 수단들을 개발할 필요가 있으며, 유연안정성 모델이 제대로 적용되면 노동과 자본이 똑같이 혜택을 받는 윈윈 상황이 창출될 수 있다는 데 동의했다고 밝혔다. "공동 분석"은 유연성과 안정성을 동시에 구현하기 위해 필요한 구체적 정책 추진 방안들을 제시했다. 고용계약 제도는 노동자를 보호할 필요와, 유연성에 대한 고용주의 요구 사이에 균형을 이루고, 적극적인 노동시장 정책은 인적 자원 투자를 통해 변화에 대한 적응력을 높이며, 평생 학습 정책은 노동자들의 능력과 자격 조건을 향상시켜 고용 가능성을 높이고, 효율적인 사회 보호 체계는 소득 안정성을 제공하고 노동시장 통합을 촉진한다. "공동 분석"은 이렇게 유연안정성 모델의 네 가지 정책 요소들을 전체적이고 균형 잡힌 방식으로 실천할 것을 주문하는 한편, 사회적 대화를 추가해 협의와 타협을 통해 유연성과 안정성 사이의 균형을 유지하고 노동시장의 원만한 기능과 기업 및 노동자들의 적응력을 제고할 것을 촉구했다.

또한 "공동 분석"은 유연안정성을 위해 좋은 노동조건과 일자리의 질이 수반되어야 하며, 일자리의 양뿐만 아니라 일자리의 질이 중요하다는 점을 분명히 했다. 여기에서 일자리의 질은 경력과 고용 안정성을 보장하고, 노동자들의 건강과 복리를 증진시키며, 숙련과 능력을 개발하고, 일과 생활의 조화를 이루는 것을 의미한다. 일자리의 질은 사회의 잠재력을 실현하고 경제성장과 생산성 향상을 가져온다는 점에서 사회 통합뿐만 아니라 경제적 효율성에도 기여한다고 강조했다.

2) 유럽사용자연합의 일관된 지지

유럽의 노동과 자본은 "공동 분석"에서, 유연안정성 모델이 윈윈 상황을 창출할 수 있다는 점에 동의했지만 이후 입장 차이가 다시 커지기 시작했다. 이는 주로 노동 측의 입장이 달라졌기 때문이며, 자본 측은 일관된 지지 입장을 견지했다.

유럽의 자본가 단체들은 유럽이 세 가지 도전에 직면했다고 진단했다. 첫째 도전은 세계화로, 경쟁 심화와 함께 새로운 기회를 제공하고, 둘째 도전은 급격한 기술 변화로, 제조업에서 서비스업으로, 하드웨어에서 소프트웨어로 경제·산업의 중심을 이동시키며, 셋째 도전은 인구 고령화로, 사회보장 체계의 기여자에 비해 수혜자가 급증하면서 사회와 경제의 부담을 가중한다. 자본가 단체들은 유연안정성 모델이 네 가지 정책 요소들을 통해 유럽 노동시장의 구조적 취약점들을 바로잡아서 이런 도전들을 극복할 수 있도록 한다고 평가하면서, 적극적인 지지를 보냈다.[4]

유연안정성 모델의 정책 요소들에 대한 유럽사용자연합의 구체적 입장을 정리하면 다음과 같다.[5]

첫째, 가장 논란이 많은 고용계약 제도와 관련해서는 시장 수요 변화,

4_자본가 단체들의 지지 의사 표명에 대해서는 BusinessEurope(2007a, 1-4; 2007b, 1; 2007d, 1-2; 2007e, 1)와 Euractiv(2007)를 참조할 것.

5_유연안정성 모델의 정책 요소들에 대한 입장에 대해서는 BusinessEurope(2006, 3-6; 2007a, 4-8; 2007c, 1-2)을 참조할 것.

기술 진보, 경쟁력 압박하에서 기업들이 노동력과 작업 조직을 신속하게 조정할 수 있도록 고용계약을 유연화해야 한다고 본다. 신규 채용을 장려하기 위해 정규직 해고 비용을 감축하는 등 고용 보호 규제 장치들을 완화하고, 기간제와 파견 노동 등 다양한 비정규직 고용 형태를 허용해야 한다는 입장이다. 배치전환과 근무제 및 노동시간 조정을 통해 내적 유연성을 활용할 필요도 인정하지만, 주로 외적 유연성의 강화를 주문하고 있다.

둘째, 평생 학습 제도와 관련해서는 기업의 경쟁력과 노동자들의 취업 가능성을 증가시킨다는 점을 인정하지만, 법제화를 통한 강제가 아니라 노동자들의 동기화에 초점을 맞춰야 한다고 본다. 평생 학습 프로그램은 노동시장 수요에 상응하고, 기업과 노동자들의 요구에 부합하며, 노동자들에게 학습 동기를 부여할 수 있어야 한다는 것이다. 또한 기업들에 대해서는 평생 학습 제도에 대한 투자를 강제하기보다, 투자를 장려하는 재정 지원과 조세 인센티브 등 제도적 조건을 조성해 주는 것이 필요하다는 입장이다.

셋째, 적극적 노동시장 정책도 평생 학습 제도와 함께 노동자 취업 가능성과 노동시장 통합을 촉진하는 긍정적 효과를 인정하되, 적극적 노동시장 정책의 목표는 실업자가 좀 더 적극적으로 구직 활동을 하도록 박차를 가하는 것이라고 본다. 또한 총지출을 확대하는 방식보다 비용 효율적인 방식으로 운영해야 한다는 입장이다.

넷째, 사회보장 체계는 실업자들에게 무조건적으로 소득을 지원하는 것이 아니라, 실업자들의 권리와 의무를 연계시켜 실업자가 노동시장에 신속하게 재진입하도록 압박해야 한다고 본다. 따라서 적극적 노동시장 정책 프로그램에 참여하는 것을 실업수당 수혜 조건에 포함하고, 실업수당이 재취업 인센티브를 억제하지 않도록 수혜 기간과 소득 대체율 수준을 하향 조정해야 한다고 본다.

이런 입장을 제시하며, 유럽사용자연합은 개별 회원국들 내에서 유연안정성 정책을 개발하는 데 노동과 자본이 사회적 행위 주체로서 핵심적 역할을 수행해야 한다는 유럽연합 집행위원회의 입장에 전적으로 동의한다고 밝혔다. 또한 유럽연합 수준에서 사회적 행위 주체들 사이의 사회적 대화가 적극적으로 진행되고 있으며, 2007년 11월 발표된 "공동 분석"도 이 같은 대화와 협력의 산물임을 강조했다.

이상에서 확인했듯이 유럽사용자연합이 유럽연합의 유연안정성 모델 추진 전략을 적극 환영한 것은, 유럽연합의 노동시장 정책 방향이 직무 보전에서 고용 창출로 이행하고 있다고 평가하고, 직장 보장 방식을 취업 보장 방식으로 대체하는 계기로 이를 활용하고자 했기 때문이다. 유연안정성 정책을 추진하는 방식에 있어 유연안정성 모델의 네 요소들 가운데 평생 학습 제도와 적극적 노동시장 정책의 기본 방향에는 동의하되 추진 방식에 일정한 유보 입장을 보인 반면, 사회보장 체계의 경우 그 중요성에는 동의하지만 정책 방향과 추진 방식에서 상당한 이견을 보여 주었다.

이처럼 자본가 단체들은 유연안정성 정책을 추진함에 있어 법제화를 통한 강제와 재원 지출의 증대 방식을 반대하는 것으로 나타났다.[6] 특히 적극적 노동시장 정책의 강화로 정부 지출이 증가할 것을 우려했다. 덴마크의 경우 노동정책 예산에 GDP의 4.4% 수준을 지출하고 있다고 지적하면서 비용 효율성의 관점에서 평가할 것을 요구했고, 사회보장 분담금과 훈련비용이 증대해 기업들의 비임금 노동 비용이 상승하면 중소기업들을 중심으로 재정 부담이 가중되므로, 재정 지원 혹은 조세 인센티브와 같은

6_유연안정성 정책 추진 방식에 대한 입장에 대해서는 BusinessEurope(2006, 3-6;
  2007a, 7), Euractiv(2007, 2-3)을 참조할 것.

제도적 조건이 먼저 조성되어야 한다고 주장했다.

　유연안정성 모델의 네 가지 정책 요소들 가운데 자본가 단체들이 노동 측과 가장 극명하게 대립하는 부분은 고용계약 제도인데, 자본가 단체들은 고용계약 제도의 유연화 의도를 숨기지 않았다. 유럽은 고용계약의 80% 이상이 정규직 고용계약이며, 고용 보호 제도의 경직성은 고용 창출의 걸림돌로 작용한다고 비판한다. 따라서 정규직 해고 비용을 감축하고 비정규직 활용을 활성화하는 방향으로 노동시장을 유연화해야 한다고 주장한다. 이는 노동 비용을 낮추어 기업이 고용을 확대할 가능성을 높이고, 사양 산업에서 성장산업으로 노동력을 재배치할 수 있도록 함으로써 생산성 향상과 경제성장에 기여한다고 평가한다.[7]

3) 정책 요소들과 노동-자본 의견 수렴

유연안정성 모델의 정책 요소들 가운데 노동과 자본 간에 이견이 가장 적은 부분은 평생 학습 제도와 적극적 노동시장 정책이다. 유럽 노총은 평생 학습 제도가 숙련 향상과 다능공화를 통해 노동자들의 직무 보전 및 재취업 가능성을 제고하며, 기업의 생산성과 경쟁력도 높여 준다고 평가한다. 또한 적극적 노동시장 정책도 효율적인 공적 고용 서비스, 재훈련 프로그램 및 구직 지원 활동을 통해 재취업 가능성과 이직 안정성을 높이는 학습 중심 하부구조로서 작동할 수 있다고 평가한다.

　이처럼 평생 학습 제도와 적극적 노동시장 정책의 효율성은 유럽 노

7_자본가 단체의 고용계약 유연화 의도 및 효과 주장에 대해서는 BusinessEurope(2006, 1-4; 2007a; 1-3; 2007c, 2-3)을 참조할 것.

총이 유연안정성 모델을 긍정적으로 평가하게 하는 요인이 되었다. 하지만 유럽 노총이 우려하는 부분은 "공동 분석"에서 확인되었듯이, 적극적 노동시장 정책에 대한 유럽연합 회원국들의 재정지출 비중이 줄고 있다는 점, 평생 학습 제도에 참여하는 노동자들의 비중은 늘고 있지만, 기업들이 인적 자본에 대한 투자를 줄이면서 개별 노동자들이 교육 훈련에 참여하는 시간이 줄고 있다는 사실이다. 따라서 유럽 노총은, 평생 학습 제도와 적극적 노동시장 정책이 구직을 압박하는 방식보다, 교육 훈련을 통해 숙련을 형성하고 취업 인센티브를 강화하는 방식으로 운영되어야 하며, 정부의 예산 지출을 확대하고 기업의 인적 자본 투자 확대를 강제할 필요가 있다고 주장한다.[8]

한편, 유연안정성 모델의 네 번째 정책 요소인 사회보장 체계에 대해 유럽 노총은 모든 고용 형태의 노동자들에게 관대한 사회보장 혜택을 부여해야 한다는 입장을 견지하고 있다. 실업자들에게 적절한 수준의 실업수당을 제공함으로써 노동자들의 이직 안정성을 보장해 노동시장의 역동성을 유지하는 한편, 실직자들이 하향 취업을 거부하고 자신의 자격 여건과 숙련 수준에 부합하는 일자리를 찾을 수 있도록 한다. 그 결과 노동시장의 일자리 매칭 효율성이 증대함으로써 기업들의 생산성과 경쟁력이 상승할 수 있기 때문에 실업수당 지출은 사회적 비용이 아니라 사회적 투자라는 점을 강조한다.

마지막으로 유연안정성 모델의 네 가지 정책 요소에서 배제되었으나 "공동 분석"에는 포함된 사회적 대화에 대해, 유럽 노총은 유럽사용자연

8_평생 학습 제도, 적극적 노동시장 정책과 사회보장 체계에 대한 유럽 노총의 입장은 ETUC(2007a, 2-4; 2007c, 1-2; 2007d, 2-3; 2007n)을 참조할 것.

합보다 적극적인 입장을 보여 준다. 유럽 노총은 유연안정성 모델이 성공하기 위해서는 사회적 대화가 필수적인데, 최근 유럽 회원국들에서 오히려 단체교섭 체계에 대한 공세와 노동자 경영 참가에 대한 부정적 분위기가 형성되고 있다고 지적한다. 따라서 유연안정성 정책의 수립과 집행 과정에 대한 노동-자본의 대화와 참여뿐만 아니라 산업·업종 등 초기업 수준에서 단체교섭의 중요성을 강조한다. 또한 단체교섭의 범위와 위상을 확대·강화해 노동자들의 교육 훈련 기회를 확대하고 일과 생활의 조화 가능성을 높일 수 있다고 주장한다. 스웨덴 등 북유럽 국가들에서 기업들이 정리 해고 가능성을 확인하면 조기에 사전 통고하도록 하는 한편, 사측이 부담금을 내고 노사가 공동 관리하는 경력 이행 기금career transition fund을 수립해, 노동자들이 훈련과 구직 지원 서비스를 받거나 타 기업에서 유급 인턴 활동을 하는 데 사용할 수 있도록 하는 사례를 좋은 모범으로 제시한다.[9]

유럽 노총은 유연안정성 모델이 성공하기 위해서는 노동시장 정책뿐만 아니라 거시 경제정책과 재정 정책도 일자리 친화적으로 추진되어야 한다는 점을 강조한다. 거시 경제정책은 성장을 지향하는 동시에 유효수요를 강화하는 전략으로, 보다 많고 보다 좋은 일자리를 창출하도록 해야 한다. 유럽 노총은 무엇보다도 재정 정책에 있어 유럽사용자연합과 극명한 대조를 이룬다. 효율적인 적극적 노동시장 정책과 관대한 사회보장 체계를 운영하고, 질 높은 교육 훈련 서비스와 고용 창출 인센티브를 제공하기 위해서는 상당한 재정 자원이 필요한데, 비용 효율성 관점에서 예산 확

9_유럽 노총의 단체교섭 중요성 강조에 대해서는 ETUC(2007a, 2-3; 2007c, 1-3; 2012b, 11-12)을 참조할 것.

대에 반대하는 유럽사용자연합과는 달리 유럽 노총은 투자 유치 명목으로 세금 인하 경쟁을 하지 말고 필요한 예산 자원을 확보하도록 해야 한다고 본다.[10]

4. 유연안정성 모델과 유럽 노총의 입장 변천

유럽연합은 1990년대 초 유연성과 안정성을 결합할 필요가 있음을 인지하면서 유연안정성 모델에 대해 논의하기 시작했으며, 2006년 초에 이르러 이를 노동시장 정책 대안으로 수립하려는 노력을 본격적으로 전개했다(〈표 4.1〉). 유럽연합 집행위원회가 2006년 11월 유연안정성 모델 관련 녹서를 발표하고, 이듬해 6월 유연안정성 모델 수립을 위한 회람 자료를 배포했으며, 12월에는 집행이사회가 최종 결론을 발표했다.

유럽연합이 유연안정성 모델을 수립하기 위한 공식 절차는 다음과 같다. 집행위원회가 의견 수렴을 거쳐 유연안정성 모델의 초안에 해당되는 회람 자료를 발표하면, 집행이사회가 이에 기초해 의견을 수렴하고 내용을 검토해 최종 결론을 확정하도록 되어 있다. 유럽 의회는 사안의 중대함을 고려해 별도로 보고서를 발표했는데, 이는 법적 강제성은 없지만 의회 의원들을 통해 유럽연합 회원국들의 입장을 수렴했으며, 회원국 대표들이 집행이사회 구성원으로서 영향력을 행사하게 된다는 점에서 집행이사

10_유럽 노총의 재정 정책과 거시 경제정책에 대한 입장에 대해서는 ETUC(2007a, 2-3; 2007c, 1-2; 2007g)을 참조할 것.

표 4.1 | 유럽연합의 유연안정성 모델 수립 과정

시점	내용
1993년	들로르백서: 유연성과 안정성 결합 필요성 강조
2000년	리스본 전략: 유연안정성 개념을 정책 요소로 공식적 언급
2005년 말~2006년 초	유럽연합: 유연안정성 개념을 정책 대안으로 본격 검토 시작
2006년 1월	유럽연합 집행이사회 고용사회장관 빌라흐 모임: 유연성-안정성 동시 구현한 덴마크 사례 발표, 안정성을 통한 유연성 강조
2006년 5월	유럽연합 집행이사회 고용사회 통합위원회 고용자문위원회 작업팀: 유연안정보고서 제출
2006년 11월	유럽연합 집행위원회: 유연안정성 녹서 발표
2007년 6월 27일	유럽연합 집행위원회: 유연안정성 회람 자료 배포
2007년 10월	유럽 노총, 유럽사용자연합 등: 유럽 노동시장 공동 분석 발표
2007년 11월	유럽 의회: 유연안정성 공통 원칙 보고서 발표
2007년 12월 6일	유럽연합 집행이사회: 유연안정성 모델 최종 결론 발표

회가 신중하게 받아들일 수 있게 한다.

유럽사용자연합과 유럽 노총 등 사회적 행위 주체들은 집행위원회에서 의견이 수렴되고 집행이사회에서 최종 결론이 확정되는 과정에 개입해 영향력을 행사하는데, 두 과정 사이의 기간에 긴장과 갈등 수준이 최고조에 달했다. 따라서 이 시기에 행위 주체들이 매우 적극적으로 공식 입장을 발표하고 각축하면서, 이들 간의 입장과 전략의 차이가 예각적으로 부각되었다. 이제 유럽연합 유연안정성 모델이 수립되고 확산되는 과정을 세 시기로 구분해 유럽 노총의 입장 변화를 검토해 보자.

1) 제1시기: 유연성-안정성의 불균형 비판

유럽 노총은 유연안정성 모델이 유연성과 안정성의 결합을 통해 기업뿐만 아니라 노동자들에게도 혜택을 주는 윈윈 상황을 연출할 수 있다며 논의에 참여할 의향이 있음을 분명히 했다. 기업은 시장 경쟁과 기술 변화에 맞서 생산성과 품질 경쟁력에 기여하는 "헌신적이고, 동기 부여된 숙련 노동자들"을 필요로 하는 반면, 노동자들은 일과 생활을 병행하기 위한 노동시간의 유연성을, 직무 이동을 위한 보호된 이직을, 혁신 능력과 생산성 향상을 통한 일자리 지키기를 담보하는 "직무 순환, 다능공화와 지속적 훈련"을 필요로 한다는 입장을 밝혔다(ETUC 2007a, 1-3; 2006; 2007h). 이처럼 유럽노총이 상정하는, 유연성과 안정성이 균형을 이룬 상황에서 유연성은 주로 내적 유연성을 의미한다.

유럽 노총은 유럽연합 집행위원회가 주도하는 유연안정성 모델 논의가 균형을 잃었다고 비판하는데, 이런 비판은 주로 고용계약 제도를 겨냥하고 있다. 이들은 유럽 노동시장의 유연성이 이미 높은 수준이라고 평가한다(ETUC 2007k; 2007i; 2007n). 유럽연합 15개국을 보면 매년 전체 일자리의 3.7%가 파괴되고 5.6%가 신규로 창출되고 있어 유럽 노동시장은 유연성과 역동성을 함께 보여 준다. 한편 정규직 일자리가 줄고 있는 가운데 기간제와 파견 노동 등 비정규직 일자리가 꾸준히 증가하는 추세를 보이고 있음을 "공동 분석" 결과가 확인해 주었다.

유럽 노총 사무총장은 이처럼 유연성의 수준이 높은 유럽 노동시장에서 시급한 과제는 노동자들의 안정성을 강화하는 것임에도 유럽연합 집행위원회가 도리어 유연성을 강화하려는 것은 받아들일 수 없다고 선언했다. 유럽 노총은 유연안정성 모델에 대한 기존 논의가 안정성 대신 유연성만 강조하고, 노동의 요구 대신 기업 측의 이해관계만 대변하고 있다고 비판하며 균형을 회복할 것을 촉구했다.[11]

유럽 노총은 유연안정성 모델이 균형을 실현하기 위해 필요한 고용계약 제도의 정책 대안들을 구체적으로 제시하는데, 이는 현재까지도 일관

11_유럽 노총의 유연안정성 모델 논의의 균형 상실 비판과 균형 회복 요구에 대해서는 ETUC(2007a 5; 2007g; 2007h)을 참조할 것.

되게 견지되고 있다.

첫째, 유연안정성 모델이 기존의 직장 보장 방식을 취업 보장 방식으로 대체할 것이 아니라 직장 보장 방식을 취업 보장 방식으로 보완해야 한다는 것이다.[12] 유럽 노총에 따르면, 집행위원회의 유연안정성 모델은 유연안정성을 해고의 자유와 동일시하며, 직장 보호 제도를 완화하는 데만 관심을 두고 있다. 그러나 중요한 것은 직장 보장의 수준이 아니라 설계의 문제로서, 특히 직장 보장을 취업 보장으로 보완해야 한다는 점이다. 이를 위해 부당하고 자의적인 해고로부터 노동자들을 보호하되, 재정 위기로 집단 해고가 불가피할 경우 조기 해고 통지를 의무화해, 노동자들이 재훈련과 구직 활동을 미리 계획하고 준비할 수 있도록 해야 한다. 이런 고용 보호는 기업의 인적 자본 투자와 노동자들의 헌신성을 제고해 기업의 생산성과 경쟁력을 향상시키지만, 노동력의 고용 불안정성이 심화되면 빈약한 훈련과 숙련 향상의 제약으로 기업의 생산성 향상과 혁신이 어려워진다는 것이다.

둘째, 유럽 노총은 유럽연합 집행위원회의 유연안정성 모델이 외적 유연성을 중시하며, 내적 유연성도 언급하고는 있지만 경시하고 있다고 평가한다. 유럽 노총이 노동자들에게도 유연성이 필요하다고 인정했을 때, 그것은 내적 유연성을 말하며, 이를 적극적으로 활용해야 한다고 주장한다.[13] 외적 유연성에 앞서 내적 유연성, 특히 노동시간 유연성을 활용함으로써 노동자들의 희생을 최소화하려는 의도이며, 그 결과 인적 자본

12_취업 보장의 직장 보장 보완에 대해서는 ETUC(2007a, 2-3; 2007k, 1-2; 2007c, 1-3; 2007e; 2007n)을 참조할 것.

13_내적 유연성의 필요성에 대해서는 ETUC(2007a, 3-5; 2007h; 2007j)을 참조할 것.

에 대한 기업의 투자를 증대시켜 노동자들의 생산성과 기업의 경쟁력에 기여한다는 점을 주요 논거로 제시한다.

셋째, 유럽 노총은 고용 창출뿐만 아니라 일자리의 질도 중요하다며 "보다 많고 보다 좋은 일자리"를 주창한다.[14] 유럽 노총에 따르면 유럽에서 신규 창출되는 일자리의 대다수는 비자발적 시간제와 기간제처럼 숙련 수준이 낮고 훈련 기회도 적은 비정규직 일자리들이다. 노동자들은 불안정한 비정규직 일자리로 이직하는 것을 기피할 것이므로 노동시장의 역동성을 높이기 위해서는 양질의 일자리를 중심으로 고용 창출이 이루어져야 한다고 주장한다. 여기서 양질의 일자리란 고용 안정성이 보장된 정규직 일자리를 의미한다. 유럽 노총은 일자리의 질이 담보되어야 상향 이동 중심으로 노동시장의 역동성을 확보하고, 일자리가 전반적으로 상향평준화될 수 있으며, 무엇보다 실직자의 취업뿐만 아니라 취업자의 일자리 이동도 유도할 수 있다고 주장한다. 이를 위해서는 비정규직 사용을 규제해야 하는데, 유럽연합의 파견 노동자 사용 관련 지침의 이행 같은 사회적 규제가 강화되어야 한다는 것이다.

2) 제2시기: 비판에서 지지로

유럽 노총은 유럽연합 집행위원회 중심으로 진행된 유연안정성 모델 논의 내용에 대해 비판적인 입장을 표명해 왔는데, 2007년 6월 유연안정성 모델의 공통 원칙을 수립하기 위한 회람 자료가 공개되면서 더욱 강도 높

14_노동시장 진단과 일자리 질의 논의에 대해서는 ETUC(2007a, 2-3, 5-7; 2007d, 2-3; 2008b; 2007e; 2007f; 2007g; 2007l)을 참조할 것.

은 비판의 공세를 퍼붓기 시작했다. 그런 가운데 유럽 노총은 유럽사용자 연합 등과 함께 유럽 노동시장에 대한 "공동 분석" 결과를 10월에 발표했고, 다음 달에는 유럽 의회가 유연안정성 모델에 대한 보고서를 발표했다.

유럽 의회 보고서는 유럽 집행이사회가 좀 더 균형을 갖춘 유연안정성 모델의 공통 원칙들을 수립해야 한다고 주장하며, 구체적인 수정 방향들을 제시했다(European Parliament 2007a; 2007b). 유럽 의회가 공통 원칙에 포함해야 한다고 지적한 내용들은 다음과 같다. 안정적 고용 관계를 증진할 것, 비정규직 계약의 남용을 막을 것, 취업 보장을 증진하고 직장 보장을 개선함으로써 노동시장 분절을 해소할 것, 사회적 행위 주체들과 긴밀하게 협의하여 유연안정성 모델 이직 진로를 설계·집행할 것, 이직 안정성을 강화하고 적극적 노동시장 정책을 적절히 활용할 것, 노동자들의 취업 가능성을 높이기 위해 적극적 노동시장 정책과 평생 학습 투자를 결합할 것 등이다. 이런 제안들은 유럽 노총이 유럽연합 집행위원회의 유연안정성 모델 논의를 비판하면서 주장했던 내용들과 상당 정도 합치했기 때문에, 유럽 노총(ETUC 2007k)은 유럽 의회 보고서가 "공동 분석"의 핵심 논지를 공유한다며 즉각 환영 성명을 발표했고, 유럽연합이 유연안정성 모델을 좀 더 노동 친화적으로 바꾸도록 압박했다.

유럽연합 집행이사회는 유럽 의회의 입장 표명, "공동 분석"과 유럽 노총의 비판 의견을 수렴·반영해 유럽연합 집행위원회의 회람 자료 내용을 수정하고 유연안정성 모델 공통 원칙의 최종 결론을 2007년 12월 6일 발표했다. 집행이사회가 발표한 최종 결론은 집행위원회의 회람 자료에 비해 유연성보다 안정성을 강조하고, 유연성에 있어서도 외적 유연성이 아니라 내적 유연성의 중요성을 부각시켰으며, 유연안정성 모델의 도입과 집행 과정에서의 사회적 대화를 강조함으로써 내용 면에서 친노동적 성격을 강화하는 동시에, 절차에 있어서도 노동 측의 이해 대변과 개입력

을 높여 주었다.[15]

유럽 노총(ETUC 2007m; 2008b)은 "유연안정성이 더 이상 노동자들의 손쉬운 해고와 혼동되지 않아서 다행스럽게 생각한다"(2007/12/14), "유럽 노총은 유럽연합이 유연안정성 원칙들에 대해 좀 더 균형 잡힌 접근을 채택하고, 임시직 계약 노동자들에게 보다 많은 안정성을 제공할 필요가 있음을 인정했다는 사실을 환영한다"(2008/01/31)며, 간접적인 방식으로 유연안정성 모델의 최종 확정 내용에 대한 지지를 표명했다. 한편, 유럽 노총(ETUC 2008a)은 2007년 하반기 6개월간 포르투갈이 유럽연합 의장직을 수행한 시기에 대해, 사회적 의제 영역 10개 가운데 6개 영역은 '진전 없음', 2개 영역은 '불충분'으로 평가한 반면, 유연안정성 논의는 리스본 전략 집행과 함께 '긍정적' 성과가 있었다고 평가했다는 점을 고려하면, 유럽연합 집행이사회가 확정한 유연안정성 모델의 내용에 대해 긍정적으로 보고 있음을 확인할 수 있다.[16]

이와 같이 유럽 노총이 비판에서 지지로 입장을 변화한 것은, 집행이사회의 최종 결론이 집행위원회의 회람 자료에 비해 유럽 노총-유럽사용자연합의 "공동 분석"과 유럽 의회의 유연안정성 보고서에 더 근접한 것으로, 노동과 자본의 이해관계를 공정하게 반영한 것으로 평가할 수 있었

15_유럽연합 집행이사회의 최종 결론의 내용 및 집행위원회 회람 자료와의 차이점에 대해서는 조돈문(2014a)을 참조할 것.

16_ILO(2009a; 2009b)는 유연성 증대를 취한 국가들보다 유연안정성 전략을 선택한 국가들이 우수한 노동시장 성과를 보였다며 유럽연합의 유연안정성 모델 추진을 긍정적으로 평가하고, 개발도상국들도 유연안정성 전략을 채택할 필요가 있다고 강조했다. 이는 유럽연합의 유연안정성 모델을 친노동적 성격을 지닌 실천적 대안으로 인정하며 유럽 노총의 긍정적 평가가 적절했음을 확인해 주는 것이다.

표 4.2 | 유연안정성 모델 관련 3주체 입장 비교

	유럽사용자연합	유럽 노총	유럽연합 집행이사회
〈유연안정성 모델〉			
집행위원회 유연안정성 회람 자료	적극 지지	거부	친노동적 안정성 보강
유연성-안정성	유연성 우선	균형 강조	균형 지향
〈고용계약 제도〉			
고용 보장 방식	직장 보장을 취업 보장으로 대체	직장 보장을 취업 보장으로 보완	취업 보장 중심
유연성 내용	외적 유연성 중심	내적 유연성 중심	내적-외적 균형
노동시장 유연화 관련 처방	정규직 보호 완화, 비정규직 활용 촉진 필요	지나친 유연화를 안정성으로 상쇄할 필요	유연화 허용
고용 보호 제도 변화 정책 수단	정규직 해고 비용 감축	조기 해고 통지	적극적 노동시장 정책
일자리의 질	고려 않음	양질의 일자리 중시, 비정규직 사용 규제	고용 창출 우선
〈평생교육 제도〉			
제도 필요성 평가	기업 경쟁력 및 노동자 취업 가능성 향상함	기업 경쟁력 및 노동자 취업 가능성 향상함	기업 경쟁력 & 노동자 취업 가능성 향상함
제도 개혁	법적 강제 반대	기업의 교육 훈련 투자 증대 압박	교육 훈련 투자 증대 유인
활성화 방안	정부의 재정 지원	기업의 인적 자본 투자 증대	기업의 인적 자본 투자 증대, 정부의 재정 지원
〈적극적 노동시장 정책〉			
정책 필요성 평가	구직 지원	재취업 가능성, 이직 안정성	구직 지원
운영 원칙	구직 압박	학습 중심	취업 중심
정부 예산 지출	비용 효율성 필요, 지출 증대 억제	지출 증대 필요성 강조	지출 증대 필요성 인정
〈사회보장 체계〉			
운영 원칙	신속한 재취업 지원	소득 안정성, 하향 취업 예방	소득 안정성
사회보장 수준	제한된 수준의 사회보장	관대한 사회보장	관대한 사회보장
취업 관련 효과	취업 동기 억제 경계	이직 안정성 보장, 일자리 매칭 효율성	이직 안정성 보장
취업 동기화 방식	활성화 프로그램 참여 연계	활성화 프로그램 참여 연계, 양질의 일자리 유인	활성화 프로그램 참여 연계
〈사회적 대화〉			
사회적 대화 유형	전국적 수준 대화	단체교섭 역할 강조	단체교섭 역할 인정

주: BusinessEurope(2006; 2007a; 2007b; 2007c; 2007d), Consilium(2007a; 2007b), ETUC(2006; 2007a; 2007c; 2007d; 2007h) 등을 참조하여 필자가 작성했음.

기 때문이다. 이처럼 유럽연합 차원에서 유연안정성 모델이 수립되는 과정은 대립된 관점과 이해관계가 각축하는 과정이었으며, 이때 형성된 대립 구도는 유럽연합 집행위원회와 유럽사용자연합 중심의 유연화 블록과, 유럽 의회와 유럽 노총 중심의 균형 블록으로 나뉘었다. 유럽연합 집행이사회가 수립한 유연안정성 모델의 최종 결론은 유연화 블록보다 균형 블록의 입장에 훨씬 가깝다고 할 수 있는데, 이는 유럽사용자연합 및 유럽 노총의 입장과 비교 검토하면 쉽게 확인할 수 있다(〈표 4.2〉).

유럽 노총은 유럽연합 집행이사회가 유연안정성 모델의 공통 원칙들을 발표한 뒤 유연안정성 모델 논의에 대한 비판을 중단했지만, 유럽 의회의 보고서가 발표되었을 때와는 달리 즉각 적극적인 지지 의사를 표명하지 않았다. 그것은 향후 개별 회원국 단위에서 노동과 자본이 유연안정성 모델을 도입하고 집행하는 과정에서 정책 요소들의 내용을 둘러싸고 각축해야 하며, 유럽연합이 적절한 방식으로 책임성 있게 개입하도록 압박하고, 유럽연합 집행 단위를 견제하고 감시해야 하는 과정이 남아 있다는 점을 고려한 전략적 행위였다고 할 수 있다.

3) 제3시기: 지지 후퇴

유럽 노총은 유럽연합 집행이사회의 유연안정성 모델 최종 결론에 대해서는 지지 입장을 밝혔지만, 개별 회원국들에 도입·집행되기 시작한 지 몇 년 지나지 않아 다시 비판적 입장을 표명했다. 2012년 들어 유럽 노총은 유럽연합 집행위원회가 "유연안정성 같은 낡고 지긋지긋한 처방전"을 다시 끄집어내고 있다고 비판하며, 유연안정성 모델은 "몇몇 북유럽 국가들에서는 작동했지만 유럽의 다른 지역들에서는 노동자들에 대한 불안정성이 증대되었다. 긴축재정을 주창하며 유연안정성을 추진하는 것은 부적절하다"(ETUC 2012b)고 지적했다.

유럽 노총은 유연안정성 모델이 스칸디나비아 국가들에서는 효율적이었으나 동구권 등 다른 유럽연합 회원국들에서는 부정적 결과를 가져왔고, 특히 경제 위기 시기에 부작용이 큰 것으로 평가한다(ETUC 2012b; 2012c). 유럽 노총에서 유연안정성 모델 관련 전략의 기획 책임을 맡고 있는 로널드 쟌센Ronald Janssen은 "유연안정성 모델 자체에 문제가 있는 것은 아니지만, 경제 위기 시기에 취약한 것은 분명하다"(Janssen 면담 2012)며 취약성을 지적했다.

덴마크와 스웨덴을 포함한 스칸디나비아 국가들이 여타 유럽연합 회원국들에 비해 고용률이 높고, 실업률, 특히 장기 실업률이 낮다는 점에서 노동시장이 효율적으로 작동하고 있다는 데에는 이견이 없다. 스칸디나비아 국가들은 효율적 노동시장의 기초 위에서 사회적 통합뿐만 아니라 경제적 효율성 측면에서도 수월성을 보이고 있어 유럽연합이 지목했던 세계화, 기술 변화, 노령화 등 유럽연합 회원국들이 직면한 공통된 도전들에 성공적으로 대응하고 있다고 할 수 있다.[17]

스칸디나비아 국가들의 유연안정성 모델은 오랜 기간 동안 노동-자본을 중심으로 하는 사회적 대화와 타협을 거치며 형성된 역사적 산물이다. 그런 점에서 유연안정성은 어느 한 가지 정책 요소가 아니라 황금 삼각형이라는 제도적 장치들이 통합적으로 만들어 내는 결과라는 점에서 제도적 상보성institutional complementarity 안에서 이해되어야 한다. 하지만 유럽연합 집행위원회와 일부 유럽연합 회원국들이 덴마크 등 스칸디나비아 국가들에서 실천되는 유연안정성 모델을 유연성 우위와 동일시하며 제도적 상보성을 무시하는 데 대해 유럽 노총(ETUC 2007c; 2007d)은 신랄하게 비판한 바 있다.

17_스칸디나비아 국가들의 노동시장 효율성에 대해서는 ETUC(2007d, 1), LOID(2012), 무테(2012), Andersen(2012, 119-120), 조돈문(2013a; 2014a)을 참조할 것.

스칸디나비아 국가들의 유연안정성 모델은 효율적인 적극적 노동시장 정책과 관대한 사회보장 체계를 갖추고 있을 뿐만 아니라 고용계약 제도도 유연성이 그렇게 높지 않다는 것이다. 스칸디나비아 국가들은 법제도보다 단체협약을 통해 노동시장을 규제하는 전통이 있는데, 노조 조직률이 70%를 넘고, 단체 협약 적용률이 90%를 넘어 상당 정도의 안정성을 노동자들에게 보장해 준다. 정리 해고 사전 통지 기간은 20년 근속을 기준으로 했을 때 스웨덴이 10개월로 유럽연합 회원국들 가운데 가장 길며, 덴마크 등 다른 스칸디나비아 국가들도 4~7개월에 달해 고용 보호 경직성이 높다고 평가받는 대륙형 및 지중해형 국가들보다 길다. 이렇게 긴 사전 통고 기간과 효율적인 적극적 노동시장 정책 덕분에 스칸디나비아 국가 노동자들은 재취업 가능성이 높아 이직 안정성을 보장받고 있다. 하지만 법적 규제의 유연성을 상쇄하는 제도적 장치들에 주목하지 않고 고용계약 제도의 유연화만 고집하면 유연안정성 모델이 스칸디나비아 국가들 밖에서 긍정적인 성과를 내기 어렵다고 유럽 노총은 지적해 왔다.[18]

유럽연합은 2007년 말 유연안정성 모델을 수립하고 회원국들로 하여금 도입과 집행을 촉구하기 시작했는데, 이듬해 금융 위기와 경제 위기가 발발하면서 유럽 노총 내에서 유연안정성 모델에 반대하는 세력이 확대·강화되었다(Auer 2010a, 378-382; Clauwaert 면담 2012). 외적 유연성에 의존한 국가들의 경우 대량 해고에 따른 실업률 상승으로 내수 시장이 위축

18_조기 해고 통지 제도와 이직 안정성의 중요성에 대해서는 ETUC(2007c, 2-4), Janssen (2006, 1-3)을 참조할 것. Janssen(면담 2012)은 "조기 해고 통지 제도가 진정한 유연 안정성 모델의 핵심"인데 유연안정성 모델을 도입하는 국가들이 이를 외면하는 것이 문제라고 지적한다.

되고 정부의 재정 부담이 가중되었다. 경제 위기 대응책으로 긴축재정 정책이 추진될 경우, 적극적 노동시장 정책과 사회보장제도를 위한 지출이 억제되어 노동자들의 안정성이 희생됨으로써, 해고 위험을 느끼는 취업자들이나 고용 불안에 시달리는 비정규직 노동자들이 소비를 줄이게 되므로 내수 시장은 더욱 위축되어 경기회복이 어려워졌다. 경제 위기로 일자리가 부족해지고 재취업이 어려워지기 때문에 적극적 노동시장 정책과 평생 학습 제도의 효과가 약해지는데, 재정 자원까지 줄이면 유연안정성 모델이 긍정적인 성과를 내기란 더욱 어려워지는 것이다.[19]

체코와 에스토니아 등 동유럽 국가들의 경우 고용 보호 수준이 높지 않았음에도 2008년 고용계약 제도를 유연화하고 실업수당 제도를 개선하는 데 합의했는데, 약 2개월 뒤에 경제 위기가 도래했다. 결국 유연화는 계획대로 추진되었지만 실업수당 제도의 경우 재원이 부족해 급여 기간 연장과 급여 수준 인상은 실현될 수 없었다.[20] 노동조합들은 유연화는 재원을 확보하지 않고도 법제화를 통해 즉각 실현될 수 있는 반면, 안정화는 정책 수립, 예산 배분·집행 및 지속적 실천이 필요하기 때문에 효과가 발생하기까지 상당한 시간이 걸린다는 점을 우려했는데, 이런 교환관계의 불공정성에 대한 우려가 현실화된 것으로, 경제 위기 상황은 이런 불공정성 문제를 더욱 악화시켰다. 동유럽 국가들에서 유연안정성 모델이 실패한 것은 모델 자체의 문제라기보다는, 안정성을 담보하기 위한 여타 정책

19_경제 위기 시 외적 유연성의 부정적 효과에 대해서는 ETUC(2012b, 1; 2012c, 11-12), Tangian(2010, 6-7), Janssen 면담(2012)을 참조할 것.

20_동구권의 실패 사례와 노동 측의 우려에 대해서는 ETUC(2012b, 1; 2012c, 11), Janssen 면담(2012), Jørgensen & Madsen(2007b, 7-8)을 참조할 것.

요소들이 도입되지 않은 채 고용계약 유연성 정책만 도입되었기 때문이다. 그런 점에서 동유럽 사례들은 황금 삼각형의 제도적 상보성을 무시하면 유연안정성 모델이 스칸디나비아 국가들에서처럼 성공하기 어렵다는 사실을 경험적으로 확인해 주었다고 할 수 있다.

이처럼 유럽 노총이 지지 입장에서 한발 물러선 것은 유럽연합의 유연안정성 모델 자체보다 개별 회원국들이 모델을 도입하고 실행하는 내용과 방식을 겨냥한 것으로, 일부 회원국들에서 진행되는 유연성 우선 정책의 확산을 차단하고 해당 회원국 내 노동의 불리한 역학 관계에 개입하기 위한 전략적 행위다. 그런 점에서 유럽연합의 유연안정성 모델에 대한 유럽 노총의 기본적 입장은 비판적 수용이라 할 수 있다.

5. 맺음말[21]

유럽 노총의 딜레마와 전략적 선택

이처럼 유연안정성 모델을 수립하기 위한 유럽연합의 논의 과정에서 유럽사용자연합이 적극적 지지 입장을 일관되게 견지한 반면, 유럽 노총은 유럽연합이 수립·추진하는 유연안정성 모델의 내용에 따라 지지와 반대의 입장을 보여 주었다(〈표 4.3〉).

21_여기서는 본문의 논의를 정리하고, 본문의 논의에 기초하여 분석적 토론을 전개하되, 본문에서 논의된 내용에 대해서는 별도의 출처를 밝히지 않음.

표 4.3 | 유럽연합의 유연안정성 모델 관련 시기별 입장

	유럽연합 관련 계기들	유럽 노총 입장
1990년대 초~2006년 초	유연안정성 모델의 필요성 논의	공식 언급 자제
2006년 중반~2007.6.27	집행위원회 주도 유연안정성 모델 수립을 위한 논의	경계심 갖고 비판
2007.6.27~2007.12.6	집행위원회 회람 자료 배포 이후 집행이사회의 의견 수렴	비판적 공세 강화
2007.12.6 이후	집행이사회 최종 결론 발표 후 회원국 도입·실행 촉구 시작	비판적 수용
2008~2009년 이후	세계 금융·경제 위기 발발/ 개별 회원국 도입 추진	비판 강화

유럽 노총은 유연안정성 모델이 유연성과 안정성의 균형을 유지하며 노동과 자본의 이해관계를 동시에 구현하는 윈윈 상황을 실현할 수 있으며, 그렇게 하는 것이 바람직스럽다는 입장을 표명해 왔다. 하지만 유연안정성 모델이 구체적으로 어떤 내용으로 수립되어 어떻게 추진되는가는 그것을 둘러싼 역학 관계의 산물이라는 점에서 유럽 노총은 딜레마에 직면하게 되었다.

세계화와 시장 경쟁의 심화, 그리고 유럽연합의 정치 지형이 변화되는 가운데 유럽 노총은 불리한 외적 여건의 부정적 효과를 우려하지 않을 수 없었다.

첫째, "공동 분석"에서 보듯이 유럽의 노동시장은 이미 충분히 유연해서 유연화가 필요하지 않음에도 불구하고, 유럽사용자연합을 비롯한 자본가 단체들은 유연안정성 모델을 외적 유연성 강화와 동일시함으로써 노동시장 유연화를 추진하겠다는 의지를 숨기지 않고 있었는데, 노동-자본의 역학 관계는 유럽연합 차원뿐만 아니라 개별 회원국들에서도 노동에게 유리하지 않았다.

둘째, 유럽연합 집행이사회가 수립한 유연안정성 모델은 집행위원회의 회람 자료에 비해 좀 더 친노동적인 내용을 담았지만, 향후 개별 회원국들이 유연안정성 모델을 도입하고 실행하는 과정에서 집행위원회가 지도·평가·권고·제재의 역할을 담당하므로 상대적으로 친자본적인, 유연성에 대한 요구가 강조될 수 있다.

셋째, 2000년대 중반부터 유럽연합 회원국들 다수가 총선·대선들에서 우파 정당이 집권함에 따라 회원국의 권력 분포와 함께 유럽연합 집행이사회의 세력 분포에서도 친자본 성향이 강화되었다. 그 결과 안정성에 대한 노동의 요구에 비해 유연성에 대한 자본의 요구가 강조될 개연성이 높아지고 있었다. 이런 상황에서 유럽연합이 추진하는 유연안정성 모델을 유럽 노총이 전면적으로 거부하기는 어려웠다.

첫째, 유연안정성 모델의 최종 결론은 유럽연합 집행이사회가 유럽의회의 유연안정성 모델 평가 보고서의 권고를 반영하고 노동과 자본의 의견을 수렴해 확정한 것으로, 집행이사회를 구성하고 있는 모든 회원국이 합의한 것이라는 점에서 유럽 노총이 이를 거부하며 유럽연합과 정면으로 맞서기에는 정치적 부담이 매우 컸다.

둘째, 유럽연합은 세계화와 시장 상황 변동, 경제·산업구조 변화, 급격한 기술 변화와 고령화 및 유럽 경제의 경쟁력 약화 등의 도전들에 맞서 노동시장 효율성과 경제적 성과를 동시에 구현하기 위한 정책 대안들을 모색한 결과 유연안정성 모델을 수립하게 되었는데, 유럽 노총이 이를 거부하고 도전들을 극복하는 데 좀 더 효율적인 정책 대안 패키지를 제시해 유럽연합 집행 단위들뿐만 아니라 회원국들과 여타 사회적 행위 주체들에게 받아들이도록 하기란 쉽지 않다.

셋째, 유럽연합 집행이사회가 회원국들과 행위 주체들의 의견을 수렴하는 등 공식 절차를 거쳐 유연안정성 모델을 최종 확정해 발표했는데, 유럽 노총이 반대한다고 해서 그것이 철회될 가능성은 거의 없고, 설사 철회된다 하더라도 그보다 친노동적인 모델이 수립되는 것은 불가능하다고 할 수 있다.

이런 거부 유인들과 수용 압박의 딜레마 속에서 유럽 노총은 전면적 거부나 전폭적 수용을 피해 비판적 수용의 입장에서 지지와 반대 의사를 표명하며 개입했는데, 이런 전략적 선택은 딜레마를 해소하기 위한 합리적 행위라 할 수 있다.

유연안정성 모델에 대한 유럽 노총의 평가와 정책 대안

유럽 노총은 유럽연합의 유연안정성 모델에 대해 비판할 때도 그것의 효율성을 전면 부정하는 것이 아니라, 논의·수립 방식을 비판하면서 유연안정성 모델의 네 가지 구성 요소들 가운데 주로 고용계약 제도 정책 요소의 편향성을 집중적으로 공격했다. 한편, 유럽 노총은 고용계약 제도를 제외한 다른 세 가지 정책 요소들에 대해서는 지지하는 입장을 보여 왔다.

유럽 노총은 유럽연합 집행이사회가 최종 확정한 유연안정성 모델의 평생 학습 제도, 효율적인 적극적 노동시장 정책과 관대한 사회보장 체계에 대해서는 원칙적으로 동의한다. 이를 위해 정부의 재정지출을 확대하고 인적 자본에 대한 기업의 투자를 확대하도록 촉구하고, 노동자들에 대해서는 취업 압박이 아니라 취업 동기화가 필요하다고 주장한다는 점에서 유럽연합 집행이사회보다 적극적인 정책 개입을 말하고 있다.

유럽 노총이 유연안정성 모델을 둘러싸고 유럽사용자연합과 극명하게 대립하며 유럽연합 집행 단위들을 비판하는 것은 주로 고용계약 제도에 대한 입장 차이 때문이다. 유럽 노총은 진정한 유연안정성 모델이란 유연성과 안정성의 균형, 노동-자본 이해관계의 균형을 이루어야 한다고 일관되게 주장해 왔다. 또한 유럽연합 집행위원회가 유럽사용자연합 등 자본가 단체들 및 일부 회원국 정부들과 함께 안정성에 비해 유연성에 일방적인 우위를 부여함으로써 유연안정성을 해고의 자유, 즉 외적 유연성과 동일시하며 노동시장 유연화 프로젝트를 추진한다고 지적한다.

이처럼 유연안정성 모델의 정책 요소들 가운데 고용계약 제도가 입장 대립의 핵심을 구성하고 있으며, 최대 쟁점은 외적 유연성이다. 유럽 노총은 내적 유연성을 적극적으로 활용해야 한다고 주장하며, 유럽연합 집행위원회가 유럽 자본가 단체들의 입장을 받아들여 외적 유연성 확대 필요성을 강조한다고 비판한다.

그러나 유럽 노총이 외적 유연성의 필요성을 원천적으로 부정하며 동일 업체, 동일 직무에서 일할 수 있도록 평생 보장해야 한다고 요구하는 것은 아니다. 유럽 노동시장이 이미 충분히 유연하고 역동적이며 신규 일자리를 창출하고 있고, 정규직 일자리는 줄어들고 비정규직 일자리가 증가하고 있으므로 노동력의 안정성 보장과 비정규직 사용 규제를 강화해야 한다는 것이다. 이를 위해 유럽 노총은 부당한 해고를 금지하고, 정리해고가 불가피할 경우 조기 해고 통지를 의무화하며, 취업 보장을 통해 직장 보장을 보완하고, 유럽연합의 비정규직 보호 및 사용 규제 지침들을 적극 도입·실행하고, 일자리의 질이 담보된 고용을 증대하도록 촉구한다.

경제 위기 시 유연안정성 모델의 취약성을 보완하기 위한 방안

유럽 노총은 유연안정성 모델이 경제 위기 시 외적 유연성을 남발해서 실업을 장기화하고 경제 위기 극복을 어렵게 할 수 있으며, 특히 긴축재정 정책과 결합될 때 이런 문제점이 극대화된다고 지적한다. 경제 위기 시의 이 같은 취약함을 극복하기 위해서는 내적 유연성 방식을 활용하고 사회적 대화를 활성화해야 한다고 유럽 노총은 주장한다.

경제 위기 시 기업들은 생산비용을 절감하기 위한 손쉬운 방식으로 외적 유연성에 기초한 정규직 인력 감축과 비정규직 남용을 선택할 가능성이 크다. 이런 외적 유연성 방식을 규제하고 내적 유연성 방식을 적극 활용하도록 유도하기 위해서는, 산업·업종 혹은 지역 단위에서 경력 이행 기금을 조성해 운영하도록 하고, 개별 기업 단위에서 노동시간을 단축함으로써 일자리를 나누는 조치들에 재정적 인센티브를 제공할 필요가 있다.

유럽 노총은 사회적 대화가 사업장 단위 기업의 전략적 의사 결정뿐만 아니라 전국적 단위의 정부 정책 결정 과정에서도 중요하다고 강조한다.

첫째, 사업장 단위에서는 사회적 대화를 통해, 외적 유연화를 실시할 필요를 검토하고 외적 유연화를 실시할 경우 노동자 교육 훈련 및 재취업을 위한 기업의 사회적 책임 실천을 담보하는 사회적 계획social plan을 공동 결정하며, 외적 유연성 대신 노동시간 단축, 직무 순환과 임금동결 등 내적 유연성을 활용할 필요와 노사 간 비용 분담 방식을 협의하도록 한다.

둘째, 전국 단위에서는 긴축재정이 예산 절감과 일자리 감축으로 이어져 적극적 노동시장 정책과 평생교육 제도의 효율성을 제약하고 내수 시장을 위축시켜 경제 위기 극복을 어렵게 한다는 점에서, 주행성 인플레이션과 같은 예외적 상황에서 사회적 대화를 통해 긴축정책의 필요와 예상되는 부정적 효과를 평가해 정책적으로 판단하게 한다.

이론적·실천적 함의

유럽연합 집행이사회는 영미형 자유 시장경제 모델의 일방적인 탈규제 유연화 방식에 맞서 유연성에 대한 자본의 요구와 안정성에 대한 노동의 요구 사이에서 균형을 이루는 유연안정성 모델을 수립해 회원국들로 하여금 도입·실천하도록 했다. 이는 세계화 수렴이론에 비해 탄성이론이 상대적으로 경험적 사실에 부합하다는 것을 보여 준다.

한편, 유럽 노총은 전략적 행위자로서 유럽연합의 유연안정성 모델을 수립하는 과정에 개입해 지지/반대의 입장을 표명하며, 친노동적 성격의 유연안정성 모델이 수립되는 데 실질적인 영향을 미쳤다. 유럽 의회는 노동 친화적인 내용의 보고서를 발표함으로써 유연안정성 모델의 최종 결론이 상대적으로 친노동적 성격을 강화할 수 있게 되었으며, 무엇보다도 집행이사회가 다양한 행위 주체들의 개입과 주체적 판단을 거쳐 최종 확정한 내용이 집행위원회 회람 자료의 내용과 크게 다른 것으로 나타났다. 이는 행위 주체들의 전략과 실천이 유연안정성 모델의 내용에 실질적인 영향을 미쳐, 영미형 자유 시장경제 모델의 탈규제 유연화 방식과는 대조되는 유럽연합의 유연안정성 모델이 수립될 수 있었음을 의미하며, 정태적인 탄성이론을 넘어 전략적 선택 이론이 경험적 정합성이라는 면에서 상대적으로 우월하다는 점을 확인해 준다.

제5장

스웨덴 노동시장의
유연성-안정성 균형 실험
황금 삼각형과 이중 보호 체계

1. 들어가는 말

유럽연합이 스칸디나비아 국가들을 준거로 수립한 유연안정성 모델은 유
연성과 안정성의 균형을 이루며, 유연성에 대한 자본의 요구와 안정성에
대한 노동의 요구를 동시에 구현하는데, 그 정책 요소들의 조합을 황금 삼
각형이라 부른다. 황금 삼각형은 노동력 활용을 위한 고용계약 제도의 고
용 보호 체계, 직업훈련과 고용 서비스로 구성된 적극적 노동시장 정책,

● 본 장은 『산업노동연구』 제21권 2호(2015)에 실린 원고를 수정·보완한 글이다. 게재를
허락해 준 한국산업노동학회에 감사한다.

실업자 소득 보장 체계를 중심으로 한 사회보장 체계로 구성된다.

유럽연합이 유연안정성 모델을 수립하기 위해 본격적으로 논의를 시작하던 2000년대 중반부터 치열한 공방 또한 전개되기 시작했는데, 2008년 세계 금융 위기와 뒤이은 경제 위기를 거치며 유연안정성 모델에 대한 비판 입장이 강화되었다. 여기에는 덴마크의 황금 삼각형이 경제 위기 시 유연성과 안정성의 균형을 이루는 데 실패했으며, 유연화 프로젝트로 기능했다는 지적이 일조했다. 따라서 황금 삼각형 정책 요소들이 어떻게 유연성과 안정성의 균형을 이루며 동시에 구현하고 있는지, 경제 위기하에서도 균형을 유지하며 효율적으로 작동하는지를 경험적으로 검증하기 위한 제3의 사례가 필요하다. 그런 점에서 스웨덴은 좋은 사례라 할 수 있다.

스웨덴은 덴마크와 더불어 유연안정성 모델의 황금 삼각형 정책 요소들을 수립해 집행하는 전형적인 스칸디나비아 모델 국가이다. 2006년 말 총선에서 황금 삼각형 정책 요소를 구축한 사민당이 실권해 '보수당 정부'[1]가 출범한 이후 경제 위기를 맞음으로써 자본의 공세적 유연화 프로젝트의 위험성에 노출되어 유연성-안정성의 균형을 유지하기 어려운 여건이 조성되었다. 스웨덴의 황금 삼각형이 어떤 방식으로 유연성과 안정성의 균형을 유지하고 구현했는지, 보수당 정부의 출범과 경제 위기 발발로 어떤 변화를 겪었으며, 그런 변화 속에서도 여전히 유연성과 안정성의 균형을 유지하고 효율적으로 작동하고 있는지를 분석하는 것이 본 연구

1_본 연구에서는 정부를 스웨덴 정부(www.regeringen.se/)의 부르주아 정부와 사민당 정부의 명칭 대신, 집권 정당에 따라 사민당 정부와 보수당 정부로 분류하고, 정당 연합은 통칭되는 보수당 중심의 우파 연합과 사민당 중심의 적녹 연합의 명칭을 사용한다.

의 목적이다.

2. 스웨덴의 노동시장과 황금 삼각형

1) 노동시장의 특성

스웨덴은 유럽연합과 OECD 회원국들 가운데 고용률은 최고 수준을, 장기 실업자 비율은 최저 수준을 보이고 있어 노동시장이 효율적으로 작동하고 있다는 평가를 받는다. 뿐만 아니라 여타 스칸디나비아 국가들과 함께 사회적 통합과 경제적 효율성을 동시에 구현하고 있기 때문에 유럽연합이 사회적 모델과 유연안정성 모델을 수립할 때 경험적 준거로 선택되었다.

노동시장이 효율적으로 작동할 수 있는 원인은 유연안정성 모델, 즉 황금 삼각형의 정책 요소들에서 찾을 수 있다. 스웨덴의 노동시장은 황금 삼각형, 즉 노동시장의 고용 보장 체계, 적극적 노동시장 정책, 실업자 보상 체계를 중심으로 여타 선진 자본주의 국가들과 상당한 차별성을 보여 준다.

노동자 고용 안정성을 비교할 때 지표로 널리 활용되는 OECD의 고용보호 법제화EPL 지수를 검토해 보면, 스웨덴은 정규직과 임시직을 포함한 전체 규제 수준이 영국과 미국 등 자유 시장경제 모델 국가들보다는 높으나, 대륙형과 지중해형 조정 시장경제 모델 국가들보다는 월등히 낮은 것으로 나타난다(〈표 5.1〉). 이처럼 노동시장 고용계약의 경직성 지수가 OECD 평균 수준에도 못 미친다는 점에서 스웨덴은 유연성 수준이 높은

표 5.1 | 스웨덴 노동시장의 경직성 국제 비교(2013년 기준)

	스웨덴	덴마크	네덜란드	독일	프랑스	스페인	영국	미국	한국	OECD 평균
〈정규직 해고 규제〉										
개별 해고	1.80	1.50	2.03	1.94	1.86	1.39	0.80	0.35	1.63	
집단 해고	0.71	0.82	0.91	1.04	0.96	0.89	0.82	0.82	0.54	
합계	2.52	2.32	2.94	2.98	2.82	2.28	1.62	1.17	2.17	2.29
〈임시직 사용 규제〉										
기간제	0.38	1.13	0.50	0.38	2.00	1.38	0.13	0.00	0.38	
파견 노동	0.79	0.67	0.67	1.38	1.75	1.79	0.42	0.33	2.17	
합계	1.17	1.79	1.17	1.75	3.75	3.17	0.54	0.33	2.54	2.08
〈노동시장 전체 규제〉*										
정규직·임시직 합계	3.69	4.11	4.11	4.73	6.57	5.45	2.16	1.50	4.71	4.37

주: * 높은 값은 노동자 보호 경직성, 낮은 값은 유연성을 의미하며, 노동시장 전체 규제는 정규직 해고 규제 지수와 임시직 사용 규제 지수를 단순 합계한 것임.
자료: www.oecd.org/ Employment Outlook 2013.

국가로 평가된다. 정규직 해고 규제 수준은 OECD 평균을 조금 상회하는 반면, 임시직 사용 규제 수준이 OECD 평균보다 훨씬 낮아서 노동시장이 유연한 이유를 확인할 수 있다. 임시직 가운데 기간제와 파견 노동 모두 규제 수준이 영국과 미국 등 자유 시장경제 모델 국가들보다 조금 더 높을 뿐 대부분의 OECD 회원국들에 비해 크게 낮다. 한국과 비교해도, 기간제 사용 규제 수준은 동일하지만 파견 노동 규제 지수는 한국의 3분의 1에 불과할 정도로 유연성이 대단히 높다.

적극적 노동시장 정책의 재정지출 비중을 보면 스웨덴은 덴마크와 함께 최고 수준을 기록하고 있어 스웨덴을 포함한 스칸디나비아 국가들이 적극적 노동시장 정책을 매우 중시하고 있음을 확인할 수 있다(〈표 5.2〉). 한편, 참여자 비율은 OECD 평균보다 조금 더 높은 수준을 보일 뿐 스페인은 물론 프랑스보다도 낮은데, 이는 프로그램 참여자 1인당 투자 비율이 높다는 것을 의미해, 실업자들을 대상으로 적극적 노동시장 정책이 포괄적이고 집중적으로 집행되는 정책적 특성을 반영한다.

표 5.2 | 스웨덴 노동시장 정책 재정지출 및 참여율의 국제 비교(2012년 기준)

	스웨덴	덴마크	네덜란드	독일	프랑스	스페인*	영국	미국	한국	OECD 평균
적극적 정책 재정지출(% GDP)	1.33	2.10	0.98	0.69	0.90	0.89	-	0.12	0.32	0.57
소극적 정책 재정지출(% GDP)	1.02	1.70	1.92	0.98	1.45	2.88	-	0.40	0.30	0.85
적극적 정책 참여율(% 노동력)	4.97	5.99	4.14	3.32	5.10	11.44	-	-	-	3.59
소극적 정책 참여율(% 노동력)	5.46	6.24	8.62	6.71	9.63	12.32	-	-	-	5.52

주: * 정책 재정지출 비중은 GDP 대비 백분율(%), 정책 참여율은 노동력 대비 백분율(%).
　　스페인 기준 년도는 2011년.
자료: www.oecd.org/ Employment Outlook 2014.

　　실업자들에 대한 정부 예산 지출을 반영하는 소극적 노동시장 정책의 재정지출은 OECD 평균보다 조금 높은 수준인 반면, 정책 참여율은 평균 수준으로 나타난다. 이 또한 적극적 노동시장 정책처럼 참여자 대비 예산 지출 규모가 상대적으로 더 크다는 것을 의미한다.

　　이상 OECD가 제공한 노동시장 지표들에서 관찰된 황금 삼각형의 세 요소를 개괄하면, 스웨덴의 고용 보호 체계는 유연성 수준이 높아 노동자들, 특히 임시직 노동자들을 제대로 보호해 주지 못하는 반면, 적극적 노동시장 정책이 활발하게 집행되어 노동자들의 재취업 가능성을 높여 주고, 실업자 소득 보상 체계도 OECD 평균보다 조금 더 관대한 수준을 보여 준다. 이처럼 스웨덴의 노동시장은 노동자들의 고용 안정성을 직장 보장 대신 취업 보장 방식으로 보장해 주며, 고용 유연성을 소득 안정성으로 보전해 주고 있는데, 핵심은 소득 안정성보다는 취업 보장 방식의 고용 안정성이라 할 수 있다.

　　한편, 유럽연합이 회원국 시민들을 대상으로 실시한 의견 조사 결과는 시민들이 체감하는 노동시장 상황을 반영하는데, OECD의 노동시장

표 5.3 | 유럽연합 회원국 시민들의 노동시장 평가(2011년 9~10월 조사)

문항	수개월간 현재 일자리 유지(%)	정리 해고 6개월 내 재취업 가능성(%)*	2년 후 취업 상태 가능성(%)	정리 해고 시 소득 보전율(%/%/%)
응답지	확신함	7~10	확신함	71~100%/51~70% [51~100%]
스웨덴	95	72	60	46/30 [76]
덴마크	92	59	54	32/31 [63]
네덜란드	87	64	57	37/33 [70]
독일	91	54	54	17/60 [77]
프랑스	85	42	48	38/32 [70]
스페인	61	18	30	44/18 [62]
영국	90	47	54	4/9 [13]
유럽연합 평균	82	41	43	22/30 [52]

주 : * Eurobarometer: 2011.9-10 조사. 유럽연합 평균은 회원국 27개국 평균임.
　　1(부정적 전망)-10(긍정적 전망) 지수.
　　Eurobarometer(2011). "European Employment and Social Policy". Special Eurobarometer #377. December 2011.

지표들과는 양상이 조금 다르다(〈표 5.3〉).

　　향후 수개월 동안 현재의 직장을 유지할 수 있다고 확신하는 응답자가 스웨덴이 95%로 유럽연합 평균은 물론 독일과 프랑스 등 고용 경직성이 높은 것으로 평가되는 국가들보다도 직장 보장 방식의 고용 안정성이 높은 것으로 나타났다. 한편 정리 해고 직후 6개월 동안 일자리를 찾을 가능성에 대해 최저값 1(부정적 전망)과 최대값 10(긍정적 전망)의 지표에서 상대적으로 긍정적인 전망의 응답인 7~10에 표기한 응답자는 스웨덴의 경우 72%로, 유럽연합 평균은 물론 독일과 프랑스를 포함한 다른 회원국들보다 월등히 높았다. 이는 스웨덴의 경우 취업 보장 방식의 고용 안정성 보장 수준이 매우 높다는 것을 의미하는데, 적극적 노동시장 정책의 높은 재정지출 비중 지표와도 상응한다.

　　2년 후 취업해 있을 가능성을 묻는 질문에 확신하는 응답률은 스웨덴의 경우 60%로, 유럽연합 평균은 물론 독일과 프랑스 등 여타 유럽 국가들보다 월등히 높았다. 이는 직장 보장 방식과 취업 보장 방식을 통한 고용 안정성 보장의 총합 지수인데, 스웨덴 시민들이 체감하는 높은 고용 안정감은 강한 직장 보장 방식과 강한 취업 보장 방식의 당연한 귀결이라 할 수 있다.

한편, 정리 해고 시 실업보험과 여타 복지 제도들에 의한 보상액들을 총합할 때 실직 후 6개월 동안 소득 보전율을 보면 51% 이상 소득이 보전될 것으로 응답한 사람이 스웨덴의 경우 76%로, 77%를 기록한 독일과 함께 유럽연합 최고 수준을 보여 준다. 그 가운데 소득 보전율이 71% 이상인 응답자는 스웨덴에서 46%에 달하는 반면 독일은 17%에 불과해 스웨덴이 독일보다 전반적으로 소득 보전율이 월등히 높다는 것을 확인할 수 있다.

이처럼 스웨덴 시민들은 높은 고용 안정성과 높은 소득 안정성을 체감하고 있는 것으로 나타나 OECD 노동시장 지표들과 상당한 괴리를 보여 준다. 높은 취업 보장 수준과 높은 적극적 노동시장 정책 재정지출 수준은 일관되게 나타나는데, 직장 보장 방식의 고용 보호에서는 시민들의 높은 고용 안정감과 OECD 지표의 높은 고용 유연성으로 대조되고, 소득 안정성에서는 시민들의 높은 체감 소득 보전율과 OECD 지표의 평균 수준을 조금 상회하는 소극적 노동시장 정책 지출로 대조되고 있다. 왜 이런 차이가 발생하는지를 확인하려면 스웨덴의 황금 삼각형 정책 요소들을 심층 분석할 필요가 있는데, 3~4절에서 다루고자 한다. 이를 위해 본 연구는 스웨덴 정부 및 노동조합 발간 문헌 자료는 물론 OECD 통계자료, 유로바로미터의 설문 조사 자료를 분석했으며, 2012년 7월, 2013년 6월 필자가 실시한 심층 면접 자료도 활용했다.

2) 황금 삼각형과 스웨덴 모델의 변화 논의

스웨덴 등 스칸디나비아 국가들이 사회적 통합과 경제적 효율성을 동시에 실현하는 데 성공한 것은, 노동시장의 효율적 작동을 가능하게 하는 황금 삼각형 때문인 것으로 평가된다. 그런 까닭에 스웨덴과 덴마크 등 스칸디나비아 국가들이 유럽의 사회적 모델과 유연안정성 모델의 경험적 준거가 될 수 있었다(Rodrigues 2009a; Boyer 2008; Berghman 2009).

스웨덴은 1938년의 살트쇠바텐 협약으로 상징되는 계급 타협에 기초해 제2차 세계대전 이후 자본주의 황금기 동안 사회민주당의 주도하에 사회경제적 평등, 완전고용과 보편적 복지를 구현하는 사회민주주의 국가를 건설할 수 있었다. 이렇게 형성된 스웨덴 모델은 1980년대 '제3의 길' 현상으로 위기 논쟁을 불러일으키기도 했지만 이후 1990년대 초 경제 위기를 겪으면서 다시 원래의 모습을 상당 정도 복원하기도 했다. 이처럼 스웨덴 모델은 국내외 상황이 변화함에 따라 부침하면서 변화와 조정을 반복했지만 핵심 원칙과 성격을 유지함으로써 경로 의존성과 점진적 제도 개혁의 전형적인 사례로 평가되어 왔다. 하지만 2000년대 중반 이후 황금 삼각형을 중심으로 한 스웨덴 모델의 변화에 대한 논의가 다시 시작되었다.

2006년 말 출범한 보수당 정부가 1932년 이래 가장 긴 기간인 8년 동안 지배하고 있는 가운데 2008년 말 세계 금융 위기와 뒤이어 경제 위기가 발발한 것이다. 2000년대 중반 이후 황금 삼각형을 포함한 스웨덴 사회의 변화가 갑작스럽게 시작된 것이 아니라 이미 오래전부터 진행된, 점진적인 변화의 연장선 위에 있다는 점에는 이견이 없다. 하지만 이런 변화가 스웨덴 모델의 핵심 원칙이 훼손될 정도의 중요한 변화인가에 대해서는 의견이 대립된다.

'스웨덴 모델 훼손론'은 스웨덴 모델이 형성되는 데 기여했던 배경적 요인들이 변화함에 따라 스웨덴 모델도 훼손되었다고 주장한다(Baccaro &Howell 2011; Thornqvist 1999; Grandqvist & Regner 2008; Johansson 2005; Khellberg 2007). 유럽 통합과 세계화 추세 속에서 경쟁 압력이 강화되고, 자본주의 금융화에 따라 경제구조가 급격하게 재편되며, 국가 간 자본의 이동이 증가하면서 개별 국가의 규제력이 약화되고, 제조업은 위축되고 서비스업이 팽창하면서 산업구조가 재편되어 자본의 이동성은 증가하고 노동의 조직 기반이 위축되었다는 것이다. 이런 변화들은 계급 타협의 기초가 되었던 노동과 자본의 역학 관계를 균형과 공존에서 자본의 우위를 강화하는 방향으로 변화시켰다. 노동조합 조직률은 하락하고, 임금 교섭은 탈중앙집중화되고, 중앙 교섭의 구속력과 영향력도 약화되었다. 노동계급의 조직력이 약화되면서 사회민주당은 2006년과 2010년 연이어 총선에서 패배했다. 자본과 보수당 정부는 경제 위기하에서도 중앙집중화된 임금 교섭은 물론 사민당 집권 시기의 고용 안정 협약이나 일자리 협약 같은 전국 수준의 중앙 협약을 거부했다. 이처럼 스웨덴 모델의 거시적 조정 메커니즘이 붕괴된 채 복원되지 않는 가운데, 시장 상황에 자본이 신속하고 유연하게 대응할 수 있도록 자본의 재량권을 강화하고 국가의 개입력을 약화하는 방향으로 변화가 이루어졌다. 스웨덴 모델 훼손론은 이런 신자유주의 방향으로의 변화가 스웨덴 모델의 기본 원칙과 정면으로 충돌하는 것으로, 스웨덴 모델의 훼손을 가속화시키고 있다고 주장한다.

'스웨덴 모델 조정론'(Anxo & Niklasson 2009; Anxo 2012; Wadensjö 2009; Murhem 2012; Lehndorf 2012; Bosch et al 2009)은 스웨덴 모델의 배경이 되는 요인들의 부정적 영향과 노동조합의 조직력 약화 등 스웨덴 모델 훼손론의 지적은 타당한 것으로 수용하지만, 스웨덴 모델이 이런 환경에서 변화를 겪었음에도 핵심 원칙들은 견지하고 있다고 주장한다. 스웨덴은 2006년 보수당 정부가 출범하고 2008년 경제 위기가 발발한 이후에도 고용 안정성을 심각하게 해치는 변화는 없었고, 적극적 노동시장 정책의 지출 및 실업 급여를 줄이는 조치들은 균형재정 정책과 노동 우선주의 Arbetslinjen[2]에 입각한 것으로, 노동조합과 사민당도 강력하게 반대하지는 않았다고 한다. 여타 선진 자본주의 국가들에 비해 스웨덴이 경제 위기를 빨리 극복할 수 있었던 것은 노동과 자본을 포함한 사회적 행위 주체들이 경제 위기의 비용을 공유하는 한편, 내수 시장 구매력을 훼손하지 않았기 때문인데, 이것은 스웨덴 모델이 효과적으로 작동한 덕분이라고 할 수 있다. 이처럼 1990년대 초부터 점진적 변화가 누적되는 가운데 스웨덴 모델이 재구축되었고, 2000년대 중반 이후 보수당 정부 출범과 경제 위기 발발 후에도 이런 변화의 추세는 역전되지 않았다고 한다. 그런 점에서 같은 시기 급격하게 신자유주의 노선으로 방향을 선회한 독일·프랑스·스페인 등 주요 유럽연합 국가들과는 대조적으로, 스웨덴은 전통적인 스웨덴 모델의 핵심 원칙들에 입각해 모델을 재구축·재활성화하는 데 성공했다고 스웨덴 모델 조정론은 평가한다.

2_노동 우선주의(work principle)는 사회민주당 정권이 수립한 노동시장 정책의 기본 원칙으로서 노동을 권리인 동시에 의무로 규정한다. 정부는 노동자들에게 사회권으로서 노동의 권리를 보장해야 하기 때문에 완전고용을 최우선 정책 목표로 설정하며 이를 달성하기 위해 적극적 노동시장 정책을 핵심적 정책 수단으로 활용한다. 그런 점에서 노동 의무는 이런 노동의 권리에 수반되는 결과로서 복지 수혜의 조건이 된다. 한편, 노동 연계 복지(workfare)는 노동의 권리 측면을 경시하며 복지 지출을 최소화하기 위해 규율로서 노동의 의무만 강조한다는 점에서 노동 우선주의와 구별된다(Sjöberg 2011; Wadensjö 2009).

3. 유연안정성 모델의 고용 안정성 보장

본 장에서는 스웨덴의 유연안정성 모델을 구성하는 황금 삼각형의 세 요소들 가운데 고용 안정성을 보장하는 고용 보호 체계와 적극적 노동시장 정책을 살펴보는데, 이들은 각각 직장 보장 방식과 취업 보장 방식을 대변한다.

1) 고용 보호 체계

자본 측이 노동력 활용의 유연성, 특히 수량적 유연성을 확보하는 대표적 방식은 정규직을 정리 해고하고 비정규직을 사용하는 것이다. 하지만 수량적 유연성은 정규직의 고용 안정성을 훼손하고 비정규직을 남용할 수 있기 때문에 스웨덴은 1974년에 고용 보호법LAS을 제정해 노동자들을 보호해 왔다.

고용 보호법은 공적·사적 부문의 모든 피고용자들에게 적용되며, 노동자들의 고용 안정성을 보장하기 위한 장치들을 수립하고 있다.

첫째는 고용계약 종료 사전 통지 기간이다(동법 제11조). 고용주는 정규직과 임시직을 포함한 모든 피고용자들에게 고용계약 종료 전 최소 1개월 이전에 통지해야 하며, 동 고용주와의 총 근속 기간에 따라 사전 통지 기간은 연장된다. 총 근속 기간이 2년 이상 4년 미만이면 최소 2개월 이전, 6년 이상 8년 미만이면 최소 4개월 전, 8년 이상 10년 미만은 최소 5개월 전, 10년 이상일 경우 최소 6개월 전에 통지해야 한다.

둘째는 재고용 우선권이다(동법 제25조). 일자리 부족으로 고용계약이 종료된 노동자는 해당 사업의 재고용 우선권을 지니며, 정규직은 물론 직전 3년 기간 동안 총 12개월 이상 근속한 임시직 노동자와 직전 2년 기간 동안 총 6개월 이상 근속한 계절노동자도 재고용 우선권을 보장 받는다.

셋째는 연공서열제다(동법 제22조). 일자리 부족으로 고용계약을 종료할 때 근속년수가 높은 노동자들에게 잔류 우선권을 부여해 근속년수가 짧은 노동자들부터 고용계약을 종료한다. 단 피고용자가 10인 이하인 사업장은 고용주가 미래 사업을 위해 특별히 중요하다고 판단하는 피고용자들의 경우 최대 2명까지 연공서열제 규칙을 면제할 수 있다.

노동자 고용 보호 장치들 가운데 자본 측이 가장 크게 반대하는 것은 연공서열제 규칙인데, 1993년 개정 시도는 실패했고, 2000년 10인 이하 사업장 2명 예외제를 도입하는 데 그쳤다. 2005년 집권 사민당은 좌파당과 함께 예외제 규정 삭제를 추진했으나 녹색당의 이탈로 법을 개정하는 데 실패했다. 한편 2006년 집권한 우파 정부는 예상과 달리 연공서열제 규칙 개정을 시도조차 하지 못했는데, 이는 근속년수가 높은 노동자들의 충성도에 크게 의존하고 있는 스웨덴 생산직노총LO이 거세게 반발했기 때문으로 해석되었다.[3]

고용 보호법은 기간의 정함이 없는 정규직 고용을 원칙으로 하며, 한시적 고용계약의 임시직 사용에 대해서는 사용 사유와 사용 기간을 제한하고 있다. 임시직 사용 사유는 동법 제5~6조에서 특별한 사유 없이 노동자의 동의로 사용하는 일반 임시직, 정규직 법정 휴가 등에 대한 일시적 대체 고용, 계절적 고용, 피고용자가 67세가 된 경우, 수습 노동 등 다섯 가지를 규정하고 있다. 한편 사용 기간은 사용 사유에 따라 차별화되는데, 일반 임시직과 대체 고용 임시직의 경우 5년 기간 동안 총 사용 기간은 2

3_연공서열제 규칙을 둘러싼 공방에 대해서는 Bergh(2014, 93-95), Murhem(2012, 625-626), Bowman(2013, 195), Ernerot 면담(2013)을 참조할 것.

년을 초과할 수 없도록 제한하되 이를 초과할 경우 정규직으로 전환하도록 하고 있다. 2006년 집권한 보수당 정부는 고용 보호법을 개정해 사용 기간을 제한함에 있어 상이한 형태의 기간제 고용 기간을 누적 계산하지 않고, 자발적 일반 임시직의 사용 기간을 5년 기간 동안 14개월에서 2년으로 연장해 2007년 7월부터 발효하게 했다.[4]

고용 보호법뿐만 아니라 1976년 제정된 공동결정법MBL도 15조에서 일자리 부족으로 고용계약 종료 결정을 내릴 때 고용주는 계약 종료의 사유, 대상 노동자들의 숫자와 고용 범주, 고용계약 종료를 실시하기로 계획된 기간, 고용계약 종료 시 법제도 및 단체협약으로 보장된 내용에 추가되는 보상금의 산출 방식 등을 충분한 기간을 두고 사전에 노동조합에 통지하도록 의무화하고 있다. 또한 동법 제10~11조는 고용주와 한 명 이상의 피고용자 노조원들의 관계와 관련된 어떤 문제에 대해서건 노동조합이 고용주와 교섭할 권리를 지니며, 고용주에게는 사업상 중요한 변화와 관련된 의사 결정을 내리기 전에 단체교섭권을 보유한 노동조합과 교섭할 의무를 부과하고 있다. 이런 공동 결정제에 기초한 노동조합의 포괄적 교섭권은 노동조합이 노조원들의 고용 안정성을 추가로 담보할 수 있도록 하고 있다.

고용 보호법은 제2조에서 일부 규정에 위배되는 단체협약이 체결될 수 있도록 허용하고 있으나, 상급 중앙 조직체의 승인을 받도록 함으로써 실제 법 규정보다 후퇴된 내용의 단체협약이 체결되는 경우는 거의 없다. 노동자 해고와 임시직 사용에 대한 중요한 규제 장치들은 주로 고용 보호

4_임시직 고용 규제 법제도 변화에 대해서는 Murhem(2012, 625-628), Engblom(2008, 133-138), Storrie(2003, 79-87), Danielsson 면담(2012)을 참조할 것.

법 등 법 규정보다 단체협약에 규정되어 있기 때문에, 유연화를 위한 법 개정이 이루어져도 그 효과가 즉각적으로 나타나기 어렵다. 실제 1997년과 2007년에 유의미한 법 개정이 있었지만 상당수 단체협약들이 법 개정 내용을 반영하지 않고 있는 것으로 확인된다.[5]

이처럼 법 규정보다 단체협약에 의해 노동력 활용 유연성을 규제하고 노동자들의 고용 안정성을 보장하는 방식은 LO의 전략에서 비롯된다. LO는 고용 보호법에 대한 입장서에서 해고 통지, 징계해고, 일시해고 등 노동자 고용 안정성 문제에 대해서는 주로 단체교섭을 통해 영향력을 행사하는 전략을 취하고 있음을 분명히 하고 있다(LO 2014a). 이런 LO의 전략은 노동조합의 포괄적 교섭권을 허용하는 공동 결정제하에서 70%의 조직률과 88%의 단체협약 적용률[6]로 표현될 만큼 강력한 생산 현장 통제력을 유지하고 있기 때문에 가능한 것이다.

스웨덴의 노동시장은 노동자들의 평균 근속년수가 OECD 평균에 비해 월등히 높은 반면, 임시직 비율은 OECD 평균보다 조금 더 높은 수준을 보여 준다. 이는 연공 서열제로 인해, 인력을 감축할 때 고령 노동자보다 청년 노동자를 우선적으로 해고해야 하기 때문에 사용자들이 정리 해고제를 활용하기보다 임시직 사용을 통해 수량적 유연성을 확보하는 방식을 선호하게 되었음을 의미한다. 고용 보호법은 정규직과 임시직 모두

5_법 규정보다 단체협약에 의존한 스웨덴식 고용 보호 방식은 법 규정에 기초하여 고용 보호 지수를 산정하는 OECD의 EPL 척도의 사용에 신중을 기할 필요가 있음을 확인해 준다. 스웨덴의 단체협약 중심 수량적 유연성 규제 방식에 대해서는 Storrie(2003b, 85-86), Bergh(2014, 93-94), Engblom(2008, 149)을 참조할 것.

6_노조 조직률과 단협 적용률은 2011년 전체 피고용자 기준이며, 단협 적용률은 공적 부문 100%, 사적 부문 생산직 91%, 사적 부문 사무직 77%임(www.eurofound.europa.eu/).

를 보호하며, 차별 처우 금지법은 임시직이나 시간제 노동자들에게 상근 정규직과 임금 등 노동조건에서 직·간접적으로 차별하지 못하도록 금지하고 있다. 뿐만 아니라 단체협약도 정규직과 임시직 구분 없이 적용되며, 노조 조직률이 50% 수준으로 정규직에 비해 낮은 편이지만 단체협약 적용률은 정규직과 비슷한 90% 수준이다. 따라서 임시직 노동자들이 근속년수가 짧아 실직 시 수령하는 실업수당 액수에서 차이가 발생한다는 점을 제외하면, 임금 등 노동조건에서 유의미한 격차는 거의 없으므로 사용자 측이 임시직을 사용할 인센티브는 크지 않다.[7]

한편, 사용 사업주와 고용 사업주가 달라 사용자 책임 소재가 불분명해 노동기본권을 보장하기 쉽지 않은 파견 노동자에 대해서도, 고용 보호법과 차별금지법 등 모든 노동자에게 보편적으로 적용되는 노동관계법들뿐만 아니라, 파견 노동자 사용을 규제하기 위해 별도로 제정된 사적 고용 중개법과 함께 단체협약으로 엄격하게 규제함으로써 사용 인센티브를 최소화하고 있다. LO 산하 노조들과 파견업 협회Bemmanningsföretagen가 체결한 단체협약에 따르면 파견 업체가 파견 노동자를 정규직으로 고용하는 것을 원칙으로 하고, 파견 기간 동안 파견 노동자는 사용 업체의 직접 고용 노동자와 동일한 단체협약을 적용받으며 동등하게 처우받도록 하되, 비파견 대기 기간에도 임금의 90%를 보장받도록 하고 있다.[8]

2006년 집권한 보수당 정부가 고용 보호법을 개정하는 과정에서, LO가 반대한 두 가지 개정 방안 가운데 정리 해고 시 연공서열제 규칙의 개

7_임시직을 통한 유연화 방식과 차별 처우 부재에 대해서는 Engblom(2008, 134-138), Murhem(2012, 629-630), Ernerot 면담(2013)을 참조했음.

8_파견 노동자 사용 규제에 관해서는 LPA(2012), LO(2010), 조돈문(2012d)을 참조할 것.

정은 포기하고 임시직의 상이한 사용 사유의 사용 기간 누적 합산제만 폐지한 것은 노동과 자본을 중심으로 한 사회적 타협을 반영한 것이라 할 수 있다. 2007년 이후 노동자 고용 보호와 노동력 활용 유연성과 관련해 주요 법 개정이 없었다는 점은 노동력 사용 관련 법제도가 이미 사회적 합의에 기초한 평형점에 도달했음을 의미하며, 주요 정당들도 더 이상의 유의미한 법제도 개혁은 고려하기 어려운 것으로 해석되고 있다.[9]

2) 적극적 노동시장 정책

스웨덴의 노동시장이 제2차 세계대전 직후 고도 경제성장과 완전고용을 유지하다가 1940년대 말 인플레이션이 악화되자 사민당 경제학자 루돌프 마이드네르Rudolf Meidner와 요스타 렌Gösta Rehn은 긴축적 총수요 정책, 연대 임금 정책과 적극적 노동시장 정책을 중심으로 한 정책 패키지를 제안했다. 이것이 1950년대 말 사민당 정부가 채택한 렌-마이드네르 모델로, 스웨덴 모델의 기초를 이루고 있다. 적극적 노동시장 정책은 경쟁력이 취약한 산업과 기업들에서 발생하는 실직자 등 여유 인력들이 신속하게 새로운 일자리에 취업할 수 있도록 지원하는 정책으로서, 긴축적 총수요 정책과 연대 임금 정책으로 야기될 수 있는 높은 실업률 문제를 해소해 완전고용 목표를 달성하기 위해 도입된 것이다.[10]

9_Murhem(2012, 627-632), Storrie(2003b, 83-86), Danielsson 면담(2012)을 참조했음.

10_연대 임금 정책은 기업의 지불 능력이 아니라 노동자들의 수행 직무에 따라 임금수준을 설정하는 동일 직무 동일 임금 원칙을 구현하기 때문에 경쟁력을 결여한 기업들을 시장에서 퇴출하는 산업 정책의 성격도 지닌다. 이런 실업자 양산 효과는 중앙 집중화

적극적 노동시장 정책은 실업자들을 위해 일자리를 창출하거나 실업자 고용을 재정 지원하는 노동력 수요 측면 정책들, 숙련 형성을 위한 직업훈련을 제공하거나 지리적 이동을 지원하는 노동력 공급 측면 정책들, 그리고 일자리의 소개 및 알선을 포함한 일자리 중개 서비스로 구성되어 있다. 이 정책은 실업자와 실직 위험에 처한 노동력 가운데서도 상대적으로 취업에 더 어려움을 겪는 장애인, 장기 실업자, 청년, 노인 등 노동시장 취약 계층을 표적으로 한다. 노동력 수요 측면 정책들이 일시적 고용 창출 효과로 노동시장 위기를 극복하는 경기 부양책인 반면, 직업훈련을 중심으로 한 공급 측면 정책들은 생산성 기여 정도가 낮고 대체 가능성이 높아서 기업 측 인력 감축의 일차적 대상으로 고용 위기의 최대 희생자가 되는 비숙련·저숙련 노동자들에게 숙련 형성을 지원하는 정책으로, 적극적 노동시장 정책의 핵심을 구성한다. 직업훈련은 적극적 노동시장 정책이 도입된 이래 꾸준히 확대되어 1990년대 초에는 재정지출 규모가 GDP의 1% 수준을 유지하기도 했으며, 그 내용에 있어서도 전통적 노동시장 훈련에 평생교육 성격을 추가해 경제구조 변화에 대응할 수 있도록 했다.[11]

　사민당 정부가 적극적 노동시장 정책의 중요성과 더불어 노동력 공급 측면 정책들을 강조하는 반면, 보수당 정부는 적극적 노동시장 정책의 중

된 임금 교섭 체계에 의해 더욱 보강되지만 긴축적 총수요 정책은 수요 부양 목적의 재정 정책을 억제하기 때문에 완전고용을 달성하기 위해서는 노동시장에 대한 적극적 개입이 요구되는데, 그것이 적극적 노동시장 정책이다. 렌-마이드네르 모델과 적극적 노동시장 정책에 관해서는 Meidner(1997, 89-95), Wadensjö 2009, 34-39), Forslund & Krueger(1994, 4-13), Kruse & Ståhlberg(2013, 99-103)을 참조했음.

11_적극적 노동시장 정책의 내용 및 변화에 대해서는 Arbetsförmedlingen(2012c, 19-21), Wadensjö(2009, 37-39), Anxo & Niklasson(2009, 87-89)을 참조했음.

요성을 상대적으로 낮게 평가하는 한편, 상당한 규모의 지출이 지속적으로 필요한 공급 측면의 정책들보다, 일시적으로 위기를 해소하고 가시적 정책 성과를 산출하기 위한 수요 측면 정책들을 강조한다. 한편, 2000년 사민당 정부가 실업자들이 적극적 노동시장 정책 프로그램에 참여하지 않으면 실업수당 수급권을 상실하도록 하는 활성화 정책을 도입한 바 있는데, 2006년 집권한 보수당 정부도 2007년 구직·취업 알선과 보상을 결합함으로써 프로그램 명칭과 운영 방식만 바꾸었을 뿐 활성화 정책의 기조는 그대로 유지했다. 한편 사민당 정부가 장기 실업자의 노동시장 편입을 촉진하기 위해 공공 부문 임시직 일자리를 알선하고 보조금을 지급하던 플러스잡Plusjobb 정책의 경우, 보수당 정부가 2007년 폐기하고 사적 부문 기업에 보조금을 지원해 채용을 촉진하는 정책으로 대체했다. 이는 보수당 정부가 사민당에 비해 전반적으로 '작은 정부'를 지향하고 있다는 점을 고려하면 장기 실업자 채용 지원 정책의 기조가 유지되고 있다고 할 수 있다.[12]

사민당 정부와 보수당 정부의 차별성은 노동시장 정책에 대한 예산 지출의 구성과 변화에서도 확인할 수 있다. 적극적 노동시장 정책의 GDP 대비 예산 지출 비중은 1990년대 초반 경제 위기 시 3.04%까지 증대되기도 했으나 그 뒤로 꾸준히 하락하기 시작했는데, 이는 경제 위기가 극복되면서 노동시장 정책에 대한 지출 수요가 감소되었을 뿐만 아니라, 경제 위기에서 비롯된 누적적 공공 재정 부담으로 보수당 정부는 물론 뒤이은 사

12_사민당 정부와 보수당 정부의 적극적 노동시장 정책 관련 차별성에 대해서는 Huo (2009, 113-115), Wadensjö(2009, 36-37), Wadensjö 면담(2013), Murhem(2012, 631-632), Sjöberg(2011, 225-227), 장선화(2011, 122-126)을 참조했음.

표 5.4 | 노동시장 정책 지출(2001~2012년)

단위: GDP 대비 %

	2001	2002	2003	2004	2005	2006	2007	2008	2009	2010	2011	2012
〈노동시장 정책 지출〉	2.68	2.57	2.4	2.48	2.44	2.29	1.76	1.45	1.88	1.97	1.85	1.99
적극적 노동시장 정책	1.56	1.44	1.12	1.09	1.15	1.22	1.03	0.87	0.97	1.17	1.23	1.32
공적 고용 서비스	0.24	0.24	0.23	0.23	0.22	0.22	0.21	0.2	0.26	0.3	0.29	0.31
직업훈련	0.58	0.48	0.24	0.2	0.2	0.21	0.11	0.07	0.06	0.09	0.09	0.09
고용 인센티브	0.47	0.45	0.4	0.42	0.5	0.57	0.51	0.4	0.42	0.52	0.58	0.65
취약자 보호 고용	0.23	0.23	0.21	0.21	0.2	0.19	0.18	0.19	0.22	0.24	0.25	0.26
직접 고용 창출	0	0	0	0	0	0	0	0	0	0	0	0
창업 지원	0.04	0.04	0.04	0.03	0.03	0.03	0.02	0.01	0.01	0.02	0.02	0.01
소극적 노동시장 정책	1.12	1.12	1.28	1.39	1.28	1.06	0.74	0.58	0.91	0.8	0.63	0.66
실업자 소득 지원	1.09	1.11	1.28	1.39	1.28	1.06	0.74	0.58	0.91	0.8	0.63	0.66
조기 퇴직 지원	0.03	0.01	0	0	0	0	0	0	0	0	0	0
〈참조〉												
공적 실업 지출(%GDP)	1.07	1.05	1.2	1.3	1.19	0.97	0.67	0.46	0.73	0.6	0.44	
실업률(%)	4.85	5.07	5.68	6.53	7.48	7.07	6.16	6.23	8.35	8.61	7.80	7.98

자료 : OECD(data.oecd.org/socialexp/public-spending-on-labour-markets.htm).

민당 정부에도 긴축정책이 요구되었기 때문이다. 사민당 정부 말기인 2000년대 중반 1.1~1.2% 수준은 유지했으나 보수당 정부가 출범하면서 1% 미만으로 떨어졌다가 경제 위기가 발발하자 조금씩 증가하기 시작했다(〈표 5.4〉). 적극적 노동시장 정책의 정책 요소별 지출을 보면, 직업훈련 지출이 1990년대 초 경제 위기하에서 1.06%까지 증가한 뒤 부침을 거듭해, 사민당 정부하에서도 1990년대 말 0.9% 수준에서 2000년대 들어서면서 급감했지만 2000년대 중반에도 0.2% 수준은 유지되었다. 하지만 부르주아 집권 후 예산 지출은 사민당 정부 말기의 3분의 1 수준으로 하락했다가 경제 위기 발발 이후 조금 증액되었지만 여전히 0.1%에도 못 미친다. 반면 고용 인센티브 지출은 사민당 정부 말기의 0.4~0.5% 수준을 유지하다가 경제 위기 발발 후 증액해, 사민당 정부 말기 수준을 크게 상회하는 0.65%에 달했다. 이처럼 사민당 정부에 비해 보수당 정부는 전반적으로 적극적 노동시장 정책의 예산 지출 규모를 축소하는 가운데, 직업훈련을 중심으로 한 노동력 공급 측면 정책에 대한 예산 지출을 감액하는 반면, 상대적으로 고용 인센티브를 중심으로 한 노동력 수요 측면 정책에 대한 예산 지출을 증액한 것으로 나타났다. 물론 2009년 이후 적극적 노동시장 정책 지출의 증가는 경제 위기로 실업률이 상승하면서 강제된 선택의 결과였다고 할 수 있다.

보수당 정부가 적극적 노동시장 정책에 대한 재정지출을 축소한 것은 작은 정부를 지향할 뿐만 아니라, 적극적 노동시장 정책의 효과에 비판적이기 때문이다. 실제 적극적 노동시장 정책의 요소들이 갖는 효과를 경험적으로 연구한 결과들은 대체로 상반되지만, 두 가지 점에는 대체로 이견이 없다.[13]

첫째, 실업률이 높은 시기에는 직업훈련을 통해 새로운 숙련을 형성하고 일자리 중개 서비스를 활용하더라도 옮겨갈 수 있는 빈 일자리가 적어서 새로운 일자리를 찾기 어렵기 때문에, 적극적 노동시장 정책은 실업률이 높을 때보다 낮을 때 더 효과를 발휘한다.

둘째, 적극적 노동시장 정책의 효과를 측정할 때 여타 노동시장 여건들을 통제하지 못하기 때문에 측정 오차를 피할 수 없다. 예컨대, 실업자들 가운데 가장 자격 요건이 나쁜 노동시장 취약 계층 구성원들이 적극적 노동시장 정책의 표적 집단이 되어 프로그램에 참여하고, 사용자들은 실업자보다 실업 경험이 없는 사람들을 선호하기 때문에 적극적 노동시장 정책 참여자들이 기피되는 결과가 발생한다. 뿐만 아니라, 관대한 실업보험 제도의 높은 소득 대체율로 인해 실업자들의 구직·취업 인센티브가 크

13_적극적 노동시장 정책의 효과와 측정 오차 문제는 Ackum(1995, 90-105), Kluve et al (2007, 64-68), Wadensjö 면담(2013)을 참조했음.

지 않고, 실업자들이 프로그램에 참여하지 않으면 실업수당을 받을 수 없거나 수급 기간을 연장할 수 없기 때문에, 구직 의사 없이 실업수당 수급 자격을 취득 혹은 갱신하기 위해 적극적 노동시장 정책을 악용하는 사례들이 많다. 따라서 적극적 노동시장 정책의 긍정적 효과가 상쇄되어 경험적으로 관찰되기 어려워진다.

4. 실업자 소득 보장 체계

황금 삼각형 사회보장 체계의 핵심을 구성하는 실업자 소득 보장 체계는 실업자의 소득 안정성을 보장함으로써 실업자의 재취업을 지원해 고용 안정성을 보장하는 적극적 노동시장 정책과 함께 유연안정성 모델의 노동시장 안정성을 담보한다. 실업자 소득 보장 체계는 법 규정으로 수립된 공적 실업자 소득 보장 제도와, 노동조합이 주축이 되어 수립한 사적 실업자 소득 보장 제도로 구성된다.

1) 공적 실업자 소득 보장 제도

스웨덴의 실업보험제는 19세기 말 처음 도입된 뒤 1935년 사민당 정부가 자율적 국가 보조 실업보험제로 재구축함으로써 현재의 틀이 갖추어졌다. 이것이 바로 노동조합이 실업보험 기금을 조직해 법 규정을 준수하며 운영하되 정부가 세금으로 재정 자원을 지원하는 겐트 체계Ghent system이다. 대다수 선진 자본주의 국가들이 의무적 실업보험제를 운영하는 반면, 겐트 체계를 채택한 스칸디나비아 국가들은 실업보험 가입을 법적으로

표 5.5 | 공적 실업자 소득 보장 제도의 이원 구조

	자율적 실업보험제	보편적 기초 실업 부조제
도입 년도	1935	1974
기금 운영 주체	노동조합	국가
재정 자원 출처	보험료, 국가 보조금	국가 재원
수혜자 기여금	보험료 납입	없음
수급 자격	기본 요건, 근로 요건, 가입 요건	기본 요건, 근로 요건
제공 소득 유형	소득 연계형 실업 급여	균일 정액 실업 부조
수급 기간	최장 300일(18세 미만 자녀 보유 시 450일)	300일(18세 미만 자녀 보유 시 450일)
소득 대체율	80%(최초 200일), 70% (201~300일), 65%(301~450일)/ 상한제 적용	하루 320크로나, 주5일

강제하지 않고 노동자들의 자발적 선택에 맡기되 비노조원도 가입할 수 있도록 했다.

자율적 실업보험제가 꾸준히 확대되었지만 실업자의 절반 정도가 수급 대상에서 제외되는 문제점을 해결하기 위해, 사민당 정부는 1974년 자발적 실업보험에 가입하지 않았거나 수급 자격이 되지 않는 실업자들을 위해 기초 실업 부조제Alfa-Kassa를 도입했다. 이렇게 스웨덴의 공적 실업자 소득 보장 제도의 이원 구조가 형성되었는데, 자율적 실업보험제는 보험료 납입자들에게 소득 연계형 실업 급여를 제공하는 반면, 보편적 기초 실업 부조제는 실업보험 수급 혜택을 받지 못하는 실업자들에게 국가 재원으로 균일 정액의 실업 부조를 제공한다(〈표 5.5〉).[14]

보편적 기초 실업 부조제는 1974년 도입된 이래 거의 변하지 않은 반면, 자율적 실업보험제는 큰 변화를 겪어 왔다. 특히 스웨덴이 1990년대

14_실업자 소득 보장 제도의 이원 구조 형성 및 내용에 대해서는 SO(2010, 6-22), Sjöberg (2011, 208-211), Wadensjö(2009, 26-27), Kruse & Ståhlberg(2013, 101-102), Jolivet & Mantz(2010, 135-136)를 참조했음.

초 심각한 경제 위기를 겪으며 재정 긴축 정책과 노동 우선주의를 중심으로 사회적 합의가 형성되면서 보수당 정부와 사민당 정부를 막론하고 2000년대까지 이어지게 되었다. 실업보험은 실업자가 실업 급여로 실업 상태를 지속하기 위한 수단이 아니라, 재취업을 통해 실업 상태를 벗어나는 과정에서 일시적으로 지원받는 이직 보험transfer insurance 기능을 수행해야 한다는 점이 더욱 강조되었다. 경제 위기로 실업자 규모가 증가해 재정적 부담이 가중되면서 시작된 재정 긴축 정책은 1998년 사민당 정부 시기에 비로소 균형재정을 달성할 수 있었다.

노동 우선주의Arbetslinjen가 재정 긴축 정책과 결합한 결과는 실업 급여의 수급 기간을 단축하고 소득 대체율을 인하한 것이었다.[15] 실업 급여 수급 기간 450일 혜택 대상 연령을 사민당 정부가 1998년에 55세에서 57세로 상향 조정했고, 실업 급여 수급 기간이 만료되어도 적극적 노동시장 정책에 참여하면 수급 기간이 갱신되므로 실업 급여와 적극적 노동시장 정책 참여를 평생 반복할 수 있다는 사회적 비판이 일면서 보수당 정부가 1994년 7월 갱신 횟수를 1회로 한정했다. 뒤이어 집권한 사민당 정부는 같은 해 10월 갱신 제한 규정을 삭제했다가 2001년 적극적 노동시장 정책 참여를 통해 실업수당 수급 자격을 연장하는 제도 자체를 폐지했다. 보수당 정부는 1993년 실업 급여 상한의 물가연동제를 폐지하고, 실업 급여의 소득 대체율을 90%에서 1993년 80%로, 1996년 다시 75%로 인하했

15_1990년대 초부터 시작된 재정 긴축 정책과 노동 우선주의와 그에 따른 실업자 소득 보장 제도의 변화에 대해서는 SO(2010, 6-22), Palme & Wennemo(1998, 15-36) Sjöberg(2011, 208-211, 221-228), Wadensjö(2009, 27-29), Ackum et al(1995, 106-109)을 참조했음.

는데, 사민당 정부가 1997년에 80%로 인상했으나 경제 위기 이전 수준으로는 복원되지 않았다. 이처럼 자율적 실업보험제가 꾸준히 위축되는 가운데 사민당 정부는 1997년 보편적 기초 실업 부조제의 수급 기간을 150일에서 3백 일로 늘리고 기본 실업 부조 액수도 2001년과 2002년 각각 하루 270크로나SEK와 320크로나로 인상하는 등 기초 실업 부조제를 강화함으로써 자율적 실업보험제 대비 상대적 중요성은 더욱 커지게 되었다.

실업보험제는 1990년대 초부터 일정한 변화를 겪었지만 가장 급격한 변화는 2006년 말 출범한 보수당 정부에 의해 수립되어 2007년 1월 1일부터 실시된 실업보험제 개혁이다. 핵심 내용은 수급 요건 강화, 수익자 부담 증대, 소득 대체율 인하였다. 변화의 폭은 컸지만 자율적 가입, 국가 보조금 지원, 소득 연계형 보험제라는 자율적 실업보험제의 특성을 유지했으며, 기본 방향은 1990년대 초 경제 위기 이후 형성된 재정 긴축 정책과 노동 우선주의에 따른 실업보험제 변화 추세의 연장선상에서 진행되었다고 할 수 있다.[16]

실업보험제 수급 요건은 기본 요건, 근로 요건, 가입 요건 등 세 가지를 견지하되 자격 기준을 좀 더 엄격하게 바꾸었다. 기본 요건은 완전 혹은 부분 실업 상태로서 적어도 하루 3시간, 일주일 17시간 이상을 일할 수 있어야 하며, 공적 고용 서비스 기구에 등록해 구직 활동을 해야 하고, 제안된 일자리를 택할 준비가 되어 있어야 한다. 실업 후 최초 1백 일간은 직무 유형과 통근 거리에 따라 제안된 일자리를 거부할 수 있는 권리를 보장하던 조항은 2007년 개혁에서 삭제되었다. 근로 요건은 직전 4개월 기

16_2007년 실업보험제 개혁 내용에 대해서는 SO(2010, 15-18), Sjöberg(2011, 211-215), Wadensjö(2009, 28-33), Jolivet & Mantz(2010, 137-140)을 참조할 것.

간 동안 최소 3시간 이상 75일 근무에서 2007년 개혁으로 직전 12개월 기간 동안 최소 6개월 이상 월 80시간 근무, 혹은 연속 6개월 동안 480시간과 함께 매월 50시간 이상 근무로 조건을 강화했다. 한편, 가입 요건은 12개월 이상 보험료 납입이라는 규정을 그대로 유지했다.

2007년 실업보험제 개혁에서 가장 논란이 많았던 부분은 피보험자 기여금 인상이었는데, 실업보험료를 해당 직종의 실업률과 연동시켜 해당 직종의 실업률이 높고 평균 실업 기간이 길수록 실업보험료를 높게 책정하도록 했다. 그 결과 전문직에 비해 생산직의 보험료가 상대적으로 더 높게 책정되었고, 최저 보험료와 최고 보험료의 격차는 월 20유로에 달했는데, 1990년의 3유로에 비교하면 격차가 일곱 배가량 확대된 것이다. 평균 보험료는 월 32유로로 인상되어 1990년 월 4유로와 비교하면 여덟 배 인상한 것이며, 2006년 월 9유로와 비교해도 세 배 이상 증액된 것이다. 이처럼 피보험자 기여금이 증가하자 실업보험료는 2005년 실업보험 재정의 13%를 충당하고 나머지 87%를 정부 지원금으로 충당했는데, 2007년 1월 개혁으로 실업보험료 충당 부분이 47%로 크게 증가했다가 2008년 7월부터 3분의 1 수준으로 조정되었다.

2007년 개혁에서 실업 급여 수급 기간은 최대 3백 일, 55세 이상 450일에서 최대 3백 일을 유지하되 450일로 연장할 수 있는 조건을 연령 대신 18세 미만의 자녀가 있을 경우로 변경했다. 한편 수급 기간 실업 급여의 임금 총액 대비 소득 대체율은 2006년 전체 수급 기간에 80%였는데 2007년 개혁으로 실업 후 수급 최초 2백 일 동안 80%를 유지하되, 201~3백일은 70%, 3백 일 이후는 65%로 낮추고, 실업 급여의 상한도 최초 2백 수급일 850크로나, 201일 이후 680크로나로 설정하는 한편, 급여 산정을 위한 기준 소득의 상한도 실직 전 6개월 기준 2만7백 크로나에서 1만 8,700크로나로 인하했다.

2007년 보수당 정부가 실시한 실업보험제 개혁의 결과, 실업보험제 가입자 및 실업 급여 수급자가 급감했다. 각종 실업보험 기금 가입자 숫자는 2007년 1월 1일 실업보험제 개혁 이후 19개월 사이에 48만 명이 줄었는데, 이는 전체 가입자의 12.7%에 해당하는 숫자였으며, 상대적으로 청년·노인·생산직에서 감소폭이 크게 나타났다. 한편 전체 실업자들 가운데 실업 급여 수급자들의 비중은 1990년대 말 70% 수준에서 2006년 60% 수준으로 점진적으로 하락해 왔는데, 2007년 실업보험제 개혁 직후 50%로 급락한 이래 하락세를 지속해 2012년에는 36%를 기록했다. 하지만 기초 실업 부조제 수급자 비율은 10% 수준에 머물러, 실업보험제에서 이탈한 실업자들이 공적 실업자 소득 보장 제도로부터 완전히 벗어난 것으로 나타났다. 이처럼 실업보험 수급자가 급감한 원인은 근로 요건 등 수급 자격을 좀 더 엄격히 했고, 수급 자격에서 학업 기간 수급 가능성 인정 규정을 폐지해 수급 대상자를 줄였으며, 실업보험제의 보험료 부담은 커지는데 소득 대체율이 낮아져 보험료를 부담할 인센티브가 약화되었다. 또한 청년층의 실업보험 가입률이 낮아졌고, 실업자들 가운데 비중이 크게 증가하고 있는 청년층과 이민자 집단의 가입률이 상대적으로 낮은 탓으로 분석된다.[17]

2007년 실업보험제 개혁의 결과는 소극적 노동시장 정책에 대한 정부 지출 비중 변화 추이에서도 확인된다(〈표 5.4〉). 실업자 소득 지원을 위한 정부 지출은 2004년과 2005년 각각 GDP의 1.39%와 1.28%를 기록했으나, 2007년 이후 2008년에는 0.58%로 급락했는데, 2008년 실업률이

17_실업보험 수급률 하락 현상에 대해서는 Murhem(2012, 632-633), Sjöberg(2011, 217-221), Jolivet & Mantz(2010, 150-151)을 참조할 것.

6.23%로 2004년 실업률 6.53%와 비슷한 수준이었다는 점을 고려하면 실업자 소득 지원 지출은 사민당 정부 시기의 절반 수준에 불과했던 것이다. 이후 실업률이 상승해 2009년에서 2012년까지 8% 수준에서 부침하고 있는데, 실업자 소득 지원 지출은 1%에도 못 미치면서 그나마도 낮아져 2011~12년에는 0.6% 수준에 머물고 있다.

2) 노동조합의 사적 실업자 소득 보장 제도

법 규정으로 구축된 공적 실업자 소득 보장 제도인 자율적 실업보험제와 보편적 기초 실업 부조제 외에도 노조원들은 별도의 추가적인 보상 장치들을 활용하고 있는데, 두 가지 대표적인 사적 실업자 소득 보장 제도는 노사 간 단체협약을 통해 수립된 보상 제도와, 노동조합이 노조원들에게 집단적으로 제공하는 사적 보험이 있다.[18]

단체협약을 통해 별도의 기금을 수립한 추가적 실업자 보상제 가운데 가장 중요한 네 단위는 공적 부문의 중앙정부와 지자체, 사적 부문의 사무직과 생산직 부문이다(〈표 5.6〉). 중앙정부 노동자는 일자리 부족 혹은 타지역으로의 전보를 거부해 일자리를 잃은 노동자로서, 1년 이상 고용되었으면 실업 보상을 받을 자격이 생기는데, 소득 대체율은 실업 급여와 합할 경우 실업 후 최초 2백 일은 80%, 이후 1백 일은 70%이다. 지자체 노동자는 일자리 부족으로 실직한 노동자로서 36개월 이상 고용되었으면

18_사적 실업자 소득 보장 제도에 대해서는 Sjögren & Wadensjö(2007, 10-18), Wadensjö (2009, 30-32), Sjöberg(2011, 223-224), Thorsén & Brunk(2009, 4-5), Murhem (2012, 630-631)을 참조할 것.

표 5.6 | 단체협약을 통한 실업자 추가적 보상

		수급 자격 : 근로 요건(기간)	소득 대체율 (실업 급여 합산)	보험 가입자 수	수급 자격자 비율
공적 부문	중앙정부	12개월(임시직 36개월)	80%(1~200일), 70%(201~300일)	24만	90%
	지자체	퇴직금 일시불 : 36개월	퇴직금 일시불	110만	72%
		정기적 보상: 120~210월	80%(1~200일), 70%(201~300일)		40%
사적 부문	사무직	5년	70%(6개월), 50%(이후)	70만	46%
	생산직	50개월	퇴직금 일시불	90만	39%

자료: Sjögren & Wadensjö(2007, 10-18), Wadensjö(2009, 30-32), Sjöberg(2011, 223-224).

퇴직금을 일시불로 받을 자격이 있으며, 연령에 따라 120~210개월 이상 고용되었으면 정기적인 수당의 형태로도 보상을 받을 수 있는데, 정기적인 수당을 받는 경우 실업 급여와 합하면 소득 대체율이 최초 2백 일은 80%, 이후 1백 일은 70%이다.

사적 부문 생산직의 LO는 1967년 사용자 단체 SAF와의 단체협약을 통해 일자리 부족으로 해고되는 노조원들을 위해 별도의 실업자 보상 기금 AGB를 수립했다. 해고 시점에 40세 이상인 노조원으로서 AGB 보험 적용 기업(들)에서 직전 5년 동안 50개월 이상 고용되어 있었다면, 고용계약 종료 시 일시불로 실업 보상을 받는다. 사적 부문 사무직의 경우 민간 부문사무전문직협의체PTK도 1974년 사용자 단체 SAF와 단체협약을 통해, 일자리 부족으로 해고되는 노조원들을 위해 별도의 실업자 보상 기금 AGE를 수립했다. 해고 시점에 40세 이상인 노조원으로서, 직전 5년 동안 주당 5시간 이상 근무했으면 정기적인 수당 형태로 실업 보상을 받을 수 있는데, 소득 대체율은 실업 급여와 합산해 최초 6개월은 70%, 이후는 50%이다.

또한 대다수 노동조합들이 노조원들을 사적 보험에 집단적으로 가입시켜, 보험료를 납입하고 노조원들이 실직 시 보험 급여를 받을 수 있도록 하고 있는데, 피보험자 노조원은 이직 시 노동조합을 통해 보험 증권을 이관할 수 있다. 이렇게 사적 보험을 제공하는 노조들이 2004년에는 8개에 불과했으나, 2009년에는 32개로 확대되어 노조의 사적 보험 혜택을 받는 노조원 숫자가 250만 명에 달해 거의 모든 조직 노동자를 포괄하고 있는 것으로 나타났다. 이런 노동조합 집단 보험은 보상 금액 상한이나 수급 기간에서 어느 정도 편차는 있으나 거의 대동소이해, 실업 급여와 합산할 경우 대체로 120~200일 동안 소득 대체율이 80%가 되고, 61~65세 사이에 보험 급여 지급이 종료되도록 설계되어 있다. 일부 노조들은 이런 집단 보험에 더해, 조합원들에게 수급 기간이 연장되거나 임금 상한을 초과하는 개인 보험을 제공하기도 하는데, 수급 기간은 보통 280~300일에 달한다.

1990년대 초 경제 위기 발발 이후, 균형재정 정책과 노동 우선주의가 결합하면서 약화되기 시작한 자율적 실업보험제는 2007년 보수당 정부의 실업보험제 개혁으로 더욱더 위축되었다. 이렇게 법 규정으로 수립된 공적 실업자 소득 보장 제도가 약화되면서, 노동조합의 주도로 만들어진 사적 소득 보장 제도의 중요성이 커지게 되었다.

3) 실업자 소득 보장 체계와 총선 쟁점

황금 삼각형의 세 요소 가운데 2006년과 2010년 총선에서 가장 크게 쟁점화된 것은 사회보장 체계의 공적 실업자 소득 보장 제도이다.[19] 2006년 총선에서 우파 연합Alliance은 사민당 정부가 고용 창출을 통해 완전고용을

19_총선 쟁점에 대해서는 Sjöberg(2011, 209-228), Murhem(2012, 632-633), Wadensjö 면담(2013)을 참조했음.

유지하는 데 실패했다고 비판하며, "노동에 대한 보상"making work pay이라는 구호와 함께 일련의 정책 대안을 제시했다. 우파 연합의 정책 대안들에는 실업보험 급여 삭감 및 기여금 증대, 의무 가입 실업보험제 도입, 임시직 등 노동자 고용 비용 인하, 소득세 인하, 중소기업 창업 여건 조성 등이었다.

보수당 정부는, 황금 삼각형 관련 선거 공약들 가운데 노동자 고용 비용 인하 공약의 경우, 정리 해고 시 연공서열제 원칙은 폐기하지 못하고 임시직의 사용 사유와 무관하게 사용 기간을 누적 합산하는 방식만 폐지해 사용 사유별로 사용 기간을 산정하도록 했다. 한편, 실업보험제 관련 공약들 가운데, 의무 가입 실업보험제 도입 공약은 정부 지출 증대 억제 원칙에 위배되어 유보했지만, 자율적 실업보험제의 경우 2007년 실업보험제 개혁으로 피보험자 기여금을 인상하되 실업 급여는 삭감하고 수급 요건은 강화하는 등 공약 사항들을 철저하게 이행했다.

한편, 2010년 총선에서는 사민당이 실업보험 급여를 쟁점화했다. 이는 실업 급여의 낮은 소득 대체율이 노동자들의 실질임금 하락으로 귀결되는 것을 우려한 생산직 노총 LO와 사무직 노총TCO의 요구 조건을 받아들인 것이다. 사민당은 LO-TCO와 함께, 실업 급여의 소득 대체율이 낮으면 노조원들이 경제구조 재편을 받아들이기 어려울 것이며, 장기적으로는 실업률이 상승하고 실질임금이 떨어질 것이라고 주장했다. 사민당은 선거 구호 "80/80"를 선언하며, 실업보험 급여를 인상해 실업자의 80%에게 소득 대체율 80%를 보장하겠다고 공약했지만 총선에서 패했다. 결국 실업보험제를 포함한 황금 삼각형의 정책 요소들은 2007년 이후에도 큰 변화 없이 유지되었다.

5. 맺음말

황금 삼각형과 이중적 보호 체계

앞에서 검토한 스웨덴 황금 삼각형의 정책 요소들은 OECD의 노동시장 지표들과 상당한 차별성을 보여 준다.

적극적 노동시장 정책은 긴축적 총수요 정책과 연대 임금 정책에서 야기되는 실업 문제를 해소하기 위해 스웨덴 모델의 핵심 요소로 수립되었는데, 그 중요성은 OECD 노동시장 지표에서 높은 재정지출 비중을 차지하고 있는 것으로도 확인할 수 있다. 이처럼 스웨덴이 적극적 노동시장 정책을 통해 취업 보장 방식의 고용 안정성을 보장하고 있다는 평가는 본 연구의 분석 결과와 OECD 지표가 공유하지만, 고용 보호 체계와 소득 안정성 문제에서는 상당한 차이를 보여 준다.

고용 보호 체계에 있어 정규직 보호 수준이 높다는 점은 본 연구 결과와 OECD 지표가 일치하지만, 후자가 임시직 보호 수준을 낮게 평가한 반면 본 연구는 보호 수준이 높다고 보았다. 스웨덴은 임시직도 정규직과 동일한 노동관계 법규들과 단체협약들로 보호되고 있으며, 법 규정과 단체협약 조항들은 차별 처우를 금지하며 동등 처우를 보장하고 있고, 임시직은 특정된 사용 사유에 부합할 때만 허용된다. 파견 노동의 경우 임시직을 위한 보호 장치들이 적용될 뿐만 아니라, 생산직 노총 및 사무직 노총 산하 산별노조들이 파견업 협회와 단체협약을 체결해 파견 업체가 파견 노동자를 정규직으로 고용하는 원칙을 수립하는 한편, 비파견 대기 기간에 대해서도 85~90%의 소득 보전을 보장하고 있다. 이처럼 법 규정과 추가적인 단체협약의 보호 장치를 함께 고려하면, 파견 노동자의 고용 안정성과 소득 안정성의 보호 정도는 세계 최고 수준이라 평가할 수 있다.[20] 하지만 OECD 고용 보호법 규제 지수는 스웨덴에서 파견 노동자에 대한 보호 수준이 매우 낮을 뿐만 아니라, 한국과 비교해도 3분의 1 수준에 불과한 것으로 평가했다. 이런 결과는 OECD의 고용 보호 평가 지표가 법 규정 내용들을 단순 비교했을 뿐, 단체협약에 의한 보호 장치들은 고려하지 않았기 때문이다.[21]

한편, 실업자 소득 보장 체계의 경우 OECD의 소극적 노동시장 정책 재정지출 지표는 스웨덴이 OECD 평균보다 조금 높은 수준임을 보여 주고 있는데, 이는 스웨덴의 자율적 실업보험제와 기초 실업 부조제로 구성된 공적 실업자 소득 보장 제도의 효과를 반영한다. 하지만 스웨덴에서는 노동조합들이 노조원들의 실업 기간 소득 보전율 80%를 보장하기 위해 단체협약으로 실업 보상 기금들을 수립하고 조합원들을 사적 보험에 집단 가입시키고 있는데, 이런 사적 실업자 소득 보장 제도의 효과는 OECD 지표에 포착되지 않는다. 이처럼 노동조합들이 구축한 사적 실업자 소득 보장 장치들이 공적 실업자 소득 보장 제도와 결합해 노동자들의 소득 안정성을 보장해 주고 있기 때문에, 스웨덴 노동자들의 소득 안정성 보장 수준은 OECD 지표보다 훨씬 더 높다고 할 수 있다.

20_스웨덴 파견 노동자들을 대상으로 직무 만족도를 묻는 2011년 12월의 설문 조사 결과에 따르면 불만을 표시한 파견 노동자들은 8%에 그친 반면, 만족한다는 대답이 81%에 달했다(Bemanningsföretagen 2012c, 14-19; 조돈문 2012d). 이처럼 파견 노동자들의 높은 직무 만족도는 높은 고용 안정성과 소득 안정성에서 비롯된 결과라 할 수 있다.

21_유럽연합 집행위원회는 OECD 지표에 기초하여 스웨덴 등 스칸디나비아 국가들의 노동시장이 고용 보호 체계에 있어 유연성이 매우 높다고 평가하고 있는데, 이에 대해 유럽 노총 측(Janssen 2006; Janssen 면담 2012)이 유럽연합 집행위원회가 스칸디나비아 국가들의 노동시장 유연성을 과대평가하고 있다고 지적한 것은 경험적 타당성을 지니고 있음이 확인되었다.

이 같이 스웨덴의 황금 삼각형 정책 요소들은 취업 보장 방식의 고용 안정성 보장 수준이 OECD 지표처럼 매우 높으며, 직장 보장 방식의 고용 안정성 보장 수준은 OECD 지표에 비해 월등히 높고, 노동시장 유연성 수준은 매우 낮은 반면, 소득 안정성 보장 수준도 OECD 지표에 비해 월등히 높다. 따라서 OECD 지표들에 근거해 스웨덴 노동시장을 높은 유연성과 높은 안정성의 결합으로 평가하는 것은 경험적으로 맞지 않다.

이처럼 스웨덴 황금 삼각형 정책 요소들이 OECD 지표보다 월등히 높은 안정성을 보여 주는 것은 이중적 보호 체계의 결과이다. 고용 보호 체계에 있어 고용 보호법 등 법 규정뿐만 아니라 노동조합이 공동 결정제 하에서 단체교섭과 단체협약으로 노동자들을 보호하고 있으며, 실업자 소득 보장 제도에 있어서도 공적 보장 제도가 약화되고 있으나, 단체협약을 통해 기금을 조성하고 사적 보험에 집단 가입함으로써 사적 소득 보장 제도들을 수립하고 있다. 이런 전국 수준의 법 규정에 의한 보호 층위와 산업·사업장 수준의 노동조합에 의한 보호 층위로 구성된 이중적 보호 체계로 스웨덴 노동자들은 높은 고용 안정감을 유지할 수 있는데, OECD 지표는 노동조합과 단체협약에 의한 보호 효과를 포착하지 못한 것이다.

유연성-안정성 균형과 '관리된 유연성'

스웨덴의 황금 삼각형이 노동자들에게 높은 수준의 고용 안정성과 소득 안정성을 보장해 주고 있지만 노동력 활용의 유연성을 원천적으로 금지하지는 않는다. LO가 수립한 연대 임금제와 중앙 교섭 제도는 생산성과 이윤율에서 경쟁력이 없는 기업들을 퇴출하고, 경쟁력 있는 부문과 기업들을 강화하는 전략에 기초해 있다. 이처럼 노동력의 이동성을 전제로 한 LO 전략은 직장 보장이 아니라 취업 보장에 의한 고용 안정성 보장 방식

이며, "일자리가 아니라 노동자"(Emerot 면담 2013)를 보호하는 전략으로 규정된다.[22]

임시직의 경우 사용 사유에 부합할 경우 사용을 허용하고 있어, 실제 스웨덴의 임시직 사용 비중은 OECD 평균 수준이다. 하지만 임시직의 사용 사유를 제한하고 동등 처우를 보장해 노동 비용 절감 효과를 위한 임시직 사용 인센티브를 최소화함으로써 임시직 남용의 여지를 없앤다. 따라서 사용자들이 정규직보다 임시직 사용을 통한 수량적 유연성 확보 방식을 선호함에도 불구하고, 비정규직의 남용이나 노동시장 분절의 고착화가 억제된다. 한편, 경쟁력을 회복할 수 없는 취약한 기업에 대해서는 폐업을 허용하고, 시장 상황의 변화로 말미암아 일시적 어려움에 봉착한 기업들의 경우 인력 감축을 인정함으로써, 불가피한 정리 해고는 막지 않는다. 하지만 연공서열제 원칙과 함께 긴 사전 통지 기간 규율을 부과하는 한편, 공동 결정제에 따른 노사 교섭 절차를 준수하도록 해 자의적인 정리 해고를 불가능하게 한다. 따라서 스웨덴 노동시장은 철저한 규제 속에서 유연성이 허용되는 '관리된 유연성' 혹은 '규제된 유연성'regulated flexibility이라 부를 수 있다.

고용 보호 체계에서 노동력 활용의 유연성이 낳는 부정적 효과는 황금 삼각형의 다른 두 정책 요소들에 의해 해소된다. 실직한 노동자는 적극

22_스웨덴 모델은 이런 LO의 전략에 기초하여 사민당 정부가 제도화한 것으로서 노동시장에서는 황금 삼각형으로 구현되었다. 보수 정당들이 사용자들의 이해관계에 입각하여 정리 해고 연공서열제 원칙의 폐기를 공약하고 보수당 정부가 공약의 실천을 시도했지만 사민당의 강력한 반대로 인해 실패했다. 이는 사민당이 LO 노조원의 핵심을 구성하는 정규직 노동자들의 이해관계를 대변한 결과인데, 이렇게 사민당은 LO와 함께 '관리된 유연성'의 황금 삼각형을 재생산하고 있다.

적 노동시장 정책이 제공하는 직업훈련 및 고용 서비스로 높은 재취업 가능성이 보장되는 한편, 정리 해고의 사전 통지 기간을 충분히 보장해 노동자들이 실직에 대비해 적절한 교육 훈련과 구직 활동을 미리 시작할 수 있도록 함으로써 재취업 가능성을 높이고 실업 기간을 단축한다. 이런 직장 보장 방식의 고용 안정성 보장이 갖는 효율성은 OECD 국가들 가운데 장기 실업률이 최저라는 사실에서도 확인될 수 있다. 또한 노동조합이 구축한 사적 실업자 소득 보장 제도는 공적 소득 보장 제도와 함께 높은 소득 대체율을 확보함으로써 소득 안정성을 보장한다.

이렇게 스웨덴 노동시장은 유연성과 안정성의 균형을 실현하고 있는데, 효율적인 취업 보장 방식의 고용 안정성과 함께 높은 소득 안정성을 보장함으로써 노동자들이 경제·산업 구조 조정을 받아들이면서도 높은 고용 안정감을 향유할 수 있도록 한다. 따라서 유럽연합의 회원국 여론조사 결과(Eurobarometer 2011)에서 확인된 스웨덴 시민들의 높은 고용 안정감은 황금 삼각형 정책 요소들의 제도적 상보성이 만들어 낸 결과라 할 수 있다. 한편, 관대한 실업자 소득 보장 제도가 직장 보장 방식의 고용 안정성 보장 장치들 때문에 도덕적 해이의 문제를 낳을 수 있다고 지적되는데, 적극적 노동시장 정책이 실업보험 수급 자격과 연계되어 취업 가능성과 함께 구직 압박을 강화하고, 실업보험제는 이직을 촉진하기 위한 단기적 재정 보조금 기능을 수행하도록 함으로써 이 문제를 해결하고 있다. 이 또한 황금 삼각형 정책 요소들의 또 다른 제도적 상보성의 효과라고 할 수 있다.[23]

23_이처럼 관리된 유연성에 기초해 유연성-안정성 균형을 이루는 황금 삼각형 정책 요소들은 덴마크와 대동소이한데, 스웨덴의 가장 큰 차별성은 연공서열제 원칙으로 정규직

황금 삼각형 정책 요소들의 변화와 입장 대립

황금 삼각형 정책 요소들은 스웨덴 정치의 우파 연합과 적녹 연합 사이의 협의와 대립 과정을 거치면서 변화해 왔다(〈표 5.7〉).

고용 보호 체계는 핵심적 요소인 정리 해고 연공서열제 원칙에 대해 보수당 정부가 폐지를 시도했었으나 실패하고, 10인 이하 사업장의 경우 2인에 한해 예외를 적용할 수 있도록 하는 수준에서 타협했다. 그 결과 고용 보호 체계를 둘러싼 양대 블록 사이의 갈등은 크게 완화되었고, 보수당 정부의 2007년 개혁도 임시직의 경우 유형 제한 없는 기간 누적 합산 방식을 동일 유형 한정 방식으로 변경하는 데 그쳤다.

적극적 노동시장 정책의 경우 사민당 정부가 스웨덴 모델의 핵심 요소로 수립해 상당한 수준의 재정지출을 유지해 온 반면, 보수당 정부의 경우 경제 위기 시에만 증액했을 뿐 일관된 감축 입장을 견지해 왔다. 사민당 집권 시 이루어진 감액 조치는 1990년대 초 경제 위기 발발 이래 누적되어 온 공공 부채와 재정 적자 문제를 해소하기 위해 균형재정 정책을 펼친 결과이며, 경제 위기 시기를 제외하면 적극적 노동시장 정책 재정 증액은 모두 사민당 정부에서 이루어졌다. 한편 적극적 노동시장 정책의 내용에 있어서도 사민당은 직업훈련을 위시한 공급 측면 정책을 우선시하는 반면, 우파 연합은 고용 인센티브 등 수요 측면 정책을 우선시한다. 하지만 우파 연합 집권 시 1990년대 초나 2000년대 말 경제 위기 발발로 적극적 노동시장 정책 재정지출을 전반적으로 증액해 양대 블록 사이의 입장 차이가 정치적 대립으로 비화되지 않을 수 있었다.

활용의 유연성을 추가로 억제하는 방식이라 할 수 있다.

표 5.7 | 황금 삼각형 정책 요소의 변화와 정당 연합

	기존 정책	보수당 정부	사민당 정부
〈고용 보호 체계〉			
정리 해고 시 연공 서열제	연공서열제	폐지 시도 실패(1993), 포기(2006)	
연공 서열제 예외 규정	예외 없음	10인 이하 사업장 2인 예외제 도입(2000)	2인 예외제 폐지 시도 실패 (2005)
기간제 사용 기간 누적 합산	유형 제한 없는 누적 합산	동일 유형 한정 누적 합산 (2007)	
〈적극적 노동시장 정책〉			
활성화 정책	실업수당 수급권 무관		실업수당 수급권 연계(2000)
중점 정책	수요-공급균형	수요 측면 정책(고용 인센티브) 중시	공급 측면 정책(직업훈련) 중시
예산 규모	균형재정	증액(1992, 2009~2010)/ 감축(1993, 2007~2009)	증액(1990~91, 1998, 2005~2006)/ 감축(1995~97, 1999~2004)
〈실업자 소득 보장 체계〉			
자율적 실업보험제	적극적 노동시장 정책 참여 통한 갱신 무제한	갱신 1회 한정(1994.7)	1회 한정 규정 삭제(1994.10), 갱신 규정 자체 폐지(2000)
	최초 100일 제안 일자리 거부권	거부권 폐지(2007)	
	수급 요건 근로 요건	근로 기간 및 근로시간 기준 강화(2007)	
	기여금 산정 실업률 무관	직종 실업률 반영, 기여금 인상(2007)	기여금 인상 반대(2006)
	소득 대체율	소득 대체율 인하(1993, 1996, 2007)	소득 대체율 인상(1997), 인상 시도 실패(2010)
기초 실업 부조제	[자율적 실업보험 낮은 수급률 문제]		기초 실업 부조제 도입 (1974)
	수급 기간 150일		300일로 배가(1997)
	수급액 일액		수급액 인상(2001, 2002)

　　황금 삼각형 정책 요소들 가운데 가장 논란이 많았고, 가장 큰 변화를 겪은 것은 실업자 소득 보장 체계다. 논란과 변화는 사적 실업자 소득 보장 제도가 아니라 공적 실업자 소득 보장 제도의 자율적 실업보험제에 집중되었다. 기초 실업 부조제는 사민당 정부에 의해 도입되어 수급 기간 연장과 수급액 인상을 통해 크게 강화되었지만 우파 연합의 동의하에 진행되었다.

　　자율적 실업보험제의 경우, 적극적 노동시장 정책 프로그램 참여를 통해 실업 급여 수급 자격을 갱신할 수 있는 횟수를 제한하지 않았었다. 적극적 노동시장 정책 프로그램이 실업 급여 수급 자격을 갱신하기 위한 수단으로 악용되는 등 도덕적 해이 현상이 발생하고 있다는 문제의식을 공유하며, 양대 블록은 실업 급여 수급 자격의 갱신 횟수를 한정한 데 이어, 사민당 정부하에서 갱신 규정 자체를 폐지했다. 이는 노동 우선주의에 입각해 양대 블록의 합의하에 자율적 실업보험제를 개혁한 것이지만, 다른 변화들은 양대 블록의 대립·갈등 속에서 진행되었다. 특히 양대 블록이 첨예하게 대립한 부분은 실업보험의 기여금과 실업 급여의 소득 대체율이었다. 우파 연합이 기여금 인상과 소득 대체율 인하 입장을 견지한 반면, 사민당은 기여금 인상을 반대하고 소득 대체율 인상을 지지하는 입장을 지키면서 꾸준히 대립해 왔다.

이처럼 황금 삼각형 정책 요소들 가운데 실업자 소득 보장 체계가 가장 큰 논란과 변화를 겪어 왔는데, 최근에 발생한 황금 삼각형 정책 요소의 주요 변화는 2007년 보수당 정부의 노동시장 개혁 조치였고, 그 핵심도 자율적 실업보험제였다. 자율적 실업보험제는 2006년 총선부터 시작해 총선 때마다 여타 황금 삼각형 정책 요소들과는 달리 주요 선거 쟁점으로 부상했는데, 이는 향후에도 황금 삼각형 정책 요소들의 논란과 변화가 공적 실업자 소득 보장 제도의 자율적 실업보험제를 중심으로 전개될 것임을 의미한다.

스웨덴 모델의 변화

황금 삼각형 정책 요소들은 2007년 보수당 정부의 노동시장 개혁 이후 경제 위기가 발발했음에도 불구하고 큰 변화를 겪지 않았는데, 그 의미는 두 가지로 해석될 수 있다. 첫째, 2000년대 후반 스웨덴 황금 삼각형 정책 요소들의 변화는 경제 위기의 효과가 아니라 정권 교체의 효과이다. 둘째, 보수당 정부가 경제 위기에도 불구하고 노동시장의 유연화를 포함해 황금 삼각형 정책 요소들의 개혁을 더 이상 추진하지 않은 것은 사회적 합의를 벗어날 뿐만 아니라 성공을 담보하기도 어려웠기 때문이다.

그런 점에서 앞으로 가능한 변화는 사민당이 재집권해 황금 삼각형 정책 요소들의 전통적 성격을 강화하는 것이라는 점에서 2007년 노동시장 개혁이 변화의 최대치라 할 수 있다. 그렇다면 2007년 보수당 정부의 노동시장 개혁은 스웨덴 모델을 훼손할 정도의 변화를 가져왔는가? 당시 개혁이 표방한 핵심 원칙은 균형재정 정책과 노동 우선주의였는데, 이는 일정 정도 보수당 정부가 출범하기 훨씬 전부터 진행된 변화의 흐름을 반영한다.

균형재정 정책은 1990년대 초 경제 위기 시 누적된 공공 부채와 재정 적자로 인해 집권 정당의 성격과 관계없이 일관되게 추진되어 왔는데, 소극적 노동시장 정책뿐만 아니라 적극적 노동시장 정책을 포함한 노동시장 정책 전반의 재정지출이 감소한 데서 잘 나타난다. 긴축적 총수요 정책은 스웨덴 모델을 구성하는 핵심 요소인데, 세계화와 자본주의 금융화에 따라 경제적 불안정성이 심화되면서 경제 위기가 반복적으로 발발하고 있는 상황에서, 경제 위기 시에 예상되는 공공 부채와 재정 적자의 확대에 대비하기 위해서도 균형재정 정책은 앞으로도 지속될 것이다.

한편 노동 우선주의는 보수당 정부뿐만 아니라 사민당 정부에 의해서도 실천되어 왔다. 실업자들의 구직 활동을 촉구·압박하기 위해 실업 급여 수급 자격에, 적극적 노동시장 정책에 참여할 의무를 규정하고, 적극적 노동시장 정책 프로그램에 참여하면 실업 급여 수급 자격을 반복적으로 갱신할 수 있도록 한 제도를 폐지한 것은 사민당 정부였다. 적극적 노동시장 정책을 스웨덴 모델의 핵심 요소로 구축한 것은 노동 우선주의가 스웨덴 모델의 기본 원칙임을 의미하며, 양대 블록이 동의하고 있다는 점에서 노동 우선주의는 앞으로도 주요 노동시장 정책의 원칙으로 작동할 것으로 전망된다.

이와 같이 2007년 보수당 정부의 노동시장 개혁은 스웨덴 모델을 훼손하는 수준의 변화가 아니라, 균형재정 정책과 노동 우선주의에 입각한 장기적이고 점진적인 변화의 연장선상에서 진행된 것이다. 따라서 지난 20여 년 이상 진행된 황금 삼각형 정책 요소들의 변화는 이 같은 여건의 변화 속에서도 유연성-안정성의 균형을 유지하며 스웨덴 모델을 조정하는 과정이었다는 점에서, 스웨덴 모델 조정론이 스웨덴 모델 훼손론보다 경험적으로 정합성이 더 크다고 할 수 있다.

이처럼 보수당 정부와 사민당 정부가 균형재정 정책과 노동 우선주의의 원칙을 대체로 공유하는 가운데, 노동 우선주의에서 일정한 차이를 보이기도 한다. 보수당 정부는 일자리의 질은 고려하지 않고 노동 의무만 강조하는 노동 연계 복지 입장에 가까운 반면, 사민당 정부는 일자리의 질과 함께 노동의 권리도 중시하며 노동 의무와 균형을 유지한다. 실제 보수당 정부는 적극적 노동시장 정책의 중요성을 과소평가하며, 재정지출을 감축하고, 실업 급여를 낭비로 간주해 기여금을 인상하고 실업 급여를 감액했다. 반면, 2014년 총선 과정에서 사민당과 LO는 보수당 정부 8년 동안 스웨덴 모델이 크게 훼손되었다고 주장하는 한편, 사민당 대표 스테판 뢰프벤Stefan Löfven이 '좋은 일자리'decent work와 완전고용에 기초한 진정한 의미의 '노동 우선주의'를 복원하겠다고 선언한 것은, 노동 우선주의의 개념 정의에서 보수당 정부와 사민당 정부의 차이와, 그에 따른 입장 차이를 확연히 보여 준다(Aftonbladet 2014; Dagens Arena 2015).

제6장

스페인 노동시장의
유연성-안정성 균형 실패
'비-유연안정성'에서 '안정성 없는 유연성'으로

1. 들어가는 말

스페인은 유럽연합과 OECD 회원국들 가운데 노동시장이 가장 비효율적으로 작동하는 대표적인 국가로 꼽힌다. 스페인의 고용률은 55.6%로서 OECD 평균 65.3%에 크게 미달하는 최저 수준이고, 실업률은 26.1%로 OECD 평균치의 세 배를 넘고, 실업자들 가운데 장기 실업자가 절반을 점해 OECD 최고 수준이다.[1] 뿐만 아니라 피고용자 가운데 임시직이 차지

● 본 장은 『현상과 인식』 제39권 4호(2015)에 실린 원고를 수정·보완한 글이다. 게재를 허락해 준 한국인문사회과학회에 감사한다.

하는 비율도 23.1%로, OECD 평균치 11.8%의 두 배에 달한다. 이처럼 스페인 노동시장의 비효율성은 높은 고용률과 낮은 실업률, 특히 낮은 장기 실업률로, 효율적인 노동시장을 자랑하는 스웨덴 등 스칸디나비아 국가들과 분명한 대조를 이룬다.

학계에서 널리 통용되고 있는 유연성-안정성의 노동시장 분류 방식에 따르면(Muffels 2010, 165; Muffels & Luijkx 2004, 25; Chenic 2013, 80-82), 스웨덴 등 스칸디나비아 국가들은 높은 노동시장 유연성과 높은 소득·고용 안정성을 동시에 구현하는 유연안정성의 특징을 보이는 반면, 스페인은 유연성과 안정성 모두 낮은 비-유연안정성의 전형적인 지중해형 모델 국가로 유형화된다.

스칸디나비아 국가들의 유연안정성은 황금 삼각형의 유연한 고용 보호 체계, 적극적 노동시장 정책과 관대한 실업자 소득 보장 체계가 작동한 결과로 설명된다.[2] 즉, 고용 보호 체계가, 유연한 고용계약 제도를 통해 노동력 활용의 유연성을 허용함으로써 노동력의 채용·이직·해고를 쉽게 하는데, 그 과정에서 발생하는 실직자들에 대해 적극적 노동시장 정책은 적절한 직업훈련과 일자리 중개를 통해 재취업을 용이하게 하는 취업 보장 방식의 고용 안정성을 담보하는 한편, 관대한 실업자 소득 보장 체계는 해고 노동자들의 소득을 보전함으로써 소득 안정성을 담보해 구매력 상실이나 하향 취업을 막을 수 있다.

1_스페인 노동시장 지표들과 국제 비교에 대해서는 OECD(2014), OECD(www.oecd.org/)를 참조할 것.

2_유연안정성 모델의 노동시장 효율성 및 경제성장에 미치는 효과에 대해서는 Dolenc & Laporsek(2013, 227-233), Andersen(2012, 134-135), 조돈문(2014a)를 참조할 것.

스페인 노동시장이 비효율적인 것은 바로 이런 황금 삼각형 정책 요소들을 갖추고 있지 못하기 때문이다. 스페인의 노사정 행위 주체들도 모두 노동시장의 비효율성 문제가 심각하다는 것, 노동시장을 개혁해야 한다는 점을 알고 있으며, 유연안정성 모델을 긍정적으로 평가하고 있다(European Commission 2007b). 그럼에도 불구하고, 황금 삼각형 정책 요소들의 개혁은 행위 주체들 사이에 첨예한 충돌을 가져왔는데, 경제 위기 이후 발발한 세 차례 총파업 모두 황금 삼각형 정책 요소들을 둘러싼 대립이었다.

노동시장 개혁에 대한 사회적 합의를 도출하지 못한 것은 노동시장의 현황에 대한 진단이 상반되기 때문이다. 노동시장의 비효율성과 관련해, 자본은 유연성이 부족하기 때문이며 고용 보호 체계를 유연화해야 한다고 주장한 반면, 노동은 안정성이 부족하다고 지적하며 적극적 노동시장 정책과 실업자 소득 보장 체계의 강화를 요구한다. 결국 노동시장의 문제점에 대한 상반된 진단은 개혁의 방향을 둘러싼 충돌로 이어져 사회적 합의를 도출하지 못하고, 정부의 일방적 노동시장 개혁과 노동조합의 총파업으로 첨예하게 갈등하게 되었다.

이 글의 목적은, 황금 삼각형 정책 요소들의 내용과 변화를 분석함으로써, 왜 노동시장의 비효율성 문제가 심각하다는 점을 인정하고 유연안정성 모델의 효율성에 동의하면서도, 유연안정성 모델을 구현하는 황금 삼각형 정책 요소들을 개혁하기 위해 사회적 합의를 도출하지 못하고, 극렬한 노정 충돌을 겪게 되었는지를 설명하는 것이다.

2. 스페인의 노정 충돌과 황금 삼각형 정책 요소들

1) 총파업과 황금 삼각형

1994년 총파업 이후 2010년 9월 총파업에 이르는 16년 동안, 노사정 행위 주체들은 주로 사회적 대화와 협약을 통해 노동시장 개혁을 추진해 왔다(〈표 6.1〉). 이 기간에 총파업은 2003년 전쟁 반대를 위한 정치 총파업을 제외하면 2002년 6월 총파업이 유일한데, 그마저도 노동부 장관이 사임하고 추진하던 개혁 조치들의 상당 부분을 폐기함으로써 사회적 대화와 협약의 전통은 타격을 입지 않고 유지될 수 있었다.

2008년 세계 금융 위기와 뒤이은 경제 위기 속에서 스페인 노사정 행위 주체들은 노동시장 개혁과 경제 위기 극복을 위한 사회적 협약 체결에 실패하고 정부에 의한 일방적 노동시장 개혁 조치들이 추진되었다. 이 과정에서 스페인 양대 노총인 노동자위원회총연맹ccoo과 노동자총동맹UGT이 연대해 세 차례에 걸쳐 총파업을 벌였다.

경제 위기 이후 2010년 9월, 2012년 3월과 11월의 총파업 투쟁은 고용 보호 체계 완화와 단체교섭 탈중앙 집중화를 통한 노동시장 유연화, 실업자 보상 제도 등 노동시장 재정지출 감축을 중심으로 한 긴축정책에 대한 노동계의 대응이었다. 이처럼 노정 갈등의 핵심에는 황금 삼각형 정책 요소들이 있었는데, 1988년 총파업 이후 있었던 8차례 총파업 가운데 2003년 전쟁 반대 총파업을 제외한 나머지 7차례도 황금 삼각형 정책 요소들을 둘러싼 갈등이었다.

표 6.1 | 스페인 총파업 도표(1984~2015년, 총 10회)

	참여 노총	동원	정부	내용	결과
제1기(1984~96) : 노동시장 유연화 [5회]					
1985.6.20	CCOO	48시간	사회당 (절대다수)	연금제도 개혁 반대	파업 성과 없음
1988.12.14	CCOO, UGT	24시간, 동원 성공	사회당 (절대다수)	청년 고용 증진 명분 고용 규제 완화 정책 철회, 경제정책 반대, 사회 지출 확대	큰 성과: 정부의 정책 철회, 사회 지출 증대 합의
1991	CCOO, UGT	4시간	사회당 (절대다수)	걸프 전쟁 반대	
1992.5.28	CCOO, UGT	12시간	사회당 (절대다수)	실업수당 삭감 반대	파업 성과 없음
1994.1.27	CCOO, UGT	24시간	사회당 (소수파)	사회적 보호 감축 및 노동시장 개혁 반대	파업 성과 없음
제2기(1997~2007): 노동시장 재규제 [2회]					
2002.6.20	CCOO, UGT	24시간	국민당 (절대다수)	실업보험 혜택 대상 축소 반대	일정 성과 : 노동부장관 사임, 개혁 상당 부분 포기
2003.4.10	CCOO, UGT	2시간	국민당 (절대다수)	이라크 전쟁 반대	
제3기(2008~현재): 경제 위기와 탈규제 [3회]					
2010.9.29	CCOO, UGT	24시간, 동원 낮음	사회당 (소수파)	고용 보호 완화 노동법 개정 및 긴축정책 반대	파업 성과 없음(노동법 개정 관철됨)
2012.3.29	CCOO, UGT	24시간, 동원 성공	국민당 (절대다수)	긴축정책(고용 보호 완화, 단체교섭 탈중앙 집중화 포함) 반대	파업 성과 없음(노동법 개정 관철됨)
2012.11.14	CCOO, UGT	24시간, 동원 낮음(?)	국민당 (절대다수)	긴축정책 반대	파업 성과 미흡(긴축정책 추진, 여론 영향)

주: Lima et al(2011, 6), Wikipedia(es.wikipedia.org/wiki/Huelgas_generales_en_España), RTVE(www.rtve.es/noticias/201 21114/octava-huelga-general-democracia)를 참조해 조돈문(2012b, 316)을 수정·보완함.

2) 황금 삼각형의 정책 요소들과 선행 연구의 한계

스페인 노동시장의 비효율성은 비-유연안정성, 특히 노동시장 경직성의 결과로 해석된다. 우선 황금 삼각형을 구성하는 세 가지 정책 요소들, 즉 고용계약 제도에 기초한 고용 보호 체계, 적극적 노동시장 정책과 실업자 소득 보장 체계의 현황을 개괄적으로 검토하며 유연성-안정성의 균형 여부를 확인해 보자.

고용계약 제도의 고용 보호 수준을 비교하는 국제적 비교 지표로 OECD의 고용 보호법 규제EPL 지수가 널리 활용되는데, 이를 보면 스페인

표 6.2 | 스페인 노동시장 고용계약 제도의 경직성 국제 비교(2013년 기준)

2013년	스웨덴	덴마크	네덜란드	독일	프랑스	스페인	영국	미국	OECD 평균
〈정규직 해고 규제〉									
개별 해고	1.80	1.50	2.03	1.94	1.86	1.39	0.80	0.35	
집단 해고	0.71	0.82	0.91	1.04	0.96	0.89	0.82	0.82	
합계	2.52	2.32	2.94	2.98	2.82	2.28	1.62	1.17	2.29
〈임시직 사용 규제〉									
기간제	0.38	1.13	0.50	0.38	2.00	1.38	0.13	0.00	
파견 노동	0.79	0.67	0.67	1.38	1.75	1.79	0.42	0.33	
합계	1.17	1.79	1.17	1.75	3.75	3.17	0.54	0.33	2.08
〈노동시장 전체 규제〉*									
정규직-임시직 합계	3.69	4.11	4.11	4.73	6.57	5.45	2.16	1.50	4.37

주: * 높은 값은 노동자 보호 경직성, 낮은 값은 유연성을 의미하며, 노동시장 전체 규제는 정규직 해고 규제 지수와 임시직 사용 규제 지수를 단순 합계한 것임.
자료: OECD(2013a), OECD(www.oecd.org/).

은 OECD 평균을 훨씬 상회하며, 독일·프랑스 등 대륙형 조정 시장경제 모델 국가들과 함께 고용 보호 수준이 가장 높은 국가군을 이룬다(〈표 6.2〉). 고용 보호 체계를 정규직 해고 규제와 비정규직 사용 규제로 나누어 보면, 스페인은 정규직 해고 규제 수준은 OECD 평균에 머물고 있어, 스페인 고용계약 제도의 경직성이 높은 것이 주로 비정규직 사용 규제의 엄격함에서 비롯된다는 사실을 확인할 수 있다. 비정규직 사용 규제 지수는 3.17로서 프랑스와 함께 OECD 최고 수준인데, 기간제 노동과 파견 노동의 사용 규제 수준이 모두 높다. 결국 스페인은 OECD 회원국들 가운데 고용계약 제도의 경직성 수준이 높은 국가로, 임시직 사용보다 정규직 해고를 통한 노동력 활용 유연성을 확보하기에 상대적으로 더 용이하다고 할 수 있다.

노동시장 정책에 대한 재정지출 규모를 보면(〈표 6.3〉), 스페인은 GDP 대비 0.89%를 적극적 노동시장 정책에 지출하고 있어 OECD 평균을 훨씬 상회하고 있지만, 스칸디나비아 국가들에는 크게 못 미친다. 한

표 6.3 | 스페인 노동시장 정책 재정지출 및 참여율의 국제 비교(2012년 기준)

	스웨덴	덴마크	네덜란드	독일	프랑스	스페인*	영국	미국	OECD 평균
적극적 정책 재정 지출(% GDP)	1.33	2.10	0.98	0.69	0.90	0.89	-	0.12	0.57
소극적 정책 재정 지출(% GDP)	1.02	1.70	1.92	0.98	1.45	2.88	-	0.40	0.85
적극적 정책 참여율(% 노동력)	4.97	5.99	4.14	3.32	5.10	11.44	-	-	3.59
소극적 정책 참여율(% 노동력)	5.46	6.24	8.62	6.71	9.63	12.32	-	-	5.52
적극적 정책 재정 지출/참여율	0.27	0.35	0.24	0.21	0.18	0.08	-	-	0.16
소극적 정책 재정 지출/참여율	0.19	0.27	0.22	0.15	0.15	0.23	-	-	0.15

주: * 정책 재정지출 비중은 GDP 대비 백분율(%), 정책 참여율은 노동력 대비 백분율(%).
　　스페인 기준 년도는 2011년.
자료: OECD(2014), OECD(www.oecd.org/).

편, 스페인의 소극적 노동시장 정책에 대한 지출은 2.88%로 OECD 평균의 3.4배에 달하며 OECD 최고 수준을 보이고 있다. 이는 높은 실업률에서 비롯되고 있는데, 노동시장 정책 참여율이 12% 수준으로 OECD 평균의 2~3배에 달하고 있어, 참여율 대비 재정지출 비중의 상대적 비율을 보면 스페인은 적극적 노동시장 정책의 경우 0.08로 OECD 평균의 절반 수준에 불과한 반면, 소극적 노동시장 정책도 0.23으로서 OECD 평균의 1.5배 수준으로 스칸디나비아 국가들과 비슷한 수준을 보인다.

이처럼 스페인 노동시장 지표들은 일관되게 노동시장의 비효율성을 나타내며, 황금 삼각형 정책 요소들에 있어 전반적으로 비-유연안정성의 성격과 더불어 부분적으로 상호 불일치 현상들도 보여 준다.

첫째, 노동시장의 유연성 정도와 관련하여 법제도와 노동시장 실태가 불일치 현상을 보이고 있다. OECD 고용 보호법 규제 지수에서 스페인 노동시장이 OECD 국가들 가운데 상대적으로 경직성을 보이는 가운데 특히 임시직 등 비정규직 사용에 대한 규제가 매우 강한 것으로 나타난 반면, 스페인 노동시장의 임시직 비율은 OECD 회원국들 가운데 가장 높은 것으로 나타나고 있다.

둘째, 스페인 적극적 노동시장 정책의 재정지출은 GDP 대비 지출 비율이라는 재정지출의 절대적 규모에서 OECD 평균보다 높게 나타나는데, 이는 스페인을 중심으로 한 지중해형 모델이 안정성이 낮다고 평가하는 무펠스(Muffels 2010) 등의 노동시장 유형화 방식과 상반된다. 하지만 높은 실업률과 정책 참여율을 고려하면 적극적 노동시장 정책의 상대적 비중이 OECD 평균 수준에 크게 미달한다는 점에서 취약한 적극적 노동시장 정책으로 인해 취업 보장 방식의 고용 안정성 수준이 낮다고 할 수 있다.

셋째, 소극적 노동시장 정책의 재정지출의 경우 또한 절대적 규모뿐만 아니라 상대적 비중에 있어서도 OECD 평균을 크게 상회한다는 점에서, 위에서 말한 무펠스 등의 노동시장 유형화 방식과는 상반되며, 소득 안정성이 결여되어 있다고 보기 어렵다. 정리 해고 시 소득 보전율이 71% 이상인 사람들이 44%에 달한 반면 소득 보전율 50% 이하인 사람들이 38%로서 소득 보전율 51~70%의 중간층이 18%에 불과하여, OECD 27개국 평균 30%에 비교하면 스페인의 실업자 소득 보장 체계가 상대적으로 양극화가 심하다는 문제가 있다(Eurobarometer 2011).

스페인 노동시장에 대한 선행 연구들은 노동시장 분절론의 관점에서 대기업·정규직·조직노동과 중소 영세 기업·비정규직·미조직노동 사이의 임금과 고용 안정성 등 노동조건의 격차가 심각해 양극화되었다고 평가한다는 점에서는 일치한다. 하지만 노동시장의 현황에 대한 진단과 설명은 수요 중심 시각과 공급 중심 시각으로 나뉜다. 공급 중심 시각은 노동시장을 유연화하고 노동력의 가격을 인하하면 고용 창출을 증대하고 노동시장의 효율성을 제고할 수 있다고 보는 반면(Polavieja 2005; 2006; Güell & Petrongolo 2007; Sagardoy 2009), 수요 중심 시각은 노동시장 정책으로 고용 창출이 이루어지는 것이 아니라 시장경제 모델과 경제 발전 전략에 의해 좌우된다고 본다(Alós-Moner 2008; Toharia & Malo 2009; Toharia 2011; Malo & González 2010; Prieto 2008).

수요 중심 시각과 공급 중심 시각은 상이한 노동시장 진단에 기초하여 노동시장 정책의 방향은 물론 정책 효과에 대한 평가에서도 대립된다. 공급 중심 시각은 스페인 노동시장이 지나치게 경직되어 '유연성 없는 안정성'의 문제점을 지니고 있으므로 유연성을 제고해야 한다고 평가한다는 점에서 유연화를 주창하는 자본의 이해관계와 상응한다. 한편, 수요 중심 시각은 스페인 노동시장이 과도하게 유연해 '안정성 없는 유연성'의 문제를 가지므로 유연화를 억제하고 안정성을 강화해야 한다고 평가한다는 점에서 노동시장 유연화의 부정적 효과를 강조하는 노동의 이해관계와 상응한다.[3]

이런 수요 중심 시각과 공급 중심 시각의 대립 구도는 행위 주체들의 이해관계 대립 구도와 상응함으로써 노동시장의 분석뿐만 아니라 노사정 행위 주체들 사이의 관계 및 동학을 설명하는 데도 유용한 분석틀을 제공할 수 있다. 하지만 수요 중심 시각과 공급 중심 시각은 고용계약 제도 유연화에 초점이 맞추어져 황금 삼각형 정책 요소들을 종합적으로 고려하지 못하는 한편, 상대적으로 최근 현상인 경제 위기하 총파업 투쟁 등 노정 충돌을 체계적으로 설명하지 못한다는 한계를 갖는다. 이런 문제의식에서 본 연구는 황금 삼각형 정책 요소를 분석하고자 한다.

3_스페인 노동시장에 대한 선행 연구 및 이론적 시각에 대해서는 조돈문(2012c, 273-278)을 참조할 것.

3. 스페인의 황금 삼각형 정책 요소들의 내용과 변화

우선 고용 보호 체계, 적극적 노동시장 정책, 실업자 소득 보장 체계 등 황금 삼각형의 세 가지 정책 요소들을 확인하고 그 변화의 동학을 분석해 보자.

1) 고용 보호 체계

고용 보호 체계의 노동자 보호 수준은 지난 20년 동안 상당 정도 후퇴했는데, OECD의 고용계약 제도의 경직성 지수에서도 확인된다. 〈표 6.4〉에서 보듯이, 노동자 보호 수준이 상대적으로 큰 변화를 보인 시점은 1994~95년, 2010~11년과 2012~13년으로 나타나고 있다. 이는 1994년, 2010년과 2012년의 노동시장 개혁 조치의 결과이며, 세 경우 모두 핵심 내용은 노동시장 유연화로서 양대 노총이 총파업투쟁으로 저항했으나 유연화 조치들을 저지하지 못했다.

(1) 노동시장 개혁 조치들

고용계약 제도는 1980년 법제화로 체계화되었는데, 정규직 해고 수당과 임시직 사용 사유 제한 및 동일 직무 동일 임금제를 중심으로 노동자들의 고용을 보호했다(〈표 6.5〉). 하지만 1984년 임시직 사용 사유 제한을 완화한 데 이어, 1994년에는 파견 노동을 허용하고 해고 요건의 경제적 사유를 확대해 현재뿐만 아니라 미래의 재정 상황이 위태로울 것으로 예상되는 경우도 포함했다.[4]

1994년 노동시장 개혁 이후 정규직 고용 보호는 약화되는 한편 임시직 사용 규제는 강화되었다. 정규직 고용 보호의 경우 1997년 12월 법 개

	-1994	1995	1996~2006	2007	2008	2009	2010	2011	2012	2013
집합적 해고 보호	3.75	3.75	3.75	3.75	3.75	3.75	3.75	3.75	3.75	3.13
정규직 고용 보호	3.55	2.36	2.36	2.36	2.36	2.36	2.36	2.21	2.21	2.05
임시직 고용 보호	3.75	3.25	3.25	3.00	3.00	3.00	3.00	2.56	2.69	2.56

표 6.4 | 스페인 노동시장 고용계약 제도 경직성 지수의 변화 추이(1994~2013년)

자료: OECD(2014), OECD(www.oecd.org/).

정으로 정규직 채용 촉진 계약CFCl을 도입해 불공정 해고 수당을 근속 년 당 45일이 아니라 33일분으로 감면한 정규직 계약을, 취업이 어려운 취약 집단에 한정해 4년간 허용했고, 2002년 12월에는 2일 이내에 노동자를 신속하게 해고할 수 있는 급행 해고제를 도입했다. 임시직 사용에 대해서 는 사용 사유 제한 규정을 우회하는 고용 촉진 임시직 계약제FE를 도입한 지 10년 만인 1994년 5월 원칙적으로 폐지, 장애인과 장기 실업자에 한정 해 허용했다. 또한 2001년 7월에는 근속 년당 8일치 임금분을 부과하는 임시직 해고 수당제를 도입했고, 2006년 12월에는 동일 업체 동일 직무 의 임시직 고용계약 반복 갱신을 30개월 기간 내 24개월 미만으로 제한했 다.

정규직 고용 보호를 완화하고 임시직 사용 규제를 강화하는 추세는 2010년 9월 노동시장 개혁 조치에도 지속되었다.[5] 정규직 고용 보호와 관

4_Toharia & Malo(2000, 307), García & Muñoz-Bullón(2009, 5), Bentolila(2008, 51) 을 참조할 것.

5_1994년 이후의 노동시장 개혁 조치들에 대해서는 Gorelli(2007, 115-119), Castellanos (2006, 9-12), Clauwaert & Schömann(2013, 1-8), Banyuls & Recio(2012, 208-214), Sanz(2012b, 1-3), García & Malo(2013, 8-13, 44-45), Schömann(2014, 24-50)을 참 조할 것.

표 6.5 | 스페인 고용계약 규제 법제도 변화

법제화	정규직	비정규직 계약(임시직 중심)
1980 (노동법 LET)	- 해고 판정 범주별 해고 수당: * 불공정 해고: 근속 년당 45일분 임금(최대 42개월분), 소송 기간 임금 * 공정 해고: 근속 년당 20일분 임금(최대 12개월분), 소송 기간 임금	- 임시직 사용 사유 제한(5가지): 특수한 서비스·업무/ 초과 수요/ 대체 노동/ 고용 촉진 예외/ 무기 계약 직무 단속적 수행 - 정규직과 임시직 모두 동일 직무 동일 임금
1984.8.2 (법32)		- FE(고용 촉진 임시직 계약) 도입: * 모든 직무에 허용 * 최단 6개월 최장 3년 * 해고 수당 근속 년당 12일분 임금
1994.5.19 (법11)	- 집단적 해고 재정의 - 공정 해고 정의 확대	- FE를 원칙적으로 폐지하고, 45세 이상 장기 실업자와 장애인에 한정 허용 - 파견 업체 합법화
1997.12.26. (법63)	- CFCI(정규직 채용 촉진 계약) 도입: * 불공정 해고 수당 근속 년당 33일분 임금(최대 24개월분) * 사회보장 기여금 2년간 감면 * 취업 어려운 표적 집단에 한정함 * 향후 4년간 허용	- 임시직 계약 시 사유 제한 원칙 강화 - 정규직 채용과 임시직 정규직 전환 시 사회보장 기여금 40~90% 인하
2001.7.9 (법12)	- CFCI 사용 연장, 확대 적용	- 해고 수당 근속 년당 8일분 임금(특정한 서비스나 과제 수행 위한 임시직 계약 한정) - 실업자의 공공·비영리 부문 임시직 채용 허용
2002.12.12. (법45)	- 급행 해고제(despido exprés) 도입 - 불공정 해고 소송 기간 임금 지급제 폐지	
2006.12.29. (법43)	- CFCI 사용 2007년 말까지 연장, 환급금 지급 대상 확대 - 취업 어려운 표적 집단 정규직 고용 시 사회보장 기여금 감면	- 동일 업체 동일 직무 임시직 고용계약 반복 갱신 금지(30개월 기간 동안 24개월 이상 동일 직무 근무하면 자동적으로 정규직 전환) - 동일 직무 임시직 노동자 순환 금지
2010.9.17 (법35) [2010.6.16 법령]	- 해고 정당화하는 기업의 경제적 이유 포괄적 정의 도입 - 개별 해고 사전 통지 기간 30일에서 15일로 단축 - CFCI 고용 영역 확대 - 기업은 초기업 단위 단협 수정 가능함	- 임시직 고용계약 최장 3년(단협으로 1년 추가 연장 가능) - 임시직 해고 수당 근속 년당 8일분에서 12일분으로 2015년까지 단계적 증액 - 파견 업체 대상 부문 확대
2012.7.6 (법 3) [법령 2012.2.13.]	- 정당한 해고의 경제적 사유 확대 - 부당해고 해고 수당 근속 년당 45일에서 33일로 삭감하고 상한은 24개월 - ERE는 노동 당국에 의해 승인될 필요 없음(노사 합의 불필요) - 기업 재정 악화 시 초기업 단위 단협 적용 유보 허용 - 단협은 유효기간 종료 1년 후 무효화됨(효력 자동 연장제 폐지)	

자료: 조돈문(2012c, 279)을 수정·보완함.

표 6.6 | 고용 형태 및 해고 유형별 해고 수당

단위: 근속 년당 임금분

해고 유형 \ 고용 형태	정규직	임시직	비고
징계 해고	없음	없음	노동자 과실
정당한 해고	20일분	12일분	
부당한 해고	33일분	33일분*	
[참조] 고용계약 종료	없음	12일분	해고가 아닌 퇴직에 해당

주: * 노동법정이 임시직의 부당한 해고에 대해 해고 수당 지급을 명령한 사례는 거의 없음. 인권유린 등 예외적 상황에 임시직의 부당한 해고 규정 적용됨.

련해, 1997년 도입된 이래 유효기간이 반복 연장된 정규직 촉진 계약의 적용 대상을 확대했고, 정당한 해고의 경제적 사유를 포괄적으로 정의해 해고를 쉽게 했다. 임시직 사용에 대해서는 고용계약을 최장 3년으로 한정하되 단체협약으로 1년에 한해 연장할 수 있도록 하는 한편, 임시직 해고 수당을 근속 년당 8일에서 2012년부터 1일분씩 단계적으로 증액해 2015년까지 12일치가 되도록 했다(〈표 6.6〉).

2011년 말 출범한 국민당 정부가 2012년 2월 실시한 노동시장 개혁은 임시직 사용 규제를 강화하지 않고, 정규직 고용 보호를 완화하는 조치들만으로 이루어졌다. 기업 측이 현재 혹은 미래의 손실 같은 경제적 침체를 경험하거나, 주문 혹은 매출액이 3연속 4분기 동안 하락할 경우 합법적으로 해고할 수 있도록 했다. 불공정 해고 시 해고 수당을 근속 년당 45일분에서 33일분으로 삭감해, 정규직 촉진 계약에 한정되었던 33일분제를 일반화했다. 또한 정리 해고 시 고용 조정 계획ERE을 제출해 정부 당국의 승인을 받도록 하던 규정을 삭제함으로써, (정부 당국의 승인을 얻기 위한 전제 조건이었던) 노동조합 혹은 노동자 대표들과의 합의를 위해 협의 과정을 거치지 않아도 될 수 있도록 했다.

(2) 노동시장 유연성의 확보 방식

정규직의 해고는 부적절한 행위에 대한 개별 징계해고, 기업의 조직적·
기술적·경제적 사유에 의한 개별 해고, 경제적 사유에 의한 집합적 해고,
즉 정리 해고 등 세 유형으로 나뉜다.[6] 해고 수당은 정당한 사유에 의거해
법적 절차를 따른 해고의 경우 근속 년당 20일분인데, 그렇지 않은 경우
33일분으로 산정되며, 개별 해고와 집합적 해고 모두 적용된다. 개별 해
고의 경우 15일 전 사전 통고가 의무화되어 있지만 징계해고는 사전 통고
의 의무가 없는데, 급행 해고의 경우 2일 이내에 해고할 수 있으나 부당한
해고에 적용되는 해고 수당을 지급해야 한다. 한편, 정리 해고의 경우
ERE의 승인을 획득하기 위해 사측이 법정 해고 수당을 상회하는 수준의
노사 합의를 추진해 왔지만, 2012년 법 개정으로 ERE의 승인이 필요하지
않게 되면서, 노사가 합의를 도출하지 못해도 사측이 임의로 산정한 액수
를 지불할 수 있게 되었는데, 통상 정당한 개별 해고에 해당되는 해고 수
당의 수준에서 결정되고 있어 사측의 해고 비용이 감축되는 효과가 발생
했다.

　　임시직은 고용계약이 종료된 후 사측이 계약을 갱신하지 않음으로써
실직되는 경우가 많은데, 이때 지급되는 해고 수당은 2001년 근속 년당 8
일분으로 도입되었고 2010년 단계적 증액제가 법제화되어 현재 근속 년
당 12일로 설정되어 있다. 한편 임시직 사용에 대한 가장 강력한 규제 수
단인 사용 사유 제한제는 1980년 도입되었으나, 1984년 사유 제한제를
우회하는 고용 촉진 계약제를 도입했다가 1994년 폐지되고, 장기 실업자

6_García & Malo(2013, 10-11, 44-45), Sanz(2012b, 1-3), Malo & González(2010, 69-
72)을 참조할 것.

등 일부 취약 계층에만 제한적으로 허용되었다. 현재 사용 사유는 특수한 서비스나 업무, 초과 생산 수요, 대체 노동, 고용 촉진 정책 대상, 무기 계약 직무의 단속적 수행으로 한정되어 있다. 1984년 실질적으로 폐기되었던 사용 사유 제한제가 1994년 복원되었지만, 이미 임시직 노동자들이 급증해 전체 피고용자의 30%를 넘어선 뒤였다. 기업들은 이미 임시직 노동 활용에 기초한 생산방식 및 경쟁력 전략을 추진하는 한편, 정규직에 비해 해고 비용이 저렴하기 때문에 임시직 사용 인센티브는 약화되지 않고 있다.[7]

노동자 고용 보호 및 비정규직 사용 규제는 법제도뿐만 아니라 단체협약과 생산 현장에서 노동조합의 역할에 의해 추가로 규제될 수 있는데, 노조 조직률은 2012년 현재 17.5%에 불과하지만 단체협약 적용률은 72%에 달한다.[8] 스페인은 정규직과 비정규직이 단일 노조로 통합되어 있으며, 동일한 단체협약의 적용을 받음으로써 동등 처우가 보장되고 있지만, 노동자 고용 보호 장치로서 단체협약의 역할은 2010년과 2012년 노동법 개정에 따른 단체교섭 체계의 탈중앙집중화 조치로 큰 타격을 입었다.[9] 기업 단위의 단체협약은 초기업 단위의 단체협약에 대해 우선권을 갖게 되었고, 기업들은 경제적 여건이 나빠지면 임금·노동시간 및 작업 조직과 관련된 초기업 단위 단체협약 규정들의 적용을 면제받을 수 있었

7_Pérez(2003, 119-120), Malo 면담(2011, 2015)을 참조했음.

8_노동조합 조직률은 OECD(www.oecd-ilibrary.org/), 단체협약 적용률은 EIRO(www.eurofound.europa.eu/)를 참조했음.

9_단체 교섭 체계 변화 및 단체협약의 효용성에 대해서는 Sanz(2013a, 12-13), Clauwaert & Schömann(2013, 5-8), López(2011)를 참조할 것.

으며, 단체협약 유효기간이 만료되면 자동 연장되는 제도를 폐지하고 유효기간 연장을 1년으로 한정했다. 기업별 협약이 전체 단체협약의 75%를 점하지만 적용 대상 노동자들은 10%에 미달해 초기업 단위 단체협약의 효용성이 아직 남아 있음에도 불구하고, 단체교섭 체계가 탈중앙집중화되면서 단체협약의 구속력이 약화됨에 따라 노동자 고용 보호는 단체협약보다 법제도에 더 의존하게 되었다.

2008년 하반기 경제 위기가 발발하자 대규모 인력이 감축되어, 감축된 인력이 2007년과 2011년 사이 전체 피고용자의 10%에 달했다. 임시직 비율은 30.9%에서 26.0%로 하락해 인력 감축이 주로 비정규직을 해고하는 형태로 진행되었음을 알 수 있다. 아라곤Aragón 주의 사례를 보면 해고자들 가운데 85~90%는 비정규직이었으며, 이들도 대부분 불법적 해고가 아니라 계약 기간 만료에 따른 합법적 해고였다고 한다. 정규직 해고는 무노조 사업장의 경우 불법적 해고 방식으로 추진되기도 했지만, 노동조합이 있고 조직력이 강한 대규모 사업장들일수록 합법적 절차에 의거해 해고가 실행되었으며, 집합적 해고는 주로 ERE 절차에 따라 노사 협의를 거쳐 정부 당국의 승인을 받아서 진행되었다. 오펠Opel의 경우 협력 업체들에서는 정리 해고가 있었지만, 오펠 사라고사Zaragoza 공장에서는 노사 합의로 정리 해고 없이 구제 계약contrato de relevo을 실시했다. 이는 65세 정년제에서 60세에 조기 퇴직하면 5년 계약 기간 동안 기존 수준의 임금을 받는데, 85%는 정부가 부담하고, 15%는 기업이 부담하되 중도에 해고할 수 없도록 하는 제도이다.[10]

10_경제 위기하 인력 조정 방식에 대해서는 INE-EPA(www.ine.es/prensa/epa_tabla.htm), Arcéiz 면담(2011), Bona 면담(2011), Viñas 면담(2011)을 참조했음.

(3) 노사정 전략과 노정 충돌

자본은 일관되게 노동시장 유연화를 요구했고, 그 핵심은 정규직 해고 비용의 감축과 비정규직 사용 규제의 완화였다. 비정규직의 사용을 통한 노동력 활용 유연성은 경제 위기 때 비정규직이 대량 해고된 것으로 확인되었는데, 대기업들이 비정규직을 사용할 인센티브가 중소기업들과는 달리 노동 비용 절감보다 인력 조정의 용이함에 있다는 점에서, 경제 위기 시 비정규직 해고가 전 방위적으로 진행되었음을 알 수 있다. 정규직의 인력을 감축하는 데 있어, 자본은 집단 해고보다 개별 해고를 선호하는데, 전체 해고자들 가운데 집합적 해고의 비중이 1993년 27%에서 꾸준히 하락해 2000년대 중반에는 5~7% 수준이 되었다는 점에서 자본의 개별 해고 선호 추세가 점점 더 강화되었음을 확인할 수 있다. 자본이 개별 해고를 선호한 것은, 집합적 해고의 경우 ERE의 정부 당국 승인과 이를 위한 노사 합의가 필요했기 때문인데, 2012년 법 개정으로 정규직의 집합적 해고도 훨씬 수월해졌다. 이제 정규직도 무노조 사업장들은 물론 노조가 강력한 사업장들에서도 개별 해고뿐만 아니라 집합적 해고도 용이해진 것이다. 이렇게 노동시장 유연화에 대한 자본의 요구가 정규직 고용 보호를 완화하는 방식으로 실현됨으로써, 자본은 임시직 사용을 통한 노동력 활용 유연성에 더해 정규직 해고의 용이성까지 확보할 수 있게 되었다.[11]

노동은 노동시장 유연화 조치에 대한 대안을 제시하고, 노동시장 정책의 변화로 고용을 창출할 수 있다는 정부와 자본 측 공급 중심 시각의 오류를 지적하며, 기술혁신과 숙련 형성을 바탕으로 한 생산 모델과 경제

11_Malo & González(2010, 22-25), Arcéiz 면담(2011), Prieto 면담(2011), Alos 면담(2011)을 참조했음.

성장 전략으로 전환해야 한다고 주장한다.[12] 이런 수요 중심 시각에 입각해 노동은 노동시장 분절 문제를 해결하기 위해 외적 유연성 대신 내적 유연성을 적극 활용하고 비정규직 사용 규제를 강화할 것을 촉구한다. 따라서 양대 노총은 1994년 이래 정부와 자본에 의해 추진된 개별적·집합적 해고의 요건 완화와 해고 수당 감액을 통한 고용 보호 체계 약화 시도들은 물론, 단체교섭 제도의 탈중앙집중화 시도들도 반대해 왔다.

이처럼 정부와 자본의 공급 중심 시각과 노동의 수요 중심 시각이 대립하고 있었기 때문에, 경제 위기 이후 노동시장 개혁을 둘러싼 노사정 합의 시도들은 실패하게 되었다. 결국 정부는 공급 중심 시각에 입각해 2010년 9월과 2012년 2월, 노동의 반대에도 불구하고 일방적으로 노동시장 유연화 조치들을 단행했고, 자본은 환영한 반면 양대 노총은 연대해 총파업을 벌였다.

2) 적극적 노동시장 정책

스페인에서 적극적 노동시장 정책에 대한 재정지출은 절대 규모에서 OECD 평균을 상회하지만, 실업률과 정책 참여율을 고려하면 OECD 평균 수준에 크게 미달하는 것으로 확인되었다(〈표 6.3〉).

(1) 스페인 적극적 노동시장 정책의 특성

적극적 노동시장 정책은 스페인에서 전통적으로 간과된 정책 영역이었으

12_노동의 입장과 저항에 대해서는 CCOO-UGT(2010b, 1-6), Lima et al(2011, 13), López(2011), Aragon 면담(2011), González 면담(2013)을 참조했음.

표 6.7 | 적극적-소극적 노동시장 정책 재정지출

단위: GDP 대비 %

	10: 행정	20: 훈련	30: 직무 순환, 일자리 나누기	40: 고용 인센티 브	50: 고용 지원지 활	60: 고용 창출	70: 창업 인센티 브	80: 실업 소득 지원	90: 조기 퇴직 지원	100: 합계	100: 합계	
											110: ALMP (10-70)	120: PLMP (80-90)
2004	0.12	0.15	0.01	0.29	0.03	0.11	0.04	1.46	0.04	2.25	0.75	1.5
2005	0.13	0.17	0.01	0.29	0.02	0.09	0.06	1.42	0.04	2.24	0.77	1.46
2006	0.13	0.16	0.01	0.32	0.02	0.08	0.08	1.39	0.05	2.23	0.79	1.44
2007	0.13	0.15	0.01	0.27	0.06	0.08	0.09	1.4	0.06	2.25	0.79	1.46
2008	0.13	0.17	0.01	0.23	0.07	0.09	0.11	1.82	0.07	2.7	0.81	1.89
2009	0.17	0.19	0.01	0.22	0.07	0.1	0.1	2.94	0.06	3.86	0.86	2.99
2010	0.17	0.2	0.01	0.26	0.08	0.1	0.12	3.11	0.04	4.08	0.94	3.15
2011	0.15	0.2	0.01	0.25	0.08	0.08	0.11	2.79	0.04	3.71	0.88	2.83

자료: OECD(www.oecd.org/).

나, 유럽연합에 가입하고 유럽연합이 EES를 추진하면서 정책적 중요성이 강조되고 재정지출이 점차 증대되었다. 적극적 노동시장 정책에 대한 재정지출 규모는 1990년대 중반 GDP 대비 0.4%에 불과했으나 2000년에는 0.8%로 배가되었는데, 여기에는 1997년 12월 정규직 채용 촉진 정책을 추진하면서 각종 고용 지원금 제도가 도입·강화되었기 때문이다. 이후 2002년 실업 급여와 실업 부조 등 실업자 보상 제도들에 활성화 원칙을 도입해, 실업 급여 수급자들이 적극적으로 구직 활동을 전개하는 한편 적극적 노동시장 정책에 참여하도록 하면서 적극적 노동시장 정책이 정착될 수 있었다. 이 과정에서 노동시장 정책들이 발전했으며, 1998년부터 중앙정부는 적극적 노동시장 정책을 총괄하고 집행 행정 기능을 지방정부들로 이관해 수행하도록 했다.[13]

13_적극적 노동시장 정책의 형성 과정에 관해서는 Sanz(2012a, 1-2), Kluve et al(2007, 136), Mato(2011, 180-181), López et al(2012, 777)을 참조할 것.

적극적 노동시장 정책에 대한 지출을 보면, 경제 위기가 발발하기 전까지 전체 재정지출 규모가 GDP의 0.8% 수준을 유지하는 가운데,[14] 고용 중개 서비스 담당 상담사를 포함한 인건비와 교육 훈련비용이 각각 0.13%와 0.16% 수준으로 합산액이 0.29%에 불과했다(〈표 6.7〉). 반면 정규직 신규 채용 지원금 등 고용 인센티브와 직접 고용 창출 지원금을 포함한 고용 지원금 총액은 0.51%로, 적극적 노동시장 정책의 핵심을 구성했다.[15] 이는 급팽창하는 임시직 규모를 감축하고, 정규직 전환 혹은 정규직 신규 채용을 촉진하기 위한 정책 목표에 따른 것이다.

2008년 덴마크가 적극적 노동시장 정책의 재정지출 총액 가운데 인건비와 교육 훈련비에 각각 50.0%와 31.1%를 투입한 반면, 스페인은 각각 22.4%와 29.3%를 투입해 큰 차이를 보여 준다(Clasen & Clegg 2011, 353-354). 교육 훈련 프로그램들이 주로 실업자들과 청년, 장애인, 저숙련, 여성, 이주 노동자 등 노동시장 취약 계층들을 대상으로 설계·실시되고 있기 때문에, 스페인의 높은 실업률 및 적극적 노동시장 정책에 대한 높은 참여율을 고려하면, 참여자 1인당 교육 훈련 비용은 덴마크 등 여타 유럽연합 국가들에 비해 크게 뒤진다고 할 수 있다. 교육 훈련은 교육기관 훈련, 작업장 훈련과 양자를 병행하는 통합 훈련으로 대별된다. 교육기관 훈련은 2004년과 2011년 사이 줄곧 GDP 대비 0.09~0.1%의 재정지출 규

14_2004년과 2011년 사이 7년간 연평균 GDP 성장률은 1.77%로서 경제 위기를 겪었음에도 GDP 규모는 꾸준히 증대했고, 이 기간 동안 마이너스 성장을 기록한 것은 2009년 한 해에 불과하다는 점(www.oecd.org/)에서 같은 기간 동안 노동시장 정책 지출의 절대 액수 자체도 경제성장률 이상으로 증대되었음을 의미한다.

15_고용 지원금 총액은 2007~2008년 인건비와 교육 훈련비용을 제외한 여타 적극적 노동시장 정책 재정지출의 합계를 의미한다.

모를 유지하고, 통합 훈련 또한 0.05% 수준을 유지한 반면, 작업장 훈련은 0.01%에서 0.05%로 크게 증대함으로써 교육 훈련이 점차 기업·업종 특유의 숙련 형성 기회를 확대하는 방향으로 변화했다.

한편, 경제 위기 전인 2006년 현재 고용청SEPE[16] 소속 고용 상담원 1명이 담당하는 구직자 숫자는 230명으로 유럽연합 최고 수준인데, 적극적 노동시장 정책을 집행하는 기능을 지방정부로 이관함에 따라 지방자치 정부에 따라 큰 편차가 나타났고, 고용 서비스 접근성이 뒤쳐진 지방정부의 경우 문제가 심각할 정도이다.[17] 노동조합들이 이런 문제점을 꾸준히 지적하며 개선을 요구한 결과, 2008년 사회당 정부가 1천5백 명의 고용 상담원을 추가로 채용하는 등 공적 고용 서비스 기구의 인적 자원을 확충하기 위해 노력했음에도 불구하고 고용 상담원을 포함한 인건비는 여전히 GDP 대비 0.15~0.17% 수준에 머물고 있다.

교육 훈련 및 고용 중개 서비스 제공이 적극적 노동시장 정책의 핵심이라는 점을 고려하면, 스페인의 적극적 노동시장 정책은 고용률 혹은 정규직 고용률의 증대라는 단기적 정책 목표에 맞추어 설계되었을 뿐 적극적 노동시장 정책의 핵심적인 정책 목표에서는 벗어나 있음을 확인할 수 있다.

16_고용청(SEPE)은 노동사회보장부(Ministerio de Empleo y Seguridad Social) 산하 기구로서 2003년부터 INEM(Instituto Nacional de Empleo, 구고용청)을 대체하여 구직자와 구인 기업을 위한 자기 개발과 직업훈련 및 일자리 중개 및 고용 증진 프로그램들을 제공하고, 실업자들을 위한 소득 보장 제도를 운영하며, 노동시장 현황 및 개선 방안에 대한 조사 연구를 수행한다(www.sepe.es/).

17_Suárez(2012, 823-4, 846), OECD(2011, 2-3), Arranz et al(2013, 328-9), Kluve (2007, 136-8)을 참조할 것.

(2) 적극적 노동시장 정책의 효과와 사회적 합의

적극적 노동시장 정책의 프로그램별 효과를 비교 연구한 결과를 보면, 정규직 채용 지원 인센티브 제도가 실업자의 정규직 전환 및 임시직의 정규직 전환에 가장 큰 효과가 있었던 것으로 나타났다. 한편, 적극적 노동시장 정책의 핵심이라 할 수 있는 직업훈련의 정책 효과는 정규직 채용 지원 인센티브 다음으로 효과가 큰 것으로 나타났지만 유의미한 수준에는 미치지 못했다. 반면, 교육 훈련의 정책 효과에 대한 개별 연구들은 교육 훈련이 실업자의 취업 가능성을 증가시키며, 일반 지식 교육 훈련을 제외한 모든 교육 훈련 정책들이 유의미한 효과가 있었다. 작업장 중심 교육 훈련의 비중이 커지면서 재정 지원을 받는 기업의 교육 훈련 프로그램들이 더욱 중요해졌는데, 기업들은 주로 정규직 가운데 중급·고급 인력을 대상으로 교육 훈련 프로그램을 가동하는 반면, 저숙련·비정규직 노동자들에 대한 교육 훈련을 경시함으로써 노동시장 분절화 문제를 더욱 악화시키는 것으로 지적된다.[18]

적극적 노동시장 정책의 교육 훈련과 고용 중개 서비스 등 개별 정책 프로그램들이 기술 기능과 일자리의 매칭, 노동생산성, 부문 간 고용 배분 등의 측면에서 긍정적인 효과를 유발하는 것은 분명하다. 그럼에도 노동시장 지표들에 대한 정책 효과가 과소평가되는 것은 고정하중deadweight 효과와 대체substitution 효과 때문으로 해석된다. 고정하중 효과란 적극적 노동시장 정책 프로그램이 없었어도 발생했을 고용 증대 현상에 정책 자원을 투입했음을 의미하며, 대체 효과란 특정 범주의 노동자들을 위해 일

18_정책 효과에 대해서는 Arranz et al(13, 337-343), Kluve(2007, 138-139), Viñas 면담 (2011), Sanz 면담(2013)을 참조했음.

자리가 창출된 것이, 다른 범주의 노동자들을 위해 일자리가 창출되지 못하게 하는 것을 의미한다. 무엇보다 스페인의 높은 실업률은 실업자들이 적절한 교육 훈련과 고용 중개 서비스를 받아도 취업할 수 있는 기회를 제약해 적극적 노동시장 정책이 긍정적인 효과를 발휘하기 어렵게 한다. 이런 문제는 경제 위기로 더욱 악화되었다고 할 수 있다. 적극적 노동시장 정책의 효과가 어느 정도인가에 대해서는 논란이 있지만, 전반적으로 긍정적인 효과가 있다는 점에는 이견이 없다.

경제 위기 이후 사회당 정부는 공공 적자 감축과 노동시장 개혁을 추진하는 과정에서 노사정 합의를 도출하지 못했고, 양대 노총은 정부의 일방적 조치에 반대하며 2010년 9월 총파업을 벌이는 등 노정 갈등이 악화되었다. 그런 가운데 노사정 대표들은 2011년 2월 2일 경제성장, 고용과 연금 보장을 위한 사회경제 협약을 체결해, 같은 달 18일 법제화하는 성과를 거두었다.[19] 사회경제 협약은 세 부분으로 구성되었다. 퇴직 연령 연장과 연금 산정 방식 등 연금제도 개혁 관련 협약, 제조업 비중 증대 및 혁신과 지식에 기초한 경제성장 모델 촉진 등 경제성장 관련 협약, 그리고 적극적 노동시장 정책 관련 협약이 그것이다.

적극적 노동시장 정책 관련 협약의 핵심 내용을 정리하면 다음과 같다. 첫째, 2011년 2월 16일 현재 실업 급여 지급이 중단된 실업자들을 위해 직업 재훈련 프로그램을 가동해 최대 6개월간 월 4백 유로에 해당하는 공적 소득 기준액IPREM[20]의 75%를 수당으로 지급하되, 수급자들은 적극적

19_적극적 노동시장 정책 관련 사회적 협약과 노동시장 개혁 조치들에 대해서는 Sanz (2010; 2011; 2012a, 3-4), Clauwaert & Schömann(2013, 5-8), Wölfl & Mora(2011, 13-15)을 참조할 것.

노동시장 정책에 참여하도록 했다. 둘째, 고용청은 30세 이하 청년, 45세 이상의 장기 실업자, 건설 부문 노동자들의 취업 가능성을 높이기 위해 개인별 교육 훈련 계획표를 설계함으로써 프로그램 참여자들이 이를 준수하도록 했다. 셋째, 고용청은 취업자들에게 제공되는 교육 훈련 프로그램들에 실업자들이 20~40% 수준으로 참여하도록 했다.

이처럼 노정이 갈등하는 상황에서도 노사정 행위 주체들이 사회적 협약을 체결할 수 있었던 것은, 적극적 노동시장 정책의 중요성에 대한 인식이 폭넓게 공유되고 있음을 의미한다. 양대 노총의 총파업을 불러온 2010년 9월 노동시장 개혁 조치도 적극적 노동시장 정책 내용을 포함해 2012년부터 발효하도록 한 바 있다. 그것은 유럽연합이 유연안정성 모델을 수립하면서 모범적 정책 대안으로 예시했던 오스트리아 기금제를 벤치마킹한 노동자 개인별 기금제Fondo de Capitalización a la Austriaca인데, 고용주가 해고 시점에 해고 수당을 지불하는 대신 노동자 개인별 기금 계정으로 매년 일정 일수의 임금분을 정기적으로 적립해, 해당 노동자들이 교육 훈련, 타 지역 전환 배치, 퇴직·해고 시에 활용할 수 있도록 하는 한편, 노동자가 직장을 옮겨 고용주가 바뀌더라도 계정의 기금은 노동자를 따라 이동하도록 했다. 뿐만 아니라, 양대 노총의 총파업을 야기했던 2012년 2월 국민당 정부의 노동시장 개혁 조치도 1년 이상 근속한 피고용자들 모두

20_IPREM은 2004년부터 실업보험 급여와 실업 부조를 포함한 각종 사회보장 지원금 액수의 산정 기준으로 채택되어 법정 최저임금 대신 사용되기 시작했다. IPREM은 정부가 예산법에 의거하여 매년 발표하는데, 2004년 도입 당시 법정 최저임금과 같은 액수인 월 460.5유로로 책정되었으나, 이후 법정 최저임금에 비해 상승률이 낮아서 2015년 현재 법정 최저임금이 월 648.6유로인 반면 IPREM은 532.51유로로 크게 뒤지고 있다 (www.iprem.com.es/).

표 6.8 | 스페인의 적극적 노동시장 정책 부문별 재정지출 비중의 변화

구분		1990	2000	2008
구성 (%)	행정 서비스	20.7	11.1	22.4
	교육 훈련	39.7	26.4	29.3
	고용 인센티브	20.7	44.4	32.8
	직접 고용 창출	19.0	18.1	15.5
	합계	100.0	100.0	100.0
GDP 대비 비중(%)		0.8	0.8	0.7
집권 정당		사회당 (1982~96)	국민당 (1996~2004)	사회당 (2004~2011)

자료: Clasen & Clegg(2011, 353-354).

직무 관련 교육 훈련을 위해 매년 20시간의 유급휴가를 받도록 했다.

(3) 국민당 정부의 긴축정책과 노정 충돌

적극적 노동시장 정책은 황금 삼각형의 다른 두 정책 요소들에 비해 상대적으로 정당 간, 노정 간 입장 차이가 작음에도 불구하고 집권 정당에 따라 정책적 입장에서 차이가 있다(〈표 6.8〉). 사회당 정부는 고용 서비스와 교육 훈련을 중시하는 반면, 국민당 정부는 상대적으로 고용 지원 정책을 중시한다. 적극적 노동시장 정책의 목표와 수단의 평가에 대해서는 이견을 보이지만, 정권이 바뀌어도 재정지출 규모가 일정하게 유지되는 것은 적극적 노동시장 정책의 중요성에 대한 인식이 공유되고 있음을 보여 준다.

경제 위기로 실업률이 상승해 실업자 소득 지원을 위한 소극적 노동시장 정책의 재정지출이 급격하게 증가하면서, 정부는 재정 적자 감축 압박을 받게 되었으며 적극적 노동시장 정책의 재정지출을 늘리기 어려웠다. 그럼에도 사회당 정부는 상담원을 늘려 행정 서비스 지출과 더불어 생산 현장 직무 훈련을 중심으로 교육 훈련 지출을 증대하는 등 소폭이나마 재정지출을 증액했다. 하지만 2011년 12월 출범한 국민당 정부는 긴축재

정 정책과 함께 적극적 노동시장 정책 재정지출을 크게 삭감했다.[21]

국민당 정부가 통과시킨 2013년 예산안은 유럽연합과 합의한 재정 적자 감축 목표를 충족시키기 위한 강도 높은 긴축예산이었다. 주로 보건·복지·노동 등 사회 예산이 큰 타격을 입었는데, 적극적 노동시장 정책의 예산액은 34%나 삭감되었다. 이런 선택은 주로 두 가지로 설명된다. 첫째는 국민당 정부의 전반적인 긴축정책 원칙이 적극적 노동시장 정책에도 반영되었다는 것이고, 둘째는 경제 위기하 재정 적자 감축 압박이라는 동일한 여건 속에서도 사회당 정부가 적극적 노동시장 정책에 대한 재정지출을 소폭이나마 증액했던 것과 견주어 보면, 적극적 노동시장 정책에 대한 국민당 정부의 지지가 상대적으로 취약한 때문이라는 것이다.

양대 노총은 숙련 형성을 위한 교육 훈련 제도를 강화하고, 공적 고용 기구 서비스 제공 인력을 확충하는 등 적극적 노동시장 정책에 대한 재정지출의 확대를 꾸준히 요구해 왔다는 점에서, 예산의 대폭 삭감을 포함해 보건 의료 및 교육·훈련 서비스를 위한 재정지출의 대폭 삭감 계획을 강력하게 규탄했다. 국민당 정부가 의회 과반수 의석에 힘입어 타협의 여지를 보이지 않으며 긴축예산을 통과시키려 하자, 양대 노총은 2013년 예산안에 반영된 긴축정책에 반대하며 2012년 11월 총파업을 전개했는데, 쟁점은 적극적 노동시장 정책을 포함한, 사회정책 전반에 대한 재정지출 축소였다.

21_국민당 정부의 노동시장 정책과 노동계의 입장에 대해서는 CCOO-UGT(2010b, 4-6), Lima et al(2011, 12-13), Sanz(2011; 2013b), Aragon 면담(2013), Malo 면담(2013), Martin 면담(2013)을 참조할 것.

3) 실업자 소득 보장 체계

실업자 소득 보장 체계는 실업보험 제도와 실업 부조 제도로 구성되는데, 경제 위기가 발발하자 2008년부터 재정지출이 급증하면서 노동시장 정책에 대한 재정지출도 증대했다(〈표 6.7〉). 고용청이 노동시장 정책을 관장하는 가운데, 적극적 노동시장 정책은 지방정부들이 주로 집행하는 반면, 실업자 소득 보장 체계는 중앙정부가 집행한다.[22]

(1) 실업보험 제도

실업보험 제도는 GDP의 1.0~1.1% 수준의 재정지출을 유지하다가 경제 위기가 발발하면서 크게 증가해 2009~10년은 GDP의 2%를 넘어서기도 했는데, 줄곧 소극적 노동시장 정책에 대한 재정지출의 70% 안팎을 점하며 실업자 소득 보장 체계의 핵심 역할을 수행하고 있다(〈표 6.9〉).

실업보험 제도의 정책 기조는 균형재정과 활성화 정책으로, 각각 1992년과 2002년에 확고하게 자리 잡았다.[23] 1992년 사회당 정부는 심각한 재정 불균형을 해소하기 위해 양대 노총의 총파업에도 불구하고 실업 급여의 수급 요건을 강화하고 소득 대체율을 인하했다. 2002년 5월 국민당 정부는 실업 급여 수급자들에게 제안된 일자리를 강제하고 수급 대상 축소를 시도했으나, 양대 노총의 강력한 총파업으로 노동부장관이 사임하고 실업보험제 개혁 시도는 후퇴했다. 결국 같은 해 12월 적극적 구직 활동을 의무화하는 활성화 정책을 수립하는 것으로 마무리되었고, 이듬

22_Mato(2011, 181), Sanz(2012a,1)를 참조할 것.

23_Vincent(2010, 191-197), Sanz(2012a, 1-2), Mato(2011, 185-186)을 참조할 것.

단위: GDP 대비 %

	2004	2005	2006	2007	2008	2009	2010	2011
실업자 소득 지원	1.46	1.42	1.39	1.4	1.82	2.94	3.11	2.84
전액 실업 보상	1.43	1.39	1.36	1.37	1.78	2.83	2.97	2.68
실업보험 급여	1.07	1.04	1.02	1.03	1.41	2.27	2.13	1.84
실업 부조	0.36	0.35	0.34	0.33	0.37	0.55	0.85	0.85
부분 실업 보상	0	0	0	0	0.01	0.05	0.04	0.04
파산 보상	0.03	0.02	0.03	0.03	0.03	0.06	0.1	0.12
조기 퇴직 지원	0.04	0.04	0.05	0.06	0.07	0.06	0.04	0.04
합계	1.50	1.46	1.44	1.46	1.89	3.00	3.16	2.88
실업보험 급여 비중(%)	71.3	71.2	70.8	70.5	74.6	75.7	67.4	63.9
실업 부조 비중(%)	24.0	24.0	23.6	22.6	19.6	18.3	26.9	29.5
소극적/적극적 노동시장 정책	2	1.90	1.82	1.85	2.33	3.49	3.36	3.24

주: 2012년 국민당 정부 출범 이후부터는 구체적 예산 항목 지출 내역은 공개되지 않고 있음.
자료: OECD(www.oecd.org/).

해에는 제안된 적절한 일자리를 규정하는 직업적 기준, 지리적 기준과 고용계약 기준 등 세 가지 기준을 수립했다.[24]

실업 급여의 수급 요건은 비자발적 실업자로서 직전 6년 기간 동안 360일 이상 사회보장 기여금을 납입했으면 충족된다.[25] 실업 급여의 소득 대체율은 최초 180일 동안은 70%이며 이후는 60%로 감액되었는데, 실업 급여 최저치는 부양 자녀가 없는 경우 IPREM의 75%이지만 부양 자녀가 있으면 IPREM의 100%이고, 실업 급여 최고치는 부양 자녀가 없으면 IPREM의 170%, 한 명이면 195%, 두 명 이상이면 220%로 증액된다. 실

24_실업보험제는 피고용자를 위해 설계되어 자영업자를 배제해 왔으나, 사민당 정부는 2010년 자영업자를 위한 실업보험제를 도입하여 실업 직전 12개월 동안 연속하여 기여금을 납입했으면 실업 급여를 받을 수 있도록 했다(Mato 2011, 169-170; Sanz 2012a, 2-3).

25_실업 급여의 수급 제도에 대해서는 Mato(2011, 169-170), Vincent(2010, 192-194, 203), Sanz(2012a, 1-2, 4-5)을 참조할 것.

업 급여의 수급 기간은 최단 120일과 최장 720일 사이에서 기여금 납입 기간의 3분의 1로 결정된다. 기여금 액수는 법으로 규정되어 있는데, 2011년 현재 정규직의 경우 고용주 5.5%, 피고용자 1.55%이며, 기간제 전일제의 경우 고용주 6.7%, 피고용자 1.6%이고, 기간제 시간제의 경우 고용주 7.7%, 피고용자 1.6%이다. 이처럼 피고용자 부담금은 정규직-비정규직의 차이가 크지 않지만, 고용주 부담금은 정규직보다 비정규직의 경우 월등히 높게 책정되었는데 이는 징벌적 성격을 포함하고 있음을 알 수 있다.

실업 급여 수급자들은 고용청에 등록하고 활성화 협약에 서약해야 하며, 적극적 노동시장 정책 프로그램에 참여하고, 적절한 일자리가 제시되면 수락한다는 협약 내용을 준수해야 한다. 적절한 일자리는 과거의 직업 혹은 희망 직업과 유사하고, 통근 거리가 30킬로미터 이내로서 통근 시간은 노동시간의 25% 이내이고 통근 비용이 임금의 20% 이하를 의미한다. 이런 의무 사항들을 위반하면 빈도에 따라 실업 급여 수급권 제약을 강화하는데, 고용청 사무소 방문 누락 등 경미한 위반 행위의 경우 4회 위반하면 수급 자격이 종료되고, 적절한 일자리 제안을 거절하거나 적극적 노동시장 정책 참여를 거부하는 등 중대 위반 행위의 경우 3회 위반하면 수급 자격이 종료된다.

(2) 실업 부조 제도

실업 부조 제도는 실업보험 급여의 수급 자격이 없는 실업자들의 기초 생활을 보장하기 위해 수립된 제도로서 자산 조사를 거쳐야 하는데, 2002년 국민당 정부는 실업보험제와 같이 활성화 정책을 도입해 적극적 노동시장 정책에 대한 참여를 실업 부조 수급 자격 조건에 추가했다. 2006년 사회당 정부는 실업보험 기여금 납입 실적과 연계되었던 수급 자격을, 노사정 대표들의 합의를 통해 실업보험 기여금 납입 실적이 없는 실업자들도 일정 조건을 갖추면 실업 부조를 받을 수 있도록 수급 대상자의 범위를 확대했다.[26]

실업 부조 수급 대상자는 월수입이 최저임금의 75%에 미달하는 실업자들 가운데 실업 급여 수급이 중단된, 가족 부양 의무를 지닌 실업자, 실업 급여 수급이 중단된 45세 이상 실업자, 국외로 이주했다가 귀국한, 실업 급여 수급 자격이 없는 실업자 등이다. 활성화 정책의 도입으로, 실업 부조 수급자는 실업 급여 수급자와 마찬가지로 고용청에 등록하고 활성화 협약에 서명해야 하며, 지속적인 구직 활동 및 적극적 노동시장 정책 프로그램에 참여하는 등 협약 내용을 준수해야 한다. 실업 부조 액수는 IPREM의 80%를 기본으로 하되, 수급자가 고령이고 부양가족의 숫자가 많을수록 증액되어 최대 IPREM의 150%까지 받을 수 있다. 수급 기간은 6개월을 기본으로 하되, 수급자 연령, 가족 구성 등에 따라 최대 30개월까지 연장될 수 있다.

한편, 경제 위기 발발 이후 사회당 정부는 실업 급여나 실업 부조 혜택을 받지 못하는 사각지대를 해소하기 위해 2009년 1년 단위 한시적 제도인 '실업자 보호 및 노동시장 편입을 위한 임시 조치'PRODI를 도입해 매년 갱신했는데, PRODI는 국민당 정부하에서도 계속되어 2015년 현재까지 이어지고 있다. PRODI의 실업 부조 액수는 IPREM의 75%로서 6개월간 지급하되 연장할 수 없게 했으며, 수급 대상자가 특정되었는데, 예컨대 2011년 초에 실시된 1년 단위 PRODI의 경우 수급 대상자를 2011년 2월

26_실업 부조 제도의 내용과 변천에 대해서는 Sanz(2012a, 3-8), Sanz 면담(2013), Mato (2011, 171-2, 185-6), Vincent(2010, 192-4), Kluve et al(2007, 135-6)을 참조할 것.

16일 이후 실업 급여가 중단된 실업자로 한정했다.

(3) 경제 위기하 제도 보강과 암묵적 동의

실업자 소득 보장 체계는 보편적 실업 부조 제도와 기여금 연계 실업보험 제로 구성되어 있는데, 정책 기조를 이루는 균형재정과 활성화 정책 원칙은 경제 위기 발발 후에도 지속되었다. 경제 위기로 재정 적자가 확대되는 가운데 유럽연합의 재정 적자 축소 압박을 받으며 강도 높은 긴축재정 정책을 통해 균형재정을 달성하고자 했다는 점에서 사회당 정부와 국민당 정부 사이에 정책 방향의 유의미한 차이는 없었다.

경제 위기하 긴축정책은 사회정책 전반에 걸쳐 재정지출을 억제하는 방식으로 추진되었고, 양대 노총은 연대해 2010년 9월, 2012년 3월과 11월 세 차례에 걸쳐 총파업을 전개했다. 처음 두 차례 총파업에서는 긴축정책 외에도 단체교섭 탈중앙집중화와 고용 유연화가 쟁점이 되었으나, 2012년 11월 총파업은 긴축정책이 핵심 쟁점이었다는 사실은 긴축재정 정책이 상대적으로 국민당 정부하에서 더 강도 높게 진행되었음을 반증한다(〈표 6.1〉).

한편, 경제 위기 전 1992년, 1994년, 2002년 등 세 차례의 총파업이 실업자 소득 보장 체계의 개악에 반대한 것이라면, 경제 위기 발발 이후에는 실업자 소득 보장 체계 재편을 둘러싼 총파업과 같은 첨예한 노정 충돌은 없었다. 이는 경제 위기 시기 사회당 정부는 물론 국민당 정부하에서도 실업자 소득 보장 체계를 크게 개악하지 않았음을 의미한다. 실제로, 사회당 정부는 2009년 실업자 소득 보장 체계의 사각지대를 해소하기 위해 실업 부조제의 적용 대상을 확대해 수급 혜택을 부여하는 임시 조치 PRODI를 도입했으며, 매년 갱신했다. 2011년 말 집권한 국민당 정부도 2012년 초부터 매년 갱신하여 2015년 현재까지 시행하고 있다. 실업자

표 6.10 | IPREM과 법정 최저임금의 변화 추이(2004~2015년)

연도	IPREM (유로)	법정 최저임금 (유로)	IPREM/최저임금 (%)
2004	460.50	460.50	100
2005	469.80	513.00	91.58
2006	479.10	540.90	88.57
2007	499.20	570.60	87.49
2008	516.90	600.00	86.15
2009	527.24	624.00	84.49
2010	532.51	633.30	84.08
2011	532.51	641.40	83.02
2012	532.51	641.40	83.02
2013	532.51	645.30	82.52
2014	532.51	645.30	82.52
2015	532.51	648.60	82.10
〈변화율〉(%)			
2004~2015	15.64	40.85	
2004~2007	8.40	23.91	
2007~2011	6.67	12.41	
2011~2015	0.00	1.12	

자료: IPREM(www.iprem.com.es/), Salario Minimo Interprofesional(www.salariominimo.es/).

소득 보장 체계를 강화하는 이 같은 조치에 대해 노동은 물론 자본도 반대
하지 않았다.

경제 위기 발발 이후 실업자가 증가해 실업자 소득 보장제 재정지출
규모가 크게 증가했는데, 특히 실업 부조제 지출 규모의 증대가 두드러졌
다. 실업보험 급여의 지출이 증가한 것은 정리 해고와 경제적 사유에 따른
개별 해고 등 실업 급여 수급 자격자들의 비자발적 실업이 늘어난 탓이고,
실업 부조 지출 증대는 실업률 상승뿐만 아니라 PRODI 같은 의도적인
실업 부조 수급 대상 확대 정책의 결과를 반영한다.

한편, 실업 급여와 실업 부조 액수를 산출하는 기준이 2004년부터 법
정 최저임금에서 IPREM으로 바뀌었는데, 도입 원년인 2004년은 IPREM
이 법정 최저임금과 같은 액수인 월 460.5유로에 책정되었다. 하지만
2015년 현재 IPREM은 월 532.51유로로, 최저임금 648.6유로의 82.1%에
불과한데, 이는 2004년과 2015년 사이 최저임금이 40.85% 상승한 반면,

IPREM 인상은 15.64%에 그쳤기 때문이다(〈표 6.10〉).

정부는 IPREM의 상승률을 억제함으로써 실업 급여와 실업 부조의 재정지출을 감축했는데, 그것은 균형재정 실현을 위한 재정 긴축 정책을 의미한다. IPREM 상승률이 2004년부터 2007년까지 3년 동안 8.40%로, 이후 2007년부터 2015년까지 8년 동안 6.67%보다 높다는 것은, 재정 긴축 정책이 경제 위기 때 강도 높게 진행되었음을 의미한다. 경제 위기하에서도 사회당 정부는 2007~2011년의 4년 동안 IPREM을 6.67% 인상한 반면, 국민당 정부는 2011~2015년의 4년 동안 IPREM을 동결했다. 이처럼 사회당 정부 시기 법정 최저임금과 IPREM이 훨씬 더 큰 폭으로 상승한 것은, 전반적 균형재정 기조 속에서도 노동시장 정책에 있어 사회당 정부와 국민당 정부 사이에 유의미한 차이가 있었으며, 긴축정책은 사회당 정부보다 국민당 정부하에서 더욱 강도 높게 실천되었음을 의미한다. 결국, 스페인 정부는 경제 위기하에서 실업자 소득 보장제의 수혜 대상을 확대하면서 소득 대체율을 낮추는 한편, 균형재정과 실업자 소득 보장 사이의 딜레마를 극복하는 데 있어, 사회당 정부는 실업자 소득 보장에, 국민당 정부는 균형재정을 상대적으로 더 중시했음을 확인할 수 있다.

4. 맺음말

행위 주체들의 입장 대립 : 수요 중심 시각 vs 공급 중심 시각

노사정 행위 주체들은 스페인 노동시장이 비효율적이라는 문제의식, 유연안정성 모델에 대한 긍정적 평가를 공유함에도 불구하고 경제 위기 발

표 6.11 | 황금 삼각형 정책 요소별 행위 주체의 입장

정책 요소 \ 행위 주체	양대 노총	자본	정부	
			사회당	국민당
〈고용 보호 체계〉				
정규직 해고 규제 완화	반대	찬성	소극적	적극적
임시직 사용 규제	규제 강화	규제 완화	규제 강화	방임
단체교섭 탈중앙집중화	반대	강력 요구	소극 추진	적극 추진
단체협약 효력 자동 연장	지지	폐지 요구	지지	폐지 추진
〈적극적 노동시장 정책〉				
재정지출	대폭 증액	지출 증대 소극적 지지	증대	감축
정책 유형	고용 서비스, 직업훈련	고용 지원	고용 서비스, 직업훈련	고용 지원
〈실업자 소득 보장 체계〉				
재정지출	적극 증액	지출 증대 소극적 지지	적극 증액	소극 증액
정책 기조	소득 보장 우선	중립	소득 보장 우선	균형재정 우선

발 이후 노동시장 개혁을 둘러싸고 사회적 합의를 도출하는 데 실패했다. 스페인 노동시장의 비효율성 문제를 자본은 공급 중심 시각에서 유연성이 부족하기 때문이라고 진단해, 고용 보호 체계를 완화함으로써 노동시장을 유연화해야 한다고 요구했다. 반면, 노동은 수요 중심 시각에서 안정성의 부족 문제로 판단해, 적극적 노동시장 정책과 실업자 소득 보장 체계의 강화를 통해 안정성을 강화해야 한다고 요구했다(〈표 6.11〉).

노동시장 현황에 대한 노동과 자본의 진단은, 비-유연안정성의 특성을 지닌 스페인 노동시장에서 각각 어느 정도 경험적 근거가 있어, 개혁의 방향을 둘러싸고 노동과 자본은 타협을 이룰 수 없었다. 자본의 공급 중심 시각과 노동의 수요 중심 시각이 대립하는 가운데, 경제 위기 발발 이후 실업률이 급상승하면서 정부는 노동시장 정책의 양대 목표인 실업률 감축과 임시직 비율 감축 가운데 실업률 감축을 우선시하며 자본의 공급 중심 시각에 기초한 유연화 정책을 선택했다. 결국 양대 노총의 총파업에도 불구하고 정부는 고용 보호 체계를 완화하는 방향으로 노동시장 개혁을 일방적으로 추진했다.

고용 보호 체계의 유연화 : '비-유연안정성'에서 '안정성 없는 유연성'으로

정부의 노동시장 개혁의 핵심은 황금 삼각형 정책 요소들 가운데 고용 보호 체계 완화를 통한 노동시장의 추가적 유연화였다. 고용 보호 체계 개혁은 정리 해고 요건 완화, 정규직 해고 수당 삭감, ERE 승인제 폐지 등 주로 정규직 노동력의 해고를 쉽게 하는 방식으로 추진되었다. 한편, 비정규직의 경우 경제 위기 이전에도 이미 유럽연합 최고 수준의 임시직 비율을 유지하면서 실질적 유연성은 매우 높았다. 또한 경제 위기 발발 이후에도 기업들이 주로 임시직을 중심으로 인력을 감축해, 임시직 활용의 유연성이 제도적으로 보장되어 있을 뿐만 아니라 실제로 실천되고 있어 추가적 유연화가 불필요하다는 사실을 확인해 주었다.

이처럼 노동력 활용의 유연성이 크게 증가했음에도 불구하고 안정성의 유의미한 강화는 이루어지지 않았다. 적극적 노동시장 정책과 소극적 노동시장 정책의 재정지출은 경제 위기 이전에 비해 증가했지만, 실업률의 급상승으로 인해 1인당 수혜 정도에서는 유의미하고 긍정적인 변화를 가져오지 못했다. 적극적 노동시장 정책은 스페인의 경우 저발달된 상태였을 뿐만 아니라, 경제 위기와 고실업률 시기에는 취업 기회 자체가 위축되어 정책 효과를 거두기 어려우므로 취업 보장을 통한 고용 안정성 확대를 기대할 수 없었다. 한편, 실업자 소득 보장 체계의 경우 실업 부조 제도의 적용 대상을 확대하고 재정지출을 늘린 조치를 긍정적으로 평가할 수 있다. 그러나 실업자 소득 보장 체계의 양극화 문제를 완화하는 데 어느 정도 기여했음에도, 실업률이 급상승하고 강도 높은 긴축재정 정책으로 전반적 사회정책 지출이 삭감됨에 따라 소득 안정성은 강화되지 못했다.

결국, 스페인 노동시장은 경제 위기 발발 이후 유의미하게 안정성이 강화되지 못한 채 고용 보호 체계가 유연화됨으로써, '비-유연안정성'에서 '안정성 없는 유연성'으로 변화되었다.

경제 위기 효과와 정권 효과

경제 위기 발발 이후 고용 보호 체계의 변화는 2010년 6월 사회당 정부의 노동시장 개혁, 2012년 2월 국민당 정부의 노동시장 개혁과 뒤이은 법제화를 통해 추진되었는데, 내용은 정규직 고용 보호의 완화로 대동소이하다. 또한 사회당 정부와 국민당 정부는 실업률이 급상승함에 따라 적극적 노동시장 정책과 소극적 노동시장 정책의 재정지출을 늘렸지만, 균형재정 원칙에 입각한 긴축재정 정책의 기조 안에서 벗어나지 않았으므로 그 폭은 상당히 제한되었다. 실업자 소득 보장 체계의 수급 자격에 적극적 노동시장 정책에 대한 참여를 연계하는 활성화 정책은 집권 정당과 상관없이 일관되게 추진되어 왔다. 한편, 사회당 정부가 소득 보장 체계의 양극화 문제와, 실업률이 급상승하는 가운데 실업자 소득 보장 체계의 사각지대를 해소하기 위해 실업 부조 수급 대상을 확대하는 조치들을 도입했는데, 국민당 정부도 그대로 승계했다.

이처럼 경제 위기 시기 사회당 정부와 국민당 정부는 황금 삼각형 정책 요소들에 관한 한 상당 정도 내용적 연속성을 보여 주었는데, 양대 노총이 총파업으로 저항했음에도 불구하고 고용 보호 체계의 유연화 조치를 사회적 합의 없이 일방적으로 집행했다는 점에서 추진 방식도 동일했다. 따라서 사회당 정부와 국민당 정부의 집권 기간에 있었던 황금 삼각형 정책 요소들의 변화는 정권의 성격에 따른 것이 아니라 경제 위기의 효과라고 할 수 있다.

그럼에도 사회당 정부와 국민당 정부 사이에는 어느 정도 차별성도 보인다(〈표 6.11〉). 고용 보호 체계의 유연화뿐만 아니라 간접적으로 유연화 효과를 수반하는 단체교섭 탈중앙집중화에서 국민당 정부가 좀 더 적극적이다. 적극적 노동시장 정책에 있어서는 국민당 정부가 고용 지원 인센티브를 강조하는 반면, 사회당 정부는 고용 중개 서비스와 직업훈련을 더 강조했다. 재정지출 규모에서도 사회당 정부는 국민당 정부와는 달리, 경제 위기 이전에도 재정지출 규모를 늘리는 입장을 취해 왔다. 실업자 소득 보장 체계에서는 활성화 정책과 균형재정의 기조를 유지하면서도, 소득 보장과 균형재정 사이의 딜레마 속에서 소득 보장을 강조하며, 재정지출 규모의 증액에도 좀 더 적극적이었다.

경제 위기 이전에는 사회당과 국민당이 각각 노동과 자본의 입장에 호응하며 상당한 차별성을 보였지만, 경제 위기가 시작된 이후 집권 사회당이 수요 중심 시각에서 공급 중심 시각으로 어느 정도 이동하면서 고용 보호 체계의 유연화를 추진했다. 사회당의 친노동 성격이 약화되고 친자본 성격이 강화됨에 따라 양당 간의 차이는 작아졌고, 사회당/노동 대 국민당/자본의 대립 구도는 정부/자본 대 노동의 대립 구도로 전환되었다.

노동시장 비효율성과 변화 전망

경제 위기 발발 이후 시행된 일련의 노동시장 개혁 조치들이 스페인 노동시장의 비효율성 지표들을 개선했다는 징후는 발견할 수 없다. 전체 취업자 수는 절대적 규모에서 2007년 2,058만 명에서 지속적으로 감소해 2013년 현재 1,714만 명으로 17%나 줄었다. 같은 기간 15~64세 고용률은 65.7%에서 54.7%로 하락했고, 실업률은 8.3%에서 26.2%로 세 배 이상 상승했는데, 이런 노동시장 지표들은 꾸준히 악화되는 추세를 보여 왔다(OECD, www.oecd.org).

　이런 추세는 고용 안정성 등 노동조건의 하향평준화를 수반했으며, 노동시장 분절화·양극화 현상은 유의미한 완화의 조짐을 보여 주지 못했다. 고용 보호 체계는 정규직 해고 요건을 완화하고 해고 수당을 감액하는 등 정규직의 고용 안정성을 훼손하는 방향으로 변화했지만, 임시직 등 비정규직의 고용 보호가 강화되지 않았고, 임시직은 여전히 인력 감축의 일차적 대상으로서 정규직 고용 안정성을 위한 안전판 역할을 하고 있다. 실업자 소득 보장 체계는 실업보험제와 실업 부조제의 사각지대를 해소하기 위해, 실업 부조제의 수급 대상을 확대해 소득 안정성의 양극화 현상을 완화할 수 있는 계기를 마련했지만, 이 정책은 매년 갱신되는 한시적 조치로 실시됨으로써 경제 위기 이후에도 지속될 가능성은 거의 없는 반면, 실업 부조 등 실업자 소득 보상 액수의 산정 기준이 되는 IPREM의 실질적 가치를 인하함으로써, 실업자 소득 보상 체계의 전반적 하향평준화를 가져왔다.

　고용안정성을 포함해 노동조건이 하향 평준화되면서, 경제 위기하에서 추진된 단체교섭 체계의 탈중앙집중화 조치들과 더불어 사용자들이 주도하는 노동조건의 개악과 노동력 활용의 유연화 추세를 보강하는 효과를 가져왔다. 그 결과, 초기업 단위에서의 단체협약은 대기업·노조조직·정규직의 특전적 노동시장 분절에는 여전히 적용되지만, 중소 영세기업·미조직·비정규직의 주변적 노동시장 분절은 배제되어, 특전적 노동시장 분절과 주변적 노동시장 분절 사이의 양극화가 더욱 악화될 수 있었다.

　결국 스페인 노동시장은 유연안정성 모델이 아니라 '안정성 없는 유연성'의 영미형 탈규제 유연화 모델로 수렴함으로써, 유럽연합이 추구했던, 유연안정성 모델을 통해 노동시장의 효율성을 증대하는 효과를 기대할 수 없게 되었다.[27] 스페인 노동시장이 향후 영미형의 '안정성 없는 유연성'을 벗어나 유연안정성 모델로 이행할 수 있을까?

스페인을 포함한 지중해형 국가들뿐만 아니라 프랑스·독일 등 대륙형 국가들에도 노동시장 유연화를 압박하는 신자유주의 세계화 추세가 지속되면서 스페인 노동시장의 안정성 강화를 제약할 것임은 자명하다. 그런 점에서 변화의 가능성은 국내 여건에서 찾아야 하는데, 핵심 변인은 경제 위기와 정권 교체다.

경제 위기가 극복되면 재정 적자가 완화되며 강도 높은 긴축 정책 없이도 균형재정을 이룰 수 있다는 점에서, 적극적 노동시장 정책과 실업자 소득 보장 체계의 재정지출을 증대할 여지가 커진다. 반면, 실업률이 하락하면 노동시장 정책에 대한 재정지출 규모가 축소될 수 있어 적극적 노동시장 정책과 실업자 소득 보장 체계의 큰 변화는 기대하기 어렵다. 다만, 경제가 정상화되면 고용 보호 체계의 유연화 추세가 제어되고, 직장 보장 방식의 고용 안정성이 경제 위기 이전 수준으로 복원될 개연성은 높아지나, 예산 배분 문제보다 제도 변화는 상대적으로 변화에 대한 저항이 크다는 점에서 추진 주체의 강력한 의지가 요구된다.

경제 위기하의 변화를 보면 집권 정당의 효과는 유의미하지 않고 경제 위기 효과에 압도당했다는 점에서, 정권 교체가 이루어져도 황금 삼각형 정책 요소들의 유의미한 변화를 기대하기란 쉽지 않아 보인다. 하지만 사회당이 경제 위기 발발 이전인 2006~2007년에 시행한 노동시장 개혁 조치들처럼, 비정규직 사용 규제를 강화하고 정규직 전환 지원 정책을 강

27_유연성과 안정성을 동시에 실현하기 위한 유럽연합의 전략과 제안에 대해서는 조돈문(2014a)을 참조할 것.

력하게 추진했다는 점을 고려하면, 경제 위기가 극복되고 사회당이 집권했을 때, 공급 중심 시각에서 수요 중심 시각으로 선회하고, 국민당과의 차별성을 확대하며, 사회적 협약의 정치를 복원할 개연성이 매우 크다고 할 수 있다. 그 결과, 고용 보호 체계의 유연성이 약화되고 적극적 노동시장 정책과 실업자 소득 보장 체계의 안정성이 강화될 수 있다. 또한 수요 중심의 시각과 사회적 협약의 정치 속에서 스페인의 시장경제 모델, 경제성장 및 기업 경쟁력 전략이 변하지 않는 한 노동시장의 효율성이 향상되기는 어렵다는 양대 노총의 주장이 진지한 대안으로 고려될 개연성은 더 높아질 것이다.

제3부

유럽연합의 비정규직 지침과
파견 노동자 보호

유럽연합은 유럽의 사회적 모델을 구현하기 위해 유연안정성 모델을 수립하여 회원국들에 확산하는 동시에, 비정규직 사용을 규제하며 노동을 보호하기 위해 일련의 비정규직 지침을 제정하여 개별 회원국들에 도입·집행하도록 하는 정책을 추진해 오고 있는데, 비정규직 3대 지침 가운데 가장 논란이 많고 오랜 기간을 소요한 것은 파견 노동 관련 지침이었다. 제3부는 유럽연합이 노동력 활용 유연성을 허용하되 노동을 보호하고 안정성을 담보하는 이중적 목적을 구현하기 위해 비정규직 지침을 수립하는 과정과 수립된 지침의 내용을 분석하는 한편, 개별 회원국들이 비정규직 지침을 어떻게 도입·집행하며 비정규직 사용을 규제하고 있는지를 파견 노동 지침을 중심으로 분석한다. 사례로 스웨덴과 스페인을 선택했는데, 양국은 유연안정성 모델과 관련해 대척점에 있을 뿐만 아니라 파견 노동 지침 수립 과정에서 반대와 지지, 파견 노동 지침 수립 이후 국내 법제도의 변화 정도, 파견 노동 등 비정규직 사용 규제 방식에서도 단체협약 중심성과 법규정 중심성으로 대조를 이루고 있다.

유럽연합은 단시간 노동 지침과 기간제 노동 지침을 노사 합의로 각각 1997년과 1999년에 수립할 수 있었지만, 파견 노동 지침은 노사 합의 실패와 일부 회원국들의 강력한 반대로 10년이 더 소요되었다. 유럽연합이 파견 노동자 보호의 필요성을 인식하고 공식 의제화한 이래 2008년 12월 파견 노동 지침을 공포하기까지 35년이나 걸린 것이다. 제7장은 이해관계자들이 어떤 쟁점들에서 대립하고 어떻게 합의에 도달할 수 있게 되었는지, 최종 확정된 파견 노동 지침이 유연성과 안정성의 균형을 이루었는지, 지침 수립 과정에서 이해관계 대립·갈등의 동학이 어떻게 지침 내용으로 전환되었는지를 설명한다.

　유럽연합은 정규직과 비정규직의 차별 처우 금지 원칙을 수립해 비정규직 사용을 규제하고, 비정규직 노동자를 보호하기 위해 지침들을 제정했다. 비정규직 사용의 허용 자체가 노동시장의 유연성을 의미한다는 점에서 비정규직 지침들은 안정성을 위한 최저 기준으로 수립되었다. 파견 노동 지침을 중심으로 비정규직 지침의 수립 과정과 최종 확정된 지침 내용을 분석한 결과, 세 가지로 정리될 수 있다.

　첫째, 파견 노동 지침은 유럽의 사회적 모델을 실현하기 위한 노력의 일환으로, 노동시장의 유연성-안정성 균형을 실현하기 위해 수립되었다. 이처럼 지침이 노동의 안정성 요구와 자본의 유연성 요구를 동시에 충족시키겠다는 이중의 목적을 설정함으로써 첨예한 이해관계 대립을 피할 수 없게 되었고, 결국 파견 노동 지침을 수립하는 데 35년이란 긴 시간이 소요되었다.

　둘째, 파견 노동 지침은 동등 처우 비교 대상을 동종 파견업의 파견 노동자가 아니라 사용 업체의 직접 고용 노동자로 설정하고, 적용 시점을 경과 기간 없이 파견 첫날부터 적용하도록 하는 등, 노동 측의 안정성 요구를 대폭 수용하며 동등 처우 원칙을 수립했다. 파견 노동 지침은 지침 수립에 반대한 세력들을 위해 동등 처우 원칙의 예외를 인정한 상대적 안정성 우위의 타협안으로 평가된다. 지침은 파견 노동 규제 체계를 갖추지 못한 국가들의 경우 경과 기간을 둘 수 있도록 하고, 파견 업체의 정규직으로 고용되어 비파견 대기 기간 임금도 보장받는 경우 임금을 적용 대상에서 제외할 수 있도록 하는 한편, 회원국이 노사 간 단체교섭을 통한 이탈을 허용할 수 있도록 했다.

셋째, 유럽연합이 안정성 우위의 지침을 수립할 수 있었던 것은 노사 단체들과 회원국들이 유연성 입장과 안정성 입장으로 양분된 가운데 균형추를 좌우할 수 있게 된 유럽 의회, 유럽 경제사회위원회, 파견업 노사 당사자들이 제시한 타협안들에 힘입은 바 큰데, 그 핵심 내용은 안정성을 보장하는 동등 처우 원칙의 기초 위에서 유연성을 허용하는 예외 인정을 허용하는 방식이었다. 또한 지침 수립에 반대하는 세력들도 비난 여론의 압박, 그리고 지침 수립을 저지하기 어려운 현실을 절감하는 한편, 예외 인정 조항들을 포함시킴으로써 실익도 확보했기 때문에 파견 노동 지침 수립에 동의할 수 있었던 것이다.

스웨덴은 파견 노동을 엄격하게 규제하며 파견 노동자를 보호함으로써 파견 노동의 남용 가능성을 차단하고 있는데, 이런 '관리된 유연성'의 파견 노동 규제 체계는 LO의 적극적 규제 전략에 의해 구축될 수 있었다. 제8장은 파견 노동을 중심으로 스웨덴의 간접 고용 규제 방식을 분석하며 관리된 유연성의 실체를 확인하고, 관리된 유연성의 규제 체계가 어떻게 작동하며, 왜 사회적 행위 주체들에 의해 수용되어 재생산되고 있는지를 분석한다.

스웨덴의 간접 고용 규제는 파견 노동을 중심으로 실시되고 있으며, LO가 2000년 파견업협회와 단체협약을 체결하며 파견 노동을 허용하되 적극적으로 규제하는 전략을 추진하면서 강력한 사회적 규제 체계가 구축되었다. 간접 고용 사용에 대한 사회적 규제는 법 규정보다 단체협약에 더 크게 의존하고 있다. 핵심은 파견 업체가 파견 노동자를 정규직으로 고용하는 것을 원칙으로 하고, 파견 기간 동안 사용 업체의 단체협약을 적용하며 직접 고용 노동자들과 동등하게 처우하고, 비파견 대기 기간 동안에도 일정 수준의 임금을 보장하는 것이다. 이처럼 사회적 규제가 강력하기 때문에 사용 업체는 인건비 절감의 편익을 포기하고, 주로 수량적 유연성을 확보하기 위해 제한적으로 파견 노동을 사용하게 되었다.

단체협약에 기초한 파견 노동 규제 체계는 자본과 노동의 타협으로 수립될 수 있었다. LO는 파견 노동 금지 입장을 버리고 규제를 통한 노동자 보호 전략을 선택했고, 파견 업체들은 사회적 정당성을 획득하기 위해 강도 높은 사회적 규제를 수용한 것이다. 그런 점에서 파견 노동을 포함한 간접 고용의 사회적 규제 및 그 결과물인 관리된 유연성을 계급 타협의 산물이라 할 수 있다.

파견 업체와 사용 업체의 공정한 책임 분담을 통해 파견 노동자 사용은 이해 당사자들의 이해관계에 상응할 수 있게 되었다. 파견 업체는 파견 노동자의 고용을 보장함으로써 사회적 정당성을 획득하고, 사용 업체는 적절한 수준의 임금을 지급하면서 수량적 유연성을 확보한다. 한편 사용 업체의 정규직 노동자들은 임금 등 노동조건이 악화될 위험 없이 파견 노동을 고용 안정의 완충재로 활용하고, 파견 노동자는 고용 안정성과 소득 안정성을 보장받는다. 이런 공생·호혜 관계로 인해 파견 노동 규제 체제는 관리된 유연성과 함께 재생산될 수 있는 것이다.

스페인은 임시직 비율이 30% 수준으로 유럽연합 내에서 가장 높은 국가들 가운데 하나인데, 파견 노동 비율은 3%도 안 되는 것으로 보고된다. 스페인의 비정규직에 대한 연구는 주로 임시직 문제에 집중된 반면, 파견 노동에 대한 연구는 거의 이루어지지 않았다. 제9장은 스페인에서 왜 파견 노동 비율이 그렇게 낮은지, 파견 노동 사용을 어떻게 규제하는지, 어떤 정책 수단들이 효과적인지를 분석한다.

스페인에서 간접 고용 사용에 대한 사회적 규제는 법적 규제와 단체 협약에 의한 규제로 구성되어 있으며, 주로 파견 노동을 중심으로 실시되고 있다. 이런 규제 장치들은 법 규정에 의한 규제 방식을 중심으로 작동하면서 파견 노동자들뿐만 아니라 직접 고용 노동자들도 함께 보호하고 있다.

사용 업체에 대해서는 파견 노동자 사용에 있어 임시직과 동일한 사용 사유 제한에 더해 사용 금지 사유들도 부과하고 있고, 파견 노동자는 직접 고용 노동자들과 동등한 처우를 받으며, 사용 업체 노동조합을 통해서 노동 조건 관련 요구를 제시할 권리도 부여받고 있다. 한편, 파견 업체에 대해서는 행정당국의 허가를 받아 설립하고, 파견 노동자들에게 적절한 교육 훈련을 무상으로 제공하며, 고용계약이 종료될 때 근속 년당 12일분씩 보상하도록 한다. 이런 법적 규제들에 더해, 파견업 단체협약은 파견 업체에 정규직 의무 고용 비율을 부과하고 있다.

파견 노동자 비율이 임시직 비율에 비해 월등히 낮은 것은 파견 노동 사용에 대한 규제 장치들의 효과인 것으로 해석된다. 파견 노동자에 대한 동등 처우, 교육 훈련에 대한 파견 업체의 책임, 근속 년당 12일분씩 계약 종료 수당을 지급하도록 하는 제도 등의 법적 규제 체계가 효력을 발휘하고 있는 것이다. 하지만 무엇보다 가장 효과가 큰 것은, 단체협약에 규정된 정규직 의무 고용 비율제로, 파견업체가 파견 노동자의 일정 비율을 정규직으로 고용해야 한다는 것이다. 파견업을 합법화한 이후 파견 노동자 규모가 가장 크게 감소한 것은 2001년과 2008년인데, 2000년 말 파견 노동자 정규직 의무 고용 비율제가 도입되었고, 2007년 말 비율이 50%에서 65%로 상향 조정되었다는 점은 이 제도의 정책 효과를 확인해 준다.

자본은 현재 진행 중인 제6차 단체협약 교섭 과정에서 교섭의 지연과 파행을 통해 노동 측에 무단협 압박을 가하는 전략을 구사하고 있는데, 노동 시장 유연화와 탈규제를 관철하기 위한 자본의 전형적인 전략이다. 그런 점 에서 자본이 정규직 의무 고용 비율제를 수용한 것은, 양대 노총이 적극적인 연대 활동으로 교섭력을 극대화해 압박했기 때문이다. 또한 의무 고용 비율 제를 포함한 사회적 규제 장치들이 파견업의 수익률을 억압하며 중소 영세 파견 업체의 난립을 방지하여 독과점적 상황을 보강하는 효과를 수반함으로 써 사측 교섭단을 주도하는 대형 파견 업체들의 이해관계에 부합한 것도 지 적될 수 있다.

유럽연합은 비정규직 3대 지침을 동시에 추진했는데 단시간 노동 지 침과 기간제 노동 지침은 1990년대 말 노사 합의로 수립할 수 있었지만, 파견 노동 지침은 노사 당사자들의 이해관계가 대립하고 일부 회원국들이 강력히 반대해 10년 뒤에야 수립할 수 있었다. 이 같은 난항은 회원국들이 지침을 도 입·집행하는 과정 또한 순탄치 않을 것이라는 우려를 갖게 한다. 제10장은 회 원국들이 파견 노동 지침을 도입·집행하는 과정을 분석하며, 지침 수립의 효 과와 함께 시장경제 모델 간 차별성을 검토한 다음, 노동시장의 차별성이 파 견 노동 사용 규제와 파견 노동자 보호 방식에 어떤 영향을 미치는지를, 유연 안정성 모델의 전형인 스칸디나비아형 스웨덴과 비-유연안정성의 지중해형 모델인 스페인을 중심으로 심층 분석한다.

유럽연합은 비정규직 3대 지침을 회원국들이 비교적 성실하게 도입·집행함으로써 비정규직 노동자들의 안정성을 제고하는 데 긍정적인 성과를 낸 것으로 평가하고 있는데, 지침을 도입·집행하는 정도에서는 일정한 편차도 확인되었다. 차별 처우 금지 원칙만 규정한 단시간 노동 지침이 가장 잘 집행되었고, 차별 처우 금지 원칙에 기간제 노동의 남용 금지 장치 설립 의무를 추가한 기간제 노동 지침이 그 뒤를 이었다. 반면, 동등 처우 원칙을 수립하되, 파견 노동자를 동종 파견업의 피고용 노동자가 아니라 사용 업체의 직접 고용 노동자와 동등하게 처우하는, 강력한 안정성 보장 장치를 강제한 파견 노동 지침이 집행에 가장 큰 어려움을 겪었다. 파견 노동 지침을 중심으로 비정규직 지침의 도입·집행 과정을 분석한 결과는 다음과 같다.

첫째, 유럽연합은 회원국들이 파견 노동 지침을 도입·집행하는 데 별다른 문제가 없었다며 지침 수립의 효과를 긍정적으로 평가했는데, 이런 효과는 영미형과 동구권 등 파견 노동 사용에 대한 규제 장치가 미비했던 국가들에서 상대적으로 크게 나타났다.

둘째, 유럽연합의 평가가 주로 법 규정을 기준으로 이루어졌기 때문에 스칸디나비아형처럼 단체협약을 중심으로 파견 노동을 규제하는 국가들은 파견 노동에 대한 사용 규제 수준이 실제보다 과소평가되는 경우가 많았다. 이는 스웨덴에서 단체협약이 일부 법 규정들을 무효화하고 더욱 엄격한 규제 조항들을 수립함으로써 높은 단협 적용률로 파견 노동자들을 보호하는 데서도 확인할 수 있다.

셋째, 스페인 등 지중해형 국가들처럼 동등 처우 원칙의 예외 인정을 거부한 국가들은 파견 노동 사용 규제를 강화하고 파견 노동자를 보호하겠다는 의지를 확인해 주었지만, 그렇지 않은 국가들은 예외 인정을 받아들였다고 해서 규제를 포기한 것으로 단정할 수는 없다. 물론 영국이 동등 처우 원칙의 적용 배제를 인정한 것은 파견 노동 사용 규제를 최소화하려는 의도를 분명히 보여 준다. 하지만 스웨덴의 경우 동등 처우 원칙 적용에서 임금을 제외하는 것은 인정했지만 파견 노동자를 사용 업체의 직접 고용 노동자와 동등하게 처우하도록 하고, 파견 업체가 파견 노동자를 정규직으로 고용해야 한다는 원칙과 비파견 대기 기간에 임금을 보장하도록 강제하는 것은 파견 기간의 임금만 규제하는 동등 처우 원칙보다 훨씬 더 강력한 보호 장치이기 때문이다.

넷째, 스웨덴 등 스칸디나비아형 국가들처럼 단체협약 예외 인정을 수용한 국가들은 전통적으로 단체협약을 통해 노동시장과 노사 관계를 자율적으로 규제해 온 나라들로, 노동이 자본의 일방적인 유연화 요구를 차단하고 안정성 요구를 관철할 수 있는 힘을 지니고 있다. 따라서 파견 노동 규제 장치라는 하나의 요소를 바꾸면 전체 자율적 노동시장 규제 체계의 평형상태가 훼손되어 불안정성을 겪게 된다는 점에서 단체협약 예외 인정 선택은 평형상태를 유지하기 위한 전략적 선택이라 할 수 있다.

제7장

유럽연합 비정규직 지침의 정치와 유연성-안정성의 이중적 목적
파견 노동 지침을 중심으로

1. 문제 제기

유럽연합은 시간제, 기간제, 파견 노동 등 비정규직 관련 3대 지침 모두를, 유럽의 사회적 모델을 모색하는 데 있어 유연성-안정성 균형을 실현하기 위해 추진했다. 단시간 노동 지침과 기간제 노동 지침은 각각 1997년과 1999년에 수립했지만, 파견 노동 지침은 합의를 도출하는 데 실패해 지연되었다. 그것은 파견 노동의 사용 규제 방식을 둘러싸고 노사 간 이해관계가 첨예하게 대립되었기 때문이다.

● 본 장은 『산업노동연구』 제22권 1호(2016)에 실린 원고를 수정·보완한 글이다. 게재를 허락해 준 한국산업노동학회에 감사한다.

유럽연합이 파견 노동 지침을 마련하기로 한 것은 파견 노동이 여타 비정규직 고용 형태들에 비해 노동조건이 열악함에도, 파견업을 규제하고 파견 노동자를 보호할 유럽연합 차원의 법제도 틀이 마련되지 않아 국가별 규제 방식과 수준의 편차가 심하고 온전히 보호되지 않는 회원국들이 많기 때문이다. 파견 노동은 사용 업체의 지배력이 높음에도 간접 고용의 형태를 갖는 삼각 고용 관계에 놓여 있어, 사용 업체들이 사용자로서의 책임과 의무를 회피하기 위해 악용하는 사례가 많아 적절한 보호 장치가 절실하다. 하지만 1974년 1월 유럽연합 집행이사회가 파견 노동자를 보호해야 한다는 점을 인정하며 공식 의제화한 이래, 파견 노동 지침이 2008년 12월 최종 확정되어 공포되기까지 35년이나 소요되었다.

　　파견 노동 지침을 수립하는 데 왜 그렇게 오랜 시간이 걸렸는가? 노사 당사자들 간, 회원국들 간에 입장이 어떻게 대립되었는가? 최종 확정된 파견 노동 지침은 노동의 안정성 요구와 자본의 유연성 요구 사이에서 균형을 이루었는가, 아니면 특정 입장에 치우쳤는가? 주요 행위 주체들의 입장, 특히 지침 수립에 반대한 세력들의 입장은 최종 지침에 어떻게 반영되었는가? 본 연구의 문제의식은 이런 질문으로부터 시작된다.

　　파견 노동 지침에 대한 선행 연구들은 지침을 수립하는 과정에서 노사 당사자들 간에 이해관계가 대립되고, 일부 회원국들이 반대하면서 합의 도출이 어려워 30년 이상 지연되었음을 공통적으로 지적한다(Schömann & Guedes 2012; Eklund 2009; Countouris & Horton 2009; Rönnmar 2010; Gaumán 2010; 김기선 2010). 그럼에도 주로 파견 노동 지침의 내용을 소개하거나 회원국들의 지침 이행 여부를 분석하고 있으며, 지침을 수립하는 과정에 대해서는 이해관계의 대립과 갈등을 단편적으로 분석할 뿐 위의 질문들에 답변하기 위한 종합적이고 체계적인 학술 연구들은 찾기 어렵다.

　　본 연구는 비정규직 관련 3대 지침들 가운데 파견 노동 지침을 중심으로 수립 과정을 검토하며, 이해관계의 대립과 수렴의 동학을 분석해 이해관계자들이 어떤 쟁점들에서 대립하고 어떻게 합의에 도달할 수 있었는지를 확인하고, 최종 확정된 파견 노동 지침이 유연성과 안정성의 균형을 이루었는지, 이해관계자들의 입장과 더불어 그 대립과 갈등의 동학이 어떻게 지침 내용으로 전환되었는지를 분석하고자 한다.

2. 유럽연합의 비정규직 3대 지침 추진

여기에서는 비정규직 3대 지침 가운데 노사 합의로 먼저 수립된 단시간 노동 지침과 기간제 노동 지침을 수립하는 과정과 내용을 검토한 다음 파견 노동 지침의 수립 과정을 살펴본다.

1) 단시간 노동 지침과 기간제 노동 지침

유럽연합이 1990년대 중반 비정규직 3대 지침을 수립하는 데 박차를 가하면서 유럽 노사 단체들은 노사 협의를 진행했는데, 이들은 노동 측 유럽노총과 사용자 측 유럽사용자연합과 공적서비스사용자연합CEEP이었다. 유럽 노사 3단체들은 노사 간에 이견이 적은 단시간 노동 지침부터 협의를 시작하기로 하고 1996년 6월 19일 유럽연합 집행위원회에 지침 수립을 위해 노사 협의를 시작하겠다는 공동서한을 보냈다.[1] 노사 단체들은 이후 한 차례 협상 시한 연장을 더 요청한 다음 1997년 6월 6일 단시간 노동 관련 기본 협약에 합의함으로써, 유럽연합이 노사 합의된 기본 협약을 부속서로 1997년 12월 15일 단시간 노동 지침을 확정 공포할 수 있었다

표 7.1 | 단시간 노동 지침과 기간제 노동 지침 수립 과정 및 내용 비교

	단시간 노동 지침	기간제 노동 지침
〈지침 수립 과정〉		
노사 협의 단체	UNICE, CEEP, ETUC	UNICE, CEEP, ETUC
노사 단체 협의 개시 통보	1996.6.19	1998.3.23
노사 단체 협약 체결	1997.6.6	1999.3.18
유럽연합 지침 공포	1997.12.15	1999.6.28
〈지침의 내용〉		
지침 추진 근거	노동자 기본권 헌장 7조	노동자 기본권 헌장 7조
핵심 원칙	차별 처우 금지 원칙	차별 처우 금지 원칙
비교 대상	비교 가능한 정규직	비교 가능한 정규직
적용 제외 가능 집단	일용 노동자	직업 훈련생, 수습, 노동시장 정책 프로그램 참여자
추가적 보호 장치	직업훈련 기회 제공	연속 계약 남용 예방 장치

(〈표 7.1〉).

유럽 노사 3단체들은 단시간 노동 지침을 수립한 다음 1998년 3월 23일 유럽연합 집행위원회에 공동서한을 보내고 기간제 노동 지침 수립을 위한 협의를 시작했다. 노사 단체들은 한 차례 협상 시한 연장을 요청한 다음 1999년 3월 18일 기간제 노동 관련 기본 협약에 합의했고, 이 협약을 부속서로 유럽연합이 1999년 6월 28일 기간제 노동 지침을 수립할 수 있었다. 단시간 노동 지침과 기간제 노동 지침의 수립 과정을 보면, 동일한 노사 3단체들이 교섭을 통해 기본 협약에 합의했고, 협의를 시작해 합의에 도달하기까지 1년이 소요되었으며, 유럽연합은 노사 단체들이 합의한 기본 협약을 부속서로 지침을 수립했다는 점에서 두 지침을 수립하는 과정은 공통점이 많다.

1_단시간 노동 지침과 기간제 노동 지침 수립 과정에 대해서는 European Communities (1998; 1999)를 참조할 것.

단시간 노동 지침과 기간제 노동 지침은 수립 과정뿐만 아니라 지침의 내용도 대동소이하다. 두 지침 모두 파견 노동 지침과 함께 "[유럽연합의] 내부 시장의 완성은 유럽공동체 노동자들의 삶의 조건과 노동조건의 개선을 가져와야 한다."는 노동자 기본권 공동체 헌장Community Charter of the Fundamental Social Rights of Workers 제7조에 근거해 추진되었다. 단시간 노동 지침과 기간제 노동 지침은 각각 부속 기본 협약 제1조에서 단시간 노동자와 기간제 노동자에 대한 차별을 제거함으로써 노동의 질을 개선한다는 목적을 천명했다. 이를 위한 핵심 수단은 차별 처우 금지 원칙이었는데, 두 지침은 모두 기본 협약 제4조에서 시간제 혹은 기간제로 일한다는 이유만으로 비교 가능한 정규직보다 더 나쁜 고용조건으로 처우해서는 안 된다고 규정했다. 두 지침 모두 기본 협약 제3조에서 차별 처우 금지 원칙의 준거가 되는 비교 가능한 정규직을 '동일 사업체에서 동일하거나 유사한 직무를 수행하는 정규직'으로 정의하고, 해당 사업체에서 비교 가능한 정규직이 없을 경우 적용 가능한 단체협약을 준거로 하고, 적용 가능한 단체협약이 없을 경우 법 규정, 단체협약 혹은 관례에 따른다고 명시했다. 두 지침의 기본 협약은 회원국들이 노사 단체들과의 협의를 거쳐 특정 노동자 집단을 해당 지침의 적용 대상에서 제외할 수 있도록 했는데, 단시간 노동 지침의 경우 일용 노동자를, 기간제 노동 지침의 경우 직업 훈련생과 수습 노동자, 그리고 직업 재훈련 등 공적 노동시장 정책 프로그램 참여자들을 적시했다.

두 지침은 모두 차별 처우 금지 원칙 외에도 추가적인 비정규직 노동자 보호 장치들을 수립하고 있다. 단시간 노동 지침의 경우 기본 협약 제5조에서 시간제 노동자에게 경력 개발과 직업 이동을 돕기 위한 직업훈련 기회를 제공하는 것을 고용주의 의무로 적시했다. 한편 기간제 노동 지침은 기간제 고용계약·관계의 연속적 사용의 남용을 막기 위해 기간제 고용

계약·관계의 갱신을 정당화할 수 있는 사유의 제한, 연속적 기간제 고용 계약·관계의 총 기간 제한, 갱신 횟수 제한 등 세 가지 가운데 하나 이상의 예방 장치를 수립하도록 했다.

기간제 노동 지침이 단시간 노동 지침보다 1년 반 늦게 체결된 것은 기간제 노동 지침이 차별 처우를 금지하는 것뿐만 아니라 기간제 고용계약·관계의 연속적 사용을 남용하지 못하도록 한다는 추가적 목적을 지니고 있었기 때문이다. 그리고 그 산물이 바로 기간제 노동 지침 기본 협약 제5조의 연속적 사용에 대한 남용 예방 장치 수립 의무 조항이었다.

2) 파견 노동의 문제점과 지침 수립의 필요성

파견 노동은 비정규직 고용 형태 가운데 노동조건이 가장 열악한 것으로 알려져 있다.[2] 파견 노동자들 가운데 일부 고숙련 고소득 노동자들도 있지만, 대다수는 저숙련 저임금 노동자들로, 임금 등 보수뿐만 아니라 안전성 및 관련 정보 접근성, 작업장 사고 위험성, 근로시간과 노동강도, 교대제와 휴일, 훈련 접근성, 경력 개발 기회 등 거의 모든 측면에서 여타 고용 형태들에 뒤처져 있다.

노동조건이 열악한 것은, 사용 업체가 사용자로서의 책임과 의무를 회피하기 위해 파견 노동을 오·남용하는 경우가 많고, 사용 업체와 파견 업체 모두 파견 노동자의 노동조건에 대한 책임을 회피하고자 하기 때문

2_파견 노동의 문제점과 규제 유형에 대해서는 McKay(2009), Schömann & Guedes (2012, 63-65), Eklund(2009, 140-141), Michon(2006, 275-293), Peck et al(2005, 5-13), Storrie(2003)을 참조할 것.

이다. 하지만 파견 노동의 사용을 규제하고 파견 노동자를 보호하는 법 제도적 장치가 마련되지 않은 상황에서 파견 노동이 꾸준히 확대되고 있다. 사용 업체들은 급격한 변화 혹은 변화를 예측하기 어려운 시장 상황에 대처하기 위해 파견 노동 사용을 선호하므로, 파견 노동은 비정규직 중에서도 가장 빠르게 성장하고 있다.

국제노동기구ILO는 1935년부터 일련의 노동조약들convention로 공공 부문이 인력 공급·중개 서비스를 담당한다는 원칙을 수립·견지해 왔고, 사적 고용 서비스업을 처음으로 언급한 1949년 노동조약도 이윤을 위한 인력 공급 서비스업을 금지한다고 규정함으로써 공적 부문이 인력 공급 서비스업을 독점한다는 원칙을 재확인했다. ILO가 파견업을 공식적으로 인정한 것은 노동시장 기능의 유연성 증진이라는 명분으로 1997년 새로운 노동조약을 발표하며 1949년 노동조약을 대체하면서부터였다. ILO의 노동조약 #181/1997은 사적 파견업의 운영을 허용하는 한편, 파견 노동자를 보호한다는 목적하에 파견업 규제와 파견 노동자 보호를 위한 법제도적 틀을 제시했다. 유럽연합도 1974년 파견 노동자 보호를 공식 의제화하고, 1979년부터 파견 노동자 보호와 파견업 규제를 위한 지침을 수립하는 작업에 돌입했다. 그러나 1997년과 1999년 단시간 노동 지침과 기간제 노동 지침의 경우 노사 당사자들과 회원국들이 합의에 이를 수 있었지만, 파견 노동 지침 수립에 관해서는 합의를 이끌어 내지 못했다.

이런 상황에서 파견업이 급팽창하면서 파견 노동에 대한 합법화와 규제 방식에 있어, 유럽연합 회원국들마다 상당한 편차가 나타났다. 독일·오스트리아·프랑스·스페인 등에서는 파견업이 제조업 남성 생산직을 중심으로 확산된 반면, 영국·덴마크·노르웨이·네덜란드 등에서는 서비스업 여성 사무직을 중심으로 확산되면서 규제의 방식과 내용에서 차이가 발생했다. 뿐만 아니라 영국·스웨덴·스페인·핀란드 등에서는 ILO의

1997년 노동조약 이전에 파견 노동이 합법화된 반면·이탈리아·그리스·네덜란드 등에서는 그 뒤로 합법화되었는데, 합법화 시점에 따라 1997년 노동조약의 준거 여부도 회원국들의 규제 방식과 내용의 선택에 영향을 주게 되었다.

이렇게 구축된 유럽연합 회원국들의 파견 노동 규제 방식은 세 가지 유형으로 나눠 볼 수 있다. 첫째, 영국과 아일랜드처럼 파견 노동을 다른 비정규직 유형들과 구분하지 않고 임시직 일반에 적용되는 규정을 적용함으로써, 자유 시장 원리에 입각해 파견 노동을 거의 규제하지 않는 자유 시장경제 모델의 영국형이 있다. 영국형 이외의 국가들은 파견 노동을 임시직 등 여타의 비정규직 유형들과 구분하고, 별도의 혹은 추가적인 법제도 장치들을 수립해 파견 노동을 더욱 엄격하게 규제하고 있다. 이들은 파견 업체 허가제, 파견 업체의 활동보고 의무제, 파견 업체가 파견 노동자를 정규직으로 고용해야 한다는 원칙 등을 통해 파견업을 규제하고 파견 노동자를 보호하고 있는데, 두 유형으로 대별된다. 하나는 스페인·이탈리아·그리스·프랑스 등의 지중해형으로, 국가가 파견업에 대해 상당 정도 법적 규제들을 부과하고 있는데, 생산 현장에서의 준수는 담보하기 어렵다. 다른 하나는 독일·네덜란드 등 대륙형 국가들과 덴마크·스웨덴 등 북유럽형 국가들을 아우르는 대륙형-북유럽형이다. 이 유형에서는 법 규정은 최소한의 기준만 설정하며 주로 단체교섭을 통해 파견 노동자를 보호하는 방식이다. 법제도의 외양은 탈규제의 영국형과 유사하지만, 실질적으로는 영국형이나 지중해형보다 파견 노동자를 보호하는 데 훨씬 효과적인 것으로 평가된다.

3) 파견 노동 지침의 수립 과정

파견 노동 문제가 유럽연합의 법제도 차원에서 처음 공식적으로 거론된 것은 유럽연합 법원이 1970년 파견 업체를 고용주로 판정한 초국적 파견 기업 맨파워Manpower의 판례였다. 그러나 이것이 유럽연합 차원의 공식 의제가 된 것은 1974년 1월 21일 유럽연합 집행이사회가 파견 노동자 보호의 필요성을 확인한 결의문이 발표되면서부터였다(Schömann & Guedes 2012, 11-12; Warneck 2011, 5; Eklund 2009, 141-3; Countouris & Horton 2009, 329). 이후 1979년 12월 18일 유럽연합 집행이사회는 파견 노동을 포함한 비정규직 관련 회람 자료를 준비할 것을 유럽연합 집행위원회에 지시했고, 이후 1982년 유럽연합 집행위원회가 지침 초안을 최초로 작성해 제출하면서 유럽연합 집행이사회가 지침 수립을 위한 공식 절차를 개시했다.

유럽연합 집행이사회가 유럽 의회의 의결을 거쳐 파견 노동 지침을 최종 확정해 공포한 것은 2008년 12월 5일이었다. 1974년 파견 노동자 보호 문제가 유럽연합 차원에서 공식 의제화된 이래 최종 지침이 수립되기 까지 35년이 걸린 것이다. 그동안 유럽연합 집행위원회가 지침 초안을 제출해 유럽연합 집행이사회가 지침 수립을 시도한 것은 1982년, 1990년, 2002년, 2008년 등 네 차례였지만, 처음 세 차례는 실패하고 2008년에야 성사될 수 있었다(〈표 7.2〉).

유럽연합은 파견 노동 관련 지침 수립의 목적을 2002년 3월 제출한 지침 초안 제2조에서 명확히 밝혔는데, "첫째, 파견 노동자들에게 동등 처우 원칙이 적용되는 것을 보장함으로써 파견 노동의 질을 개선하는 것, 둘째, 노동·고용 시장의 원만한 작동에 기여하도록 파견 노동을 사용하기 위한 적절한 법제도 틀을 수립하는 것"이었다(European Commission 2002a).[3]

표 7.2 | 파견 노동 지침 수립 과정

시점	내용	비고
〈제1기〉 비정규 3지침 동시 추진기		
1974.1.21	집행이사회 결의문(Council Resolution)에 파견 노동자 보호 의제 포함됨	
1979.12.18	집행이사회는 집행위원회에 시간제와 임시직(파견 노동 포함) 관련 회람 자료 준비를 요청함	파견업 관련 유럽연합 규제 논의 시작
1980	공동체 행동 가이드라인(Guidelines for Community Action) 채택	
1981	유럽 의회 결의문 채택	
1982	집행위원회의 파견 노동 지침 초안 제출. 지침 채택 무산됨	사용자단체 및 의회 회원국 다수 반대 및 영국 거부권
1989	[참조] 노동자 기본권 헌장(Charter) 채택	
1990	집행위원회는 임시직 지침 포함 새로운 3개 지침 초안 제출	임시직(파견 노동 포함) 지침 초안 채택 안 됨
1994.7	집행위원회는 비정규직 규제가 집행이사회의 주요 우선순위 가운데 하나임을 재천명함	
1995	집행위원회는 시간제, 기간제, 파견 노동 관련 논의 시작함	세 의제 분리 논의함
1997	시간제 관련 지침 수립	
1997	[참조] ILO 사적 파견업 관련 노동조약과 권고 채택	
1999	기간제 관련 지침 수립	파견 노동 지침을 위한 교섭 계속하기로 함
〈제2기〉 유럽 노사 집중 교섭기		
2000.5.29	유럽 노사 단체들 파견 노동 사용 규칙 교섭 시작	ETUC, UNICE(현 BusinessEurope), CEEP, CIETT
2001.2.28	유럽 노사 단체들 논의 기간 1개월 연장 요청	
2001.3.15	집행위원회가 연기해 준 협상 합의 시한	
2001.5.21	유럽 노사 단체들 파견 노동 지침 관련 합의 실패	집행위원회의 법제화 작업 재개
〈제3기〉 지침 추진 교착기		
2002.3	집행위원회는 파견 노동 지침 초안 제출	
2002.9.19	유럽 경제사회위원회(EESC) 입장 발표	파견 노동자 보호를 위한 다수의 수정 제안들 포함
2002.11.21	유럽 의회 파견 노동 지침 초안 1차 독회	지침 초안 수정안 통과: 파견 노동자 보호를 위한 제안들 포함
2002.11.28	고용 부문 집행이사회는 유럽 의회와 지침 재수정안을 확정·발표함	회원국 고용·사회정책 장관들로 구성됨
2003.6.3	집행이사회, 지침 수립에 실패함	영국, 아일랜드, 독일, 덴마크 등 일부 회원국 강한 반대로 집행이사회에서 2008년 3월까지 교착상태

3_지침 초안은 임시직(temporary workers)이라는 용어를 사용하고 있지만, 제1조에서 적용 대상을 사용 업체의 감독하에서 일하는 노동자와 파견 업체 사이의 고용계약 혹은 고용 관계에 적용된다는 것을 밝힘으로써 동 지침의 임시직은 파견 노동자를 의미하고 있음을 확인할 수 있다.

2004	세 가지 예외 인정(derogations) 제안됨	북유럽, 독일, 영국
2004.5	[참조] 유럽연합 10개 신규 회원국 가입함	
2004.10.4	고용 부문 집행이사회는 추가적인 노력이 필요함을 인정함	
〈제4기〉 지침 수립 완료기		
2008.5.20	영국 노사정, 동등 처우 원칙에 합의하고 유럽연합 파견 노동 지침 초안을 지지함	노동시간 지침 개정의 조건으로 지지함
2008.5.28	유럽 파견업 노사 단체들(Eurociett & UNI-Europa), 유럽연합 파견 노동 지침 수립 촉구하는 공동선언 발표	동등 처우 원칙 파견 즉시 적용 동의 포함
2008.6.9	고용 부문 집행이사회의 파견 노동 지침 최종안 합의	노동시간 지침 개정안 합의도 동시에 이루어짐
2008.10.22	유럽 의회 파견 노동 지침 최종안 통과	
2008.11.19	유럽연합 파견 노동 지침 확정	
2008.12.5.	유럽연합 파견 노동 지침 공포 및 발효	
2011.12.5	회원국 파견 노동 지침 집행 시한	
2013.12.5	집행위원회의 지침 개정 필요성 여부 검토 시한	
2014.3.21	집행위원회는 현 단계에서는 지침의 개정 불필요하다고 보고함	집행이사회, 유럽 의회 등에 보고함

표 7.3 | 파견 노동 지침 수립 과정의 시기 구분

	기간	추진 주체 (동학의 핵심)	추진 방식	핵심적 반대 세력
제1기: 비정규 3지침 동시 추진기	1974~1999	집행위원회	비정규 3지침 추진	유럽 사용자단체, 영국 등
제2기: 유럽 노사 집중 교섭기	2000~2001	유럽 노사 단체	노사 단체 교섭	유럽 사용자단체
제3기: 지침 추진 교착기	2002~2007	집행이사회	회원국 반대 의견 수렴	영국, 독일, 북유럽
제4기: 지침 수립 완료기	2008	집행이사회	회원국 동의	영국 동의

유럽연합이 파견 노동자 보호 문제를 의제화하고 파견 노동자 지침을 수립하기까지의 과정을 주요 시도, 추진 주체, 추진 방식 등에 따라 네 시기로 나누면 다음과 같다(〈표 7.3〉).

제1기는 '비정규 3대 지침 동시 추진기'로, 1974년 유럽연합이 최초로 파견 노동자 보호 문제를 의제화한 시점으로부터 기간제 노동 관련 지침이 채택된 1999년까지의 시기다. 이 시기에는 유럽연합 집행위원회를 중심으로 파견 노동은 물론 시간제와 기간제를 포함한 3대 비정규직 지침 수립이 추진되었으나, 파견 노동 관련 지침은 포기되고 시간제 노동과 기간제 노동 관련 지침만 수립되었다.

제2기는 '유럽 노사 집중 교섭기'로, 시간제 노동과 기간제 노동 관련 지침이 수립된 후 파견 노동자 보호 지침을 수립하기 위해 유럽 노사 단체가 1년여에 걸쳐 집중적으로 교섭을 진행한 2000~2001년 시기이다. 결국 노사 단체들은 합의를 도출하는 데 실패함으로써 교섭은 결렬되고 지침은 수립되지 못했다.

제3기는 '지침 추진 교착기'로서 2002~2007년까지다. 노사 단체의 교섭이 결렬되자 유럽연합 집행위원회가 2002년 3월 제출한 지침 초안을 중심으로 집행이사회가 파견 노동자 보호 지침 수립을 추진했다. 일부 회원국들의 강한 반대로 다양한 예외 인정 안들이 제시되면서 초안의 내용은 후퇴를 거듭했지만 회원국들의 합의를 끌어내지는 못했다.

제4기는 '지침 수립 완료기'로, 파견 노동자 보호 지침을 수립하기 위해 적극적인 노력이 이루어져 마침내 지침을 수립하게 된 2008년이다. 가장 강력한 반대자였던 영국이 지지로 입장을 전환하고, 유럽 파견 노동 노사 단체들이 지침 수립을 촉구하는 공동선언을 발표하면서 유럽연합의 논의 과정은 급물살을 타게 되었다. 결국 2008년 12월 유럽연합의 파견 노동 관련 지침이 공포되어 발효될 수 있었다.

유럽연합이 제1기에서 시간제 노동 지침과 기간제 노동 지침을 수립하는 데 성공함에 따라, 제2기부터는 파견 노동 보호 지침만을 두고 노사 단체들과 회원국들을 중심으로 각 주체의 입장이 적극적으로 개진되기 시작했다. 따라서 제2기부터 유럽의 노사 단체들과 회원국 정부들은 긴장된 분위기 속에서 교섭과 대립·갈등을 반복하게 되었으며, 이 과정에서 각 주체들 사이의 입장 차이가 명료하게 드러났다. 따라서 제3장에서는 제2~4기를 집중적으로 분석하되, 그에 앞서 제1기를 개괄해 보도록 하자.

제1기 때는 파견 노동 보호 지침이 시간제 노동과 기간제 노동 보호 지침들과 함께 비정규 노동 3대 지침으로 동시에 추진되었다.[4] 1974년 파견 노동자 보호 문제가 최초로 유럽연합 내에서 의제화되었으며, 유럽연합 집행이사회가 집행위원회에 시간제, 기간제, 파견 노동 등 비정규직 3대 유형을 보호하기 위한 회람 자료를 준비하도록 지시함으로써 유럽연합 차원의 공식적인 노력이 진행되기 시작했다. 유럽연합 집행위원회는 1982년 최초의 파견 노동 관련 지침 초안을 제출했고, 1984년 수정본을 제출했지만 유럽 사용자단체들과 영국 등 다수 회원국들의 반대로 집행이사회가 심의조차 하지 못했다. 집행위원회는 1990년 파견 노동 지침 초안을 시간제 및 기간제 관련 지침 초안들과 함께 제출했으나 지침을 채택하는 데는 실패했다.

비정규직 3대 지침의 채택을 어렵게 한 것은 시간제와 기간제에 비해 파견 노동 관련 지침을 둘러싸고 입장 차이가 컸기 때문이다. 따라서 집행위원회는 1995년에 유럽 노사 단체들과 비정규직 관련 지침 수립 논의를 재개하면서 세 의제를 분리했다. 그 결과 유럽연합 집행이사회는 상대적으로 합의 도출이 수월했던 시간제와 기간제 관련 지침들을 각각 1997년과 1999년에 최종 확정, 공포할 수 있었다. 파견 노동 관련 지침 수립은 향후 과제로 남겨졌고, 유럽연합 집행이사회는 파견 노동 지침 관련 합의를 도출하는 데 실패했음을 인정하고, 교섭을 계속하겠다고 선언했다.

4_제1기의 비정규직 3지침 추진 과정에 대해서는 Schömann & Guedes(2012, 11-12), Warneck(2011, 5), 김기선(2010, 5-7), Leschke 면담(2012)을 참조할 것.

3. 유럽연합의 파견 노동 지침 수립의 동학

유럽 노사 단체가 지침 수립을 위해 집중 교섭했지만 합의 도출에 실패한 2000~2001년의 유럽 노사 집중 교섭기, 노사 합의 실패 이후 유럽연합 집행이사회가 회원국의 의견을 수렴해 지침 수립을 추진했지만 성과를 내지 못한 2002~2007년의 교착기, 마침내 지침 수립에 성공한 2008년의 지침 수립기로 나누어 파견 노동 지침 수립 과정의 동학과 쟁점들을 분석해 보자.

1) 유럽 노사 집중 교섭기, 2000~2001년

파견 노동 지침 수립을 위해 유럽의 노사 단체들이 2000년 5월 교섭을 시작했는데, 유럽 노총과 유럽사용자연합이 유럽 노사의 양축을 대표했다. 노동 측의 유럽 노총은 서비스 부문 노동자들을 대표하는 유럽노조네트워크UNI-Europa 같은 부문별 노동조합 연맹들과 각국 노동조합총연맹들로 구성되었고, 사용자 측은 유럽사용자연합 외에도 공적 부문을 대변하는 CEEP와 파견 업체들을 대변하는 유럽파견업협회EuroCiett도 참여했다. 노사 단체들은 합의 도출에 어려움을 겪으며 유럽연합 집행위원회에 요청해 교섭 기간을 1개월 연장해 교섭을 지속했지만 합의 시한인 2001년 3월 15일까지 합의에 이르지 못했고, 마침내 5월 21일 합의에 실패했음을 공식 선언하고 교섭을 종료했다.[5]

5_유럽 노사 단체들의 집중 교섭 과정 및 쟁점에 관해서는 Schömann & Guedes(2012, 13-16), Warneck(2011, 5), Eklund(2009, 144-145), 김기선(2010, 5-6), Clauwaert 편

노사는 파견 노동 관련 지침을 수립하는 목적에서부터 대립했다. 노동 측은 파견 노동을 주변화하면서 파견 노동자를 보호하는 것으로 파악한 반면, 사용자 측은 파견업의 고용 창출 효과를 인정하고 파견업을 확산하는 것으로 설정했다. 노동자 측은 안정성에, 사용자 측은 유연성에 초점을 둠으로써 그 뒤로 지침의 구체적 내용을 둘러싸고 충돌하게 되었다.

핵심 쟁점은 동등 처우 원칙의 비교 대상과 적용 시점이었다. 비교 대상으로 노동 측은 사용 업체에 고용되어 유사한 직무를 수행하는 정규직 노동자로 설정했으며, 그 근거로 이미 다수 회원국들에서 실천되고 있다는 사실을 지적했다. 반면 사용자 측은 그것이 회원국들에 보편화된 원칙이 아니며, 파견 노동자들이 파견 업체에 정규직으로 고용되고 비파견 대기 기간에도 임금을 지급받는 국가들의 경우 정당화될 수 없다고 주장하며, 비교 대상을 동종 파견 업체들에 고용되어 사용 업체에 노무를 제공하는 파견 노동자들로 설정했다. 동등 처우 원칙의 적용 시점도, 노동 측은 파견 첫날부터 적용해야 한다고 주장한 반면, 사용자 측은 파견 즉시 적용하는 것에 반대하며 6개월 이상의 경과 기간을 설정해야 한다고 주장했다. 그 밖에도 동등 처우 원칙이 적용되는 노동조건에 임금 등 보수를 포함할 것인지, 파견 노동 지침의 적용 범위에 파견 업체와 정규직 고용계약을 체결한 파견 노동자들을 포함할 것인지, 파견 노동 사용에 대한 기존의 회원국 내 규제 장치들을 존치시킬 것인지에 대해서 노사의 관점이 충돌했다.

유럽연합이 파견 노동 관련 지침을 수립하려는 취지는 파견 노동 사

담(2012)을 참조할 것.

용을 시장에 맡겨 두지 않고 사회적으로 규제하기 위한 법 제도적 장치들을 마련하는 것이라는 점에서, 노동 측은 지침을 수립하되 파견 노동자 보호 장치들을 강화해야 한다는 입장을 취했다. 반면 사용자 측은 자신들의 입장이 수용되지 않을 경우 지침 수립 자체를 반대했다. 노사 간 합의가 어려워지면서 유럽사용자연합을 중심으로 한 사용자단체들의 비타협적 입장은 더욱 강화되었고 결국 합의 도출이 불가능해졌다.

물론 노동 측과 사용자 측의 내부 이견도 교섭이 결렬되는 데 기여했는데, 내부 이견은 사용자 측보다 노동 측에서 더 강하게 드러났다. 노사 단체 교섭이 진행되는 가운데 2000년 7월 파견업 노사 단체인 UNI-Europa과 EuroCiett가 공동선언을 발표했는데, 이에 대해 유럽 노총은 강도 높게 비판했다. 그것은 공동선언이 "파견 노동이 노동시장에서 긍정적 역할을 수행할 수 있다는 점에서, 파견업 노사의 사회적 대화가 파견업 부문의 전문화뿐만 아니라 유럽 노동시장의 질과 작동 및 파견 노동자들의 고용·노동조건을 개선하는 데 기여해야 한다"(Euro-CIETT & UNI-Europa 2000)고 했는데, 유럽 노총와 가맹 조직의 상당수는 파견 노동이 노동시장에서 긍정적인 역할을 할 수 있다는 평가를 인정할 수 없었기 때문이다.

2) 교착기, 2002~2007년

유럽 노사 단체들이 합의를 도출하는 데 실패함에 따라 유럽연합 집행 기구는 노사 교섭 기간 동안 중단했던 지침 수립 절차를 재개했다. 관례에 따른 공식 절차는 유럽연합 집행위원회가 자체적으로 지침 초안을 작성한 다음 집행이사회가 유럽 의회의 의결을 거쳐 지침을 최종 확정해 공포하는 것이다. 하지만 노사 단체들이 합의에 이르지 못했기 때문에 유럽연합 집행이사회와 유럽 의회가 번갈아 검토하며 수정안을 작성하는 과정을 반복하는 공동 결정 절차가 순조롭게 진행되기 어려워져 지침을 수립하는 과정에서 난항과 지연에 대한 우려가 커졌다.[6]

유럽연합 집행위원회가 2002년 3월 파견 노동 지침 초안을 제출하면서 집행이사회와 유럽 의회의 공동 결정 절차가 다시 시작되었다. 지침 초안(European Commission 2002a)은 제2조에서 지침의 목적을 차별 금지 원칙을 적용해 파견 노동자를 보호하는 것과 파견업이 노동시장 작동에 기여하도록 하는 것임을 밝힘으로써 노동의 안정성 요구와 자본의 유연성 요구를 병기했다.

지침 초안은 핵심 쟁점이 되었던 동등 처우 원칙의 비교 대상과 적용 시점에 대해 제5조에서 비교 대상을 사용 업체의 비교 가능한 노동자로 규정했고, 적용 시점에 관해서는 동일 사용 업체의 파견 근로 6주 근속의 경과 기간을 둘 수 있도록 했다. 또한 지침 초안 제5조는 파견 업체에 정규직으로 고용되어 비파견 대기 기간에도 임금을 받는 경우 동등 처우 원칙을 면제할 수 있게 했고, 파견 노동자에게 적절한 수준의 보호가 제공되는 한 동등 처우 원칙을 이탈하는 단체협약의 체결을 허용할 수 있도록 했다. 이처럼 지침 초안은 사용 업체의 직접 고용 노동자를 비교 대상으로 하는 동등 처우 원칙을 채택함으로써 노동 측의 안정성 요구를 기본 전제로 하되, 6주의 경과 기간과 예외 인정의 여지를 허용함으로써 자본 측의 유연성 요구도 수용하고자 했다.

집행위원회의 파견 노동 지침 초안이 발표되자 유럽연합의 공식 자문

6_유럽연합 집행 기구의 지침 수립 절차 재개에 대해서는 Schömann & Guedes(2012, 15-16), Leschke 면담(2012), Clauwaert 면담(2012),

기구인 유럽 경제사회위원회EESC[7]는 소속된 사용자 집단, 노동자 집단, 기타 시민사회 집단의 대표들을 불러 모아 논의 과정을 거쳐 2002년 9월 18~19일 전체회의에서 찬성 83, 반대 75, 기권 12라는 근소한 차이의 종다수로 공식 입장을 채택했다. 유럽 경제사회위원회는 공식 입장을 통해 동등 처우 원칙의 경과 기간 허용으로 절대다수의 파견 노동자들이 제외되고, 다양한 예외 인정 규정들은 동등 처우 원칙이 실효를 거두기 어렵게 할 수 있다고 비판했다.[8] 또한 노사분규 중인 노동자들을 대체하기 위해 파견 노동을 사용하는 것을 막기 위해 파업권 훼손 금지 조항을 포함하고, 공기업과 행정 부처를 구분하여 일부 회원국들에서 행정 부처에 파견 노동자를 사용할 수 없도록 하는 기존 제도와 충돌하지 않게 하며, 파견 노동자들의 직종 내 근속년수도 자격·숙련에 대한 처우와 함께 동등 처우 원칙의 적용 범위에 포함해야 한다는 등 다수의 수정 제안을 제시했다.

유럽 의회도 2002년 11월 집행위원회의 지침 초안에 대한 1차 독회를 진행하고 지침 초안의 수정안을 집행이사회에 제출했다. 유럽 의회의 수정안은 동등 처우 원칙의 비교 대상에 대해 '사용 업체의 비교 가능한 노동자'comparable worker를 삭제하고 "사용 업체의 동일하거나 유사한 직무에 직접 고용된 노동자에게 적용되거나 적용되었을 노동·고용 조건"으로 규

7_유럽 경제사회위원회는 유럽연합 시민사회의 의견을 수렴하는 기구로서 사용자 집단, 노동자 집단과 기타 시민사회 집단으로 구성되어 있는데, 사용자 집단은 기업주와 사용자단체의 대표들로 구성되어 있고, 노동자 집단은 회원국 노조들, 총연맹들과 부문별 연맹들의 대표들로 구성되어 있는데 대다수는 유럽 노총 혹은 산하 부문 단체들에 소속되어 있다(www.eesc.europa.eu/).

8_파견 노동 지침 초안에 대한 유럽 경제사회위원회와 유럽 의회 등의 수정 제안들에 대해서는 Broughton(2002a, 2002b), Eklund(2009, 141-146)를 참조할 것.

정해 사용 업체의 직접 고용 노동자임을 분명히 했다. 또한 동등 처우 원칙의 적용 시점과 관련해서는 6주의 경과 규정을 삭제했고, 영국과 아일랜드처럼 동등 처우 원칙과 파견 노동자 관련 단체협약이 정착되지 않은 회원국들을 위해 동등 처우 원칙의 적용을 5년 유예해 주도록 했다. 또한 파견 업체에 정규직으로 고용되어 비파견 대기 기간에도 임금을 보장받는 경우 동등 처우 원칙 적용의 면제를 허용하되 임금 및 관련 요소들에만 적용되도록 했고, 단체 행동이 진행 중인 사업체 혹은 산업 부문에 대한 노동력 파견을 금지 혹은 제한하는 규정을 넣어야 한다는 입장을 밝혔다.

유럽 의회의 수정안이 전달되자 유럽연합 집행이사회는 지침의 재수정안을 유럽 의회와 함께 확정해 11월 28일 발표했다(European Commission 2002b). 집행이사회의 지침 재수정안은 집행위원회의 지침 초안에 비해 지침의 목적에서 파견 노동자의 보호를 보장한다는 점을 분명히 하고, 동등 처우 원칙의 비교 대상을, 사용 업체에서 유사한 직무에 직접 채용되었더라면 적용되었을 기본적 노동·고용 조건으로 규정해 사용 업체의 직접 고용 노동자임을 분명히 하는 한편, 사용 업체에서 유사한 직무를 발견하지 못하더라도 적용될 수 있게 했다. 동등 처우 원칙의 적용 시점에 대해서는 6주의 경과 기간을 허용하는 규정을 유지하되 경과 기간의 적용은 보수에 한정하도록 했고, 파견 업체와 정규직 계약을 체결하고 비파견 대기 기간에도 임금을 지급받는 경우 동등 처우 원칙의 면제를 허용하는 규정을 유지하되 노사 당사자와의 협의를 전제로 하는 한편 보수에 한정했다. 또한 회원국이 파견 노동자에 대해 적절한 보호 수준을 제공하는 한 단체협약을 통해 동등 처우 원칙의 예외 인정을 허용하는 규정을 유지하되 적절한 수준의 노사 당사자와 협의를 거치도록 했다. 이처럼 유럽연합 집행이사회가 확정한 지침 재수정안은 집행위원회의 초안에 비해 파견 노동자 보호를 강화했는데, 이는 유럽 경제사회위원회와 유럽 의회의 친

노동자적 수정 제안 의견이 반영된 결과라고 할 수 있다.

유럽연합 집행이사회는 2003년 6월 2~3일 고용 및 사회정책 관련 집행이사회 회의에서 파견 노동 지침 재수정안을 중심으로 합의를 도출하고자 했지만 성과를 거두지 못했다. 이 같은 어려움은 영국과 아일랜드, 독일, 덴마크와 스웨덴 등 북유럽 국가들의 반대에서 비롯되었는데,[9] 결국 집행이사회는 2004년 10월 4일 타협안을 도출하기 위해서는 추가적인 노력이 요구된다는 점을 확인하면서, 지침을 수립하는 데 실패했음을 공식 선언했다.[10]

이 과정에서 파견 노동 지침의 수립에 반대하는 회원국들을 위해 동등 처우 원칙을 부분적으로 면제할 수 있도록 하는 세 가지 예외 인정 조항들derogations이 제안되었다.

첫째는 '영국식 예외 인정'으로, 동등 처우 원칙의 적용 시점과 관련해 파견 즉시 적용하지 않고 경과 기간을 두자는 것인데, 이는 대부분의 파견 노동자들이 사용 업체에 파견되는 기간이 짧기 때문에 경과 기간을 둘 경우 대다수 파견 노동자들이 보호받지 못할 수 있다.

둘째는 '독일식 예외 인정'으로, 파견 업체와 정규직 계약을 체결한 파견 노동자들에 대해서는 노사 협의를 통해 보수의 경우 동등 처우 원칙의

9_2004년 5월 중·동부 유럽 10개국이 유럽연합에 가입함으로써 회원국이 15개국에서 25개국으로 확대되었는데, 그에 따른 유럽 의회 및 유럽연합 집행이사회의 구성 변화도 파견 노동 지침 수립 과정을 더 복잡하게 만들면서 파견 노동 지침 수립에 부정적 영향을 미친 것으로 해석된다(Clauwaert 면담 2012).

10_파견 노동 지침 수립에 대한 회원국들의 입장에 대해서는 Schömann & Guedes (2012, 14-16), Eklund(2009, 145), Hall(2002), Broughton(2003), Warneck(2011, 5), Harper(2004), Lücking(2008), Leschke 면담(2012) 등을 참조할 것.

적용을 면제할 수 있도록 하자는 것인데, 파견 노동 지침의 적용 대상이 주요 쟁점이 되면서 나온 타협책이다.

셋째는 '북유럽식 예외 인정'으로, 개별 회원국 노사가 단체교섭을 통해 동등 처우 원칙 적용의 예외를 인정할 수 있도록 하자는 것이다. 스웨덴과 덴마크처럼 주로 단체협약으로 노동조건을 규제하는 북유럽 국가들이 지침 수립으로 노사의 교섭력이 약화될 것을 우려해 제안한 것이지만, 노동 측의 교섭력이 취약한 회원국들에서는 파견 노동자 보호에 어려움을 가져올 수도 있다.

파견 노동 지침을 수립하는 데 가장 강력하게 반대한 것은 영국이었다. 2002년 11월 유럽 의회가 집행위원회의 지침 초안보다 파견 노동자 보호를 강화하는 수정안을 추진하자 사용자단체인 영국산업협회CBI는 유럽 의회를 강도 높게 비판했다. CBI는 영국이 유럽연합 회원국들 가운데 70만 명에 달하는 최다 파견 노동자 보유 국가로서 파견 노동 지침이 통과되면 큰 타격을 입게 되는데, 파견 노동이 실업자·전과자·워킹맘의 주요 취업 경로가 되고 있는 현실을 고려하면 16만 명 정도의 고용 기회가 사라질 것이라고 주장했다. 또한 파견 노동자의 임금 등 노동조건은 파견 업체가 결정해야 하는데, 동등 처우 원칙의 비교 대상이 사용 업체의 직접 고용 노동자로 설정되면 사용 업체가 결정하게 된다는 점에서 불합리하다고 비판했다. CBI는 이런 논리를 내세워 동등 처우 원칙을, 파견 노동자의 동일 사용 업체 근속 기간이 12개월 이상이 된 뒤에 적용해야 한다고 주장했다.

영국의 노동계를 대표하는 노동조합회의TUC는 12개월 경과 기간을 두면 영국 파견 노동자들의 70%가 동등 처우 원칙의 보호로부터 배제된다면서, 파견 첫날부터 적용되어야 한다고 주장했다. TUC는 CBI의 대척점에서 동등 처우 원칙의 적용과 관련해 적용 시점에 경과 기간을 두거나 원칙 적용에 유예기간을 두어서는 안 된다는 입장을 견지했지만, 영국의 노동당 정부는 CBI의 입장을 받아들여 유럽연합 집행이사회에서도 CBI와 유사한 주장을 펼쳤다. 유럽연합의 파견 노동 지침 초안들이 동등 처우 원칙을 파견 즉시 적용하지 않고 일정한 경과 기간을 설정하게 된 데는 이 같은 영국 정부의 강한 반대 입장이 크게 기여했다.

3) 지침 수립 완료기, 2008년

유럽연합 집행이사회가 2002년 11월 파견 노동 지침 재수정안을 확정한 이래 다양한 예외 인정 안들을 검토하면서 지침 내용의 후퇴를 수용했지만 합의 도출에 실패했으며, 2004년 10월 공식적으로 실패를 선언하면서 파견 노동 지침의 수립 절차는 중단되었다. 장기화된 교착 상태에서 사회당이 집권 중인 포르투갈이 2007년에 의장국이 되면서 파견 노동 지침 관련 합의를 도출하기 위해 적극적인 노력이 이루어지고 지침 수립에 대한 우호적 분위기가 조성되었다. 나아가 2008년 5월 영국 노사정 합의와 유럽연합 파견업 노사 단체들의 공동선언으로 상황이 급진전될 수 있었다.[11]

영국 정부는 자본 측 CBI와 노동 측 TUC와 함께 2008년 5월 20일 유럽연합의 파견 노동 지침 재수정안을 지지한다는 공동성명을 발표했다. 영국 노사정이 파견 노동을 통한 유연성은 유지하면서 파견 노동자를 공정하게 처우한다는 데 합의했는데, 핵심 내용은 두 가지였다. 첫째, 동등

11_지침 수립 과정의 교착과 반전의 동학에 관해서는 Countouris & Horton(2009, 329), Warneck(2011, 5), Schömann & Guedes(2012, 16-17)을 참조할 것.

처우는 사용 업체의 동일한 직무에 직접 고용된 노동자의 노동·고용 조건들을 포함한다는 것, 둘째, 동등 처우 원칙이 적용되는 시점은 파견 노동자들이 동일 직무에서 12주가 경과한 뒤로 한다는 것이었다.

영국 노사정 합의 내용을, 유럽연합 집행이사회가 2002년 11월 확정한 파견 노동 지침 재수정안과 비교해 보면 지침 재수정안에 비해 내용이 다소 후퇴했음을 알 수 있다.[12] 첫째, 비교 대상을 지침 초안의 가설적 비교 대상과는 달리 사용 업체의 비교 가능한 노동자로 규정해, 해당 사용 업체에 동일하거나 유사한 직무를 수행하는 직접 고용 노동자가 없을 경우 동등 처우의 노동·고용 조건이 하향 조정될 수 있다. 둘째, 동등 처우 원칙의 경과 기간을 12주로 설정한 것은, 지침 재수정안의 6주에 비해 두 배나 긴데, 2008년 현재 영국 파견 노동자들의 계약 기간이 12주보다 짧은 경우가 55%라는 점(Countouris & Horton 2009, 332-333)을 고려하면, 파견 노동자의 절반 이상에 대한 차별 처우를 허용하는 것이었다.

파견 노동 지침을 채택하는 데 어떤 회원국들보다 더 강력하게 반대했던 영국이 입장을 선회한 이유에 대해서는 두 가지 설명이 있다. 첫째, 영국이 파견 노동 지침을 받아들이기로 결정한 것은, 유럽연합이 당시 파견 노동 지침과 함께 패키지로 다루고 있던 노동시간 지침Working Time Directive에서 예외 인정 조항 유지에 대한 영국의 요구를 수용한 거래의 결과라는 점이다.[13] 둘째, 파견 노동 지침을 채택하는 데 가장 큰 걸림돌이

12_ 영국 노사정 합의의 내용과 원인에 대해서는 Eklund(2009, 145-146), Hall(2002), Countouris & Horton(2009, 329-333), Schömann & Guedes(2012, 16-17), Clauwaert 면담(2012)을 참조할 것.

13_ 유럽연합은 파견 노동 지침과 노동시간 지침을 하나의 패키지로 동시에 추진했고, 실

던 영국 정부에 지침 반대 철회 압박이 가중되었다는 점이다. 예컨대, 유럽 노총(ETUC 2007o)은, 영국 정부가 노동당이 집권했음에도 불구하고 유럽의 새로운 사회법제화에는 일관되게 반대해 왔음을 지적하며, 노동당 정부가 노동조합에 맞서 대자본과 연대하는 괴이한 상황을 연출하고 있다고 비판했다. 또한 파견 노동 지침 저지 행태를 중단하도록 영국 정부에 압력을 행사해 달라고 노동당 의원들에게 촉구함에 따라 노동당 정부가 매우 곤혹스러워 했던 것으로 해석된다. 영국 노사정 합의가 발표되자 유럽 노총 사무총장은 파견 노동 지침 수립의 길이 열렸다며 즉각 환영 논평을 낸 반면, 영국의 사용자단체들 상당수는 대재앙이라며 강도 높게 비판했다. 이들은 파견 노동에 대한 의존도가 높은 중소기업, 유통업, 기계 산업, 서비스업을 대변하는 단체들이었다(ETUC 2008c; Hall 2008).

영국의 노사정 합의 발표에 뒤이어 5월 28일 유럽 파견업 노사 단체들, 즉 EuroCiett와 UNI-Europa도 파견 노동 지침 수립을 촉구하는 공동선언을 발표했다. 공동선언의 핵심 내용은 ① 동등 처우 원칙을 파견 첫날부터 적용하되, 각국 노사 대표들이 합의할 경우 예외를 인정할 수 있도록

제 2008년 6월 9일 유럽연합 집행이사회가 파견 노동 지침 최종안을 합의로 채택할 때 노동시간 지침의 개정안도 동시에 채택했다. 영국은 유럽연합의 여타 회원국들과는 달리 2003년 수립된 유럽연합 노동시간 지침의 주당 노동시간 제한 규정의 예외를 인정받아 왔었는데, 해당 예외 인정 조항의 삭제를 요구하는 노동단체들의 요구에도 유럽연합은 해당 조항의 존치를 약속한 것이다. 이는 유럽연합 집행이사회와 유럽 의회의 파견 노동 지침 최종안 수립을 더 이상 저지하기 어렵다고 판단한 영국 정부가 확보한 최소한의 실리였던 것으로 해석되고 있다(Clauwaert 면담 2012). 이런 거래 결과의 성격은 유럽 노총(ETUC 2008e)이 집행이사회의 파견 노동 지침 최종안 합의는 극찬한 반면 노동시간 지침 개정안 채택을 강도 높게 비판하며 수용할 수 없다고 선언한 데서도 잘 확인될 수 있다.

할 것, ② 파견 노동자들이 파업 노동자들을 대체할 수 없도록 할 것, ③ 파견 노동 사용에 대한 규제들 가운데 시대에 뒤떨어지거나 정당화될 수 없는 것들을 폐지할 것 등이다.[14]

영국 노사정이 동등 처우 원칙을 받아들이기로 공식 선언한 데 이어 파견업 노사 단체들이 파견 노동 지침의 조속한 수립을 촉구하면서 유럽연합의 지침 수립 과정에 박차가 가해졌다. 유럽연합 집행이사회는 즉각 재수정안을 보완한 지침 최종안에 대해 회원국들의 합의를 도출해 유럽 의회에 제출했고, 유럽 의회가 10월 22일 지침의 최종안을 채택했으며, 뒤이어 유럽연합 집행이사회는 파견 노동 지침을 확정, 12월 5일 공포되었다.

4. 유럽연합 파견 노동 지침의 목적과 내용

유럽연합 집행이사회 의장과 유럽 의회 의장은 "유럽 의회와 집행이사회의 파견 노동 지침"Directive 2008/104/EC of the European Parliament and of the Council or 19 November 2008 on temporary agency work을 2008년 11월 19일 확정·서명하고 12월 5일 공포했다(European Council 2008). 지침은 공포와 동시에 발효되었으며, 이로써 1974년 1월 유럽연합 차원에서 공식 의제화된 지 35년 만에, 1979년 12월 집행이사회의 지시로 지침 수립을 위한 작업이 시작

14_유럽 파견업 노사 합의에 대해서는 Telljohann & Dazzi(2008), ETUC(2008d), Warneck(2011, 5)을 참조할 것.

된 시점으로부터 29년 만에 파견 노동 지침이 수립되었다. 최종 확정·공포된 지침의 목적과 내용을 검토하며 그 의미를 분석해 보자.

1) 유연성-안정성의 이중적 목적

파견 노동 지침은 전문과 본문으로 구성되어 있는데, 전문은 지침 수립 절차와 기본 원칙 및 방향을 23항의 주석과 함께 설명하고, 본문은 지침의 구체적 규정들을 3장 14조로 정리하고 있다. 지침의 목적과 방향은 주로 전문과 본문 제1장에서 논의된다.[15]

지침은 전문에서 유럽연합 집행위원회의 초안에 기초해 유럽 경제사회위원회의 의견을 반영하고 회원국 지역위원회들과 협의를 거친 다음, 유럽연합 집행이사회가 유럽 의회와 공동 결정 절차에 따라 최종 확정하는 공식 절차를 준수했다고 밝혔다. 전문의 주석 1항에 따르면 유럽연합의 기본권 헌장Charter of Fundamental Rights of the European Union 제31조에 의거해 모든 노동자에게 보장된 건강·안전·존엄 등을 존중하는 노동조건을 향유할 권리를 실현하기 위해 설계되었다고 한다. 또한 주석 2항은 파견 노동 지침이 기간제 노동과 시간제 노동 관련 지침과 더불어, 유럽 통합이 노동자의 노동조건과 삶의 조건을 개선해야 한다고 천명한 노동기본권 관련 공동체 헌장의 원칙을 구현하기 위한 과정임을 분명히 했다.

본문 제1장 제2조는 지침의 목적이 이중적임을 밝히고 있는데, 하나

15_파견 노동 지침의 목적과 방향에 대해서는 European Council(2008), European Commission(2014a), Rönnmar(2010, 423-424), Schömann & Guedes(2012, 8-12)을 참조할 것.

는 동등 처우 원칙을 통해 파견 노동자들을 보호하는 것이고, 다른 하나는 파견 업체를 고용주로 인정함으로써 파견 노동의 질을 개선하는 것이다. 주석 11항과 12항은 지침이 한편으로는 파견 노동자를 보호하는 한편, 노동시장의 다양성을 허용함으로써 노동자의 안정성 요구와 기업의 유연성 요구를 동시에 충족시킨다고 설명하고 있다. 주석 9항에 따르면, 유럽연합이 리스본 전략의 목표를 달성하기 위해 유럽의 사회적 모델을 보강하고, 이를 위해 2007년 12월 유연안정성 모델의 공통 원칙들을 공포한 바 있는데, 그 연장선상에서 파견 노동 지침의 유연성-안정성이라는 이중적 목적이 유럽연합의 핵심 전략의 일환으로 추진되고 있다는 것이다.

파견 노동 지침은 동등 처우 원칙을 통해 파견 노동자에게 안정성을 담보하는 반면(주석 14항), 동등 처우 원칙의 적용으로부터 이탈할 수 있는 조건과 절차를 구체화해 예외를 인정할 수 있게 했다(주석 15~17항). 뿐만 아니라 파견 노동을 부당하게 금지·규제하지 못하도록 함으로써 기업 측에게 노동력 활용 유연성을 보장해 주었다(주석 18항).

이처럼 파견 노동 지침은 노동자를 보호하고 노동조건을 개선하기 위해 설계되었지만, 노동자의 안정성 요구뿐만 아니라 기업의 유연성 요구도 동시에 충족시키고자 한다. 그런 점에서 단시간 노동 지침이나 기간제 노동 지침과 같이 유연한 노동력 활용 방식을 허용하는 한편, 비정규직 노동자들을 보호하는 유연성-안정성의 이중적 목적을 위한 것이다. 하지만 회원국들 간에는 파견 노동 사용 방식은 물론 파견 노동자들의 노동조건과 법적 보호에 있어 상당한 편차가 있기 때문에(주석 9항), 유럽연합 차원에서 최저 기준을 설정하는 파견 노동 관련 지침을 수립해 회원국들로 하여금 집행하도록 하려는 것이다(주석 23항). 파견 노동 지침은 공포 즉시 발효하며, 본문 제3장 제10조와 제11조에서 회원국들은 지침 공포 3년 후인 2011년 12월 5일까지, 지침을 준수하기 위해 필요한 법, 규정, 행정 조치들을 실시하도록 했다. 또한 지침의 비준수와 위반에 대한 벌칙들을 제정해 유럽연합 집행위원회에 보고하도록 했으며, 제12조에서는 회원 국들이 노사 당사자들과 협의하여 개정할 부분이 있는지 검토한 후 2013 년까지 유럽연합 집행위원회에 통고하도록 했다.

2) 동등 처우 원칙

동등 처우 원칙은 파견 노동 지침의 핵심으로, 특히 비교 대상과 적용 시 점은 유럽 노사 단체들이 극단적으로 대립한 사안들이며, 2001년 5월 노 사 교섭이 결렬된 것도 이 때문이다.

동등 처우 원칙의 비교 대상

비교 대상에 대해 파견 노동 지침 제5조 제1항은 해당 "사용 업체의 동일 직무에 직접 채용되었다면 적용되었을 기본적인 노동·고용 조건들이 적 용되어야 한다."고 규정했다. 이는 유럽의 사용자 단체들이 주장한 파견 업체 노동자가 아니라 유럽 노총이 주장한 사용 업체의 직접 고용 노동자 를 비교 대상으로 선택한 것이다.[16]

이 가설적 비교 대상 조항은 2002년 11월 재수정안과 문구가 동일한 데, 사용 업체에 유사한 직무를 수행하는 노동자의 존재는 결정적 근거가 아니라 유용한 근거로 참조되기 때문에 유사한 직무 담당자가 없는 경우 에도 해당 사용 업체를 넘어서 비교 대상을 찾을 수 있게 한 것이다. 따라

16_비교 대상 관련 규정의 내용과 의미에 대해서는 European Council(2008, 12-13), Warneck(2011, 22-25), Eklund(2009, 143-144)를 참조할 것.

서 이 조항은 2002년 3월의 집행위원회 초안이 규정했던 "사용 업체의 비교 가능한 노동자"에 비해 안정성을 더 강화한 것이다. 2002년 3월의 집행위원회 초안보다 2002년 11월의 집행이사회 재수정안이 파견 노동자 보호에서 더 진전될 수 있었던 것은 2002년 11월 유럽 의회가 가설적 사용 업체 직접 고용 노동자를 비교 대상으로 설정한 수정안을 발표한 데 힘입은 바 크다. 유럽연합 집행이사회는 유럽 의회와의 공동 결정 과정에서 유럽 의회의 수정안을 그대로 수용해, 2002년 11월 재수정안을 작성하고 2008년 12월의 지침 최종안까지 유지했다.

또한 동등 처우 원칙이 적용되는 노동조건에 대해서도 유럽의 노사 단체들이 대립하고 있었는데, 유럽 노총은 임금 등 보수를 포함해야 한다고 주장한 반면, 유럽 사용자단체들은 동등한 직무를 수행하더라도 자격 조건은 물론 성과 등에 있어 개인적으로 편차가 상당하기 때문에 임금 등 보수를 적절한 비교 대상으로 설정하기 어렵다는 이유로 반대했다. 이 부분에 대해서도 지침은 제3조 제1항 (f)목에서 '기본적 노동·고용 조건들'을 임금 등 보수를 포함하는 것으로 정의함으로써, 유럽 사용자단체들이 아니라 유럽 노총의 입장을 선택했다.

파견 노동 지침은 비교 대상과 적용 노동조건에 더해 제5조 제5항에서 회원국들이 동등 처우 원칙 등 지침의 규제를 우회하기 위해 시도되는 연속 파견 행태 등 파견 노동의 오·남용 행위들을 예방할 수 있는 장치들을 설치해 유럽연합 집행위원회에 보고하도록 함으로써, 동등 처우 원칙이 파견 노동자의 안정성을 실질적으로 담보할 수 있도록 했다.

동등 처우 원칙의 적용 시점

적용 시점에 대해 파견 노동 지침은 제5조 제4항에서 파견 즉시 적용되도록 하되 조건부로 경과 기간 설정을 허용했다. 이는 파견 즉시 적용이라는, 2002년 3월 집행위원회 지침 초안의 원칙을 견지했지만, 6주 경과 기간 구절을 삭제하고 그 대신 경과 기간 설정 허용 조건을 구체적으로 제시했다.[17] 한편, 유럽 노총은 파견 첫날부터 적용해야 한다고 주장한 반면, 유럽 사용자단체들은 6개월 이상 경과 기간을 주장하며 대립했다는 점에서, 파견 즉시 적용이라는 유럽 노총의 입장을 기초로 하되 경과 기간을 조건부로 허용함으로써 유럽 사용자단체들의 입장을 부분적으로 수용한 것이라고 할 수 있다. 하지만 2001년 5월 유럽 노사 단체들의 교섭 결렬로 유럽 사용자단체들의 영향력이 크게 약화되었고, 이후 과정에서는 주로 영국을 중심으로 방안이 제기되었다.

영국의 사용자단체 CBI는 12개월의 경과 기간을 주장한 반면, 노동조합 총연맹 TUC는 경과 기간 혹은 유예기간을 설정하는 데 반대했으며, 영국 정부는 사용자 편에서 경과 기간의 설정을 주장하며 지침 수립에 반대해 왔다. 2008년 5월 영국 노사정이 동등 처우 원칙을 전격 수용하며 발표한 입장은 12주의 경과 기간을 설정하는 것이었다.

유럽연합 집행이사회가 비교 대상에서 확고한 안정성 입장을 견지한 반면, 적용 시점에서 파견 즉시 적용을 원칙으로 하되 경과 기간을 설정하는 것으로 타협한 것은 두 가지 요인으로 설명될 수 있다. 첫째, 파견 즉시 적용하는 것에 영국이 반대함에 따라 파견 노동 지침을 수립하는 것 자체가 불가능해지는 현실을 인정하고, 집행이사회가 파견 노동 지침 수립을 관철하기 위해 영국이 동등 처우 원칙을 수용하는 조건으로 경과 기간 설

17_적용 시점 관련 규정의 내용과 의미에 대해서는 European Council(2008, 12-13), Warneck(2011, 22-25), Eklund(2009, 148-149, 161-162), Countouris & Horton (2009, 332-333)을 참조할 것.

정을 양보한 것이다. 둘째, 파견 즉시 적용해야 한다는 유럽 노총의 입장과 유럽 사용자단체들의 반대 구도 속에서, 유럽연합의 영향력 있는 이해관계자들은 모두, 파견 즉시 적용이라는 원칙하에 일정한 양보를 결합한 중도 타협안을 제시해 집행이사회가 경과 기간 허용을 거부하는 입장을 고수하기 어려운 분위기였다. 집행위원회가 작성한 2002년 3월 지침 초안과 집행이사회의 11월 지침 재수정안도 파견 즉시 적용 원칙을 채택했지만 6주의 경과 기간을 허용했었고, 유럽 의회는 물론 파견업 노사도 파견 즉시 적용 원칙에는 동의했지만 예외적 유예나 경과 기간 같은 방식의 예외 인정을 허용하자는 입장이었다.

경과 기간을 언급한 제5조 제4항은 파견 노동에 적용할 법이나 단체협약의 체계가 없는 회원국들의 경우에 한해 경과 기간을 설정할 수 있게 함으로써, 이 같은 조건을 지닌 영국과 아일랜드 등 일부 국가들에만 제한적으로 허용되며, 여타 회원국들에도 보편적으로 적용되는 조항이 아님을 분명히 했다. 뿐만 아니라 이 조항은 해당 국가들에서도 파견 노동자들에 대한 적절한 수준의 보호가 담보되어야 할 뿐만 아니라, 전국 수준의 노사 대표 단위들과 협의해 경과 기간을 설정하도록 했다. 이처럼 파견 노동 지침은 파견 즉시 적용하는 것을 원칙으로 하고 경과 기간 설정을 허용하되, 특정 국가들에 한정하는 동시에 설정 절차와 조건을 강화함으로써 2002년 11월의 지침 재수정안에 비해서도 파견 노동자 보호를 강화했다.

동등 처우 원칙의 예외 인정

파견 노동 지침은 정규직 파견 노동자에 대한 예외 인정과 단체협약에 의한 예외 인정 등 두 종류의 예외 인정도 허용했다.[18]

지침 제5조 제2항은 파견 노동자가 파견 업체에 정규직으로 고용되어 비파견 대기 기간에도 지속적으로 보수를 받는 경우, 회원국들이 노사 당사자들과의 협의를 거쳐 보수에 한해 동등 처우 원칙의 적용을 면제할 수 있도록 했다. 이는 2002년 3월 집행위원회의 지침 초안에 노사 당사자들과의 협의와 보수에 국한된 면제 조항을 추가해 예외 인정 정도를 더 제약한 2002년 11월 지침 재수정안의 문구를 그대로 유지했다. 정규직 파견 노동자에 대해 예외를 인정하는 것은 일명 '독일식 예외 인정'으로도 불린다. 독일은 과거 파견 업체가 파견 노동자를 정규직으로 고용하도록 의무화했었는데, 이 조항은 1997년에 개정되었지만 파견 노동자의 정규직 고용은 여전히 단체협약에 근거한 일반적 현상으로 남아 있기 때문에 독일이 강력하게 요구했던 것이다. 물론 파견 업체가 파견 노동자를 정규직으로 고용하고 비파견 대기 기간에도 일정 수준의 보수를 지급하도록 법 규정 혹은 단체협약으로 강제하고 있는 회원국들은 독일 외에도 스웨덴·노르웨이·스페인 등 다수가 있다.

지침 제5조 제3항은 회원국들이 노사 당사자들과의 협의를 거쳐, 해당 수준의 노사 당사자들에게 파견 노동자의 전반적 보호 수준을 존중하는 가운데, 기본적 노동·고용 조건의 동등 처우를 이탈하는 단체협약을 체결할 수 있도록 허용하게 했다. 이는 2002년 3월 초안에 노사 당사자들의 합의를 추가한 2002년 11월 지침 재수정안에, 다시 파견 노동자의 전반적 보호 수준 존중이라는 전제 조건을 추가로 부과해 예외 인정을 통해 노동조건이 개악될 여지를 최소화하고자 했다. 단협 예외 인정은 스웨덴 등 북유럽 정부들의 요구로 채택되었다는 의미에서 '북유럽식 예외 인정'

18_예외 인정 관련 규정의 내용과 의미에 대해서는 European Council(2008, 12-13), Rönnmar(2010, 423-425), Eklund(2009, 143-149, 159-162), Warneck(2011, 23-25)을 참조할 것.

으로도 불린다. 실제 스웨덴 등 북유럽 정부들은 단협 예외 인정을 관철시키기 위해 교섭 과정에서 매우 적극적이었는데, 이것이 받아들여지지 않을 경우 파견 노동 지침의 수립 자체를 저지하는 것까지 고려했었다고 한다. 이는 스웨덴 등 북유럽 국가들이 법조항보다 노사 교섭과 단체협약을 통해 노동조건을 규정하고 있기 때문에, 법 규정에 의해 결정될 경우 노사 당사자들의 교섭력이 약화되고 향후 법 개정에 의한 노동조건 개악이 우려되어 주로 노동조합 측이 요구해 관철된 것이다.

3) 파견 노동 지침의 기타 원칙과 규정

제2장은 제5조의 동등 처우 원칙 외에도 제6조에서 제8조까지 다양한 고용·노동조건을 다루고 있으며, 제3장 제9조와 제1장 제4조도 다양한 추가 원칙들에 대해 규정하고 있는데, 지침의 다른 조항들은 동등 처우 원칙과는 달리 이해관계자들 사이에 별다른 쟁점으로 부각되지 않았으며 내용과 표현도 2002년 11월 지침 재수정안과 대동소이하다.[19]

집단적 서비스 및 직업훈련에 대한 접근권과 관련해, 제6조는 파견 업체가 파견 노동자에게 사용 업체에 대한 파견 혹은 파견의 종료를 이유로 수수료를 부과할 수 없도록 하고, 파견 노동자들에게 사용 업체의 편의 시설이나 집단적 서비스들에 대한 접근권을 보장하도록 했다. 또한 제6조는 훈련에 대한 접근권 보장과 관련해, 파견 노동자들에게 비파견 기간 동

19_동등 처우 원칙 이외 조항들의 내용과 의미에 대해서는 European Council(2008, 12-13), EUR-LEX(2014a), Eklund(2009, 148-149), Warneck(2011, 25-29)를 참조할 것.

안 파견 업체 내에서 실시되는 훈련과 육아 설비에 대한 접근권, 파견 기간 동안 사용 업체의 노동자 대상 훈련에 대한 접근권을 개선하기 위해 회원국들이 적절한 조치를 취하거나, 이를 위한 노사 당사자들과의 사회적 대화를 진행하도록 했다.

파견 노동자의 이해를 대변하기 위해, 제7조는 회원국들에 정착된 제도적 틀 속에서 설정된 최소 요건을 충족시키면 파견 노동자를 대변하는 기구를 파견 업체 혹은 사용 업체에 수립할 수 있도록 했다. 또한 노동자 대표의 정보권에 대해, 제8조는 사용 업체로 하여금 노동자 대변 기구에 파견 노동자 사용과 관련된 정보를 제공하도록 했다.

제3장은 제9조에서 파견 노동 지침은 최저 기준에 해당되므로 노동자 보호의 수준을 낮추는 근거로 사용되어서는 안 되며, 지침보다 우월한 법 규정을 제정하거나 단체협약을 체결하는 데 장애가 되어서는 안 된다는 점을 강조했다.

한편 제1장 제4조에서는 파견 노동 사용에 대한 금지와 제약은 파견 노동자에 대한 보호, 작업의 건강과 안전의 요건, 노동시장의 효율적 기능과 같은 공익에 의해서만 정당화될 수 있다고 선언했다. 이런 원칙에 입각해 회원국들은 파견 노동 사용에 대한 규제 혹은 금지 규정들을 검토해 2011년 12월 5일까지 그 결과를 유럽연합 집행위원회에 보고하도록 했다. 이처럼 파견 노동 사용에 대한 부당한 규제를 해소하는 것은, 기존의 규제 장치들을 존치해야 한다는 유럽 노총의 입장과 해소해야 한다는 유럽 사용자단체들의 입장 사이에서 타협안으로, 파견업 노사가 공동선언에서 제시한 대안을 채택한 것이다.

이처럼 유럽연합 집행이사회는 유연성-안정성의 이중적 목적하에서 이해관계자들의 입장을 수렴하는 방식으로 파견 노동 지침을 확정했는데, 유럽 경제사회위원회와 유럽 의회는 물론 파견업 노사가 제안한 파업 노동자 대체 금지 규정은 채택하지 않았다. 이는 두 가지로 설명될 수 있다.[20] 첫째, 파견 노동 지침이 파견 노동자 보호라는 노동 측의 안정성 요구에 좀 더 기울어져 있는 가운데, 파업 노동자 대체 금지 규정을 도입하는 문제로 또 다른 논란을 불러일으킬 경우, 지침 수립에 반대하는 세력들의 저항을 격화시킴으로써 파견 노동 지침 수립 자체가 불가능할 수 있다는 우려 때문이다. 둘째, 유럽 사용자단체들이 유럽 노총에 비해 유럽연합에 대한 교섭력과 영향력에서 상대적으로 우월한 위치에 있다는 현실적인 역학 관계도 반영한다고 할 수 있다.

4) 파견 노동 지침과 이해관계자 입장

파견 노동 지침의 내용을 주요 이해관계자들의 입장과 비교해 보면 지침은 대체로 이해관계자들의 입장을 수렴하면서, 유연성과 안정성을 동시에 구현하는 이중적 목적에 충실하고자 했지만, 파견 노동자를 보호함으로써 안정성을 강화하는 데 상대적으로 더 비중을 둔 것은 분명하다(〈표 7.4〉). 이는 지침 공포에 대한 이해관계자들의 반응에서도 확인된다.

유럽의 노사 단체들은 동등 처우 원칙의 비교 대상과 적용 시점 등에서 첨예하게 대립했었는데, 2008년 12월 5일 공포된 지침에 대한 반응은 대조적이다.[21] 유럽 노총은 2008년 6월 9일 유럽연합 집행이사회가 파견

20_이런 설명에 대해서는 Vandaele 면담(2012), Leschke 면담(2012), Clauwaert 면담 (2012)을 참조했음.

21_유럽 노사 단체들의 반응에 대해서는 ETUC(2008e, 2008f), Lücking(2008), McKay (2009), Clauwaert 면담(2012)을 참조했음.

표 7.4 | 파견 노동 지침 내용 변화와 이해관계자 입장

	2002.11.28 재수정안	2008.12.5 공포 지침	안정성 입장	유연성 입장	비고
〈동등 처우〉					
비교 대상	가설적 사용 업체 직접 고용 노동자	가설적 사용 업체 직접 고용 노동자	유럽 노총, 유럽 의회: 가설적 사용 업체 직접 고용 노동자	유럽 사용자 단체 : 파견 업체 노동자	
적용 시점	파견 즉시 적용 원칙: 6주 경과 기간 허용	파견 즉시 적용 원칙: 경과 기간 허용 조건(적절한 보호 수준, 노사 대표 협의 전제)	유럽 노총: 파견 즉시 적용/ 파견업 노사: 파견 첫날, 예외 인정 허용	유럽 사용자 단체: 6개월 이상 경과 기간/ 영국: 12주 경과	유럽 의회: 경과 기간 불허, 예외적 5년 유예 허용
노동조건	보수 포함	보수 포함	유럽 노총 : 보수 포함	유럽 사용자 단체: 보수 포함 반대	
〈예외 인정〉					
파견 업체 정규직 고용, 비파견 임금 보장 노동자	노사 당사자 간 협의를 거쳐 예외 인정 허용	노사 당사자 협의의 거쳐 예외 인정 허용	유럽 노총: 적용	독일, 유럽 사용자 단체 : 예외 인정 허용	유럽 의회: 조건부 예외 인정 허용
동등 처우 이탈 단협 체결 허용	노사 당사자 협의, 보호 수준 보장	노사 당사자 협의, 보호 수준 보장		북유럽 : 예외 인정 허용	
〈기타〉					
파업 노동자 대체 금지	없음	없음	유럽경사위, 유럽 의회, 파견업 노사	반대	
회원국 기존 규제 장치	부당한 규제 해소	부당한 규제 해소	유럽 노총: 존치	유럽 사용자 단체: 해소	파견업 노사 : 부당한 규제 해소

노동 지침 최종안에 대해 합의를 이루었을 때, 2008년 10월 22일 유럽 의회가 집행이사회의 지침 최종안을 표결로 채택했을 때, 마침내 2008년 12월 5일 최종 확정된 지침을 공포했을 때도 일관되게 공식 성명과 사무총장의 발언 등을 통해 환영의 입장을 표명했다. 파견 노동 지침에 대한 유럽 노총의 긍정적 평가는, 이와 동시에 노동시간 지침에 대해 불만을 토로하며 수용 불가 입장을 밝힌 것과 대조를 이루고 있어, 단순한 외교적 수사가 아님을 확인해 준다. 유럽 노총은 특히 동등 처우 원칙의 비교 대상을 사용 업체 직접 고용 노동자로 설정한 것, 파견 즉시 적용하기로 한 것을 높이 평가했고, 파견 노동 지침의 채택은 사회적 유럽Social Europe의

발달을 위한 중요한 계기가 될 것이라는 기대 섞인 전망도 내놓았다.

이와는 대조적으로, 유럽사용자연합은 2008년 6월 집행이사회의 지침 최종안 합의를 퇴보로 평가하며 강도 높게 비판했다. 반면, 유럽 노총이 강하게 비판한 노동시간 지침 개정안에 대해서는 노동시간의 유연성을 확보해 주는 진일보라고 긍정적으로 평가하고 있어, 파견 노동 지침에 대한 불만의 정도를 가늠할 수 있다. 하지만 2008년 10월 유럽 의회가 지침 최종안을 표결로 통과시킨 데 이어 12월 5일 집행이사회가 최종 확정된 지침을 공포한 데 대해서는 공식적 평가를 내놓지 않음으로써 공개적 비판보다 무언의 비판으로 입장을 표현했다. 유럽사용자연합의 소극적 비판 태도는 두 가지 요인으로 설명될 수 있다. 첫째, 유럽연합 집행이사회가 유럽 의회의 표결과 집행이사회의 자체적 의견 수렴이라는 공식 절차에 따라 지침을 확정했기 때문에, 유럽사용자연합은 수용이든 거부든 선택해야 했는데, 거부하기에는 상당한 정치적 부담이 따랐다. 둘째, 유럽 사용자단체들도 파견 노동 지침의 동등 처우 원칙은 통과되었지만 적용 시점의 경과 기간 허용, 정규직 예외 인정과 단협의 예외 인정 허용이라는 양보를 확보하는 한편, 파견 노동 지침과 동시에 추진된 노동시간 지침에서도 일정한 양보를 약속받음으로써 일정 정도 실익을 얻었기 때문이다.[22]

한편 유럽연합 회원국들도 파견 노동 지침을 둘러싸고 유연성 입장과

22_파견 노동 지침의 개정 필요성 여부에 대해 유럽 사용자 단체들이 유럽사용자연합은 물론 EuroCeitt, CEEP, UEAPME까지 개정 필요성을 부정한 것도 파견 노동 지침에 대한 유럽 사용자단체들의 반대 정도가 소극적 수준에 머물고 있음을 의미하는데, 이것도 같은 요인들로 설명될 수 있다(European Commission 2014a, 18-20).

안정성 입장으로 나뉘어 있었는데, 파견 노동 지침에 대해 비판하거나 문제의식을 지닌 국가들은 대체로 유연성을 중시한 회원국들이었다.[23] 하지만 지침을 비판하는 회원국들도 지침을 추진하는 과정에서는 강도 높게 비판하고 반대했지만, 최종 지침이 공포된 후에는 공개적인 비판·반대를 자제했다. 그것은 유연성을 옹호하는 회원국 대표들도 참여해 유럽연합 집행이사회와 유럽 의회가 공식적 절차를 거쳐 결정한 사항에 대해 반대할 명분이 약했기 때문이다. 뿐만 아니라 유럽연합이, 논란의 핵심이었던 동등 처우 원칙을 채택하면서도 영국식 예외 인정, 독일식 예외 인정, 북유럽식 예외 인정처럼 반대 회원국들을 포용하기 위해 예외를 허용한 것도 지침을 반대해야 할 절박함을 완화시켰다고 할 수 있다. 이는 유연성을 옹호하는 회원국들 가운데 가장 강력한 반대 세력이었던 영국의 사례에서도 확인될 수 있는데, 영국은 적용 시점의 경과 기간 허용을 받아내는 한편, 노동시간 지침에서도 일정한 양보를 얻어내는 실익을 취하면서 동등 처우 원칙을 수용하게 되었던 것이다.

5. 맺음말

파견 노동 지침이 수립되는 과정과 최종 확정된 지침의 내용을 분석한 결과는 다음과 같다.

23_회원국들의 반응에 대해서는 Hall(2011), Schömann & Guedes(2012, 16), Contouris & Horton 2009), Rönnmar(2010, 424), Eklund(2009)를 참조할 것.

파견 노동 지침의 이중적 목적과 지침 수립의 지연

파견 노동 지침은 파견 노동자 보호가 유럽연합의 공식 의제가 된 이래 지침으로 수립되기까지 35년이 소요되었다. 1990년대 중후반 비정규직 관련 3대 지침이 동시에 추진되었고, 그 가운데 단시간 노동 지침과 기간제 노동 지침은 각각 1997년과 1999년에 수립될 수 있었지만 파견 노동 지침은 합의를 도출하는 데 실패해 무산되었다. 이후 2000년 5월부터 유럽 노사 단체들은 파견 노동 지침을 수립하기 위해 교섭 시한 연장까지 요청하며 집중적인 교섭을 진행했지만 1년 만에 공식적으로 결렬을 선언함으로써, 파견 노동 지침을 둘러싸고 노사 간 이해관계가 얼마나 첨예하게 대립하고 있는지를 잘 보여 주었다.

지침 수립의 목적을 노동 측은 파견 노동자를 보호하기 위한 것으로 본 반면, 사용자 측은 파견업의 긍정적 효과를 확산하는 것으로 보았다. 노동의 안정성 입장과 자본의 유연성 입장은 동등 처우 원칙의 핵심 쟁점들을 둘러싸고 그대로 충돌했는데, 비교 대상에서 노동은 사용 업체의 직접 고용 정규직 노동자로, 자본은 동종 파견업의 파견 노동자로 설정했고, 적용 시점에서도 노동은 파견 즉시 적용할 것을, 자본은 6개월 이상 경과 기간을 설정할 것을 주장했다.

노동-자본이 대립하고 지침의 수립이 지연된 것은 유럽연합이 설정한 지침의 목적 자체가 이중적 성격을 갖기 때문이다. 파견 노동 지침은 파견 노동자를 보호하는 한편 노동시장의 다양성을 허용하는 이중적 목적을 지닌다고 선언했는데, 이는 서로 상충하는 노동의 안정성 요구와 자본의 유연성 요구를 동시에 충족시키겠다는 것으로서 대립과 갈등을 피할 수 없었다.

파견 노동 지침은 전문에서 밝혔듯이 유럽의 사회적 모델을 실현하기 위한 노력의 일환으로 추진되었으며, 노동시장의 유연안정성을 구현하기 위해 수립되었다. 이를 위해 지침은 파견 노동자와 직접 고용 노동자의 동등 처우 원칙을 통해 파견 노동자의 양호한 노동조건과 안정성을 담보하는 한편, 파견업에 대한 부당한 규제를 해소함으로써 기업 활동의 자유와 노동력 활용의 유연성도 보장하는 법제도 틀을 수립해 회원국들로 하여금 3년 이내에 도입·집행하도록 했다.

유럽 노총이 파견 노동 지침의 수립을 환영하며 사회적 유럽의 발전에 좋은 계기가 될 것이라고 논평한 것은, 합의 도출이 계속 실패해 파견 노동 지침의 수립이 지연되는 문제가 해결되면서 유럽의 사회적 모델 발전에 긍정적인 계기로 작동할 수 있게 되었다고 평가한 것이며, 유럽연합이 파견 노동 지침에 부여하는 의미를 확인하며 기대감을 표현한 것이다.

안정성의 상대적 우위와 예외 인정의 타협안

지난한 갈등을 거치며 확정된 파견 노동 지침은 비교 대상으로 가설적 사용 업체 직접 고용 노동자를, 적용 시점으로 파견 즉시 적용 원칙을 선택함으로써 자본의 유연성보다 노동의 안정성에 우선권을 부여했다. 지침의 내용이 최종 확정되어 공포되는 과정에서 유럽사용자연합이 강력하게 반대한 반면, 유럽 노총이 적극 환영하며 사회적 유럽을 강화하는 길이 열렸다고 극찬했던 것도 이를 확인해 준다.

하지만 지침에서 안정성이 갖는 우위는 절대적이 아니라 상대적이었다. 지침을 수립하는 과정이 노사 당사자들의 합의 도출을 유도하고 회원국들의 의견을 수렴·조율하는 과정이었기 때문이다. ILO의 파견 노동 관련 노동조약이 동등 처우 원칙을 포함하지 않았다는 점을 고려하면, 유럽연합의 파견 노동 지침이 동등 처우 원칙을 포함했다는 사실 자체부터 자본의 유연성보다 노동의 안정성을 중시한 선택의 결과임은 분명했다. 따라서 노동은 지침 수립을 지지한 반면, 자본은 반대하며, 이를 저지하거나 수립되더라도 규제를 최소화하고자 했다. 2000~2001년의 노사 교섭이 결렬되면서 지침 수립을 반대하고 유명무실하게 만드는 역할의 구심점은 유럽 사용자단체들에서 영국 등 지침 수립에 반대하는 회원국들로 옮겨졌다.

유럽연합은 동등 처우 원칙을 중심으로 지침을 수립하면서 핵심 쟁점이었던 비교 대상과 적용 시점에서 노동 측의 안정성 입장을 대폭 수용했다. 하지만 유연성을 요구하는 회원국들을 외면해서는 회원국 대표들로 구성된 유럽 의회와 집행이사회를 통과하기 어려울 뿐만 아니라, 설사 통과되더라도 회원국들이 지침을 도입하고 집행하도록 담보하기 어렵기 때문에 반대 세력들을 위해 예외 인정 방식으로 일정 수준 양보가 이루어졌다. 동등 처우 원칙을 파견 즉시 적용하되 경과 기간을 둘 수 있도록 하는 영국식 예외 인정, 파견 업체의 정규직으로서 비파견 대기 기간에도 보수를 받는 파견 노동자들에 대해서는 동등 처우 원칙을 면제할 수 있도록 하는 독일식 예외 인정, 회원국 노사가 단체교섭을 통해 동등 처우 원칙의 이탈을 허용하는 북유럽식 예외 인정이 그것이었다. 이렇게 최종 확정된 파견 노동 지침은 노사 당사자들과 회원국들의 의견을 수렴한 타협안으로 수립되었다.

지침 수립의 정치와 행위 주체들의 전략적 선택

노동에 비해 자본이 교섭력과 영향력의 우위를 점하고 있는 상황에서 어떻게 노동의 안정성에 상대적이나마 우위를 부여하는 지침이 수립될 수 있었을까?

유럽연합의 노사 단체들이 이해관계가 첨예하게 대립해 2001년 5월

합의 실패를 선언함으로써 유럽연합 내부의 공식적 의사 결정 절차가 진행되기 시작하자, 노사 당사자의 영향력은 상대적으로 약화되고 지침 수립의 정치는 회원국들의 입장이 각축하고 수렴하는 장으로 전환되었다. 회원국들도 유연성 입장과 안정성 입장으로 양분되었고, 결국 유연성-안정성 대립 구도 속에서 균형추를 좌우할 수 있게 된 제3의 세력들은 회원국 대표들로 구성된 유럽 의회, 유럽연합과 회원국의 노사 대표들과 시민 사회 대표들로 구성된 유럽 경제사회위원회, 그리고 파견업의 노사 당사자들이었다. 이 세 세력의 입장이, 안정성을 보장하는 동등 처우 원칙의 기초 위에 유연성을 허용하는 예외 인정들을 결합한 타협안으로, 유럽연합 집행이사회 최종 확정 지침의 기본 방향을 형성하게 되었다.

파견 노동 지침을 수립하는 데 반대했던 세력들은 유럽연합 집행이사회가 2007년 지침 수립을 위해 적극적인 노력을 재개하면서 지침 수립 저지 전략에서 양보 확보 전략으로 전환했다. 회원국들 가운데 지침 수립에 가장 강력하게 반대해 오던 영국도 30년 이상 지연된 것에 대한 비난 여론의 압박과 함께, 더 이상 저지하기 어렵다는 판단에 따라 마침내 2008년 5월 노사정 합의를 통해 파견 노동 지침의 수립을 받아들이게 되었다. 이처럼 반대 세력들도 여론의 압박과 현실적으로 지침의 수립을 막기 어렵다는 점을 절감하는 한편, 예외 인정 조항들을 포함시킴으로써 실익도 확보했기 때문에 파견 노동 지침 수립에 동의하게 되었고, 유럽연합 집행이사회는 이를 관철하기 위해 반대 회원국들에 예외 인정 방식의 유연성을 양보했던 것이다.

물론 지침 수립을 비판 혹은 반대하며 예외 인정을 받아 낸 세력들도 동질적인 것은 아니다. 유럽 사용자단체들과 영국은 파견 노동 사용에 대한 규제 자체를 반대했다. 반면, 독일과 북유럽 국가들은 파견 업체가 파견 노동자를 정규직으로 고용하고 단체협약으로 보호하고 있는 것처럼,

유럽연합의 파견 노동 지침과는 다른 방식으로 파견업을 규제하고 파견 노동자를 보호하고 있었다. 따라서 지침 도입으로 인해 노동시장과 노사 관계의 평형상태에 혼란이 야기되거나 교섭 주체들, 특히 노동 측의 교섭 력과 영향력이 약화될 수 있음을 크게 우려했다는 점에서, 규제와 보호 자 체의 반대가 아니라 규제·보호 방식의 차이에서 비롯된 것이라 할 수 있 다.

제8장

스웨덴의 간접 고용에 대한 사회적 규제와 '관리된 유연성'

파견업 단체협약을 중심으로

1. 들어가는 말

스칸디나비아 국가들은 여타 시장경제 모델 국가들에 비해 사회보장 제도 및 평등 분배 등 사회적 지표들뿐만 아니라 경제성장과 노동시장 고용률 등 거시 경제 지표들에서도 우수한 성과를 보이고 있다. 특히 사회적 지표들에서 취약한 영미형 자유 시장 경제 모델에 비해 스칸디나비아 모델은 상대적으로 더 우월한 모습을 보여 준다.

● 본 장은 『사라져 버린 사용자 책임: 간접 고용 비정규직 실태와 대안』(2013)에 실린 원고를 수정·보완한 글이다. 게재를 허락해 준 〈매일노동뉴스〉에 감사한다.

경제정책과 사회정책이 교차하는 노동시장 영역에서도 스칸디나비아 모델 국가들은 자본의 유연성 요구와 노동의 안정성 요구를 결합한 유연안정성 모델을 실현하고 있는 것으로 평가된다. 이런 유연안정성 모델의 핵심은 시장 변동에 조응할 수 있는 유연한 노동시장, 관대한 실업보험 제도를 중심으로 하는 잘 발달된 보편적 복지 제도, 그리고 실업 기간을 최소화하고 재취업 가능성을 높이는 적극적 노동시장 정책으로 구성된 황금 삼각형이다. 스칸디나비아 국가들 가운데 스웨덴은 황금 삼각형의 한 축을 구성하는 노동시장 유연성에 있어 덴마크 등 여타 스칸디나비아 국가들에 비해 상대적으로 고용 안정성이 더 높다.

스웨덴 생산직 노동조합 총연맹 LO는 파견 노동 금지 입장을 고수하다가 파견 노동을 허용하되 강력하게 규제하는 전략으로 전환했다. 선행 연구들은 LO가 파견 노동 사용을 엄격하게 규제하며 파견 노동자를 보호함으로써 파견 노동의 남용 가능성을 효과적으로 차단하고 있는 것으로 평가한다(Coe et al 2009; Brunk 2008; Koene & Driel 2007; Storrie 2003). 이런 스웨덴의 효과적인 파견 노동 규제 방식은 노동시장의 '관리된 유연성'으로 불린다.

2000년 LO가 파견업협회와 단체협약을 체결하면서 파견업에 대한 사회적 규제 체제가 구축되기 시작했다는 점을 고려하면 스웨덴 파견업을 관리된 유연성으로 평가하는 선행 연구들의 판단 준거는 2000년대 전반 5년 기간에 불과하다. LO와 파견업협회가 최초로 단체협약을 체결한 지 10여 년이 지났다는 점에서 스웨덴 파견업의 관리된 유연성이 작동하는 방식을 분석·평가하기에 적절한 시점이 되었다고 할 수 있다. 하지만 현재 유효한 법제도와 단체협약하에서 어떻게 파견 노동 사용이 규제되고, 사회적 행위 주체들은 관리된 유연성에 어떻게 대응하는가에 대한 체계적 분석은 이루어지지 않았다.

우리 사회에 불법 파견 등 간접 고용의 폐해가 극심함에도 불구하고 스웨덴의 간접 고용 규제 방식에 대한 학술적 연구는 부족하며, 파견 노동 관련 정책에 대한 간략한 소개(손혜경 2010) 정도가 전부다. 스웨덴의 비정규직 문제로 넓혀 봐도 성 평등적 관점의 시간제 노동 분석(김영미 2011)을 제외하면 학술적인 연구는 전무하며, 국내의 스웨덴 연구는 주로 복지 제도를 중심으로 진행되어 왔다.

본 연구의 목적은 파견 노동을 중심으로 스웨덴의 간접 고용 규제 방식을 분석하며 관리된 유연성의 실체를 확인하고, 관리된 유연성의 규제 체계가 어떻게 작동하며, 어떻게 사회적 행위 주체들에 의해 수용되어 재생산될 수 있는지를 분석하는 것이다.

2. 간접 고용 비정규직 사용과 법적 규제

1) 고용 보호법과 정규직 고용 원칙

스웨덴은 고용 보호법을 중심으로 정규직 노동자들의 고용 안정과 비정규직 사용을 규제하고 있다. 고용 보호법은 1974년에 제정되었으며[1] 제정 당시부터 고용계약은 무기 계약으로 간주하고 특정한 사용 사유에 해당할 경우 예외적으로 임시직 계약을 허용하고 있다. "고용계약들은 기간

1_고용 보호법의 정규직 고용 원칙 수립과 개정 과정에 대해서는 Storrie(2003b), Engblom (2008)을 참조할 것.

의 정함이 없이 유효하다. 그러나 제5조와 제6조에 명시된 사례들의 경우 기간의 정함이 있는 고용계약들이 체결될 수 있다"(제4조).

이처럼 고용 보호법이 정규직 고용 원칙을 분명히 함으로써 고용계약 유형이 불분명할 경우 노동자가 무기 계약임을 증명하기보다 고용주가 무기 계약이 아님을 증명하도록 한 것이다. 현재 고용 보호법은 정규직 고용 원칙의 기초하에서 제5조와 제6조에서 임시직 사용 사유를 제한하고 있다. 임시직 사용이 허용되는 사유는 다섯 가지로 제한된다. ① 노동자의 동의로 한시적으로 사용하는 일반 임시직, ② 일시적 대체 고용, ③ 계절적 고용, ④ 67세 이상의 피고용자, ⑤ 수습 노동 등이다.

임시직 노동자들의 경우 사용 사유와 함께 사용 기간을 제한하며, 허용 사용 기간은 사용 사유별로 차별화하고 있다. 일반 임시직과 대체 고용의 경우 총 5년 기간에 걸쳐 2년 한도로 사용하도록 하는 한편, 수습 노동의 경우 6개월을 상한으로 설정한다.

고용 보호법은 임시직 계약을 사용 사유와 사용 기간으로 규제하는 한편 임시직 노동자들을 보호하는 장치들도 마련해 두고 있다.[2]

첫째, 고용 보호법은 고용주가 임시직 노동자들에 대해서도 계약 종료 1개월 전까지 통고하도록 한다.

둘째, 고용 보호법은 정규직 노동자들과 마찬가지로 임시직 노동자들에게도 해고 뒤 재고용 우선권을 보장한다.

한편, 고용 보호법과는 별도로 차별금지법을 제정해 임시직에 대한 차별을 금지하는 한편 포괄적 동등 처우를 명문화하고 있다. 차별금지법

2_임시직 노동자들에 대한 보호 장치들에 대해서는 고용 보호법 제15조에서 제25조까지 조항들을 참조할 것.

제3조와 제4조는 고용 형태에 따른 임금 등 노동조건의 차별 처우를 금지하고 임시직 노동자를 포함한 비정규직 노동자들과 정규직 노동자들을 동등하게 처우하도록 하고 있다.

2) 사적 고용 중개법과 간접 고용 및 직업 소개업 규제

스웨덴은 공동 결정법이 노동자들의 노동조건에 영향을 미치는 거의 모든 사안을 공동 결정의 대상으로 규정해 노사가 교섭하도록 하고 있다. 따라서 간접 고용 노동자들의 사용 및 노동조건에 대해서도, 담당 직무가 해당 사업장의 직무와 연계성·통합성의 정도가 높을수록 해당 사업장의 단체협약을 적용받으며 단체교섭의 대상이 되고 있기 때문에, 간접 고용 노동자들도 직간접적으로 노동조합의 개입력과 그 성과에 의해 보호된다.[3]

노동관계법 규정들의 상당 부분은 간접 고용 노동자들을 포함한 모든 노동자에게 적용되지만, 간접 고용 사용에 대한 노동관계법과 단체교섭의 규제들은 주로 파견업에 초점을 맞추고 있다. 스웨덴은 1935년 이윤을 위한 사적 부문의 파견 사업을 금지하는 법을 제정해 1992년까지 유지해 왔다.[4] 파견 사업을 법적으로 금지하는 가운데, 1950년에는 이윤을 목적으로 하는 사적 고용 교환을 금지하는 ILO 협정convention #96을 추인함으로써 이윤 추구를 위한 노동력 파견을 금지하는 한편, 공적 취업 알선 중심의 적극적 노동시장 정책을 통해 노동시장의 중개 기능을 활성화한다

3_Koene & Driel(2007, 14-15), Danielsson 면담(2012)을 참조할 것.

4_파견 사업 및 노동력 중개업에 대한 법적 규제 변천에 대해서는 Koene & Driel(2007, 11-18), Coe et al(2009, 70-74), Storrie(2003b, 87-89)를 참조할 것.

는 입장을 재확인했다.

영리 목적의 파견 사업이 법적으로 금지되던 시기에도 파견 노동은 화이트칼라 직무를 중심으로 확산되었다. 사민당 정부는 1991년 파견 사업 금지에 대한 예외조항들을 도입하며 최대 4개월로 파견 기간을 제한했으나, 뒤이어 출범한 우파 정부가 1992년 들어 ILO 협정 추인을 철회하고 고용 교환에 대한 공적 독점을 폐지한다고 선언하며 사적 고용 중개법을 제정했는데, 이 법은 1993년 7월 1일 발효되었다.

사적 고용 중개법은 공공 고용 기구를 제외한 사적 부문의 파견업과 고용 중개업에 대한 규제 내용들을 포함하고 있다. 사적 고용 중개법(제4조)은 사적 부문 파견 업체의 경우 파견 노동자가 직무를 수행하던 사용 업체에 직접 고용되는 것을 방해할 수 없도록 하며, 파견 노동자의 직접 고용 정규직 전환에 대한 제약을 금지했다. 또한 노동자가 자신을 고용했던 직전 고용 업체와 고용계약이 종료된 이후 6개월이 경과하기 전에는 파견 업체에 의해 직전 고용 업체에 파견될 수 없도록 함으로써 사용 업체가 직접 고용 정규직을 파견 노동자로 전환하는 것을 규제하고 있다.

3) 수수료 규제와 적극적 노동시장 정책

사적 고용 중개법(제6조)은 파견업이나 고용 중개업을 수행하는 업체가 구직자나 취업자에게 일자리를 제공한 대가로 보수를 요구하거나, 동의하거나, 수령할 수 없도록 해 직간접적 수수료 수취를 금지하고 있다. 이는 간접적인 착취와 그로 인한 파견 노동자의 임금 등 노동조건의 악화를 방지하는 데 일차적인 목적이 있다. 뿐만 아니라 영리를 목적으로 하는 사적 부문의 직업 알선 사업을 억제하고, 구직자가 공적 기구의 직업 알선 서비스를 적극적으로 활용하도록 유도하려는 의도도 포함하고 있다. 그

것이 바로 적극적 노동시장 정책이다.

적극적 노동시장 정책은 긴축적 총수요 관리 중심의 거시 경제 정책과 중앙집중화된 교섭 체계에 기초한 연대 임금 정책과 함께 렌-마이드너 Rehn-Meidner 모델을 구성하는데, 이는 1950년대 사민당 정부에 의해 채택되어 스웨덴 모델의 핵심 요소로 자리 잡게 되었다.[5] 스웨덴 모델의 다른 두 요소가 상대적으로 높은 실업률로 이어질 가능성이 높기 때문에 이를 보완하기 위해 적극적 노동시장 정책이 도입되었으며, 그 핵심적인 역할은 구직자를 위한 노동시장 훈련 제공과 취업 알선이다. 적극적 노동시장 정책은 우파 정부하에서 상대적으로 약화된 것은 사실이지만 여전히 스웨덴의 노동시장 안정화 정책에서 가장 중요한 부분을 구성하고 있다.

적극적 노동시장 정책은 주로 공공 직업소개 기구Arbetsförmedlingen에 의해 수행되고 있다. 공공 직업소개 기구에 등록된 구직자 숫자는 지난 5년 동안 1백만 명과 110만 명 사이에서 머물고 있는데, 2013년 이래 소폭 감소해 2015년 현재 101만1천 명을 기록하고 있다. 공공 직업소개 기구의 노동시장 점유율, 즉 사용 업체들이 공공 직업소개 기구에 구인 등록을 하는 비율은 2000년대 초부터 현재까지 30%와 50%에서 부침하고 있는데, 2007년 최고치를 기록했다가 경제 위기를 계기로 하락해 2013년 현재 44%에 머물고 있다. 공공 직업소개 기구의 점유율은 경제 상황과 함께 변화하는데, 이는 기업들이 활황기에 상대적 구인난 속에서 노동력 확보 경쟁을 할 때 적극적으로 활용하기 때문이다. 공공 직업소개 기구에 일자리를 등록한 고용주들 가운데 제공 서비스에 대해 만족하는 비율이 2011

5_적극적 노동시장 정책의 부침에 대해서는 Wadensjö(2009, 34-39), Anxo(2012, 32-39)를 참조할 것.

년 조사에서 90%로 나타났다는 사실은 이 기구의 효율성을 확인해 준다.[6] 이는 스웨덴 정부가 적극적 노동시장 정책을 강화하고 효율적으로 운영할수록 영리를 목적으로 하는 사적 부문 영리법인의 직업 알선 기능은 최소화될 수 있음을 의미한다.

3. 단체협약에 의한 파견업 규제

1) 사무직 노동조합의 적극적 개입 전략

사무직 노동조합들은 파견 노동이 합법화되기 전부터 이미 서비스산업의 하급 사무직 파견 노동자들을 위한 단체교섭을 실시하고 있었다. 파견업 관련 최초의 단체협약은 서비스사무직연맹HTF이 1979년에 세 개의 타자수 사무 업체들을 대상으로 상업서비스업협회HAO와 체결한 단체협약이다.

이 단체협약은 해당 업체들에서 취업 알선 및 배치를 담당하는 행정 직원들에 초점을 맞추었지만, 1984년에 갱신된 단체협약은 파견 노동자들에 대해 비파견 기간 동안의 임금을 보장하도록 했고, 1988년에 갱신된 단체협약은 비파견 기간 임금 보장 수준을 50%로 설정했다. 이처럼 사무직 파견 노동자들을 위한 HTF-HAO의 단체협약은 파견 노동자들을 실질

6_공공 직업소개 기구의 역할에 대해서는 Arbetsförmedlingen(2012a; 2012b; 2012c; 2014a; 2014b; 2015; 2016)를 참조할 것.

적으로 보호할 수 있었는데, 파견 노동이 합법화된 뒤 체결된 1994년 단체협약에서는 비파견 기간 50% 임금 보장 외에도 파견 업체의 파견 노동자 고용계약은 기간의 정함이 없는 무기 계약이 되어야 한다고 못 박는 수준으로 발전했다.[7]

한편 파견업 전반에 걸친 단체협약은 파견 노동이 합법화된 뒤 1998년에 체결되었는데, 이 단체협약은 사무직 노총인 TCO의 HTF가 전문직 노총SACO과 함께 사무 전문직 파견 노동자들을 대상으로 파견 업체협회와 체결한 것이다. 이 단체협약 역시 사무직 노동조합들이 주도한 것이며, 사무직 노동조합들은 이처럼 단체교섭을 통해 파견 노동자 문제에 적극적으로 개입하여 파견 노동자들을 보호하는 전략을 일관되게 추진해 왔다.

2) LO와 파견 노동 관련 전략 전환

생산직 노동조합들 가운데 파견 노동의 존재를 노동조합에 대한 위협으로 보며 파견 노동 허용에 반대하는 입장이 많았기 때문에, 생산직 노동조합 총연맹 LO는 파견업이 합법화된 뒤에도 파견 노동자 조직화에 나서지 않으며 단체교섭도 거부하고 있었다.

LO가 최초로 파견 노동자 문제로 단체교섭을 전개해 단체협약을 체결한 것은 2000년 9월이었다. 이 단체협약은 LO가 파견 업체 협회와 단체교섭을 진행했지만 LO 소속 18개 산별노조들과 파견 업체 협회가 서명했으며, 파견 노동자들에게 사용 업체 노동자들과 동등한 임금 등 노동조

7_사무직 노조들의 파견 노동자 관련 단체협약 추이에 대해서는 Koene & Driel(2007, 13-5), Coe et al(2009, 70-74)를 참조할 것.

건을 제공하고, 비파견 기간에 대해 이전 3개월 월평균 임금의 85%를 보장하도록 했다.[8]

LO가 파견업의 존재를 인정하고 단체교섭을 추진한 일차적 동기는 파견 노동자를 보호하는 것보다는, 파견 노동이 확산되고 있는 현실 속에서 파견 노동자와 직접 고용 노동자들 사이의 임금 등 노동조건 격차가 직접 고용 노동자들의 노동조건을 악화시키는 부정적 영향을 미칠 수 있다는 우려 때문이었다. 물론 LO 산하 노동조합들은 노동력에 대한 수요의 부침으로부터 직접 고용 정규직 노동자들을 보호하는 완충재로 파견 노동자를 활용할 수 있게 되었다.

LO가 전략을 전환함으로써 사용 업체의 경우 파견 노동자를 사용할 인센티브가 크게 약화되는 한편, 파견 노동자들의 경우는 비파견 기간 임금 보장 및 직접 고용 노동자들과의 동등 처우를 통해 임금 등 노동조건을 보호받을 수 있게 되었다. 이후, 파견 노동자들은 노동조합에 적극적으로 가입했는데, 이는 LO가 파견 노동자 보호 및 사용·파견 업체 규제 전략을 채택한 효과 때문이기도 하지만, 노동조합이 실업보험을 관리하는 겐트 체계의 영향이기도 하다.

3) LO의 단체협약과 파견 노동자 보호

LO는 스웨덴 서비스 부문 사용자 연합체인 알메가Almega와 단체교섭을 진행하며, 합의된 단체협약은 알메가 산하 파견업 협회[9]와 LO 산하 금속

8_LO의 전략 전환 과정 및 결과에 대해서는 Storrie(2003b, 87-99), Bergström & Styhre (2010, 477-479)를 참조할 것.

노조IF Metall, 지자체 노조Kommunal 등 14개 산별노조들이 서명한다. 이 단체협약의 핵심 내용은 파견 업체가 파견 노동자를 정규직으로 고용한다는 원칙, 사용 업체가 직접 고용 노동자와 파견 노동자를 동등 처우한다는 것, 비파견 기간에 임금을 보장하는 것이다(Bemanningsföretagen 2015a).[10] 사무직 TCO와 전문직 SACO가 파견업 협회와 체결한 파견업 단체협약도 동등 처우 조항이 빠져 있고, 비파견 기간 임금 보장률이 85%로 차이를 보일 뿐 협약 내용은 대체로 대동소이하다.[11]

파견 노동자 정규직 고용 원칙

단체협약은 고용 형태를 다루는 제3조 제1항에서 별도의 합의가 없는 한 "고용은 기간의 정함이 없다"고 규정함으로써 정규직 고용 원칙을 명시하

9_파견업 협회는 2003년 10월 대형 파견 업체 협회 SPUR와 중소 파견·소개업체들로 구성된 알메가 서비스업협회가 합병하며 출범했고, 현재 알메가의 일곱 개 소속 단체들 가운데 하나이다. 파견업 협회에 대해서는 동 협회의 홈페이지(www.bemanningsforetagen.se)를 참조할 것.

10_2012년 4월 30일로 만료된 단체협약은 비파견 대기 기간에도 파견 노동자에게 직전 3개월 기간의 월 평균 임금 총액의 90%를 월 임금으로 보장했는데, 월 평균 임금 총액의 90% 보장은 최저 수준의 보장으로서 노동 시간당 임금과 상여금을 포함한 액수이며, 초과시간 혹은 야간·휴일 근무 등 불편한 시간대 노동에 대한 수당은 제외한 것이다(LO 2011g). 2012년 진행된 단체교섭은 7개월여에 걸친 협상 끝에 LO와 파견업 협회가 새로운 단체협약 체결에 합의하고 유효기간은 2012년 5월 1일부터 2015년 4월 30일까지였다. 이 새로운 단체협약에서 비파견 대기 기간의 90% 임금 보장 규정이 LO의 강력한 요구로 시간당 임금 보장 규정으로 대체되었는데, 숙련 노동자의 경우 시간당 108크로나, 나머지는 1백 크로나로 설정되었다(LO 2012b).

11_TCO-SACO의 단체협약 내용에 대해서는 Brunk(2008), Coe et al(2009), Storrie(2003b)를 참조할 것.

고 있다. 제3조 제1항은 고용 보호법의 제5조와 제6조를 적용하지 못하게 함으로써 파견 업체가 파견 노동자를 일반 임시직, 대체 고용 임시직, 수습 고용 임시직, 고령자 임시직 형태로 고용할 수 없게 했다.

그 대신 단체협약은 세 가지 경우에 한해 파견 업체와 노동자가 한시적 고용에 합의할 수 있도록 했다.

첫째, 파견 업체와 노동자는 6개월을 초과하지 않는 한시적 고용에 합의할 수 있고, 반드시 서면 협약에 근거해야 하며, 노조가 승인할 경우 12개월까지 연장될 수 있다. 새로운 한시적 고용은 가장 최근의 한시적 고용이 종료된 시점으로부터 12개월의 휴지 기간이 경과한 후에야 합의할 수 있으며, 이 휴지 기간은 단위 사업장 협약으로 단축될 수 있다.

둘째, 학생이거나, 계약에 의해 퇴직했거나, 고령 연금 수령자인 경우 파견 업체와 노동자는 한시적 고용에 합의할 수 있다.

셋째, 노동자의 요청이 있을 경우, 파견 업체와 노동자는 반복적 단기간 고용의 가능성을 전제하는 한시적 고용에 합의할 수 있다.

이렇게 예외적으로 한시적 고용을 허용하고 있지만, 동 조항은 노동조합이 사측에 의해 이런 규칙들이 남용되고 있다고 판단할 경우 단위 사업장 수준의 단체교섭 혹은 산별 수준의 중앙 교섭을 요구할 수 있도록 단서를 붙이고 있다.

직접 고용 노동자와 동등 처우

단체협약은 제1조 전문에서 적용 범위를 서명 노조들의 업종 내에서 사업을 영위하는 업체들로 한정하되, 제1항에서 동 단체협약이 인력을 파견하는 업체들 및 그 직원들과 파견 업체에 고용되어 LO 산하 노조들의 교섭 상대 업체를 위해 일하는 파견 노동자에게 적용된다고 규정함으로써, 파견 업체가 노조 조직 사업장에 한정해 인력을 파견하도록 간접적으로 규제하고 있다. 또한 제1조 제1항과 제4조 제1항은 파견 노동자가 파견 기간 동안, 해당 사용 업체의 직접 고용 노동자와 그 직무에 적용되는 임금 등 고용조건들을 규제하는 전국 단체협약의 적용을 받는다고 명시하고 있다.

이처럼 파견 노동자들은 노동조합이 조직되어 있는 업체에 한정해 파견되며, 해당 사용 업체 단체협약의 보호를 받을 수 있도록 함으로써 사용 업체 직접 고용 노동자들과 동등한 처우를 받을 수 있도록 강제하고 있다. 이 같은 이중 규제를 통해, 파견 노동자들이 직접 고용 노동자들 가운데서도 노동조합과 단체협약으로 보호되는 비교적 양호한 직접 고용 노동자들과 동등한 처우를 받을 수 있도록 보장하고 있다.

비파견 기간 임금 보장

단체협약은 제5조에서 파견 노동자가 비파견 대기 기간, 즉 파견되지 않고 파견 업체에서 일을 하거나 훈련 프로그램에 참여하고 있는 기간에도 임금이 지불되어야 한다고 규정한다. 비파견 기간의 임금수준은 2012년 단체교섭에서 직전 3개월 평균임금의 90% 보장 규정이 시간당 임금 보장 규정으로 바뀌었는데, 현재 발효 중인 단체협약에서는 숙련 노동자의 경우 시간당 110크로나, 기타 시간당 103크로나로 설정되어 있다(Bemanningsföretagen 2015a).

또한 제5조 제3항은 노동자가 임금 등 물질적 보상의 수급 자격을 상실하지 않으면서도 특정 파견 제안에 대해 거부할 수 있게 했다. 이런 거부권은 교통수단 결여 등 노동자에게 귀책사유가 있지 않은 장시간의 통근 시간, 알레르기와 같은 심각한 건강상의 문제, 혹은 이전 사용 업체에서 괴롭힘을 당한 경험과 같은 예외적 사유들이 있을 경우 행사할 수 있다.[12]

4. 행위 주체들의 전략적 선택과 관리된 유연성

1) LO의 선택과 사회적 규제

LO는 2000년 파견 노동 반대 입장에서 '허용과 규제' 입장으로 선회하며 단체교섭을 추진한 이유로 두 가지를 들고 있다(LO 2011a; 2011b). 첫째는 파견 노동자들이 노동시장의 다른 노동자들과 마찬가지로 단체협약에 의해 보호되어야 한다는 것, 둘째는 생산 현장에서 고용 형태가 다른 노동자들이 임금 및 기타 고용조건들에서 경쟁함으로써 사회적 덤핑이 발생할 위험을 줄이려는 것이었다.

단체협약을 체결하기 전에는 비파견 기간 동안 임금을 수령하지 못하고, 사용 업체의 정규직 노동자들에 비해 임금 등 노동조건에서 차별을 겪었으나, 단체협약을 체결한 이후 이런 문제점들이 해소되는 한편 파견 업체의 정규직 채용 원칙이 수립될 수 있었다. 이처럼 LO가 파견 노동을 허용하되 적극적으로 규제하는 전략으로 전환한 것은 파견 노동자를 보호하는 동시에, 사용 업체들이 사용 노동자를 직접 고용하지 않고 파견 업체를 통해 간접 고용함으로써 인건비를 절감하는 등 재정적 편익을 취하려는 시도를 차단하려는 것이었다.

LO는 2000년 단체협약을 추진하면서 비로소 파견 노동자들의 조직화 또한 적극적으로 추진했다. LO는 노동조합이 조직되어 있는 경우 파견 노동자들이 사용 업체 노동조합과 파견 업체 노동조합 가운데 가입 노

12_뿐만 아니라 파견 노동자는 LO의 14개 산하 조직 사업장이 아닌 경우에도 해당 사업장의 파견을 거부할 수 있는 거부권도 갖는다(LO 2011b; Bemanningsföretagen 2015a).

동조합을 선택할 수 있도록 했다. 단, 파견업에 진입하기 전에 이미 노동조합에 가입해 있었으면 그 노조원 자격을 유지할 수 있도록 하고 있다.[13]

LO는 파견 노동자가 특정 사용 업체에 상대적으로 장기간 파견되어 노동할 경우 해당 사용 업체의 노동조합으로 소속을 바꿀 것을 권고한다. 또한 파견 업체에 노동조합이 조직되어 있지 않은 경우가 많고, 파견 노동자들은 사용 업체의 직접 고용 노동자들과 동등 처우를 보장받기 위해 사용 업체의 노동조합에 가입하는 것이 더 유리할 뿐만 아니라, 사용 업체 노동조합들이 상대적으로 조직력이 강하기 때문에 주로 산업·업종별로 노동조합에 가입하고 있다.[14]

LO는 신규 파견 노동자들의 경우 노조가 주관하는 노조 안내 교육에 참여할 수 있도록 한 시간 유급 교육 시간을 보장하고, 모든 파견 노동자들과 노조 간부들을 위해 온라인 교육 프로그램도 실시하고 있다(LO 2011c; 2011f). 이런 교육 프로그램을 통해 파견 노동자들은 파견 노동의 특수성, 노동기본권 및 파견 노동자 권리, 임금 안정성 보장 및 사회보험 혜택 등에 대해 배우는 한편, LO 노동조합이 조직되어 있지 않은 사업장의 일자리를 거부하고 알레르기, 장시간 통근 혹은 괴롭힘 경험 등의 사유가 있을 때 특정 사업장 파견을 거부할 수 있는 권리에 대해서도 배운다.

LO의 전략 전환과 조직화 활동의 결과 현재 파견 노동자들 대다수는

13_LO의 파견 노동자 조직화 원칙 및 권고 사항에 대해서는 LO(2011d; 2011e)를 참조할 것.

14_파견 노동자의 노조 조직률은 2008년 기준 화이트칼라의 경우 17% 정도, LO의 조직 대상이 되는 생산직의 경우 50~60% 수준인 것으로 알려졌는데(Brunk 2008), 현재는 더 증가한 것으로 추정할 수 있다.

파견 업체의 정규직으로 고용되어 있으며 파견업 단체협약의 보호를 받을 수 있게 되었는데, 파견 노동자의 단체협약 적용률은 2012년 6월 현재 97%에 달해 전체 피고용자 조직률 87%를 크게 상회하고 있다(Silva & Hylander 2012).

LO의 이 같은 단체협약 체결 및 파견업 규제 전략은 파견 노동자뿐 아니라 사용 업체의 직접 고용 정규직 노동자들도 보호하기 위한 것이다. LO는 파견 노동자와 직접 고용 정규직 노동자 사이의 임금 등 노동조건의 격차를 최소화함으로써 파견 노동자 고용을 통한 인건비 절감 효과를 차단하는 한편, 정규직 노동자들의 노동조건이 하락할 위험, 즉 사회적 덤핑 위험을 해소할 수 있게 된 것이다. 무엇보다도 중요한 것은 사용 업체가 파견 노동자를 시장 수요 변화에 대응하는 인력 조정의 완충재로 사용함으로써 정규직 노동자들의 고용 안정을 좀 더 확실하게 보장할 수 있게 된 것이다. 노동조합들이 이미 공동 결정제와 LO의 조직력에 의해 사용 업체의 인력 사용 정책에 실질적으로 개입할 수 있는 조건에서, 이처럼 파견업 단체협약을 통한 규제 장치를 도입함으로써 정규직 노동자들의 고용 안정성 및 노동조건의 악화를 철저히 차단할 수 있게 된 것이다.

LO는 이런 파견 노동의 규제 효과가 "모두에게 혜택"fördelar för alla이 되고 있다고 평가한다(LO 2011b). 단, 질병 등으로 인한 일시적 결원, 업무 부담의 일시적 증가 혹은 특별한 기술의 한시적 필요성 등의 경우에 사용 업체들이 파견 노동자를 완충재로 제한적으로 사용해야만 "모두에게 혜택"이 될 수 있으며, 단체협약을 통한 LO의 개입이 그런 조건을 충족시키고 있는 것으로 분석된다.

따라서 LO의 개입을 통해 수립된 파견 노동 사용의 규제 체제가 사용 업체에는 노동력 사용의 유연성을, 직접 고용 정규직 노동자에게는 고용 안정성을, 파견 노동자에게는 고용 안정성과 소득 안정성을 동시에 보장할 수 있게 된 것이다.

2) 파견 업체의 선택과 자기 규제

파견 업체가 파견 노동자로부터 수수료 등 보상을 요구하는 행위가 사적 고용 중개법에 의해 금지되는 등 노동관계법들의 규제를 받고 있는데, 파견 업체에 대한 사회적 규제의 정도는 법적 규제보다 단체협약에 의한 규제가 더 강하다. LO가 체결한 단체협약은 파견 업체가 예외적인 경우를 제외하면 파견 노동자를 정규직으로 채용해야 하고, 파견 노동자를 LO 조직 사업장에 파견하되 사용 업체의 직접 고용 노동자들과 동등하게 처우해야 하며, 파견 기간 사용 업체 단체협약의 보호를 받을 수 있도록 하고, 비파견 기간에도 90% 수준의 월평균 임금을 보장하도록 강제하고 있다.

이처럼 스웨덴의 파견 업체들은 다른 국가들에 비해 매우 강도 높은 사회적 규제를 받고 있는데, 그 핵심을 구성하는 단체협약은 파견업 협회가 LO와 자발적으로 합의한 것이다. 나아가 스웨덴의 파견 업체들은 추가적인 규제도 자발적으로 실시하고 있다.

영리 목적의 파견업은 1993년 법적으로 허용되기 이전부터 이미 서비스산업 사무직 중심으로 확산되고 있었으며 합법화 이후 급격히 성장하기 시작했다. 파견 업체들은 주로 파견, 용역, 채용, 전환 배치 등 네 부문의 사업을 수행하는데, 2009년부터 2015년에 이르는 기간 동안 전체 수입의 90% 정도를 파견업에서 창출하고 있는 것으로 나타났다(Bemann ingsföretagen 2011a; 2015b).

파견업이 여타 유럽 국가들에 비해 뒤늦게 허용되면서 세계시장에서 파견업의 경험과 지식을 축적한 초국적 파견 업체들이 진입했으며, 스웨덴 파견업은 업체의 대형화와 함께 시장의 독과점적 양상을 보이게 되었다. 2005년 현재 맨파워Manpower가 파견업 시장의 41.4%를 점하고 있었고, 프로피스Proffice와 아데코Adecco를 합하면 3개 업체의 시장점유율은 70%에 달했고, 10대 업체의 시장점유율은 88%에 달했다(Coe et al 2009, 75).

합법화와 함께 급성장하던 파견업이 직면한 최대의 장애물은 파견업에 대한 부정적 이미지였다. 이런 문제의식은 파견업 시장을 독과점적으로 지배하던 초대형 업체들을 중심으로 형성되었고, 이들은 연합체를 조직해 윤리 강령을 만드는 한편 연합체를 통한 파견업의 자기 규제 장치를 수립하기 시작했다. 2007년 11월 파견업 협회는 1년 이상 된 모든 기존의 회원 업체들에 대해 2009년 2월까지 재승인을 받도록 했으며, 신규 업체들은 협회 가입 신청 시 파견업 승인을 요청하도록 했다.[15]

파견업 개업은 허가제가 아니고 파견업 협회 가입도 강제 사항이 아니지만, 파견업 협회에 가입하기 위해서는 협회의 승인을 받아야 하며 이후 매년 승인심사위원회의 심사 평가를 통해 갱신해야 한다. 협회의 승인을 받고 협회 회원 자격을 유지하기 위해 파견 업체는 협회의 규칙과 윤리 헌장을 준수하고, 단체협약을 이행하며, 양성 평등 실현 계획을 수립·제출하고, 업체 경영진 가운데 한 명 이상이 협회의 승인 교육을 이수해야 한다. 또한 파견 업체들은 파견업 협회에 매년 사업 보고를 제출하고, 협회의 파견업 승인심사위원회의 평가를 받아야 하는데, 승인심사위원회는 파견 업체 및 파견업 협회 대표들뿐만 아니라 LO와 사무 전문직 노총 대표들도 참여하고 위원장은 제3자가 맡도록 되어 있다.[16]

15_초대형 파견 업체들이 주도한 자기 규제 추진 과정에 대해서는 Storrie(2003, 98-99), Brunk(2008)을 참조할 것.

파견업 협회는 단체협약 준수를 특히 강조하는데, 단체협약이 준수되지 않는다는 문제 제기가 있으면 해당 파견 업체는 사업장 단위에서 노조와 교섭을 시작해야 하고, 노사 양측 가운데 한 쪽이 원하면 중앙 교섭을 시작하도록 하고 있다. 노사 간 교섭을 통해 합의에 이르지 못하면 중앙조정위원회Medlingsinstitutet와 노동법정Arbetsdomstolen을 단계적으로 거치도록 되어 있으며, 패소한 측이 벌금을 물어야 하고 벌금 액수는 사안별로 산정된다. 이런 절차 가운데 하나라도 준수하지 않으면 파견업 협회는 해당 파견 업체에 대해 승인을 철회한다.

파견업이 강도 높은 사회적 규제에 합의하고 나아가 자기 규제를 실시하는 것은 앞에서도 말했듯이, 파견 업체들이 부정적 이미지를 극복하고 사회적 정당성을 획득하기 위한 것이다.[17] LO와 산하 노조들이 사무직 노동조합들에 비해 파견업 관련 단체교섭을 뒤늦게 시작한 것은 파견 업체들이 단체교섭을 기피한 것이 아니라 LO가 파견업의 정당성을 부정하며 단체교섭을 거부했기 때문이다. 노동조합의 조직력과 사회적 영향력이 강하고, 우파 정당들에 비해 사회민주당의 집권 기간이 훨씬 더 긴 스웨덴 사회에서 파견업이 LO에게 정당성을 인정받지 못하면 부정적인 낙인을 벗기 어렵다고 판단했을 것은 자명하다.

뿐만 아니라 파견업이 상대적으로 뒤늦게 합법화됨에 따라 초대형 초국적 업체들의 독과점 체제가 형성된 것도 자기 규제를 추진하게 한 것으로 판단된다. 실제로 파견업의 부정적 이미지를 극복하기 위해 자기 규제

16_파견업의 승인 및 갱신 제도의 내용에 대해서는 Bemanningsföretagen(2011a; 2012a)를 참조할 것.

17_Storrie(2003b, 98-99), Koene & Driel(2007, 18-19), Brunk(2008)을 참조할 것.

장치 수립을 추진하기 시작한 주체들은 초대형 초국적 업체들이었다. 파견업에 대한 규제가 강해 수익성을 유지하기 위해서는 규모의 경제가 필요하므로 중소 영세 업체들이 수익을 내기는 쉽지 않다. 이처럼 파견업에 대한 사회적 규제와 자기 규제가 파견업에 대한 진입 장벽을 구축해 초대형 초국적 업체들의 독과점 상황을 재생산하는 결과를 가져온 것이다.

파견업 협회가 강조하듯이 초국적 기업들이 주도하는 파견업 협회의 자기 규제 제도가 파견업의 사회적 평판을 높이는 데 크게 기여했을 뿐만 아니라, 사용 업체들에게는 인력 공급의 안정성을 제공하고 파견 노동자들에게는 노동조건과 소득 안정성을 보장하는 긍정적 효과를 낳은 것은 사실이다(Bemanningsföretagen 2012a). 또한 파견업의 독과점적 상황은 노동조합들이 파견 업체들을 감시 감독하고 사회적 규제를 압박하기 쉽게 만들기 때문에 파견업을 효율적으로 규제하는 한편, 파견 노동자들을 보호하는 동시에 정규직 노동자들의 고용 안정성을 보장하고 노동조건 하락 압박을 해소할 수 있게 된 것이다.

그럼에도 파견업의 부정적 이미지가 여전히 남아 있다고 파견업 협회는 지적하고 있다. 좌익당과 사회민주당이 파견업에 대한 불신을 거두지 않고 파견업 폐지 혹은 규제 강화를 요구하고 있으며, LO와 노동조합들은 사용 업체들이 노동법적 의무와 책임을 회피 혹은 경감하기 위해 파견 노동을 활용한다고 주장하는데, 특히 파견업 단체교섭 기간 동안 이런 공세가 심화된다고 지적하고 있다는 것이다. 파견업 협회는 이런 부정적 이미지가 현재 파견업에 대한 정당한 평가를 넘어서는 것이고, 파견업은 노동시장의 유연성과 스웨덴 단체교섭 모델을 결합함으로써 노동자의 안정성과 사용 업체의 유연성을 보장하고 있다고 주장한다. 또한 스웨덴 노동시장의 미래에 대한 토론을 환영하며 노동조합을 포함한 모든 이해 당사자들과 건설적 대화를 기대한다는 입장도 재확인하고 있다(Bemanningsf öretagen 2011b, 3-8, 20). 요컨대, 파견업의 부정적 이미지는 여전히 LO가 파견 노동 사용의 사회적 규제를 강화하고 파견업이 강력한 사회적 규제를 수용하게 하는 메커니즘으로 작동하고 있다.

3) 사용 업체의 선택과 파견 노동 사용

강력한 사회적 규제에도 불구하고 파견업이 합법화와 함께 성장할 수 있었던 것은 파견 노동에 대한 사용 업체들의 수요가 존재하기 때문이다. 사용 업체들이 파견 노동자를 사용하는 핵심 사유로는 주로 네 가지가 지적되어 왔다.[18]

첫째, 기업의 핵심 역량은 안정적으로 유지하면서 시장 수요에 따른 업무 부담의 변동에 맞추어 인력 규모를 조절하기 위해 파견 노동자를 완충재로 사용한다.

둘째, 다양한 사유의 결근, 육아 휴가 등 정당한 법정 휴가 중인 정규직 인력을 대체하기 위해 파견 노동자를 한시적으로 사용한다.

셋째, 우수한 능력을 지닌 적임자를 찾는 어려움과 비용을 덜기 위해 신뢰할 수 있는 파견 업체로부터 파견 노동자를 공급받는다.

넷째, 한시적 프로젝트를 수행하거나, 일주일에 몇 시간 정도 간헐적으로 필요할 때 거래 비용을 줄이기 위해 파견 노동자를 사용한다.

다섯째, 추후 정규직으로 채용하기 위한 인력의 수습과 검증을 위해 파견 노동자를 시험적으로 사용한다.

18_Brunk(2008), 손혜경(2010, 66-68)을 참조할 것.

이처럼 사용 업체들은 인건비 절감이 아니라 주로 시장 변동에 대응할 수량적 유연성을 확보하거나 한시적 사용을 위한 거래 비용 절감 차원에서 파견 노동을 사용하고 있다. 이는 파견 노동 사용을 강력하게 규제함으로써 파견 노동 사용을 통한 인건비 절감 인센티브가 최소화되었기 때문이다.

이런 파견 노동 사용 사유는 파견업 협회가 자체적으로 실시한 조사 결과에서도 확인된다(Bemanningsföretagen 2011b, 11, 14). 파견 노동자를 사용하는 5백 개 사용 업체의 인사 담당 경영진을 대상으로 파견 노동자 사용 사유를 조사한 결과, 복수 응답 합계 총 236% 가운데 일시적 대체 고용과 임시적 작업 중단이 각각 49%로 가장 높은 빈도를 기록했다. 다음으로 신속한 인력 조정 43%와 행정 능력 부족 38%가 그 뒤를 이었고, 충원의 어려움과 특별한 전문성이 각각 25%와 23%를 기록했다.

기업의 규모에 따라서도 차이가 있었는데, 대기업은 수요 변동에 따른 인력 조정을, 중소기업들은 행정 능력 부족을 꼽았다. 또한 파견 노동 사용의 중요성을 평가하는 데서도 대기업은 중소기업에 비해 중요성을 상대적으로 높게 평가하고 있다. 이처럼 대기업은 시장 변화에 대응하는 수량적 유연성을 확보하기 위해 파견 노동을 절실히 필요로 하는 반면, 중소기업은 능력과 비용의 제약으로 인해 정규직 대신 상대적으로 부담이 적은 파견 노동을 활용하고 있다. 따라서 파견 노동자 사용을 통한 인건비 절감 효과가 최소화될수록 중소기업의 파견 노동 사용 인센티브는 약화되지만 대기업의 경우 인센티브 약화 효과는 상대적으로 경미하다고 할 수 있다.

같은 조사에서 파견 노동자 사용 업체들의 71%는 앞으로도 현재 수준의 파견 노동자들을 필요로 할 것이라고 응답해 파견 노동자에 대한 수요는 지속될 것으로 전망된다(Bemanningsföretagen 2011b, 15). 또한 미래의 수요가 현재 수준보다 커질 것이라는 응답이 13%로, 현재보다 작아질 것이라는 응답 9%보다 다소 높게 나타난 것은 파견 노동자 수요가 소폭이나마 증가할 수 있음을 의미한다. 한편 파견 노동자를 사용할 수 없을 경우 미래의 인력 수요 발생 시 대응 방안에 대해 응답 업체의 71%가 임시직을 고용할 것이라고 응답했다(Bemanningsföretagen 2011b, 12-14). 반면 정규직을 고용하겠다는 응답은 19%로, 물량을 외주 하청으로 넘기겠다는 응답 20%와 같은 수준에 불과했다.

물론 사용 업체들의 응답 자체가 파견 노동의 지속적인 사용을 위한 전략적 고려에서 비롯될 수 있다는 점을 감안하더라도, 파견 노동에 대한 수요가 현 수준을 유지하는 가운데 파견 노동의 사용이 금지된다면 파견 노동은 정규직 대신 임시직으로 대체될 가능성이 상대적으로 높다고 할 수 있다. 현재 파견 노동의 정규직 고용 원칙이 수립되어 있는 상황에서 임시직이 파견 노동을 대체하면 정규직 대비 임시직 비율이 높아질 것이라는 점에서, 파견 노동의 규제된 사용은 임시직 비율의 상승을 어느 정도 억제하는 효과를 발휘하고 있다고 할 수 있다.

4) 파견 노동자의 선택과 만족도

파견 노동자는 1990년대 합법화 이후 급격히 증가해 2000년 4만 명을 정점으로 하락한 뒤 2005년 경 다시 상승세를 시작한 다음 2000년대 말 세계 금융 위기 속에서 부침하고 있다(LO 2012a, 24). 세계 금융 위기 직후인 2009년 파견 노동자 규모가 크게 하락했지만, 이듬해 곧바로 경제 위기 이전 규모를 회복한 이래 전반적인 증가 추세를 보여 준다(〈그림 8.1〉).

파견 노동자는 2014년 현재 35대 파견 업체 고용 기준 6만5,500명으로서 전체 피고용자의 1.61%를 점하고 있으며(〈표 8.1〉), 전체 파견 노동

그림 8.1 | 파견 노동자 규모 변화 추이(2007~2015년)

단위: 명

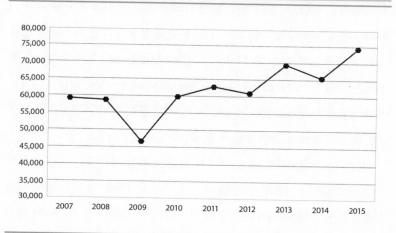

자료: Bemanningsföretagen(2015b, 2).

자 숫자는 8만1,875명 정도로 2.01%에 해당하는데 이는 과소 추정치라 할 수 있다.[19]

파견 노동자들은 파견업 단체협약에 의해 보호되며 전체 산업 평균보다 높은 단체협약 적용률을 보이고 있고, 파견 기간에는 사용 업체에 적용되는 단체협약의 보호를 받을 수 있도록 되어 있다. 따라서 파견 노동자는

19_ 파견업 협회 소속 파견 업체들의 피고용 파견 노동자 숫자는 35대 파견 업체들의 피고용 파견 노동자 숫자를 모두 파악할 수 있는 2007~2012년의 경우 전자는 평균 후자의 1.25배 규모로 나타났다. 2014년 전체 파견 업체 피고용 파견 노동자 숫자는 2014년 35대 파견 업체 피고용 파견 노동자에 1.25배를 곱한 숫자이다. 응답률이 확인된 2011년 조사의 경우 431개 파견 업체들 가운데 274개가 응답하여 응답률이 64%에 불과했다는 사실은 이렇게 산정된 파견 노동자 규모가 과소 추정치임을 확인해 준다.

표 8.1 | 파견 노동자 규모 및 비율 변화 추이(2002~2014년)

	총 피고용자 (명)	임시직		전체 파견 업체 조사		35대 파견 업체		전체 파견 노동자/35대 업체 파견 노동자
		임시직 노동자 (명)	총 피고용자 대비 비율 (%)	파견 노동자 (명)	총 피고용자 대비 비율 (%)	파견 노동자 (명)	총 피고용자 대비 비율 (%)	
2002	3,766,000	495,000	13.1			36,900	0.98	
2003	3,760,000	511,000	13.6			28,700	0.76	
2004	3,731,000	502,000	13.5			31,500	0.84	
2005	3,720,000	526,000	14.1			30,500	0.82	
2006	3,794,300	568,300	15.0			35,000	0.92	
2007	3,911,800	621,800	15.9	59,400	1.52	42,715	1.09	1.39
2008	3,993,700	603,800	15.1	58,850	1.47	47,450	1.19	1.24
2009	3,929,400	537,900	13.7	46,100	1.17	38,300	0.97	1.20
2010	3,874,000	545,400	14.1	60,100	1.55	48,300	1.25	1.24
2011	4,005,300	580,400	14.5	62,863	1.57	53,251	1.33	1.18
2012	4,025,280	564,901	14.0	61,127	1.52	49,259	1.22	1.24
2013	4,022,200	586,600	14.6			69,900	1.74	
2014	4,072,300	618,200	15.2			65,500	1.61	

자료: 총 피고용자 및 임시직 통계치는 LO(2014b, 27); 파견 노동자 통계치는 Bemanningsföretagen(2012b,2-5; 2013, 2-4; 2014, 2-4).

임금 등 노동조건에 있어 직접 고용 정규직 노동자들에 비해 크게 뒤떨어지지 않으며, 실제 청년 노동자들의 경우 파견 노동자들이 사용 업체의 직접 고용 노동자들보다 더 높은 임금을 받는 경우도 많이 있는 것으로 보고된다(Silva & Hylander 2012).

2011년 12월 실시된 파견 노동자 대상 직무 만족도 설문 조사에서 3,854명 응답자들 가운데 81%가 만족한다는 응답을 한 반면 불만을 표시한 비율은 8%에 불과했다(Bemanningsföretagen 2012c, 14-19). 또한 "친지들에게 파견 노동을 추천하겠는가"라는 질문에 대해 "추천하겠다"는 응답이 67%로, "추천하지 않겠다"는 응답 18%의 3.7배에 달해 파견 노동자들의 높은 만족도를 확인해 준다.

같은 조사에서 노동자들에게 파견 노동을 선택한 이유를 물어 본 결과, 복수 응답 합계 236% 가운데 파견 업체가 흥미 있는 직무를 제공하거나, 다양한 직무 수행을 통해 전문적 경험을 획득하거나, 담당하게 될 직무 자체에 관심이 있어서 선택했다는 응답이 100%로 가장 높게 나타났다 (Bemanningsföretagen 2012c, 12-13). 다음으로 파견 업체의 정규직 노동자로서 대기 기간 임금을 보장받거나, 추가적 수입을 확보하거나, 임금수준이 높고 교육과 주거 등 다른 혜택들이 주어지기 때문에 선택했다는 응답이 39%에 달했다. 또한 노동시간과 작업장을 선택할 수 있거나, 장기간의 휴가를 즐길 수 있거나, 상근 직무를 원하지 않기 때문에 선택했다는 응답은 29%에 달했다.

이처럼 자신의 관심과 자기 개발에 적합한 직무이기 때문에 선택했거나, 임금과 자유로운 시간 활용 등 유리한 노동조건 때문에 선택했다는 응답이 168%에 달한다. 이처럼 파견 노동의 긍정적인 측면을 활용하기 위해 적극적 의미에서 자발적으로 선택한 경우가 전체 복수 응답 합계 236%의 70%를 넘어선다는 것은 파견 노동의 노동조건이 열악하지 않다는 것을 의미한다. 그런 점에서 파견업에 대한 강력한 규제 장치들을 통해 파견 노동자들을 보호하는 LO의 전략이 성과를 거두었다고 할 수 있다.

5) 행위 주체들의 선택과 관리된 유연성

LO의 '허용과 규제' 전략과 파견업의 자기 규제 전략에 기초하여 파견업에 대한 강도 높은 규제 체제가 수립되었다. 이런 강력한 규제 체제하에서 파견 노동자들은 정규직 고용 원칙 등으로 철저히 보호됨으로써 파견 노동은 임시직 고용의 한 유형이 아니라 임시직 고용에 대한 또 다른 대안으로 간주된다. LO는 실제 파견 노동의 제한적 허용이 임시직 비율의 증가를 억제하는 데 기여한 것으로 평가한다(LO 2012a, 24).[20]

이와 같이 파견 노동의 제한적 사용은 파견 노동자 보호와 임시직 남용의 억제라는 결과를 가져오고 있다. 이런 관리된 유연성의 규제 체제가 재생산될 수 있는 것은, 파견 노동 사용의 사회적 규제가 LO가 대변하는 파견 노동자와 정규직 노동자뿐만 아니라 파견 업체와 사용 업체를 포함한 모든 이해 당사자들에게 혜택을 주기 때문이다.

파견 노동자들은 직접 고용 정규직과 실업의 대안으로서 파견 노동을 선택하는데, 정규직 고용 원칙에 따른 고용 안정성과 대기 기간 임금 보장에 따른 소득 안정성을 보장받을 수 있게 되었다. 그 결과 노동자들은 자기 개발 등 적극적인 동기에서 직접 고용 정규직에 대한 차선책으로 파견 노동을 선택하며 직무와 관련해 매우 높은 만족도를 보인다.

정규직 노동자들은 파견 노동을 인력 조정의 완충재로 사용함으로써 고용 안정성을 실질적으로 보장받을 수 있다. 또한 동등 처우 및 임금 등 노동조건 보장 장치들은 정규직과 파견 노동 사이의 임금 등 노동조건 격차를 최소화함으로써 파견 노동자를 보호하는 동시에, 파견 노동자 사용에 따른 직접 고용 노동자들의 노동조건 하락 가능성을 차단하는 간접적 효과도 가져옴으로써 사회적 덤핑으로부터 자유롭게 해 준다.

사용 업체들은 파견 노동자에 대한 강력한 보호 장치들과 사용 사유 제한으로 인해 파견 노동을 남용하거나 파견 노동 사용으로 인건비를 절감하는 방안은 포기하게 되었다. 하지만 파견 노동자를 인력 조정의 완충재로 사용하여 시장 수요 변동에 대응할 수 있는 수량적 유연성을 확보함으로써, 상시적 업무를 담당하는 핵심 인력들에 대해 고용 안정성을 실질

20_이런 평가는 사용 업체들의 압도적 다수가 파견 노동 사용이 불가능할 경우 임시직 고용을 대안적 방안으로 고려한다는 사실과도 부합하며, 이에 대해서는 본고 "IV.3"를 참조할 것.

적으로 보장해 주고, 내부 노동시장으로 통합해 숙련 형성을 위한 인적 자본 투자를 안정적으로 수행할 수 있게 되었다.

파견 업체들은 강력한 사회적 규제를 수용함으로써 파견업의 높은 이윤율은 포기하되 파견업에 대한 부정적 이미지를 극복하고 정상적 사업으로 인정받을 수 있게 하는 성과를 거둘 수 있었다. 또한 파견업의 낮은 이윤율은 규모의 경제를 압박하며 진입 장벽을 높이는 간접적 효과를 수반함으로써, 파견 업체들의 자기 규제를 용이하게 하는 한편 시장의 독과점 체제를 재생산하는 결과도 가져왔다.

이처럼 LO는 파견 노동을 허용함으로써 사용 업체들에게 노동시장의 유연성을 허용하는 한편, 강력한 사회적 규제를 부과함으로써 노동자들에게는 고용 안정성과 소득 안정성을 보장하고 있다. 그런 점에서 파견 노동의 사회적 규제를 통해 "모두에게 혜택"을 준다는 LO의 전략은 성공한 것으로 평가할 수 있으며, 그러한 상호 호혜 관계로 인해 관리된 유연성의 규제 체제가 재생산될 수 있는 것이다.

5. 맺음말

스웨덴의 간접 고용 규제는 파견 노동을 중심으로 실시되고 있으며, LO가 2000년 파견업 협회와 단체협약을 체결하면서 파견 노동을 허용하되 파견 노동자를 보호하며, 파견 노동 사용을 제한하는 강력한 사회적 규제 체제가 구축되었다. 파견 노동 사용의 물질적 인센티브가 최소화되면서 사용 업체는 주로 수량적 유연성 확보를 위해 제한적으로 파견 노동을 사용하게 되었다. 이처럼 강력한 사회적 규제 속에서 스웨덴 파견 노동은

'관리된 유연성'으로 사회적 행위 주체들 "모두에게 혜택"을 주는 방식으로 제한적으로 사용되고 있다.

단체협약에 의한 간접 고용의 사회적 규제

간접 고용 사용에 대한 사회적 규제는 법 규정보다 단체협약에 더 크게 의존하고 있다. 파견 노동과 사적 고용 중개업을 규제하기 위해 제정된 사적 고용 중개법이 파견업 규제를 위해 도입한 장치들은 소극적 규제 수준을 넘어서지 못하고 있다. 반면, LO가 주도하여 체결한 파견업 전국 단체협약은 파견 업체의 파견 노동자 정규직 고용 원칙, 파견 기간 동안 사용 업체의 단체협약 적용 및 동등 처우, 비파견 대기 기간의 90% 임금수준 보장 등 파견 노동 사용을 강도 높게 규제하고 있다.

단체협약에 의한 사회적 규제는 노사 자율적 규제의 성격을 지니고 있는데, 이런 노사 자율적 규제 방식의 선택과 효율성은 상보적인 두 가지 제도적 요소에 의해 보강된다. 첫째는 공동 결정제이다. 간접 고용 노동력 사용은 공동 결정법에 따라 사용 업체 노사의 단체교섭 대상이 되기 때문에, 사적 고용 중개법 같은 간접 고용 사용에 특정화된 법제도의 존재 여부와 관계없이, 노동조합은 자본의 부적절한 간접 고용 사용에 제동을 걸며 직접 고용 노동자들의 고용 안정성과 간접 고용 노동자들의 노동조건을 동시에 보호할 수 있다. 둘째는 노동조합의 조직력에 기초한 대등한 노사 관계이다. 공동 결정법이 보장한 노동조합의 개입이 실질적으로 사용 업체의 간접 고용 오·남용을 제어할 수 있는 것은 80%를 넘는 노동조합 조직률과 90% 수준에 달하는 단체협약 적용률로 대변되는 스웨덴 노동조합의 조직력이다.

계급 타협과 관리된 유연성의 재생산

단체협약에 기초한 파견 노동 규제 체제는 그 자체가 노동과 자본의 타협으로 구축되었다. LO는 파견 노동 금지 입장을 버리고 규제를 통한 노동자 보호 전략으로 전환했고, 파견 업체들은 사회적 정당성을 획득하기 위해 강도 높은 사회적 규제를 수용했다. 그런 점에서 파견 노동을 포함한 간접 고용의 사회적 규제 및 그 결과로서 관리된 유연성은 계급 타협의 산물이라 할 수 있다.

파견 노동자 사용에 수반되는 사회적 책임은 파견 업체와 사용 업체가 분담하고 있다. 파견 업체는 파견 노동자를 정규직으로 고용해 복수의 사용 업체 직무들과 조합하여 파견 노동자의 고용 안정성을 보장하고, 사용 업체는 직접 고용 노동자들과의 동등 처우와 대기 기간 임금 보장이 실현될 수 있도록 파견 노동자 사용에 대한 대가를 지불함으로써 간접적인 방식으로 파견 노동자의 소득 안정성을 보장한다.

파견 업체와 사용 업체의 공정한 책임 분담을 통해 파견 노동자 사용은 이해 당사자들의 이해관계에 상응할 수 있게 되었다. 파견 업체는 파견 노동자의 고용을 보장함으로써 사회적 정당성과 시장의 독과점적 지위를 유지할 수 있고, 사용 업체는 자기 규제되는 파견 업체로부터 적합한 인적 자원을 적소에 안정적으로 공급받아 사용하면서 수량적 유연성을 확보할 수 있다. 한편, 사용 업체 정규직 노동자들은 임금 등 노동조건이 악화될 위험 없이 파견 노동자를 고용 안정의 완충재로 활용할 수 있고, 파견 노동자는 고용 안정성과 함께 소득 안정성을 보장받는다.

이런 상호 호혜 관계로 인해 간접 고용의 사용 규제 체제는 평형상태 속에서 관리된 유연성을 지속할 수 있는 것이다.

제9장

스페인의 간접 고용에 대한 사회적 규제

파견 노동의 사용 규제 방식을 중심으로

1. 머리말

스페인은 비정규직 문제가 심각하여 다양한 정책 대안들을 실험했으며 정책 효과들에 대한 심층 연구들도 상당 정도 축적되어 있다. 하지만 비정규직 관련 연구들은 주로 임시직을 중심으로 진행되었으며 간접 고용에 대한 연구들은 거의 수행되지 않았다.[1] 간접 고용 관련 연구들도 주로 파

● 본 장은 『사라져 버린 사용자 책임: 간접 고용 비정규직 실태와 대안』(2013)에 실린 원고를 수정·보완한 글이다. 게재를 허락해 준 매일노동뉴스에 감사한다.

1_스페인의 비정규직 현황과 정책 대안 및 관련 연구들에 대해서는 조돈문(2012c)을 참조할 것.

견 노동을 중심으로 이루어졌으며 심층적인 인과적 분석보다는 대체로 법 개정 내용을 정리·분석하는 수준에 머물고 있다.[2]

스페인 통계청과 노동부는 간접 고용의 전체 규모 대신 파견 노동에 대한 통계치들을 제시하고 있는데, 파견 노동은 전체 피고용자 규모의 1% 수준에 불과한 것으로 보고된다.[3] 임시직 비율이 30% 안팎을 기록하고 있다는 점을 고려하면 파견 노동의 규모는 대단히 작은 것이며, 임시직 비율이 유럽연합 평균의 두 배 수준에 달하는 반면 파견 노동 비율은 유럽연합 평균 수준에 해당된다. 따라서 정책 대안들과 학술 연구들이 주로 파견 노동 등 간접 고용 문제보다 임시직 문제에 초점을 맞추고 있는 것이다.

하지만 왜 파견 노동 비율이 그렇게 낮은 수준에 머물고 있는지, 그것이 파견 노동을 효과적으로 규제한 결과를 의미하는지, 파견 노동을 포함한 간접 고용 사용을 규제하기 위해 어떤 정책 수단들이 도입되고 있는지, 그런 정책 수단들 가운데 어떤 것이 상대적으로 더 효과적인지 등에 대해서는 잘 알려져 있지 않다.

이런 물음들에 답하기 위해 본 연구는 파견 노동을 포함한 간접 고용에 대한 사회적 규제들을 법제도와 단체협약을 중심으로 분석하며, 그런 파견 노동 규제 장치들의 정책 효과에 대해서도 함께 검토한다.

2_간접 고용 관련 연구는 Álvarez et al(2011), Calvo et al(2010), De la Calle et al (2008), De Miguel(2011), Giménez(2008), Toharia & Malo(2000), Yagüe(2012) 등을 참조할 것.

3_OECD(stats.oecd.org/)는 스페인의 파견 노동자 비율이 2006~2010년 기간 평균 3.7% 에서 하락했지만 2011~2012년도 2.5% 수준으로서 스페인 정부의 발표치보다 높게 산정하고 있다.

2. 간접 고용 사용 관련 법적 규제

스페인의 간접 고용 사용에 대한 사회적 규제는 법적 규제와 단체협약에 의한 규제로 나뉜다. 법적 규제는 노동법Estatuto de los Trabajadores을 통해 임시직을 중심으로 비정규직 전반에 대해 폭넓게 사용을 규제하는 가운데, 파견업법Ley de Empresas de Trabajo Temporal을 통해 파견 노동을 중심으로 간접 고용 사용을 규제하며 간접 고용 노동자들을 보호하고 있다.

1) 노동시장 정책과 비정규직 사용 규제

스페인은 정규직 보호 및 비정규직 사용 규제 문제를 둘러싸고 규제 강화와 탈규제를 반복하며 일련의 노동시장 개혁 조치들을 단행해 왔다(〈표 9.1〉). 스페인의 노동시장 정책과 노동시장 개혁은 두 가지 정책 과제를 겨냥해 왔는데, 그것은 실업률과 임시직 비율이다. 스페인은 1980년대 초반까지만 하더라도 노동시장 경직성으로 널리 알려져 있었는데, 1984년 임시직 사용 사유 제한 원칙을 우회하는 고용 촉진 계약제FE를 도입해 실업률 문제는 제어할 수 있었으나 임시직 규모가 급격히 확대되었다.

임시직 비율의 급상승 추세를 제어하기 위해 1997년 임시직 사용 사유 제한 원칙을 강화하는 한편, 비정규직을 정규직으로 전환하는 기업에 대해 사회보장 기여금을 감면하는 등 재정적 인센티브를 제공하는 정책을 도입했다. 그 결과 임시직 비율을 유의미하게 하락시키지는 못했으나 급증 추세는 제어할 수 있었다. 임시직 비율이 부침하며 상승 조짐을 보이자 2006년 비정규직의 정규직 전환에 대해 3년 간 보조금을 지원하는 등 적극적으로 개입하면서 임시직 비율은 감소 추세로 돌아섰다. 하지만 경제 위기의 발발과 함께 기업들이 비정규직을 정규직으로 전환하지 않고

표 9.1 | 스페인 노동시장 개혁과 법제도 변화

법제화	정규직	비정규직 계약(임시직 중심)
1980 (노동법)	- 해고 판정 범주별 해고 수당: * 불공정 해고: 근속 년당 45일분 임금(최대 42개월분), 소송 기간 임금 * 공정 해고: 근속 년당 20일분 임금(최대 12개월분), 소송 기간 임금	- 임시직 사용 사유 제한(5가지) : 특수한 서비스·업무/ 초과 수요/ 대체 노동/ 고용 촉진 예외/ 무기 계약 직무 단속적 수행 - 정규직과 임시직 모두 동일 직무 동일 임금
1984.8.2. (법32)		- FE(고용 촉진 계약) 도입 : * 모든 직무에 허용 * 최단 6개월 최장 3년 * 해고 수당 근속 년당 12일 분 임금. 고용주 제소 불허
1992.7.30. (법22)	- 정규직 고용 시 사회보장 기여금 환불	- FE 최단 12개월, 최장 4년으로 조정(특정 조건에 한정)
1994.5.19. (법10)	- 집단적 해고 재정의 - 공정 해고 정의 확대	- FE를 원칙적으로 폐지하고, 45세 이상 장기 실업자와 장애인에 한정 허용
1997.12.26. (법63)	- CFCI(정규직 채용 촉진 계약) 도입 : * 불공정 해고 수당 근속 년당 33일분 임금(최대 24개월분) * 사회보장 기여금 2년간 감면 * 취업 어려운 표적 집단에 한정함 * 향후 4년간 허용	- 임시직 계약 시 사용 사유 제한 원칙 강화 - 정규직 채용과 임시직 정규직 전환 시 사회보장 기여금 40~90% 인하
2001.7.9. (법12)	- CFCI 사용 연장, 확대 적용	- 해고 수당 근속 년당 8일분 임금(일부 임시직) - 실업자의 공공·비영리 부문 임시직 채용 허용
2002.12.12. (법45)	- 급행 해고제(despido exprés) 도입 - 불공정 해고 소송 기간 임금 지급제 폐지	
2006.12.29. (법43)	- CFCI 사용 2007년 말까지 연장, 환급금 지급 대상 확대 - 취업 어려운 표적 집단 정규직 고용 시 사회보장 기여금 감면	- 동일 업체 동일 직무 임시직 고용계약 반복 갱신 금지(30개월 기간 동안 24개월 이상 동일 직무 근무하면 자동적으로 정규직 전환) - 동일 직무 임시직 노동자 순환 금지 - 2006.12.31 이전 임시직의 정규직 전환 시 최장 3년간 보조금 지원 - 실업자의 공공·비영리 부문 임시직 채용 제도 폐지 - 노동조합의 하청 노동 관련 정보 접근·공유권 - 장애인 고용 위한 임시직 채용 허용
2010.9.17. (법35)	- 해고 정당화하는 기업의 경제적 이유 포괄적 정의 도입 - 기업은 초기업 단위 단협 수정 가능함 - CFCI 고용 영역 확대	- 임시직 고용계약 최장 3년(단협으로 1년 추가 연장 가능) - 임시직 해고 수당 단계적 증액(근속 년당 8일분에서 매년 1일 분씩 증액하여 2015년부터 12일 분이 되도록 함) - 16~31세 실업자, 45세 이상 실업자, 대체 근로 직무의 정규직화 세제 혜택
2012.7.6. (법3)	- 50인 미만 사업장 사회보장 기여금 삭감 정규직 계약 도입(3년 무기 계약 가운데 1년은 검증 기간) - 부당해고 해고 수당 근속 년당 45일에서 33일로 삭감하고 상한은 24개월 - 기업 재정 악화 시 초기업 단위 단협 적용 유보 허용 - 단협은 유효기간 종료 후 1년 경과하면 무효화됨(효력 자동 연장제 폐지) - ERE는 노동 당국에 의해 승인될 필요 없음(노사 합의 불필요)	

자료: 조돈문(2012c, 279)을 수정·보완했음.

비정규직을 중심으로 인력 감축을 추진했고, 정부는 2010년 양대 노총인 CCOO와 UGT의 공동 총파업 투쟁에도 불구하고 노동시장 유연화 조치를 단행했으며, 이런 정책 기조는 2012년에도 지속되고 있다.

1997년과 2006년 노동시장 개혁 조치의 효과에서 확인했듯이, 비정규직 사용을 규제하기 위해 시도된 다양한 정책 수단들 가운데 사용 사유 제한 정책이 가장 효과적인 것으로 나타났다.

스페인은 1980년 임시직 사용 사유를 특수한 서비스와 업무, 초과 수요, 대체 노동, 고용 촉진 예외, 무기 계약 직무 단속적 수행 등 다섯 가지로 한정하고, 동일 직무 동일 임금을 법제화했다. 하지만 높은 실업률 문제를 해소하기 위해 1984년 3년 한도로 사용 사유와 무관하게 고용 촉진 계약 형태로 임시직을 사용할 수 있도록 사용 사유 제한 규제를 해제했다. 그 후 임시직이 급증하자 1994년 사용 사유 제한제를 다시 회복해 45세 이상 장기 실업자와 장애인을 적용 대상에서 제외했다.

임시직 사용 사유 제한 관련 규정은 여러 차례 개정되었는데, 현재 노동법 제15조 제1항에서 네 가지 사유로 제한하고 있다.

첫째, 노동자가 사업 내에서 한시적으로 자율성과 자신의 내용을 가지고 특정 직무 혹은 서비스를 수행하기 위해 고용될 때.

둘째, 기업의 통상적인 활동에 해당되더라도 시장 상황, 업무의 누적 혹은 주문 과다로 일시적 고용의 필요가 발생한 때.

셋째, 특정 직무에 대해 보유권을 지닌 노동자들을 한시적으로 대체할 때.

넷째, 고용 사무소에 등록된 실업자를 직무 경험을 획득하여 고용 가능성을 높이기 위해 공공 혹은 비영리 기구에서 고용할 때.

2) 파견업 합법화와 정부의 규제

스페인은 1994년 파견업법을 제정하면서 파견업을 합법화했고, 이후 〈표 9.2〉에서 보듯이 1999년, 2006년과 2010년에 대폭 개정했다.[4] 1999년 국민당 정부 주도로 추진된 파견업법 개정은 합법화 이후 급격하게 팽창하는 파견업에 대한 규제를 강화하고 파견 노동자를 보호하는 방향으로 이루어졌다. 2006년 법 개정은 파견 노동 사용 규제는 강화했지만 임시직 일반에 대한 사용 규제를 완화해 긍정적 효과가 상쇄되었다고 할 수 있다. 한편, 2010년 사회당 정부의 주도로 경제 위기하에서 양대 노총의 총파업에도 불구하고 노동시장 유연화를 위한 법 개정을 강행하는 가운데 파견 노동 사용 금지 대상 직무를 대폭 축소해 파견 노동 사용 규제를 완화했다.

스페인은 파견업을 합법화하되 허가제를 채택함으로써 정부가 직접 개입해 규제하는 방식을 택했다. 파견 업체는 파견 사업을 시작하기 전에 노동 당국의 허가를 받아야 하며, 파견업 행정 허가의 유효기간은 1년으로서 유효기간 만료 3개월 전에 갱신 신청을 해야 한다. 파견 업체는 파견업 허가를 발급받은 뒤 2년 연속 행정 허가를 갱신해야 하며, 파견업을 3년 수행한 기업은 영구 허가를 받은 것으로 간주된다.

파견업법은 행정 허가제를 규정하며, 제2조와 제3조에서 파견 업체는 행정 허가를 취득·갱신하기 위해 노무 제공자들을 선발하여 훈련할 수 있는 역량을 담보할 조직적 구조를 갖추고 안정적 노무 제공을 위해 최소

4_파견업법 제정을 통한 파견업 합법화와 이후 법 개정 과정 및 내용에 대해서는 Toharia & Malo(2000), De Miguel(2011), Calvo et al(2010), Yagüe(2012), CCOO(2010a), CCOO-UGT(2010a)를 참조할 것.

표 9.2 | 간접 고용 사용 규제 법제도의 변화

법제화	간접 고용 사용 규제
1994.6.1 (법 14/1994)	- 파견 업체 합법화 - 파견업 허가제 - 파견 사용 사유: 특정 서비스나 업무, 일시적 시장 수요, 대체 노동
1999.7.16 (법 29/1999)	- 파견 사용 사유 조항 삭제, 노동법 제15조(임시직 사용 사유 제한)로 대체 - 파견 업체가 채용, 훈련, 보상 책임(매년 월 임금 1%를 훈련 기금으로 적립) - 근무 년당 12일분 계약 종료 수당 - 사용 업체 직접 고용 노동자와 동등 처우
2006.12.29 (법 43/2006)	- 파견 노동 사용 금지 네 가지 유형 : 파업 노동자 대체, 위험 업무, 부당해고 혹은 정리 해고 일자리 충원, 타 파견 업체 노동자 대여
2010.9.17 (법 35/2010)	- 파견 노동 사용 금지 대상 위험 업무 범위 대폭 축소
2010.12.31 (법 1796/2010)	- 영리법인 파견 업체는 공적 고용 서비스 기금으로부터 재정의 60%까지 충당할 수 있고, 비영리 법인은 90%까지 충당 가능함

12명 이상의 노무 제공자를 고용하며, 공적 기구에 소정의 보증금을 예치하는 등의 조건들을 충족시켜야 한다. 또한 파견업법은 제5조에서 파견 업체는 행정 허가를 발급한 정부 당국에 노동법 제8조 제3항에서 지정한 고용계약서 사본들과 함께 소유권 변동, 사무실의 개소 및 폐쇄 활동의 종료 등에 대해 보고하도록 했다.

파견업법은 파견 노동을 합법화하며 특정 사유들에 대해 노동자 파견을 허용하거나 금지하는 방식으로 사용 사유를 제한하고 있다. 파견 노동 사용 사유 제한 규정은 1994년 파견업법이 제정될 때 도입되었으며, 제정 당시 제7조에서 파견 노동 사용 사유를 세 가지로 제한했다. ① 한시적으로 특정한 서비스나 직무를 수행하는 경우, ② 일시적 시장 수요를 충당하거나 주문 과잉 혹은 누적된 업무를 수행해야 하는 경우, ③ 일시적으로 자리를 비운 정규직 노동자 등 직무 보유권을 지닌 노동자들을 대체해 한시적으로 노동하는 경우.

1999년 개정 법안은 제7조의 세 가지 사용 사유 규정을 삭제하고 노동법 제15조의 임시직 사용 사유 제한 조항을 파견 노동자 고용에도 적용하도록 했다. 그 결과 현재 파견 노동자 사용이 허용되는 사유는 일반적 임시직 고용과 마찬가지로 ① 한시적으로 특정 직무 혹은 서비스를 수행하는 경우, ② 일시적 시장 상황이나 업무 누적 혹은 주문 과다로 필요성이 발생한 경우, ③ 특정 직무에 대해 보유권을 지닌 노동자를 한시적으로 대체할 경우, ④ 직무 경험을 통해 고용 가능성을 높이기 위해 공공 기관 혹은 비영리 기구가 실업자를 고용할 때 등 네 가지로 되었다.

파견업법으로 파견 노동자 사용 사유를 추가로 제한하는 규정은 삭제되었지만 파견 노동자 금지 사유 규정(제8조)은 여전히 남아 있다. 파견 노동자 사용 금지 규정은 사용 업체가 파견 노동을 오·남용하지 못하도록 하며, 사용 업체의 노동자들을 보호하기 위해 고안된 장치라고 할 수 있다. 파견 노동이 사용되어서는 안 되는 네 가지 사유는 ① 사용 업체의 파업 중인 노동자들을 대체하는 경우, ② 법 규정 혹은 단체협약에서 규정된 안전과 보건에 특별히 위험한 과제나 직무를 수행하는 경우, ③ 사용 업체가 부당해고 혹은 노동법 제50~52조에서 규정된 경제적 사유로 인한 집합적 해고 등의 과정을 통해 확보한 일자리를 12개월 이내에 채우려는 경우, ④ 다른 파견 업체에 노무 제공자를 대여하는 경우다.

3) 사용 업체 및 파견 업체 규제

파견업법은 노동법과 함께 사용 업체와 파견 업체를 규제하는 방식으로 파견 노동자를 보호하고 있다.

파견 노동 관련 사용 업체 규제는 주로 사용 업체의 직접 고용 정규직 노동자들을 보호하기 위한 것이지만, 파견 노동자를 보호하기 위한 장치들도 구비하고 있는데, 세 가지로 나누어 볼 수 있다.

첫째는 불법 파견 판정 기준 및 파견 업체, 사용 업체 연대 책임을 명문화했다. 2006년 12월, 파견 노동의 남용을 차단하기 위해 불법 파견을 합법 도급으로부터 구분할 수 있는 불법 파견 판정 기준을 도입했다(CCP 2007, 4). 이때 개정된 노동법 제43조는 현재까지 그대로 유지되고 있는데, 노동자 파견은 합법적인 파견 업체를 통해 이루어져야 하며, 제45조의 2에서 불법 파견으로 판정할 수 있는 기준 네 가지를 제시해 그 가운데 하나라도 해당되면 불법 파견으로 판정하도록 한다. ① 노동력 공급 업체가 사용 업체에 노동자를 제공하는 것이 두 기업 간 서비스 계약의 유일한 목적인 경우, ② 노동력 공급 업체가 자신의 고유하고 안정적인 사업 혹은 조직을 갖고 있지 않은 경우, ③ 노동력 공급 업체가 자신의 사업을 수행하는 데 필요한 수단을 갖고 있지 않은 경우, ④ 노동력 공급 업체가 사업자로서 지니는 기능을 수행하지 않는 경우.

이런 불법 파견 당사자인 노동력 공급 업체와 사용 업체에 대해 노동법 제45조의 3과 4는 연대책임을 부과하고, 해당 노동자는 노동력 공급업체 혹은 사용 업체 가운데 당사자가 원하는 업체의 정규직으로 전환될 권리를 지니며, 해당 업체에서 동종 혹은 유사한 직무를 수행하는 노동자와 동등한 노동조건을 부여받도록 규정하고 있다.

둘째는 사용 업체 규제를 통한 파견 노동자 보호 장치다. 파견업법(제9조)은 사용 업체가 파견 노동 사용 계약을 체결할 경우 열흘 이내에 체결된 계약별로 해당 일자리와 사용 사유를 사용 업체의 직접 고용 노동자 대표들에게 통지하도록 하고 있다. 이때 사용 업체는 노무 계약서와 파견 노동자의 담당 직무 내역을 함께 제출해야 한다. 또한 동 법(제16조)은 사용 업체가 파견 노동자에게 담당하는 직무의 위험과 보호·예방 방법에 대해서도 알려줘야 하며, 사회보장 부담금뿐만 아니라 작업 중 안전과 보건에 대한 책임도 지도록 하고 있다.

파견업법(제17조)은 파견 노동자들이 사용 업체 내에서 지니는 권리도 규정한다. 파견 노동자들은 직무 수행 조건과 관련한 요구 사항들을 사용 업체 직접 고용 노동자 대표자들을 통해서 사용 업체에 제시할 권리를 지닌다. 또한 파견 노동자들은 사용 업체와의 파견 계약 기간 동안 교통, 식당, 보육 서비스들 및 사용 업체에서 집합적으로 공유되고 있는 여타 서비스들도 직접 고용 노동자들과 동등한 조건으로 사용할 권리를 지닌다. 한편 사용 업체는 구인 일자리가 있을 경우 파견 노동자들에게도 통보하여 직접 고용 노동자들과 동등한 기회를 보장하도록 해야 한다.

셋째는 파견 업체 규제를 통한 파견 노동자 보호 장치다. 파견업법은 파견 노동자를 보호하기 위해 사용 업체뿐만 아니라 파견 업체도 규제하고 있다. 파견업법은 제10조에서 파견 업체가 노무 제공자를 정규직 혹은 기간제[5]로 고용할 수 있도록 하여 직무의 성격에 따라 고용 형태를 선택할 수 있는 권리를 파견 업체에 부여하는 한편, 제10~12조에서 파견 노동자들을 보호하기 위해 파견 업체를 규제하는 장치들도 수립하고 있다.

① 파견 노동자는 파견 기간 동안 사용 업체에서 수행하는 직무와 동일한 직무를 수행하는 사용 업체의 직접 고용 노동자들과 임금, 노동시간, 초과근무, 휴식 시간, 야근, 휴가와 휴일 등에서 동등한 처우를 받는다.

② 파견 업체는 업무 수행 관련 자격 조건과 직무 경험을 고려하여 필요한 이론적·실천적 능력을 갖추도록 해야 하며, 부족할 경우 적절한 훈련을 제공해야 한다. 또한 파견 업체는 매년 임금의 1%를 파견 노동자의

5_노무 제공자가 파견 업체에 의해 기간의 정함이 없는 정규직으로 고용되지 않고 기간제로 고용될 경우, 통상 사용 업체의 파견 기간은 파견 업체의 고용 기간과 일치한다 (Álvarez & Moro 2011, 16). 또한 사용 업체가 파견 노동자를 파견 계약 기간을 초과하여 사용할 경우 해당 파견 노동자를 직접 고용한 것으로 간주한다(파견업법 제7조).

훈련 비용으로 적립해야 한다.

③ 파견 업체는 선발·훈련·채용과 관련하여 노무 제공자에게 어떠한 비용도 부담시켜서는 안 된다.

④ 파견 업체와의 고용계약이 종료될 때 노무 제공자는 근속 년당 12일 임금분을 재정적 보상으로 받을 권리를 지닌다.

2010년 사회당 정부는 노동계의 반대에도 불구하고, 단체협약으로 파견 노동 사용이 금지되었던 위험 직무의 범위를 대폭 축소하는 노동관계법 개정을 단행했다(Pastor 2010). CCOO와 UGT는 정부의 일방적인 노동관계법 개악 시도를 비판하며 2010년 9월 28일 총파업을 전개해, 영리 파견업을 확대할 것이 아니라 공적 노동시장 중개 서비스를 강화할 것을 촉구했다(CCOO 2010b; 2010c; CCOO-UGT 2010a). 노동계는 총파업과 함께 노동관계법 재개정을 촉구하며 대안적 개정안을 제시했는데, 이 개정안은 공적 고용 서비스 기구와 비영리 노동 중개 기구들의 활동을 강화할 것을 촉구했다. 이를 위해 우선 공공 부문뿐만 아니라 건설업을 포함한 위험 작업 부문들에 대해서도 노동자 파견을 금지하고, 파견 계약은 6개월을 초과하지 못하도록 하되 연장 혹은 갱신도 금지할 것을 요구했다(CCOO-UGT 2010a; 2010b).

3. 파견업 단체협약과 파견 노동자 보호

1) 합법화 이후 파견업의 성장

파견 노동은 1994년 파견업 합법화 이후 주로 서비스 부문의 비숙련 직무

표 9.3 | 파견 노동 관련 지표들의 변화 추이(1994~2015, 각 년도 4/4분기 혹은 12월 기준)

	피고용자(천 명)	임시직 노동자(천 명)	임시직 노동자 비율(%)	파견 노동자(명)	파견 노동자 비율(%)	파견 업체(개)	파견 계약			
							합계(건)	한시적 특정 직무-서비스(%)	일시적 인력 수요(%)	한시적 대체 고용(%)*
1994	9,136.4	3,151.6	34.5			86				
1995	9,412.5	3,252.8	34.6	31,812	.338	316	44,123	37.70	55.34	6.96
1996	9,886.1	3,318.8	33.6	57,975	.586	399	77,892	33.12	58.54	8.35
1997	10,404.1	3,438.6	33.1	84,329	.811	428	121,850	28.97	63.64	7.39
1998	10,958.7	3,560.7	32.5	106,201	.969	435	155,207	33.22	60.25	6.53
1999	11,860.2	3,880.4	32.7	102,044	.860	410	149,507	42.83	51.56	5.61
2000	12,640.9	4,051.7	32.1	100,742	.797	364	177,322	38.97	57.15	3.88
2001	13,148.0	4,239.1	32.2	95,974	.730	346	138,576	41.96	51.88	6.16
2002	13,869.6	4,416.3	31.8	98,144	.716	335	141,578	41.71	52.03	6.26
2003	14,546.4	4,687.5	32.2	109,324	.765	326	163,830	43.17	50.84	5.99
2004	15,211.6	5,012.5	33.0	116,914	.778	342	173,078	44.53	49.88	5.60
2005	16,025.2	5,411.5	33.8	130,331	.823	346	195,316	42.91	51.64	5.45
2006	16,644.9	5,608.0	33.7	130,877	.795	350	189,854	41.88	52.67	5.45
2007	17,095	5,268.7	30.8	140,109	.830	368	207,605	41.93	51.59	6.48
2008	16,477.2	4,569.9	27.7	93,848	.575	363	145,344	44.57	48.84	6.85
2009	15,724.6	3,921.9	24.9	101,024	.652	334	160,813	44.72	49.84	5.44
2010	15,554.7	3,835.4	24.7	115,926	.757	314	184,571	46.82	48.51	4.66
2011	15,150.5	3,756.9	24.8	111,989	.738	304	172,858	45.14	49.83	5.03
2012	14,288.7	3,260.0	22.8	110,263	.772	296	174,953	46.82	49.07	4.11
2013	14,093.4	3,334.2	23.7	132,839	.943	271	215,731	46.31	49.87	3.82
2014	14,483.1	3,511.1	24.2	145,553	1.005	248	271,117	49.35	47.53	3.13
2015	14,988.8	3,846.2	25.7	149,207	.995	255	275,116	42.88	54.16	2.96

주: 과도기적 고용도 포함하고 있는데, 그 비율은 거의 0%에 가까움.
자료: 스페인 노동이민부(www.mtin.es/), 통계청(www.ine.es/).

들을 중심으로 확산되기 시작하여, 파견 노동자의 규모와 파견 계약 건수에서 꾸준히 증가하는 추세를 보여 준다(⟨표 9.3⟩).

파견 업체의 수는 합법화 이듬해인 1995년에 3백 개를 넘어서면서 급팽창해, 1998년 435개로 최고치를 기록한 뒤 하락하며 부침하다가 2015년 현재 255개로 1995년 이래 최저 수준을 보이고 있다. 이처럼 파견 노동자의 규모와 파견 계약 건수는 꾸준히 증가하는데 파견 업체의 수가 250개 수준으로 감소한 것은 파견 업체가 대형화하는 것과 더불어 파견업 시장의 독과점화가 진행되었음을 의미한다.

파견 노동자의 규모도 파견업이 합법화된 초기에 급팽창해 1998년 최고치를 기록한 다음 2000년까지 정체하다가 2001년에 급격하게 하락했고, 다시 증가하기 시작해 2007년 최고 수준을 기록한 다음 2008년 일시적으로 급락했지만 이듬해부터 증가세를 회복해 2015년 현재 14만 9,207명을 기록하고 있다. 파견 계약 건수도 꾸준히 증가해 2000년 최고치를 기록한 다음 이듬해에 급락했다가 증가 추세를 회복한 뒤 2007년 정점에 달한 다음 이듬해에 급락했고, 다시 증가 추세를 회복해 2015년 현재 27만5,116건을 기록하고 있다. 이처럼 파견 노동자의 규모와 파견 계약 건수는 꾸준한 증가 추세 속에서 2001년과 2008년에 급락했는데, 이는 각각 2000년 12월과 2007년 12월에 파견업 전국 협약을 체결한 직후 발생했다는 점에서 인과적 연관성을 추정하게 한다.

각 년도 파견 계약 건수가 파견 노동자 숫자보다 더 많은 것은 동일 파견 노동자가 한 건 이상의 파견 계약을 사용 업체들과 체결하기 때문이며, 대체로 파견 노동자 1인당 한 해 평균 1.5건 내외의 파견 계약을 체결하는 것으로 나타났다. 파견 계약의 구성을 보면, 사용 업체가 파견 노동자를 사용하는 사유들 가운데 가장 큰 비중을 차지하는 것은 일시적 인력 수요로서, 2015년 현재 전체 파견 계약의 절반이 넘는 54%로 나타났다. 그 뒤를 잇는 것은 특정 직무·서비스 담당이며 2015년 현재 43%로 일시적 인력 수요와 함께 파견 노동자 사용 사유의 거의 모두를 설명하는 반면, 다른 사용 사유들은 합산해도 5% 수준에 불과하다.

한편 파견 노동자가 전체 피고용자 가운데 차지하는 비중은 최고 수준에 달했던 1998년에도 0.97%로서 1%에도 못 미쳤으며, 2015년 현재 0.995%를 기록하고 있다. 임시직 비율이 2005년 33.8%에 달한 바 있고 이후 정규직 전환 재정 지원 정책과 경제 위기하 임시직 중심 구조 조정으로 인해 크게 하락했음에도 불구하고 2015년 현재 여전히 유럽연합 평균치의 두 배 수준에 달하고 있다는 사실을 고려하면, 파견 노동자의 비율은 매우 낮다고 할 수 있다. 이는 스페인 기업들이 주로 직접 고용 임시직 노동을 수량적 유연성의 수단으로 사용하고 있으며 파견 노동은 극히 제한적으로 사용하고 있음을 의미하는데, 동등 처우 등 파견 노동 사용 규제 장치들의 효과로 인해 파견 노동 사용의 인센티브가 최소화되어 있기 때문인 것으로 이해된다.

2) 파견업 조직화와 단체협약 체결

파견업 합법화가 여타 유럽 국가들에 비해 뒤늦게 이루어진 탓으로 파견 대기업협회AGETT에 소속된 6대 파견 업체들이 전체 파견 계약의 47%를 점유하는 등 파견업 시장은 대형 파견 업체들에 의한 독과점 양상을 보이고 있다(Villarejo 2008). 파견 업체들은 부문 영역·규모별로 별도의 연합체들로 조직되어 있는데 주로 사적 부문의 대형 파견 업체들과 소형 파견 업체들은 각각 AGETT와 파견업협회FEDETT에 결합되어 있고, 공적 부문 파견 업체들은 공공부문파견업협회AETT로 조직되어 있다.

한편, 파견 노동자 조직화는 주로 CCOO 산하 서비스연맹Comfia과 UGT 산하 서비스연맹Fes 중심으로 이루어졌다. 이들 두 연맹은 파견 노동자들뿐만 아니라 다양한 고용 형태의 비정규직들을 주요 조직 대상으로 삼고 있다. Comfia는 파견업뿐만 아니라 재정, 행정, 정보 통신, 텔레마케팅과 기타 행정 서비스 부문 종사 노동자들을 조직하고 있고, FeS는 금융, 그래픽·편집, 통신과 문화, 환경 미화, 경비업 부문을 조직하고 있다.

파견업은 노사를 대표하는 전국적 조직체들이 체결하는 전국 수준의 단체협약에 의해 주로 규제되며, 개별 파견 업체 수준에서 체결되는 기업 협약도 있지만 거의 유명무실하다. 합법화된 이듬해인 1995년 2월 전국 수준의 파견업 단체협약이 최초로 양대 노총과 파견 업체 협회GEESTA에 의해 체결된 이래 현재까지 모두 다섯 차례 체결되어 왔다.[6]

현재 제5차 전국 협약은 2006년 1월 1일에 발효하여 2010년 12월 30일로 유효기간이 만료되었지만, 경제 위기가 계속되고 노동관계법 개악이 추진되면서, 노동계는 연이어 총파업을 전개하고 파견업 협회들은 단체교섭을 기피하거나 단체협약의 개악을 추진함으로써 단체교섭이 난항을 겪어 왔으며 아직 제6차 전국 협약은 체결되지 않았다. 제5차 전국 협약의 서명 주체들은 파견 업체의 전국 조직체들인 AGETT, AETT, FEDETT와 양대 노총에서 파견 노동자들을 대변하는 CCOO의 Comfia와 UGT의 FeS였다.

3) 제5차 전국 단체협약과 파견 노동자 보호

제5차 협약은 제16조와 제17조에서, 파견 업체와 파견 노동자 사이의 고용계약은 서면으로 작성되어야 하고, 파견 업체는 노무 제공자를 무기 혹은 기간제로 고용할 수 있다고 규정한다. 동 협약은 제14조 2항에서 파견 노동자가 파견 기간 동안 사용 업체의 교통수단, 식당, 카페, 의료 시설 등 집합적 서비스 시설들을 이용할 자격을 갖는다고 명시하고, 사용 업체의 노동조합을 통해 직무 수행 조건에 대한 요구를 제출할 수 있도록 하며 파견 노동자를 보호하기 위해 사용 업체를 규제한다. 또한 동 협약은 제49조에서 파견 노동자가 담당할 직무를 수행하는 데 필요한 능력 조건을 충

6_파견업 단체협약의 체결 과정과 내용 변천에 대해서는 Pérez(2003), Villarejo(2008), BOE(2000; 2008)를 참조할 것.

족시키기 위해 파견 업체는 담당 직무에 적합한 훈련을 제공해야 한다. 또한 그 훈련 비용을 충당하기 위해 매년 파견업법에 규정된 월 임금의 1%를 적립하도록 하는 한편, 산업재해 예방과 보건 관련 훈련을 위해서도 임금의 0.25%를 추가로 적립해야 한다고 규정하고 있다.

이처럼 파견업 전국 단체협약은 파견업법이 규정하는 파견 업체 규제와 파견 노동자 보호 수준을 넘어서는 조항들은 거의 포함하지 않으며, 주로 파견 노동자들의 임금 인상률 및 노동시간 조정 등 사회경제적 조건의 변화에 상응하는 수준에서 노동조건을 개선하는 조항들로 구성되어 있다. 이렇게 파견업의 단체협약이 주로 법적 권리를 재확인하는 수준에 그치고 있지만, 정규직 의무 고용 비율 조항처럼 법 규정 수준을 넘어서는 강력한 규제 장치도 예외적으로 포함하고 있다.

정규직 의무 고용 비율이 처음 도입된 것은 2000년 12월 체결된 제3차 파견업 전국 협약(2000~2002)인데, 제45조에서 파견 업체는 고용한 노무 제공자의 50% 이상을 기간의 정함이 없는 정규직으로 고용해야 한다고 규정했다(BOE 2000). 한편 2007년 12월 체결된 제5차 파견업 전국 협약(2006~2010)은 정규직 의무 고용 비율을 50%에서 65%로 상향 조정했다(BOE 2008). 제5차 전국 협약 제51조는 정규직 의무 고용 비율을 65%로 설정하며 상근 노동자 노동시간의 50% 미만에 해당하는 단시간 노동 계약들은 정규직 고용 비율에 포함하지 않는다고 규정하고 있다. 65% 정규직 의무 고용 비율을 준수하지 않을 경우, 파견 노동자를 총 18개월 기간 동안 12개월 한도 내에서 임시직으로 고용할 수 있도록 한 동 협약 제17조의 적용을 받을 수 없도록 하는 한편, 고용 기간이 6개월을 초과하면 해당 파견 노동자는 정규직으로 고용된 것으로 간주한다. 이처럼 강력한 부정적 제재를 통해 파견 업체가 정규직 의무 고용 비율을 준수하도록 강제하고 있다.

4. 제6차 단체협약과 단체교섭 과정

1) 제6차 단체협약 교섭의 지체

제5차 파견업 전국 단체협약은 2010년 12월 31일로 만료되었지만 파견업 노사 대표들은 제6차 단체협약 체결을 위한 단체교섭을 시작하지도 못한 채 2010년 체납 임금분 지급 문제를 둘러싼 갈등에서 벗어나지 못했다. 제5차 전국 단체협약(제27조)은 2010년 임금 인상률을 실제 소비자물가 인상률에 0.75%를 더하여 산정하고, 실질 소비자물가 인상률 추정치 1%에 기초하여 임금 인상률 1.75%를 기준으로 임금을 우선 지급하되, 실제 해당 년도의 소비자물가 인상률이 확인되면 체납 임금분을 산정·지급하도록 했다(BOE 2008). 2010년의 실제 소비자물가 인상률이 3%로 확인되었기 때문에 2011년 3월 21일 개최된 파견업 노사공동위원회Comisión Paritaria Sectorial는 2010년 임금 인상률을 3.75%로 조정하고 2%에 해당하는 차액을 체납 임금으로 파견 업체가 노동자들에게 지급하도록 했다(Comfia 2011a).

노동부는 노사공동위원회가 합의한 2010년 임금 체납분의 구체적인 액수를 사실로 확인한 다음 5월 23일 관보를 통해 공표했다. 하지만 파견업 협회들은 소속 파견 업체들에 대해 체납 임금분을 지급할 것을 지시하지 않았다. 그것은 단체협약에 2010년 체납 임금분을 2011년 1/4분기 내에 지급하도록 되어 있으나 지급 액수가 5월에 공표되어 1/4분기 내 지급하도록 규정한 조항은 효력을 상실했기 때문에 체납 임금분을 지불하지 않아도 된다는 논리였다(Comfia 2011b; 2011c).

체납 임금분 산정이 지체된 것은 실질 소비자물가 인상률 발표가 늦어졌기 때문이며, 노동조합은 이미 3월 중에 체납 임금분을 지급할 것을 요청한 바 있어 사측의 논리는 설득력이 없었다. 사측이 이 같은 논리로 노사 갈등 국면을 조성한 것은 제6차 단체협약 체결을 위한 단체교섭을 기피하기 위해서였다.

2011년 4월 15일 제6차 단체협약 체결을 위해 노사 양측 대표들이 회동하여 노사 양측이 각각 12명씩의 교섭 대표들을 지명해 단체교섭을 시작하기로 합의했으며, 의장은 노측 대표가, 서기는 사측 대표가 맡기로 했다(FeS 2011b; Comfia 2011b). 노측은 CCOO의 Comfia와 UGT의 FeS가 각각 6명씩 대표를 지명하기로 했지만, 5월 20일, 6월 16일, 7월 14일 거듭된 노사 회동에서 AGETT, AETT, FEDETT 등 세 단체가 사측 교섭 대표 12명의 배분에 합의하지 못한 탓으로 실질적인 노사 교섭이 시작될 수 없었다. 마침내 7월 14일 회의에서는 사측 교섭 대표 배분 문제를 노동부의 중재위원회에 회부하기로 결정했다(Comfia 2011d; FeS 2011d; 2011e).

노동부 중재위원회가 11월 7일 사측 교섭 대표 12명을 AGETT에 6명, AETT에 3명, FEDETT에 3명으로 배분한다는 중재 결정을 내림에 따라(BOE 2011, 125302, 125315), 비로소 12월 2일 파견업 노사 대표들은 공식적인 단체교섭을 시작할 수 있었다(FeS 2011f). 이렇게 제6차 단체협약 체결을 위한 단체교섭은 제5차 단체협약이 만료된 지 1년 만에 시작되었고, 사측의 교섭 대표 배분 논란이 단체교섭의 시작을 지연시킬 것이라는 노측의 우려는 사실이 되었다.

2) 단체협약 교섭과 노사 대립

제6차 단체협약을 체결하기 위한 단체교섭은 사측의 교섭 대표 배분 문제 등 불성실한 교섭 태도로 인해 난항을 겪으면서 제5차 단체협약이 2010년 말 만료된 뒤 2년이 지나도록 합의를 도출하지 못했다. 노사는 핵심 쟁점들에서 정면 대립하며 접점을 찾지 못했으며, 조속한 타결을 기대하기 어려웠다.

Comfia와 FeS는 단체협약 요구안을 작성하여 2011년 2월 회동에서 사측에 전달했는데 그 핵심은 임금 정책, 노동시간, 고용 안정성, 직무 범주 계층 재조정 등이었다(FeS 2011a; 2011c; Comfia 2011b).

노동시간과 관련해 노측은 연 최대 노동시간을 1,744시간으로 단축하고, 출근 후 작업 시작과 퇴근 전 작업 종료를 위해 유연하게 활용할 수 있는 노동시간을 하루 1시간씩 배정하며, 유급휴가를 연 24 노동일로 하고 자유롭게 사용할 수 있는 휴가일로 이틀을 배정할 것을 요구했다. 또한 질병과 경조 및 성 평등 관련 휴일 제도와 관련해, 본인의 질병·사고 혹은 입원 시 4일의 휴가를 주고, 배우자 및 직계가족의 사망 시 5일의 휴가를 주며, 육아를 돕기 위해 노동시간을 단축해 노동과 생활의 조화를 이룰 수 있도록 할 것도 요구했다.

임금 인상과 관련해, 노측은 임금 인상률을 실제 소비자물가 인상률에 2011년에는 1.5%를, 2012년에는 2.5%를 더하여 산정하도록 하며, 매년 1월 1일 합의된 추정 소비자물가 인상률에 기초하여 임금을 지급하되 차년도에 실제 소비자물가 인상률이 확인된 뒤 차액을 지급할 것을 요구했다. 또한 야간 근무에 대해 시간당 임금의 40%를 추가 수당으로 지급하고, 초과 근로에 대해서는 시간당 임금에 20%의 추가 수당을 지급하는 동시에 휴식 시간도 20%를 추가 허용할 것을 요구했다.

고용 안정과 관련해, 노측은 파견 업체들의 정규직 의무 고용 비율을 65%에서 80%로 상향 조정할 것을 요구했다. 또한 직접 고용 정규직 노동자들이 퇴직 연령에 도달하기 전에 퇴직할 경우 일정 정도 임금을 보전 받는 가운데 해당 일자리에 청년 노동자를 채용하도록 하는 부분 퇴직 대체 고용contrato de relevo 제도를 도입할 것도 요구했다.

그 밖에도 노동자들의 학력 수준을 반영하고 기술개발에 부합한 방식으로 직업 범주들을 조정하고, 임금 계층도 비슷한 학력과 기술 자격을 지닌 다른 노동시장 부문의 임금 계층에 상응하도록 조정할 것을 요구했다. 또한 노동조합의 권리와 관련하여, 사측은 노동조합에 단체협약을 실행하기 위해 필요한 자원과 정보를 제공하고, 노동조합 대표를 포함한 노동자 대표들이 유급 노조 활동 시간을 축적해 적절하게 사용할 수 있도록 요구했다. 이와 함께 노측은 단체협약 유효기간을 현행 5년에서 2년으로 단축할 것도 요구했다.

노동부의 중재 판정으로 사측의 교섭 대표 배분 문제가 해결되고 2011년 12월 노사 간의 단체교섭이 공식적으로 시작된 다음 노측은 이듬해 2월 23일 노사 교섭에서 노동 측 입장을 전달했다(FeS 2012b). 노측 입장은 노사 관계와 노동조건은 부문 협약을 골간으로 하며 사업장 단위 협약들과 적용 우선권 문제의 다툼 없이 경제 사회적 필요성에 따라 동일한 노동조건을 적용해야 한다는 것이었다. 또한 노측은 노동시간 문제를 노사 교섭의 핵심 의제로 간주했다(Comfia 2012a; 2012b).

노사 교섭이 진행되는 가운데 3월 29일 CCOO와 UGT의 연대 총파업이 전개되었고, 사측은 교섭 일정을 잡기 어렵다며 노사 교섭을 미루는 가운데 5월 24일 노사 교섭 석상에서 노측 요구안에 대한 사측 협상안을 제시하겠다고 약속했다(FeS 2012c). 하지만 사측이 협상안을 최초로 제출한 것은 9월 13일 노사 교섭에서였는데, 이는 노측이 2월 교섭에서 요구안을 제출한 이래 7개월이나 지난 뒤였다(FeS 2012d; Comfia 2012c). 사측 협상안은 2017년까지 향후 7년간 임금을 동결하고, 노동시간을 매년 68시간씩 늘리며, 휴가 시점은 사측이 선택하고, 노동시간은 사측의 필요에 따라 조정하며, 질병, 상조, 성 평등 관련 휴일 등 모든 노동-생활 조화를 위한 개선 조치들을 제거하고, 노사공동위원회를 통한 노동조합의 모든

대표권과 정보청구권을 폐지한다는 것이었다. 이에 대해 Comfia와 FeS
는, 노동조합의 요구안을 거부하고 노동법과 단체협약에 보장된 노동기
본권과 노동조건을 개악하는 행위로서 자본의 '참모습'verdadera cara을 적나
라하게 보여 주는 것이라며 비판했다.

3) 노사 대립과 교섭 전략

노측 대표들은 이어진 10월 1일 협상에서 사측 협상안을 거부하며 노측
의 수정 요구안을 제출했고, 11월 22일 차기 협상에 이어 개최된 11월 26
일의 후속 협상에서 노측의 최종 협상안을 제출했다(Comfia-FeS 2012;
FeS 2012e; FeS 2012f; Comfia 2012d). 노측의 최종 협상안은 〈표 9.4〉에서
보듯이 2011년 초에 제시했던 요구안에서 상당 정도 후퇴한 내용이었다.
수정 제안된 부분의 핵심은 단체협약 유효기간과 임금 인상률 관련 요구
였고, 정규직 의무 고용 비율 상향 조정을 포함한 고용 안정 관련 요구 등
은 철회되었다.

　　노측의 임금 인상 관련 수정안은 소비자물가 상승률을 통제한 2011
년과 2012년의 실질임금 인상률을 각각 1.5%에서 1%로, 2.5%에서 0.5%
로 하향 조정했다. 또한 추가된 2013~2015년의 경우, 2013년은 0.6%로
낮게 책정했지만, 2014년과 2015년은 GDP 성장률에 상응하는 임금 인
상률을 제시했다. 즉, GDP 성장률을 1% 미만, 1% 이상 2% 미만, 2% 이
상으로 범주화해 그에 상응하는 해당 년도의 실질임금 인상률을 각각
0.6%, 1%, 2%로 설정하자는 것이었다. 한편 노동시간 단축 요구안도 연
최대 노동시간 1,744시간에서 1,788시간(2013~2014)과 1,786시간(2015~
2016)으로 크게 후퇴했고, 정규직 의무 고용 비율 80% 상향 조정 등 고용
안정 요구와 함께 각종 추가 수당 및 휴가·휴일 관련 요구 조건들은 철회

표 9.4 | 제6차 단체협약 교섭 과정의 쟁점

	노동 측 최초 요구안 (2011.2)	노동 측 수정 요구안 (2012.11)	자본 측 협상안 (2012.9)
〈단협 유효 기간〉			
단협 유효기간	2년	4년	-
단협 기간 만료 후 적용	-	차기 단협 서명 시점까지	-
〈노동시간〉			
연 총 노동시간	연 최대 노동 시간을 1,744시간으로 단축	연 최대 노동 시간 1,788시간(2013~14), 1,786시간(2015~16)	매년 68시간 증대
일 노동시간	작업 시작과 종료를 위한 유연성 1시간 배정		
작업시간 설정			사측 필요에 따라 설정함
휴가	24 노동일, 2 자유 사용일		
휴가 시기	노동자의 선택		사측이 선택함
질병, 경조, 성 평등 관련 휴일 제도	4일(심각한 질병·사고), 5일(직계 사망), 육아 노동시간 단축		질병, 상조, 성 평등 관련 휴일 관련 모든 개선 조치 삭제
〈임금〉			
임금 인상률	실질임금 인상률: 1.5%(2011), 2.5%(2012)	실질임금 인상률: 1%(2011), 0.5%(2012), 0.6%(2013), 0.6/1/1.5%(2014-15)	2017년까지 7년간 임금동결
야간 근무 보상	40% 수당 추가		
초과근무 보상	20% 수당 추가	-	
〈고용 안정〉			
부분 퇴직	부분 퇴직과 대체 고용 제도 도입		
정규직 의무 고용	80%		
〈기타〉			
직업 범주 층화	현실에 맞게 재조정	현실에 맞게 재조정	
노조 권리	단협 실행 위한 자원 노조에 제공/노조 대표의 유급 노조 활동권 시간 축적 사용	단협 실행 위한 유급 노조 활동 시간 보장	노사공동위원회 통한 대표권·정보권 중단

되었다.

사측은 노동조건 개선 거부와 개악의 의지를 일관되게 견지하며 노동을 압박해 요구안을 후퇴시킨 것이다. 2011년 12월 7일 공식적으로 시작된 노사 교섭과 뒤이은 2012년 1월 19일 노사 교섭 석상에서 사측은, 매출액과 수익이 40%나 하락한 사회경제적 여건 속에서 사측의 단체교섭 목표는 고용을 유지하는 것이기 때문에 노측의 임금 인상 및 노동조건 개선 요구를 받아들일 수 없다는 입장을 강조했다(FeS 2011f; Comfia 2012a). 실제 사측이 협상안을 제출한 9월 13일 단체교섭 직전 발렌시아Valencia 지역의 한 파견 업체에서 사측의 전국 협약 협상안이 그대로 명문화되어 단체협약으로 체결된 바 있다는 사실(Comfia 2012d)에서 사측의 노동조건 개악 입장이 대단히 확고하다는 점을 확인할 수 있다.

사측이 단체교섭 과정에서 일정하게 성과를 거둘 수 있었던 것은 사측의 전략이 주효했기 때문이라 할 수 있는데, 그것은 단체교섭 시작을 지연시키고 교섭을 해태하며 비타협적 개악안을 제출해 합의 도출을 어렵게 함으로써 노측의 양보를 압박하는 것이었다. 사측은 체납 임금분 지급 문제로 노사 갈등을 야기하거나 사측 교섭 대표의 수를 배분하는 문제로 단체교섭을 시작할 수 없게 했는데, 노동부의 중재 결정을 받은 뒤에야 비로소 공식적인 단체교섭이 시작될 수 있었다. 이렇게 1년을 소모한 다음 공식적 단체교섭이 시작되어 노측은 2012년 2월에 단체협약 요구안을 정식으로 제출했지만, 사측은 7개월 뒤인 9월 중순에야 노측의 요구안을 정면으로 거부하는 개악안을 협상안으로 제출했다. 이처럼 사측의 고의적인 단체교섭 지연·해태 행위로 단체교섭 과정은 파행을 면치 못하게 되었다.

단체교섭을 기피하며 단체협약 개악 입장을 고수하는 사측에 대해, 노측 대표들은 사측의 교섭 지연 및 비타협적 태도의 변화를 거듭 촉구했다. 또한 노동자들의 요구는 정당한 것이라며 생산적 의지와 함께 진지하게 교섭할 것을 요구했다.[7] 노측이 노동시간의 배분 방식 문제를 핵심 의

7_노측의 일관된 입장에 대해서는 FeS(2011d; 2011f)와 Comfia(2012a)를 참조할 것.

제로 설정한 것은 적은 비용으로 노사 양측 모두에 혜택을 줄 수 있는 한편, 향후 추진될 노동시장 규제 제도의 변화에 의해 별로 영향을 받지 않는 영역이었기 때문이다. 또한 고용 문제란 노동자들에게 우선순위가 높은 의제일 수밖에 없고, 임금 관련 요구는 경제 위기 속에서 노동자들의 구매력을 높이기 위해 그에 상응하는 정도의 임금 인상률이 책정되어야 한다는 입장이었다.

사측 전략에 대해 Comfia와 FeS가 가장 우려하며 압박감을 느꼈던 것은 단체협약이 만료된 뒤에도 교섭이 지체되고 있다는 점이었다. 2011년 사회당 정부가 노동법 개정을 위한 노사정 협의를 추진하고 있었지만, 집권 사회당의 지지도가 크게 떨어져 정권이 바뀔 가능성이 높은 것으로 전망되고 있었기 때문에 자본가 단체들은 정권이 교체된 후 노동법이 좀더 친자본적인 방향으로 개정되기를 기대하며 사회적 대화를 기피하고 있었다(조돈문 2012b). 당시 자본가 단체들이 노동법 개정과 관련해 요구하고 있던 것 가운데 하나가, 단체협약의 유효기간이 만료된 뒤에도 새로운 단체협약이 체결되지 않으면 기존의 단체협약이 효력을 유지한다는 규정을 삭제하는 것이었다. 실제로 2011년 말 조기총선에서 집권에 성공한 보수 국민당PP은 2012년 2월 10일 개정 법령(Real Decreto-ley 3/2012)을 발표했는데, 개정 법령은 제86조의 3에서 단체협약 효력 자동 연장 구절을 삭제하고 "기존 단협의 유효기간이 만료된 후 2년이 지나도록 새로운 단체협약이 체결되지 않거나 중재 결정이 없으면, 별도의 합의가 없는 한 기존 단협은 효력을 상실한다."로 개악했다.[8]

8_개정 법령은 CCOO와 UGT의 3월 29일 공동 총파업에도 불구하고 단협 유효기간 규정 개정을 포함하여 2012년 7월 6일 입법화(Ley 3/2012)되었다. 이렇게 개정된 노동법 제

Comfia와 FeS는 사측이 단체협약의 체결 시점을 최대한 늦춤으로써, 만료된 단체협약의 효력과 관련된 법 규정이 개정되어 노측에 무단협 압박을 가하며, 파견 노동자들의 노동기본권 보장을 훼손하고 임금 등 노동조건을 개악하고자 하는 불순한 의도를 지니고 있다고 비판해 왔다(FeS 2011f; FeS 2012b; Comfia 2011d). 한편으로는 CCOO와 UGT가 국민당 정부의 긴축정책 및 노동시장 유연화와 노동관계법 개악 시도에 맞서 2012년 들어 3월 29일과 11월 14일 두 차례에 걸쳐 공동 총파업을 벌였지만 별다른 성과를 거두지 못했다. 이렇게 국민당 정부하에서 노동관계법은 개악되고 노동시장 유연화가 더욱 급격하게 진전되는 가운데 자본이 공세를 취하고 있었던 것이다.

단체협약 유효기간의 당초 요구안은 5년을 2년으로 단축하는 것으로 비교적 공세적인 요구였는데, 다시 4년으로 되었다. 유효기간 관련 요구가 후퇴한 것은, 제4차 단체협약의 유효기간이 만료되고 2년이 지난 뒤 제5차 단체협약이 체결되었으며, 제5차 단체협약의 유효기간이 만료된 이래 5년이 더 지났지만 아직도 제6차 전국 협약을 체결하지 못한 현실을 반영한다.9

86조의 3은 단체협약이 유효기간 만료 2년 후가 아니라 1년 후 효력을 상실하는 것으로 개정 법령을 수정하여 명문화함으로써 개정 법령보다 더 개악된 내용이었다(Cuatrecasas 2012, 96-98).

9_제5차 단체협약은 별도의 협약이 체결되기까지 효력을 유지한다는 제5조 2항에 의거하여 여전히 유효한 것으로 해석되고 있다.

5. 맺음말

1) 파견 노동자 보호와 사회적 규제의 효과

파견 노동자 보호를 위한 사회적 규제들 가운데 법적 규제 못지않게 단체 협약에 의한 규제도 효과가 큰 것으로 나타났다.

법적 규제 및 단체협약 규제의 효과

파견업에 대한 법적 규제 정책의 변화들 가운데 상대적으로 큰 영향력을 미쳤으리라 추정되는 것으로는 1994년 6월의 파견업 합법화, 1999년 7월의 계약 만료 수당 도입 및 동등 처우 보장, 2006년 12월의 불법 파견 판정 기준 도입, 2010년 9월과 12월의 파견 대상 확대 및 파견 업체 지원 정책 도입 등을 꼽을 수 있다. 이런 정책 변화와 파견 노동자 규모 및 파견 계약 건수의 변화 추이를 비교 검토하면(⟨표 9.3⟩), 1994년 6월 파견업의 합법화로 파견업이 급격하게 증가한 이래 법제화의 효과는 크지 않은 것으로 나타났다(⟨표 9.5⟩).

1999년 7월 파견 업체의 훈련 책임, 계약 종료 수당 지급 및 동등 처우 제도 도입 등 규제 강화 조치로, 1998년 12월에 비해 1999년 12월 파견 노동자의 규모와 파견 계약 건수는 각각 3.91%와 3.67% 감소하는 효과를 가져왔다. 한편 2006년 12월 불법 파견 판정 기준 도입 이후 파견 노동의 규모는 증가했는데, 이는 불법 파견 규제 강화가 파견 노동의 감소를 가져오거나 불법 파견의 합법 파견 전환을 가져왔다기보다 파견 노동 규모의 증가 추세에 별다른 영향을 미치지 못한 탓으로 이해될 수 있다. 반면, 예상과 달리 2010년 9/12월 파견업 규제 완화 조치 이후 파견 노동은 도리어 감소되었다. 대체로 기업은 경제 위기가 진정되면서 정규직 대신

표 9.5 | 주요 사회적 규제 변화와 정책 효과

변화 시점	규제 내용	파견 노동 규모 변화	
		예상 효과	실제 결과
〈법 개정〉			
1994.6	합법화	증가	대폭 증가
1999.7	계약 종료 수당 도입/ 동등 처우/ 파견 업체 훈련 책임	감소	소폭 감소
2006.12	불법 파견 판정 기준 도입	감소	증가 추세 유지
2010.9/12	파견 대상 확대 / 파견 업체 지원 정책	증가	소폭 감소
〈단체협약〉			
2000.12(3차)	정규직 의무 고용 비율 50%	감소	대폭 감소
2007.12(5차)	정규직 의무 고용 비율 65%	감소	대폭 감소

비정규직부터 채용하기 시작하는데, 경제 위기 상황이 지속됨에 따라 비정규직 채용조차 시작하지 않은 것은 파견 노동은 물론 임시직에서도 확인된 바 있다.

정규직 의무 고용 비율제 효과

파견업의 법적 규제 변화와는 대조적으로, 단체협약을 통한 정규직 의무 고용 비율제의 도입 및 강화는 파견 노동 사용에 대해 유의미한 규제 효과를 가져온 것으로 나타났다. 2000년 12월에 체결된 제3차 단체협약은 정규직 의무 고용 비율 제도를 처음 도입하며 그 비율을 50%로 설정했는데, 이듬해 파견 노동자 규모와 파견 계약 건수는 각각 4.73%와 21.85% 하락했다. 한편 2007년 12월 체결된 제5차 단체협약에서 정규직 의무 고용 비율은 50%에서 65%로 상향 조정되었는데, 이듬해 파견 노동자 규모와 파견 계약 건수는 각각 33.02%와 29.99% 하락했다. 이처럼 정규직 의무 고용 비율 제도의 도입과 의무 고용 비율 상향 조정 직후 파견 노동 규모가 크게 줄어든 것은 정규직 의무 고용 비율 제도가 파견 노동자 사용 인센티브를 억제하는 효과가 있음을 확인해 주는 것이다.

2008년 파견 노동 규모가 줄어든 것에 대해서는 정규직 의무 고용 비율의 상향 조정 이외의 다른 외적 요인들이 작동한 결과로 해석될 여지도 있다. 그것은 2006년 말 임시직의 정규직 전환을 적극 지원하는 정책이 도입되었고, 2007년 말 경제 위기의 타격으로 말미암아 임시직 노동을 중심으로 대대적인 인력 감축이 진행되었기 때문이라고 추정할 수 있다.[10] 이런 외적 요인들의 효과를 검증하기 위해서는 파견 노동자 규모의 변화와 임시직 노동자 규모의 변화 추이를 비교·분석할 필요가 있다.

2000~2001년의 변화를 보면, 임시직 노동자가 4.63% 증가한 반면 파견 노동자는 4.73% 감소하여, 정규직 의무 고용 비율 제도 도입으로 인한 파견 노동자 규모의 감축 효과가 5~9% 정도에 달한 것으로 추정할 수 있다. 한편, 2007~2008년의 변화를 보면, 임시직 노동자 규모는 12.7% 감소하여 정규직 전환 지원 정책과 경제 위기하 임시직 중심의 인력 감축 효과를 실감할 수 있다. 하지만 같은 기간의 파견 노동자 규모는 33.02%나 감소하여 임시직 규모의 감소 정도에 비해 20.32%p나 큰 폭으로 감소했음을 보여 준다. 이런 차이는 정규직 의무 고용 비율을 상향 조정한 결과로 해석할 수 있다.

이처럼 1994년 파견업 합법화 이후 파견 노동자 규모와 파견 계약 건수가 꾸준히 증가하다가 2001년과 2008년 큰 폭으로 하락한 것은 다른 어떤 규제 장치보다 정규직 의무 고용 비율 제도의 규제 효과가 강력하다

10_스페인은 건설업, 관광산업, 유통업 등 경기 변동에 취약한 산업구조를 지니고 있어 여타 서구 국가들에 비해 세계경제 위기의 타격을 크게 입었으며, 인력 조정은 주로 임시직 감축을 중심으로 진행되었다(조돈문 2012c). 임시직은 건설업 부문에서 가장 급격하게 감축된 반면, 파견 노동은 건설업의 비중이 낮아서 주로 제조업을 중심으로 급격하게 감축되었으며 서비스업은 다소 완만한 감축 추세를 보여 주었다.

는 점을 확인해 준다.

파견 노동과 임시직의 대체재 관계

파견 노동은 파견 업체에 의해 정규직으로 고용되기도 하지만 사용 업체의 입장에서는 한시적으로 사용되는 간접 고용 비정규직에 해당된다. 따라서 파견 노동은 직접 고용 임시직 및 비파견 간접 고용 비정규직을 포함하는 여타의 임시직 고용 유형들과 대체재의 관계에 놓여 있으며, 특히 1999년 7월 파견법 개정으로 파견 노동과 임시직이 동일한 사용 사유 제한 원칙을 적용받게 되면서 대체재의 성격은 더욱 강화되었다.

파견 노동의 사용 사유 가운데 가장 비중이 큰 두 가지는 일시적 인력 수요와 특정 과제·서비스인데, 파견 계약 건수의 변화 추세를 보면 정책효과에 따른 파견 노동 규모의 감축은 주로 일시적 인력 수요 사유에 따른 파견 노동 사용을 중심으로 진행되었음을 알 수 있다. 2000~2001년 기간과 2007~2008년 기간, 특정 직무·서비스 사유의 파견 계약 건수가 각각 15.86%와 25.58% 씩 감소한 반면, 일시적 인력 수요 사유의 파견 계약 건수는 각각 29.06%와 34.07% 씩 감소하여 감소폭이 훨씬 컸다. 이렇게 일시적 인력 수요 사유의 파견 계약 건수가 급격하게 감소해 결과적으로 2001년과 2008년에는 특정 직무·서비스 사유의 파견 계약 건수의 상대적 비중이 증가하기도 했다. 이런 현상은 특정 직무·서비스 사유에 비해 일시적 인력 수요 사유는 덜 불요불급한 사용 사유로서 임시직과의 대체재 성격이 더 크다고 할 수 있다.

파견 노동 사용의 부정적 인센티브

대체재 관계에 있는 임시직 비율이 25% 수준에서 부침하는 반면 파견 노동 비율은 1% 수준에 머물고 있다. 이처럼 파견 노동 비율이 낮은 것은 임시직과 여타 간접 고용 비정규직에 비해 파견 노동 사용에 대한 규제 장치가 잘 구비되어 있기 때문이다.

파견 노동은 직접 고용 노동자들과의 동등 처우 보장 등 노동법에 따른 보호에 더해, 직접 고용 임시직이나 여타 간접 고용 비정규직에 비해 파견업법과 파견업 단체협약에 의한 추가적 규제 장치들을 통해 보호받는다. 파견 노동에 대한 현재의 법적 규제 체제는 1999년 파견업법 개정으로 기본 골격이 확립되었으며 이때 도입된, 사용 업체 직접 고용 노동자들과의 동등 처우, 교육 훈련에 대한 파견 업체의 책임, 근무 년당 12일 임금분을 계약 종료 수당으로 지급하는 제도들은 파견업이 합법화된 이후 파견 노동의 급팽창을 제어하는 효과를 거두었다. 또한 파견업 단체협약에 의한 정규직 의무 고용 비율 제도는 파견 노동 사용의 인건비 절감 효과를 기대하기 어렵게 할뿐만 아니라 파견 업체와 사용 업체에 고용 안정성 부담까지 안겨 주게 되었다.

대체재 관계에 있는 파견 노동과 임시직의 사용 변화 양상은 서로 상반된 추세를 보여 주는데, 파견 노동 사용에 대한 효율적 규제는 파견 노동 사용을 억제하는 동시에 임시직 규모의 감축을 어렵게 했다(De la Calle et al. 2008, 44-47). 무엇보다 심각한 부정적 효과는 법적 보호와 단체협약의 보호를 거의 받지 못하는 새로운 변종의 간접 고용 비정규직을 확산하는 풍선 효과다. 파견업법과 파견업 단체협약의 규제를 피하기 위해 '통합 서비스 업체'empresas integrales de servicios 혹은 '각종 서비스 업체' empresas multiservicios라 불리는 종합 서비스 업체들이 등장하여 전국적으로 확산되고 있는데, 이들은 노무 제공자들을 임시직으로 고용해 사용 업체에 한시적 노무 서비스를 제공한다.[11] 이 업체들은 합법과 비합법의 영역을 넘나들며 직업 소개업과 파견·용역업을 겸업하는데, 노무 제공자들은 주로 중소 영세 사업장들에 의해 사용되며 용역 노동과 호출 노동의 성격이 혼합된 간접 고용 비정규직이다. 이들은 직접 고용 임시직이나 파견 노동에 비해 노동조건이 훨씬 더 열악하며, 그 규모가 확대일로에 있지만 정확한 규모조차 파악되지 않고 있다.

2) 맺음말

간접 고용 사용에 대한 사회적 규제

스페인의 간접 고용 사용에 대한 사회적 규제는 노동법과 파견업법에 의한 법적 규제와 파견업 단체협약에 의한 규제로 구성되어 있으며, 주로 파견 노동을 중심으로 실시되고 있다. 이런 사회적 규제가 의도한 바는 파견 노동자들뿐만 아니라 사용 업체의 직접 고용 정규직 노동자들도 함께 보호하는 것이며, 이를 위해 사용 업체와 파견 업체에 대한 규제 장치들을 구비하고 있다.

사용 업체에 대해서는 파견 노동자 사용에 있어 임시직과 동일한 사용 사유 규정을 적용하는 한편, 파업 노동자 대체 금지와 인력 조정 후 1년간 휴지 기간 설정 등 사용 금지 사유들도 부과하고, 파견 노동 계약 체결 후 열흘 이내에 노동조합에 통보하도록 함으로써 정규직 노동자들의 고용 안정성을 담보하고자 한다. 또한 파견 노동자들에게 파견 기간 동안 임금 등 노동조건 및 교통수단과 식당 등 각종 편의·복지 서비스 이용에 있어 사용 업체의 직접 고용 노동자들과 동등한 처우를 받고, 사용 업체

11_Alós 면담(2012), Lamas et al.(2006), Pastor(2010)을 참조할 것.

노동조합을 통해 노동조건 관련 요구 사항을 제시할 권리를 부여하고 있다.

파견 업체에 대해서는 행정당국의 허가를 받아 설립한 다음 3년간 매년 허가를 갱신하고, 파견 노동자에게 필요한 교육 훈련을 제공하며 교육 훈련을 위한 소정 비율로 기금을 별도 조성하고, 고용계약이 종료될 때 근속 년당 12일 임금분씩 보상하도록 하고 있다. 이런 법적 규제에 더해 파견업 단체협약은 파견 노동자의 고용 안정성을 보장하기 위해 파견 업체의 파견 노동자 정규직 의무 고용 비율제를 도입하고 있다.

파견 노동 규제 효과와 정규직 의무 고용 비율제

대체재 관계에 있는 임시직에 비해 파견 노동의 비율이 월등히 낮은 것은 파견업 규제 체제가 파견업을 규제하고 파견 노동을 보호하는 데 효율적임을 의미한다. 무엇보다도 가장 분명한 정책 효과를 보인 것은 파견 업체의 파견 노동자 정규직 의무 고용 비율제였다.

의무 고용 비율은 2000년 12월 체결된 제3차 단체협약에 의해 도입될 당시 50%였으나 2007년 12월 체결된 제5차 단체협약에서 65%로 상향 조정되었다. 파견업이 합법화된 이후 파견 노동자 규모와 파견 계약 건수가 가장 크게 감소한 2001년과 2008년이 제3차 단체협약과 제5차 단체협약이 체결된 이듬해였다는 점은, 정규직 의무 고용 비율제가 파견 노동자의 고용 안정성을 보장하며 파견 노동 사용을 규제하는 데 큰 효과가 있음을 확인해 준다. 정규직 의무 고용 비율이 높아지면 파견 업체의 대기 기간 재정 부담이 커지고 사용 업체의 파견 노동 사용 비용이 인상되기 때문에 파견 노동을 통해 파견 업체와 사용 업체가 얻을 수 있는 편익은 최소화된다.

이런 파견 노동 인센티브 억제 효과를 중시하여 Comfia와 FeS는 제6

차 단체협약 교섭에서 정규직 의무 고용 비율을 현행 65%에서 80%로 상향 조정할 것을 제시한 바 있다. 하지만 사측의 비타협적 입장을 고려하면 합의 가능성은 높지 않은 것으로 판단된다.

노동과 자본의 전략

노동 측이 정규직 노동자의 고용 안정성을 보장하고 파견 노동자의 고용 안정성과 소득 안정성을 강화하기 위해 파견 노동 사용에 대한 사회적 규제 강화를 추진하는 반면, 자본은 노동시장 유연화를 위해 탈규제를 추진한다. 이를 위한 자본의 전략은 제6차 단체교섭 과정에서 잘 나타난다. 자본은 파견 노동 사용 관련 탈규제를 진전시키는 한편, 파견 노동자들의 임금 인상을 억제하고 노동조건 개선을 저지하기 위해, 단체교섭 과정을 지연시키고 파행을 유도해, 단체협약 유효기간이 만료된 후 경과 시간을 장기화함으로써 노동 측에 무단협 압박을 가하는 전략을 취했다. 이런 전략은 주효했으며, 무단협 위기 속에서 노동 측의 요구 조건은 후퇴했다.

한편, 자본이 법적 규제는 물론 정규직 의무 고용 비율 규제를 수용했다는 점은 제6차 단체협약 교섭 과정에서의 모습과 대조를 이룬다. 자본은 제6차 단체교섭 이전부터 노동시장 유연화와 탈규제 추진을 전략적 목표로 견지해 왔지만, 정규직 의무 고용 비율제를 받아들인 것은 파견 노동자의 교섭력이 아니라 CCOO와 UGT의 교섭력 때문이었다고 할 수 있다. CCOO와 UGT뿐만 아니라 산하 조직인 Comfia와 FeS는 노동관계법 개정안에 대해 평가와 대안을 제시했으며 공동으로 총파업을 진행했고, 단체교섭 과정에서도 공동 요구안을 작성해 공동보조를 취함으로써 노동 측의 교섭력을 극대화할 수 있었다. 한편, 정규직 의무 고용 비율제는 여타 규제 장치들과 마찬가지로 파견업의 수익률을 억압해 중소 영세 파견업체의 난립을 방지함으로써 파견업의 독과점 상황을 보강하는 효과도

낳는다. 이처럼 사측 교섭 대표의 절반을 점하는 AGETT 소속 대형 파견 업체들의 이해관계에 부합한다는 점도 자본의 양보를 받아 내기에 유리한 조건을 조성했다고 할 수 있다.

제10장

유럽연합 회원국들의 파견 노동 지침 집행과 파견 노동자 보호

스웨덴과 스페인을 중심으로

1. 들어가는 말

파견 노동은 여타 고용 형태들에 비해 노동조건도 더 열악하고 가장 급속도로 성장하는 간접 고용 비정규직의 한 유형이다. 뿐만 아니라 사용 업체와 파견 업체가 사용자의 책임과 의무를 서로에게 전가하며 회피하는 삼각관계의 특성을 지니고 있어 노동자 보호에 어려움을 겪고 있다. 따라서 비정규직 가운데 유럽연합 차원의 사용 규제 지침 수립이 가장 절실하게

● 본 장은 『스칸디나비아연구』 제17호(2016)에 실린 원고를 수정·보완한 글이다. 게재를 허락해 준 한국스칸디나비아학회에 감사한다.

요구되고 있었다.

유럽연합은 1990년대 비정규직 3대 지침을 동시에 추진하며 노사 합의를 독려했는데, 단시간 노동 지침과 기간제 노동 지침만 노사 합의에 기초해 각각 1997년과 1999년에 수립될 수 있었다. 파견 노동 지침은 노사 합의에 실패하면서 10년 정도 더 시간을 허비하고 2008년 12월 5일에 수립되었다.

유럽연합 권력 구조의 정점을 이루는 유럽연합 집행이사회가 1974년 1월 파견 노동 지침 수립의 필요성을 강조하며 공식 의제화된 이래 지침이 최종적으로 수립되기까지 35년이나 소요된 것이다. 이는 유럽연합 차원의 노사 단체들 간에 의견 대립이 존재했을 뿐 아니라, 동등 처우 원칙 수립에 대한 회의적 입장이 다수를 이루는 가운데 영국 등 일부 회원국들이 강력하게 반대했기 때문이다. 유럽연합은 지침을 공포하면서 회원국들에게 3년 뒤인 2011년 12월 5일까지 지침을 도입·집행하도록 했지만, 지침 수립 과정의 난항은 회원국들이 도입·집행하는 과정 또한 순탄치 않을 것이라는 우려를 낳게 했다.

파견 노동 지침은 유럽연합이 사회적 모델과 리스본 전략에 입각한 유연안정성 모델을 확립하는 전략의 일환으로 추진한다고 선언했듯이, 자본의 유연성 요구와 노동의 안정성 요구를 동시에 구현하는 난제를 지니고 있다. 따라서 파견 노동 지침의 도입·집행은 회원국들의 노동시장 작동 및 규제 방식의 영향을 크게 받기 때문에 시장경제 모델의 유형에 따라 달라질 수밖에 없다.

스웨덴 등 유연안정성 모델의 전형인 스칸디나비아형 국가들은 동등 처우 원칙에 대해 예외 인정을 요구한 반면, 스페인 등 대척점에 있는 지중해형 국가들은 예외 인정을 요구하지 않으며 일관된 지지 입장을 견지했다. 이런 입장 차이는 파견 노동 지침을 도입·집행하는 과정에서도 나타났는데, 스웨덴은 두 가지 예외 인정 조항들을 활용한 반면 스페인은 예외 인정 조항을 하나도 활용하지 않으면서 지침 조항들을 충실하게 집행했다.

본 연구는 회원국들이 파견 노동 지침을 도입·집행하는 과정을 분석하며, 지침 수립의 효과와 함께 시장경제 모델별 차별성을 검토한다. 그리고 노동력 사용 규제 방식을 포함한 노동시장의 특성이 시장경제 모델별로 파견 노동 지침의 도입·집행에 어떤 영향을 미치고, 파견 노동 사용 규제와 파견 노동자 보호 방식에 어떤 차별성을 가져오는지를 스페인과 스웨덴의 사례를 중심으로 심층 분석한다.

2. 비정규직 3대 지침과 유럽연합 회원국의 다양성

단시간 노동 지침과 기간제 노동 지침의 경우 유럽 노사 단체들이 각각 교섭 1년 만에 합의를 도출함으로써, 유럽연합은 파견 노동 지침에 비해 상대적으로 수월하게 지침을 수립할 수 있었다. 이는 사용 규제와 노동자 보호에 있어 노사 간 이해관계의 충돌이 파견 노동에 비해 덜 첨예했기 때문이다.

단시간 노동 지침과 기간제 노동 지침은 회원국들이 도입·집행하는 과정도 순탄하게 진행된 것으로 보고되었다. 유럽연합 집행위원회 (European Commission 2003; 2006b; 2008)는 단시간 노동 지침과 기간제 노동 지침의 차별 처우 금지 원칙이 회원국들에서 정상적으로 집행되고 있는 것으로 평가했는데, 이는 대부분의 회원국들에서 유럽연합이 지침을 수립하기 이전에 이미 자체적으로 단시간 노동과 기간제 노동의 사용 제한과 노동자 보호 장치들을 수립하고 있었으며, 차별 처우 금지 원칙은 그런 보호 장치들의 중심에 있었기 때문이다. 이미 차별 처우 금지 원칙을 집행하고 있던 회원국들도 지침의 표현을 그대로 사용하며 비교 가능한 정규직 개념을 명확하게 정립하는 등 법 규정을 재정비했고, 일부 회원국들은 새로운 특별법을 제정하기도 했다.

기간제 노동 지침의 경우 차별 처우 금지 원칙뿐만 아니라 기간제 계약·관계 연속 사용에 대한 남용 예방 장치 수립 의무 조항도 포함하고 있었는데, 많은 회원국들에서 이미 다양한 예방 장치들을 수립하여 집행하고 있었다. 회원국들이 가장 많이 활용하는 예방 장치는 기간제 계약 사용 사유 제한 방식이었고, 기간제 계약들의 총 계약 기간 제한 방식과 계약 갱신 빈도 제한 방식이 그 뒤를 이었다. 그 밖에도 회원국들은 사전 승인 의무제, 기간제 노동자 숫자 제한, 기간제 노동자 비율 제한, 기간제 계약 종료 전 사전 통지 의무, 기간제 계약 종료 후 재고용 우선권 부여, 기간제 계약 사용 업체에 대한 사회 기여금 비율 상향 조정 혹은 기간제 계약 종료 시 특별 계약 종료 수당 제공 같은 부정적 제재 등, 유럽연합 기간제 노동 지침의 기본 협약이 제시한 세 가지에 포함되지 않은 다양한 예방 장치들을 자체적으로 수립하여 가동하고 있었다. 그러나 단시간 노동 지침과는 달리 기간제 노동 지침의 경우 상당수 회원국들에서 지침 집행이 지연되기도 했고, 일부 회원국들에서는 군인이나 종교 교사 등 특정 노동자 집단을 지침 적용 대상 집단에서 배제하는 문제점들도 확인되어, 유럽연합 집행위원회가 사례들을 면밀히 검토하여 적절한 조치를 강구하고 있다.

유럽연합이 파견 노동 지침을 수립하는 과정이 난항을 겪은 것은 단시간 노동 지침이나 기간제 노동 지침과는 달리 노사 합의가 실패하고 일부 회원국들이 강력히 반대했기 때문이다.[1] 유럽연합 집행이사회는 유럽연합 차원의 노사 단체들이 교섭 시간을 연장해 달라는 요구도 수용했지만 노사 단체들은 이해관계가 첨예하게 대립해 합의를 도출하는 데 실패했다. 그 결과 유럽연합이 파견 노동 지침을 수립하는 과정을 주도하게 되었지만 다수 회원국들이 반대 혹은 유보의 입장을 견지한 가운데 영국 등 일부 회원국들이 동등 처우 원칙 수립에 강력히 반대했다. 결국 유럽연합 집행이사회는 동등 처우 원칙을 중심으로 파견 노동 지침을 수립하되 동등 처우 원칙을 적용하는 데 있어 세 가지 예외 인정을 허용하는 타협책을 선택했다. ① 파견 업체가 파견 노동자를 정규직으로 고용하고 비파견 대기 기간의 임금을 보장하는 경우 임금에 관한 한 동등 처우 원칙을 적용하지 않는 것을 허용했고, ② 파견 노동자의 전반적인 보호 수준을 보장하는 가운데 임금 등 노동조건에서 동등 처우 원칙을 이탈하는 단체협약을 체결할 수 있도록 허용했고, ③ 파견 노동 사용을 규제하는 법제도 혹은 단체협약의 체계가 부재한 국가들의 경우 예외를 둘 수 있도록 했다. 그리고 해당 예외 인정을 강력하게 요구한 국가들의 이름을 붙여 각각 독일형 예외 인정, 스칸디나비아형 예외 인정, 영국형 예외 인정이라 불렀다.

유럽연합은 다양한 시장경제 모델을 따르는 회원국들로 구성되어 있는데, 시장경제 모델은 파견 노동 지침의 동등 처우 원칙 수립에 대한 입장과 파견 노동 지침의 집행 수준에서 상당한 차별성을 보여 주었다(〈표 10.1〉).

스칸디나비아형 사회민주주의 시장경제 모델 국가들은 유연성과 안정성을 동시에 구현하는 유연안정성 모델의 전형으로서 단체협약을 중심으로 노동시장을 규제하고 있는데 동등 처우 원칙 수립 과정에서 단체협

1_파견 노동 지침의 수립 과정과 집행에 대해서는 European Commission(2014a; 2014b), Schömann & Guedes(2012), 조돈문(2016)을 참조할 것.

표 10.1 | 시장경제 모델별 노동시장의 특성 및 파견 노동 지침 입장

	스칸디나비아형	대륙형	지중해형	영미형
〈노동시장 특성〉				
유연성 수준	높음	낮음	낮음	높음
안정성 수준	높음	높음	낮음	낮음
규제 방식	단협 중심	법 규정 및 단협	법 규정 중심	규제 없음
〈파견 노동 지침〉				
동등 처우 원칙	단협 예외 인정 요구	독일: 정규직 예외 인정 요구	지침 찬성	지침 반대 (적용 유예 요구)
파견지침 집행	낮음	중간	높음	낮음

약 예외 인정을 강력하게 요구했고, 파견 노동 지침의 도입·집행에서는 매우 소극적이었다. 반면 지중해형 조정 시장경제 모델 국가들은 유연성과 안정성 모두 낮아 유연안정성 모델의 대척점을 형성하면서 법 규정 중심으로 노동시장을 규제하고 있는데, 파견 노동 지침의 수립을 지지하며 어떠한 예외 인정도 요구하지 않았을 뿐만 아니라, 실제 파견 노동 지침을 도입·집행하는 정도도 가장 높은 것으로 평가된다. 한편, 영미형 자유 시장경제 모델 국가들은 규제 장치 없는 노동시장의 유연성을 지키기 위해 동등 처우 원칙의 수립 자체를 반대했고 파견 노동 지침의 집행도 최소화했으며, 대륙형 조정 시장경제 모델 국가들의 경우 정규직 예외 인정을 요구한 독일을 제외하면 대체로 동등 처우 원칙 수립에 반대하지 않았으며, 파견 노동 지침의 집행 수준은 지중해형보다는 낮지만 스칸디나비아형보다는 높다.

이처럼 유럽연합 회원국들이 시장경제 모델에 따라 노동시장의 특성뿐만 아니라 동등 처우 원칙의 수립에 대한 입장, 파견 노동 지침의 도입·집행 수준에서 상당한 차별성을 보이고 있는 것은, 시장경제 모델에 따라 파견 노동 사용을 규제하고 파견 노동자를 보호하는 방식에서도 차이가 있으며, 파견 노동 지침을 집행하는 수준의 차이는 그 결과일 수 있음을 의미한다. 그러나 파견 노동 지침의 도입·집행 과정과 결과에 대한 분석과 관련해서는 유럽연합과 이해 당사자들의 파견 노동 지침의 도입·집행에 대한 평가 보고서(European Commission 2014a; 2014b; Schömann & Guedes 2012)와 개별 회원국 단위의 연구 분석(Guamán 2010; Rönnmar 2010; Eklund 2009) 혹은 파견 노동을 포함한 전반적인 노동시장 개혁에 대한 유럽연합 회원국들의 비교분석(Leschke 2012; Laulom et al 2012; Clauwaert & Schömann 2012; Clauwaert 2014; Lehndorff 2012a; Schömann 2014)은 있지만, 파견 노동 지침의 도입·집행 과정과 파견 노동 사용 규제에 대한 시장경제 모델들 간 비교분석은 찾기 어렵다.

3. 파견 노동 지침의 도입·집행

유럽연합의 파견 노동 지침은 수립 후 3년이 되는 2011년 12월 5일까지 회원국들이 법, 규정, 행정 조치들로 채택하여 공포하도록 했다. 여기에서는 회원국들에 있어 파견 노동 지침의 도입·집행 여부에 대해 회원국 정부들과 노동단체들이 보고한 내용을 중심으로 논의한다(European Commission 2014a; 2014b; European Union 2008; Warneck 2011; Schömann & Guedes 2012).

1) 회원국들의 동등 처우 원칙의 도입·집행 실태

파견 노동 지침의 핵심은 제5조 1항에 규정된 동등 처우 원칙으로서, 파견 노동자의 임금과 노동시간 등 기본적 노동·고용 조건은 사용 업체 직접 고용 노동자들과 동등 처우하도록 규정하고 있다. 동 지침은 제9조에서 지침의 규정들이 최소 요건들에 해당한다고 천명하는 한편, 제5조 1항의 동등 처우 원칙들에 대한 예외도 인정하고 있다. 지침 제5조의 2~4항의 예외 인정 조항들은 파견 노동 지침을 수립하는 것에 대한 일부 회원국들의 강력한 반대를 우회하기 위한 타협의 산물이었다.

지침 제5조 2항은 파견 업체에 정규직으로 고용되어 비파견 대기 기간에도 지속적으로 보수를 지급받고 있는 파견 노동자들에 대해서는 회원국이 노사 당사자들과의 협의를 거쳐 동등 처우 원칙의 적용 대상에서 임금을 제외할 수 있도록 했다.[2] 28개 회원국 가운데 동 예외조항을 활용한 회원국은 영국·아일랜드·스웨덴·말타·헝가리 등 5개국이었는데, 이들 5개국도 법정 최저임금 제도의 적용은 배제하지 않는다. 예외 인정 국가들이 정규직 파견 노동자들을 보호하기 위해 다른 제도적 장치들을 병용하기도 하는데, 예컨대, 영국과 아일랜드는 비파견 대기 기간 동안 파견 노동자의 임금은 법정 최저임금 수준을 넘어서는 동시에 파견 기간 임금의 50% 이상으로 책정하도록 규정하고, 파견 업체는 정규직 고용계약을 체결할 때 동일 임금 원칙이 적용되지 않는다는 사실을 해당 파견 노동자에게 알려주도록 하고 있다. 하지만 파견 업체들이 임금 관련 동등 처우 원칙을 회피하기 위해 파견 노동자에게 정규직으로 간주된다는 새로운

2_동 조항의 내용과 회원국들의 도입·집행에 대해서는 European Union(2008, 12), Warneck(2011, 23), European Commission(2014a, 6-7; 2014b, 8-9), Schömann & Guedes(2012, 37-42)을 참조할 것. 독일은 파견 업체의 파견 노동자 정규직 고용 의무 조항을 법 규정에서는 삭제했지만 여전히 단체협약들에 남아 있으며, 이런 정규직 고용 의무 조항이 동일 임금 적용 배제 조항을 수반하는 경우가 많은데 지침 제5조 2항 대신 제5조 3항의 예외 인정 조항을 활용하고 있다.

고용계약에 서명하도록 강요하는 등 문제점들도 지적되고 있다. 따라서 유럽연합 또한 이 조항의 남용을 막기 위해 모니터링 활동이 필요함을 강조하며, 집행위원회 전문가 집단에서 이 조항이 회원국에 도입·집행될 때 발생할 수 있는 문제를 심도 있게 검토할 것임을 분명히 했다.

지침 제5조 3항은 회원국들이 노사 당사자들과의 협의를 통해 파견 노동자의 전반적 보호 수준을 존중하는 가운데, 파견 노동자들의 노동·고용 조건이 동등 처우 원칙과 다른 단체협약을 체결할 수 있도록 허용했다.[3] 이 조항의 예외 인정 규정을 적용한 회원국들은 28개 회원국 가운데 10개국으로, 제5조 2항의 예외 인정 조항을 활용한 회원국들의 두 배에 달했는데, 이들은 독일·오스트리아·네덜란드·덴마크·스웨덴·핀란드·아일랜드·이탈리아·헝가리·불가리아였다. 이들 가운데 스웨덴·오스트리아·아일랜드 등은 제5조 3항이 강조하고 있는 "파견 노동자의 전반적 보호 수준"을 보장한다는 규정도 포함했다. 이 조항을 이용해 동등 처우 원칙에서 이탈한 회원국들이 10개국에 달하고 있음에도, 유럽연합은 파견 노동자들의 전반적인 보호 수준에 대해 꾸준히 모니터링하겠지만 이 조항을 도입·집행하는 데 특별한 문제가 없다고 밝혔다. 그것은 이들 회원국의 상당수가 전통적으로 법 규정보다는 단체협약을 통해 노동시장과 노사 관계를 규제해 왔으며 파견업의 규제와 파견 노동자의 보호 또한 주로 단체협약에 의존하고 있기 때문에 단체협약 예외 인정을 통해 파견 노동자 보호 수준이 훼손될 가능성이 낮다고 판단했기 때문이다.

3_동 조항의 내용과 회원국들의 도입·집행에 대해서는 European Union(2008, 12), European Commission(2014a, 7-8; 2014b, 10-11), Schömann & Guedes(2012, 37-42)을 참조할 것.

지침 제5조 4항은 파견 노동자에 보편적으로 적용할 수 있는 단체협약이나 법제도 체계를 갖추지 못한 국가들의 경우, 파견 노동자들에 대해 적절한 수준의 보호가 제공된다는 전제하에서 노사 당사자들과 협의해 동등 처우 원칙으로부터 이탈하는 경과 기간 설정 등의 조치를 취할 수 있도록 예외를 인정했다.[4] 이 예외 인정 조항은 파견 노동 지침 수립에 가장 강경하게 반대했던 영국을 포섭하기 위해 제시한 양보안으로서 회원국들 가운데 극히 일부 국가들만 활용할 수 있었는데, 실제 이 예외 인정 조항을 활용한 국가는 영국과 말타 2개국에 불과했다. 동등 처우 원칙의 적용 시점은 유럽연합의 파견 노동 지침을 수립하는 과정에서 가장 크게 논란이 되었던 두 쟁점들 가운데 하나로, 최종 수립된 파견 노동 지침은 파견 즉시 적용으로 결정했었다. 그런 점에서, 영국과 말타가 동등 처우 원칙 적용을 위한 경과 기간을 설정함으로써 파견 노동 지침의 핵심 기조에 도전한 것이라 할 수 있으며, 말타는 4주, 영국은 12주의 파견 기간을 경과 기간으로 설정했다.

이처럼 제5조에서 규정한 예외 인정 조항들을 활용하여 동등 처우 원칙의 적용에 예외를 둔 회원국들은 모두 12개국으로서, 28개 회원국들 가운데 절대 다수는 예외 인정 조항들을 활용하지 않고 동등 처우 원칙을 도입·집행했음을 확인할 수 있다(〈표 10.2〉). 이들 12개국 가운데 2개 예외 인정 조항을 활용한 회원국들은 영국·아일랜드·스웨덴·말타·헝가리 등 5개국에 불과했고, 3개 예외 인정 조항을 모두 활용한 국가는 하나도 없

4_동 조항의 내용과 회원국들의 도입·집행에 대해서는 European Union(2008, 12), European Commission(2014a, 5-8; 2014b, 12-13), Warneck(2011, 22-25), Schömann & Guedes(2012, 37-42)을 참조할 것.

표 10.2 | 유럽연합 동등 처우 원칙의 예외 인정 조항 별 회원국들의 활용 여부

	5(4) 예외 국가 인정	5(2) 정규직 임금 예외	5(3) 단협 노동조건 이탈	종합: 동등 처우 원칙 예외 인정 여부*
오스트리아	아니오	아니오	예	예(1)
벨기에	아니오	아니오	아니오	아니오
불가리아	아니오	아니오	예	예(1)
사이프러스	아니오	아니오	아니오	아니오
체코	아니오	아니오	아니오	아니오
독일	아니오	아니오	예	예(1)
덴마크	아니오	아니오	예	예(1)
에스토니아	아니오	아니오	아니오	아니오
그리스	아니오	아니오	아니오	아니오
스페인	아니오	아니오	아니오	아니오
핀란드	아니오	아니오	예	예(1)
프랑스	아니오	아니오	아니오	아니오
크로아티아	아니오	아니오	아니오	아니오
헝가리	아니오	예	예	예(2)
아일랜드	아니오	예	아니오	예(1)
이탈리아	아니오	아니오	예	예(1)
리투아니아	아니오	아니오	아니오	아니오
룩셈부르크	아니오	아니오	아니오	아니오
라트비아	아니오	아니오	아니오	아니오
말타	예	예	아니오	예(2)
네덜란드	아니오	아니오	예	예(1)
폴란드	아니오	아니오	아니오	아니오
포르투갈	아니오	아니오	아니오	아니오
루마니아	아니오	아니오	예	예(2)
스웨덴	아니오	예	예	예(2)
슬로베니아	아니오	아니오	아니오	아니오
슬로바키아	아니오	아니오	아니오	아니오
영국	예	예	아니오	예(2)
'예' 합계/전체	2/28	5/28	10/28	12/28

주: * 괄호 속 숫자는 3항목 가운데 예외 인정 빈도.
자료: European Commission(2014a: 5-8; 2014b: 8-11)에서 정리함.

었다. 그 결과 유럽연합은 모든 회원국이 동등 처우 원칙을 적용하고 있다고 긍정적으로 평가할 수 있었다(European Commission 2014a; 014b).

2) 파견 노동 지침의 도입·집행에 대한 평가

동등 처우 원칙 외에도 파견 노동 지침의 파견 노동자 보호 실효성 여부에

영향을 미치는 것은 지침의 적용 대상과 추가적 보호 장치들이다.[5]

파견 노동 지침은 제1조에서 적용 범위를 규정하고 있는데, 2항에서 공적·사적 사업체를 모두 포함한다고 명시함으로써 비영리 활동 사용 업체까지 포괄하는 한편, 3항에서는 직업훈련과 재훈련을 지원하는 공적 기구들의 경우 노사 당사자들과의 협의를 통해 지침 적용을 면제할 수 있도록 했다. 28개 회원국들 가운데 19개 회원국들이 비영리 활동 사용 업체까지 지침의 적용 대상에 포함하고 있고, 21개국이 공적 직업훈련과 재훈련 관련 공적 기구들에도 지침을 적용하는데 그렇지 않은 국가들도 스웨덴·아일랜드·사이프러스처럼 노동시장에 진입·재진입하는 데 어려움을 겪는 취약 집단들의 노동시장 통합을 촉진하기 위한 조치들이 효율적으로 작동할 수 있도록 활용하고 있어, 유럽연합은 제1조 2항과 3항의 도입·적용에는 별 문제가 없는 것으로 평가하고 있다.

파견 노동 지침은 파견 노동자 보호를 위해 임금 등 기본적 노동조건의 동등 처우 원칙 외에도, 제6조에서 직업훈련과 함께 편의 시설과 집합적 서비스에 대한 접근권의 동등 보장도 규정하고 있는데, 4항에서 편의 시설과 집합적 서비스에 한해 정당한 사유가 있을 경우 예외를 인정할 수 있도록 했다. 제6조 4항의 예외 인정 조항을 도입한 회원국들은 전체 28개국의 절반에 해당하는 14개국에 달했지만, 대체로 재정비용 문제는 정당한 사유로 간주하지 않고 주로 노동시간이 차별화되어 있거나 고용계약 기간 대비 조직적·행정적 부담이 지나친 경우 등에 한정하는 등 매우

5_관련 조항들의 내용과 회원국들의 도입·집행에 대해서는 European Union(2008, 11, 13), European Commission(2014a, 4-5, 13-15; 2014b, 4-7, 14-17), Schömann & Guedes(2012, 27-33, 45-50), EUR-Lex(2014b)을 참조할 것.

표 10.3 | 파견 노동 지침의 회원국 집행 상황 및 유럽연합의 평가

	회원국의 도입·집행 상황	유럽연합의 평가
5(1) 사용 업체 직접 고용 시 적용될 기본적 노동 고용 조건의 동등 처우 원칙	12/28개 예외 인정 허용	모니터 필요함
5(4) 동등 처우 원칙 적용 예외 국가 인정	2/28개국 허용	별 문제 없음
5(2) 파견 업체 정규직 임금 예외 인정 가능성	5/28개국 허용	남용 예방 조치 필요함
5(3) 단협의 노동 고용 조건 이탈 가능성	10/28개국 허용	별 문제 없음, 모니터할 것
1(2)조 비영리 활동 사용 업체에 대한 적용	대부분 적용(19/28)	별 문제 없음
1(3) 공적 직업훈련, 통합, 재훈련 프로그램에 대한 적용 제외	대체로 제외 않음(21/28)	별 문제 없음
6(4) 편의 시설과 집합적 설비에 대한 동등 접근권 예외 인정	14/28개국 허용	예외적으로 허용함, 실제 적용 의미 않음
7(1) 노동자 대표 기구 형성 보장	사용 업체 3개국, 파견 업체 16개국, 양자 모두 보장 9개국	별 문제 없음

자료: European Commission(2014a, 4-14; 2014b, 4-17).

제한적으로 활용하고 있어, 유럽연합은 특별히 모니터링 해야 할 필요성을 지적하지 않았다. 또한 지침은 파견 노동자들의 보호를 위해 제7조에서 파견 업체와 사용 업체에서 파견 노동자의 이익 대변 기구가 구성될 수 있다고 규정하고 있다. 28개 회원국들 가운데 9개국은 사용 업체와 파견 업체에 모두 이익 대변 기구를 허용했고, 3개국은 사용 업체에서만, 16개국은 파견 업체에서만 허용하고 있어, 모든 회원국이 파견 노동자들의 이익 대변 기구 구성을 보호하고 있으므로 유럽연합은 제7조의 도입·집행에 문제가 없는 것으로 평가하고 있다.

유럽연합은 회원국들의 파견 노동 지침 도입·집행과 관련하여 대체로 긍정적으로 평가하고 있으며 특별히 모니터링해야 할 필요성을 확인한 부분은, 동등 처우 원칙을 적용하는 데 있어 정규직 고용계약을 악용하거나 단체협약을 통한 예외 인정 부분이었다(〈표 10.3〉).

파견 노동 지침은 동등 처우 원칙 등 파견 노동자 보호 장치들을 규정하는 동시에 파견 노동 사용에 대한 부적절한 규제 장치들을 해소하도록 했다. 지침 제4조는 1항에서 파견 노동 사용에 대한 금지 혹은 제약은 파견 노동자의 보호, 작업 관련 건강과 안전의 요건, 노동시장의 효율적 작동과 남용 금지라는 공익에 근거해서만 정당화될 수 있다고 규정했는데, 4항에서는 파견업의 등록, 허가, 승인, 재정 조건 혹은 모니터링 관련 규제 장치들을 검토 대상에서 제외했다. 한편, 제4조 2항은 회원국들로 하여금 파견 노동 사용에 대한 법 규정이나 단협 등의 금지 혹은 제약 장치들이 공익에 근거해 정당화될 수 있는지를 검토하여 2011년 12월 5일까지 유럽연합 집행위원회에 보고하도록 했다. 그러나 지침이 검토 보고 시한만 명시했을 뿐 정당화될 수 없는 금지 혹은 제약 장치들이 존재할 경우 폐지 조치의 시한을 설정하지 않았다는 것은 동등 처우 원칙 등 안정성 조치들에 비해 유연성 조치들의 집행 의지가 상대적으로 약했음을 확인해 준다. 또한 제5조 5항에서 회원국들에게 동등 처우 원칙과 예외 허용 조항이 악용되는 것을 막고 지침 규제를 우회하기 위해 연속적으로 파견하는 것을 막는 적절한 조치들을 취할 것을 요구함으로써, 정당화될 수 있는 규제 장치들의 범위를 확대해 주었다.[6]

회원국들 가운데 영국·덴마크·불가리아처럼, 유럽연합의 파견 노동 지침이 수립되기까지 파견 노동 관련 법 규정 자체가 없었던 회원국들도 있었지만, 대다수 회원국들은 자체적인 법적 규제 장치들을 사용하고 있었다. 연속적 파견 등 파견 노동의 남용을 막기 위한 예방 조치들로 가장 많이 사용된 것은 총 파견 기간을 제한하고 연속 파견 사이의 휴지 기간을 의무화하는 방식이었으며, 이런 예방 조치들은 지침 수립 후에도 유지되

6_규제 장치 관련 지침 조항들의 내용과 회원국들의 도입·집행에 대해서는 European Union(2008, 8, 12), European Commission(2014a, 9; 2014b, 18-70), Schömann & Guedes(2012, 21-22, 33-36, 43-45), McKay(2009, 4)을 참조할 것.

었는데, 프랑스·그리스·룩셈부르크 등은 두 방식을 모두 채택하고 있었다. 회원국들 가운데 동등 처우 원칙의 적용 경과 기간을 설정했던 영국과 말타 또한 파견 노동 남용 규제 장치들을 수립했는데, 영국은 6주 이상의 휴지 기간을 의무화했고, 말타는 파견 노동자가 동등 처우 원칙 적용 경과 기간인 4주 후에 교체되면 교체한 파견 노동자는 파견 첫날부터 동등 처우 원칙을 적용받도록 했다.

연속적 파견 이외의 파견 노동 남용 방식들에 대해서도 회원국들은 다양한 규제 장치들을 수립하고 있었다. 첫째 유형은 파업권을 행사하는 노동자들을 대체하기 위해 파견 노동을 사용하지 못하게 하는 규정으로, 오스트리아·벨기에·프랑스·스페인·그리스·이탈리아·폴란드·헝가리 등에서 수립되어 있었다. 둘째 유형은 파견 노동 사용 업종을 규제하는 규정으로, 프랑스·벨기에·그리스·스페인·포르투갈·폴란드 등은 보건 건강에 특별히 위험한 노동에 대한 파견 노동 사용을 금지했고, 벨기에·스페인·그리스·독일 등은 공공 부문 혹은 건설업의 파견 노동 사용을 제한했다. 셋째 유형은 파견 노동의 사용 사유를 규제하는 것으로, 프랑스·벨기에·이탈리아·그리스·포르투갈·핀란드·폴란드·루마니아 등에서 채택했다. 넷째 유형은 재정적 어려움으로 정리 해고를 실시한 사업체에 대해 일정 기간 파견 노동 사용을 금지하는 규정으로, 프랑스·이탈리아·스페인·그리스·폴란드 등에서 채택했다. 다섯째 유형은 사용 업체에서 일하는 파견 노동자의 수나 비율을 제한하는 규정으로, 오스트리아·네덜란드·이탈리아 등에서 채택했다.

이런 파견 노동 규제 장치들도 회원국들이 공익적 근거에 의해 정당화될 수 있는지 검토해 보고할 대상에 포함되었지만, 실제로 기존의 규제 장치들을 폐지한 회원국들은 스페인·이탈리아·폴란드·슬로베니아·불가리아·루마니아 등 일부 회원국들에 한정되었다. 검토 보고 시한인

2011년 12월 기준으로 보면, 프랑스·룩셈부르크·그리스·노르웨이·체코는 규제 장치들에 대한 검토 작업을 시작도 하지 않았고, 독일·오스트리아·네덜란드·벨기에·핀란드는 검토 작업을 실시했지만 정당한 규제 장치인가를 둘러싼 노사 간의 강한 이견으로 인해 규제 장치들을 변화시킬 수 없었다. 결국, 일부 회원국들을 제외하면 대다수 회원국들에서 파견 노동 사용 규제 장치들은 그대로 유지되었다. 그런 까닭에 유럽연합 집행위원회는 파견 노동 사용 규제 장치들의 정당성에 대한 검토 요구가 파견 노동 사용의 부적절한 규제를 해소하고 유연성을 진전시키는 계기가 아니라 회원국들이 기존 규제 장치들의 유지를 정당화하는 데 기여한 것으로 평가하게 되었다(EUR-Lex 2014b).

3) 시장경제 모델별 파견 노동 지침의 영향

유럽연합은 회원국들이 파견 노동 지침을 도입·집행하는 과정이 별 문제 없이 진행되었다고 긍정적으로 평가했지만, 실제로는 회원국들 사이에 상당한 편차가 확인된다.

유럽연합 회원국들 가운데 OECD 회원국이면서 시장경제 모델들을 대표할 수 있는 17개국을 중심으로, 파견 노동 지침을 도입·집행한 정도를 비교해 보면, 파견 노동 지침 수립을 계기로 파견 노동 사용 규제 수준이 전반적으로 강화되는 가운데 시장경제 유형별로 차별성이 나타난다(〈표 10.4〉). 유럽연합이 점검한 7개 핵심 항목과 관련해 회원국들이 파견 노동자 보호를 위한 파견 노동 사용 규제를 선택한 빈도는 평균 4.5개로서 동등 처우 원칙과 사용 규제 장치들이 확립되었음을 확인할 수 있다.

시장경제 유형별로 비교해 보면, 지중해형 국가들이 7개 항목 가운데 평균 6.0개의 파견 노동 사용 규제 방식을 선택해 지침 집행 정도가 가장

표 10.4 | 시장경제 유형별 지침 도입·집행 정도

지침 집행 관련 질문	북유럽형			대륙형					지중해형				영미		동구권			종합*		
	스웨덴	핀란드	덴마크	독일	오스트리아	벨기에	네덜란드	프랑스	스페인	포르투갈	이태리	그리스	영국	아일랜드	폴란드	체코	헝가리	YES	NO	규제응답
5(2) 파견업체 정규직 임금 예외 인정	Y	N	N	N	N	N	N	N	N	N	N	N	Y	Y	N	N	Y	5	23	N
5(3) 단협의 노동 고용 조건 이탈	Y	Y	Y	Y	Y	Y	Y	N	N	N	N	N	Y	N	N	N	Y	10	18	
5(4) 동등 처우 원칙 적용 예외 인정	N	N	N	N	N	N	N	N	N	N	N	N	N	N	N	N	Y	2	26	N
1(2) 비영리 활동 업체 적용	Y	Y	Y	Y	Y	Y	N	Y	Y	Y	Y	N	Y	N	Y	Y	Y	19	9	Y
1(3) 공공 직업훈련 기관 등 면제	Y	N	Y	N	Y	N	N	N	N	N	N	N	N	N	N	N	Y	7	21	
6(4) 편의시설 접근권 예외 인정 정당화	Y	Y	Y	Y	Y	Y	Y	N	N	N	N	N	Y	N	Y	N	Y	14	14	
7(1) 노동자 대표 기구**	A	A	A	B	B	U	B	B	A	B	A	B	A	A	A	A	A	12	16	B U
규제 시행 합계	2	4	3	5	3	4	4	7	6	7	5	6	2	1	6	6	3			

주: * 규제 응답은 파견 노동 사용 규제에 해당하는 응답지를 지칭하고, Y(예)-N(아니오)는 전체 회원국의 집계임.
 ** 노동자 대표 기구에서 A는 파견 업체, U는 사용 업체, B는 파견 및 사용 업체를 의미함.
자료: European Commission(2014b, 4-17)에서 정리함.

높고, 그 뒤를 잇는 대륙형 국가들이 5.2, 동구권 국가들이 5.0으로 평균 수준을 상회한다. 반면, 영미형 국가들은 평균 1.5로 점수가 가장 낮았는데, 이는 파견 노동 지침 집행 정도가 최소화되었음을 의미한다. 한편, 북유럽형 국가들은 3.0으로 7개 항목의 절반 수준에도 미달하는 한편, 전체 회원국들의 평균 4.5에는 크게 못 미치는 것으로 나타났다.

이 같은 시장경제 유형별 편차는 파견 노동 사용에 대한 법적 규제 수준에서도 나타난다. OECD(2013a; 2013b; 2013c; 2013d; 2014)가 회원국

표 10.5 | 파견 노동 사용 규제 방식(2013년 기준)

		업종·사유 제한	갱신 횟수 제한*	총사용 기간 제한	파견업 허가 보고 의무	사용 업체 정규직 동등 처우	합계
북유럽형	스웨덴	0.25	0.3	0.0	0.0	1.0	1.55
	핀란드	0.25	0.3	0.2	0.0	1.0	1.75
	덴마크	0	0.3	0.0	0.0	1.0	1.3
	평균	0.17	0.3	0.07	0	1	1.54
대륙형	독일	0.5	0.3	0.2	1.0	0.8	2.8
	오스트리아	0.25	0.3	0.0	1.0	1.0	2.55
	벨기에	1	0.7	0.8	0.3	1.0	3.8
	네덜란드	0.25	0.3	0.0	0.0	0.8	1.35
	프랑스	1	0.7	0.5	0.3	1.0	3.5
	평균	0.6	0.46	0.3	0.52	0.92	2.8
지중해형	스페인	0.75	0.7	0.2	1.0	1.0	3.65
	포르투갈	0.75	0.3	0.0	1.0	0.8	3.15
	이탈리아	0.5	0.7	0.0	1.0	1.0	3.2
	그리스	0.5	0.3	0.0	0.8	1.0	2.8
	평균	0.63	0.5	0.18	0.95	0.95	3.21
영미형	영국	0	0.3	0.0	0.0	0.5	0.8
	아일랜드	0	0.3	0.0	0.3	1.0	1.6
	평균	0	0.3	0.0	0.15	0.75	1.2
동구권	폴란드	1	0.3	0.3	1.0	1.0	3.6
	체코	0.25	0.3	0.7	1.0	1.0	3.25
	헝가리	0	0.3	0.2	1.0	0.8	2.3
	평균	0.42	0.3	0.4	1	0.93	3.05
전체	평균	0.43	0.39	0.21	0.57	0.92	2.52

주 : 각 항목 최저값은 0(규제 없음), 최고값은 1(강한 규제 혹은 금지).
　단, 갱신 횟수 제한 항목은 0.3과 0.7로 양분됨.
자료 : OECD(2013a; 2013d; 2014)에서 산정함.

들이 파견 노동 사용에 적용하고 있는 법적 규제 장치들을, 파견 노동 사용 사유와 업종을 제한하는지, 파견 노동 계약 갱신 횟수를 제한하는지, 파견 노동 사용 총 기간을 규제하는지, 파견 업체에 대해 설립 허가 혹은 보고 의무를 부과하는지, 파견 노동자들에 대해 사용 업체 정규직 노동자 들과의 동등 처우를 보장하는지 등 5개 항목에 대해 조사한 결과를 17개 유럽연합 회원국별로 정리하면 〈표 10.5〉와 같다.

　파견 노동 사용 규제 방식 5개 항목의 값을 합계한 규제 방식 종합지 수는 최저값 0.3점, 최고값 4.7점의 척도로 구성되었는데, 유럽연합 17개국의 평균값은 2013년 현재 2.52로서 전체 다섯 가지 규제 방식 가운데 절반 정도를 적용하고 있음을 의미한다.

시장경제 유형별로 파견 노동 사용 규제 방식 종합지수를 비교해 보면, 지중해형 국가들이 평균 3.21로 가장 규제 정도가 강했으며 거의 모든 파견 노동 사용 규제 방식을 적용하는 것으로 나타났다. 동구권은 3.05, 대륙형은 2.80으로 그 뒤를 잇는 반면, 가장 규제 정도가 약한 영미형은 평균 1.2로 5개 규제 방식 가운데 1개 정도밖에 적용하지 않으며, 북유럽형은 1.54로 영미형을 조금 상회하고 있다. 이처럼 시장경제 유형별 파견 노동 지침의 도입 정도와 파견 노동 사용 규제 정도는 대체로 상응하고 있으며, 파견 노동자 보호 수준에서 지중해형이 가장 높고, 다음은 대륙형과 동구권, 가장 낮은 것은 영미형으로 나타났다.

파견 노동 지침 수립이 미친 영향을 종합적으로 검토하면, 파견 노동 사용 규제 관련 지침을 도입·집행하는 데는 지중해형이 가장 앞서고, 대륙형과 동구권이 그 뒤를 잇는 가운데 영미형이 가장 뒤떨어진 반면, 파견 노동 사용에 대한 부당한 금지와 제약 장치들을 해소하는 데 있어서는 지중해형과 동구권이 앞장서고 있다. 이처럼 지중해형은 동구권[7]과 함께 유럽연합 파견 노동 지침의 영향으로 파견 노동 사용 규제에서 여타 시장경제 모델들보다 훨씬 더 큰 변화를 겪었으며, 그 내용에 있어 안정성과 유연성을 동시에 강화시켰다는 점에서 유럽연합의 파견 노동 지침 수립의 취지에 가장 충실했다고 할 수 있다. 영미형 국가들은 파견 노동 사용에

7_동구권의 경우 행정력과 조사 분석 인프라가 미비한 동시에 신입 회원국이라는 점에서 측정 오차가 상대적으로 크기 때문에 파견 노동자 보호 수준이 과대평가 되었을 개연성을 고려하여 국가 간 비교 분석에는 주의가 요구된다.

대한 규제 장치들이 전반적으로 미비되어 있는 가운데 유럽연합의 파견 노동 지침이 수립되었지만, 그것의 도입·집행 수준이 매우 낮았다는 점에서 지중해형과 대조된다. 하지만 영미형 국가들은 지침의 규정들을 최소주의적으로 해석해 파견 노동자 보호 수준을 최소화하고 동등 처우 원칙 적용의 경과 기간을 설정하는 한편, 경과 기간 후에도 동등 처우 원칙 적용을 회피하기 위해 파견 노동자들의 정규직 고용계약을 악용하는 사례들이 보고되는 등 대단히 우려스런 상황으로 평가되고 있다.[8]

영미형 국가들을 제외하면 대부분의 유럽연합 회원국들에서 파견 노동 사용과 관련해 유연성과 안정성을 적절하게 결합하고 있는 것으로 평가된다. 대륙형과 북유럽형의 경우 지중해형과 동구권에 비해 변화 정도는 작은데, 대륙형은 북유럽형에 비해 유연성-안정성 균형에서 안정성이 더 강화되었다고 할 수 있다. 유럽연합의 파견 노동 지침 수립 과정에서 영미형·대륙형·북유럽형 국가들이 동등 처우 원칙의 예외 인정을 강력하게 요구한 반면, 지중해형과 동구권의 경우 상대적으로 침묵하며 암묵적 지지를 보냈던 점을 고려하면, 파견 노동 지침 수립에 우호적이었던 지중해형과 동구권이 지침 규정의 도입·집행에 가장 적극적이었던 것은 자연스런 귀결이라 할 수 있다.

회원국들이 파견 노동 지침을 도입·집행하는 과정에서 일정한 성과를 거두었다고 유럽연합이 평가한다는 사실은, 파견 노동 지침의 도입·집행으로 파견 업체와 사용 업체의 파견 노동 고용·사용 관련 비용을 유

8_회원국들의 지침 도입·집행에 따른 변화에 대한 종합적 평가에 대해서는 Schömann & Guedes(2012, 63-65), European Commission(2014a, 15-19; 2014b, 2-20)을 참조할 것.

표 10.6 | 파견 노동자의 고용 형태별 비율 변화

단위: %

형	국가	2006~2010 평균				2011~2012 평균				증감			
		정규직파견*	기간제파견*	파견합계	정규직비율(%)	정규직파견*	기간제파견*	파견합계	정규직비율(%)	정규직파견	기간제파견	파견합계	정규직비율(%)
북유럽형	스웨덴	0.7	0.4	1.1	63.6	0.7	0.5	1.2	58.3	0	0.1	0.1	-5.3
	핀란드	0.7	0.5	1.2	58.3	0.5	0.7	1.2	41.7	-0.2	0.2	0	-16.7
	덴마크	0.9	0.4	1.3	69.2	0.8	0.3	1.1	72.7	-0.1	-0.1	-0.2	3.5
	평균	0.77	0.43	1.20	64.2	0.67	0.50	1.17	57.3	-0.10	0.07	-0.03	-6.9
대륙형	독일	1.6	0.7	2.3	69.6	1.8	1.2	3.0	60.0	0.2	0.5	0.7	-9.6
	오스트리아	1.6	0.2	1.8	88.9	2.0	0.3	2.3	87.0	0.4	0.1	0.5	-1.9
	벨기에	0.0	1.7	1.7	0	0.0	1.8	1.8	0	0	0.1	0.1	0
	네덜란드	0.5	3.0	3.5	14.3	0.5	2.5	3.0	16.7	0	-0.5	-0.5	2.4
	프랑스	0.0	2.2	2.2	0	0.0	2.3	2.3	0	0	0.1	0.1	0
	평균	0.74	1.56	2.3	32.2	0.86	1.62	2.48	34.7	0.12	0.06	0.18	2.5
지중해형	스페인	1.8	1.9	3.7	48.6	1.5	1.2	2.5	60	-0.3	-0.7	-1.2	11.4
	포르투갈	0.7	1.4	2.1	33.3	0.6	1.4	2.0	30	-0.1	0	-0.1	-3.3
	이탈리아	0.1	0.5	0.6	16.7	0.1	0.6	0.7	14.3	0	0.1	0.1	-2.4
	그리스	0.2	0.1	0.3	66.7	0.3	0.1	0.4	75	0.1	0	0.1	8.3
	평균	0.7	0.98	1.68	41.7	0.63	0.83	1.40	45.0	-0.08	-0.15	-0.28	3.3
영미형	영국												
	아일랜드	0.5	0.2	0.7	71.4	0.6	0.4	1.0	60	0.1	0.1	0.3	-11.4
	평균	0.5	0.2	0.7	71.4	0.6	0.4	1.0	60.0	0.1	-0.1	-0.1	-11.4
동구권	폴란드	0.0	0.6	0.6	0	0.0	0.5	0.5		0	-0.1	-0.1	5.7
	체코	0.8	0.2	1.0	80	1.2	0.2	1.4	85.7	0.3	0.1	0.4	6.5
	헝가리	0.4	0.3	0.7	57.1	0.7	0.4	1.1	63.6	0.3	0.1	0.4	11.1
	평균	0.40	0.37	0.77	51.9	0.63	0.37	1.00	63.0	0.23	0.00	0.23	11.1
전체	평균	0.66	0.89	1.55	42.6	0.71	0.90	1.59	44.7	0.05	0.01	0.04	2.1

주: * 전체 피고용자 내 파견 노동자 비율(%).
자료: OECD(stats.oecd.org/)에서 산정함.

의미하게 증대시켰다는 비즈니스유럽BusinessEurope과 Eurociett 등 사용자 단체들의 보고가 경험적 근거가 없지 않음을 의미한다. 특히 영국과 아일랜드 등 영미형 국가들이 파견 노동 관련 비용의 유의미한 증가를 지적하는 것은, 지침 수립으로 파견 노동 사용 규제가 강화된 정도가 가장 낮은 것으로 평가되는 영미형 국가들에서조차 파견 노동 지침 수립이 유의미한 영향을 미쳤음을 확인할 수 있게 한다. 사용자 단체들은 파견 노동 지침이 결과적으로 유연성은 강화하지 않고 안정성만 강화했다고 평가하는데, 특히 파견 노동 사용에 대한 부적절한 금지와 제약의 해소를 규정한 제4조가 미온적으로 집행되었다고 지적하며 제4조 조항의 강화를 요구했다.

4) 파견 노동 지침과 노동시장의 변화

파견 노동 지침 수립의 효과는 회원국들의 파견 노동 사용 규제 강화를 통해 파견 노동자의 규모와 구성에 대해 일정 정도 영향을 미친 것으로 나타났다(〈표 10.6〉).

전체 피고용자 가운데 파견 노동자가 차지하는 비율은 파견 노동 지침이 수립되던 2006~2010년 기간에 비해 지침 수립 후인 2011~2012년에 0.04%p만큼 소폭 증가했는데, 같은 기간 기간제 파견 노동자가 0.01%p 증가한 반면 정규직 파견 노동자는 0.05%p로 큰 폭으로 증가했다. 파견 노동자 가운데 정규직 파견 노동자의 비율이 2.10%p 증가해 고용의 질이 개선되는 결과를 가져왔다. 이는 파견 노동자의 고용 안정성이 강화되고 있음을 보여 줄 수도 있으나, 동등 처우 원칙 적용을 회피하기 위해 정규직 고용계약을 체결한 결과일 수도 있다. 정규직 파견 노동자 비율이 가장 크게 증가한 회원국이 동구권이라는 점에서 정규직 고용계약의 악용을 의심하게 한다.

영미형의 경우 파견 노동자 사용 비율이 가장 크게 증가한 반면, 정규직 비율은 가장 크게 감소함으로써 주로 기간제 중심으로 파견 노동자 사용 비율이 증가했음을 보여 준다. 이처럼 파견 노동 지침의 도입·집행으로 파견 노동 사용의 유연성이 크게 강화된 것은 영미형 국가들이 여타 시장경제 유형 국가들에 비해 동등 처우 원칙 적용의 경과 기간을 설정하고 파견 노동 지침 관련 파견 노동 사용 규제 장치들의 도입 정도를 최소화한 결과라 할 수 있다.

대륙형 국가들은 파견 노동자의 사용 비율이 가장 높은 반면 정규직 비율은 가장 낮은데, 이는 기간제 중심으로 파견 노동자를 대규모로 사용하고 있음을 의미한다. 파견 노동자의 사용 비율 증가율이 정규직과 기간제 모두 전체 평균 증가율을 상회하는 가운데, 정규직 비율도 2.5%p 증가하여 전체 평균 증가율 2.1%p를 소폭 상회하고 있다. 이처럼 대륙형 국가들의 경우 파견 노동자 비율 상승이라는 부정적 효과와 정규직 비율 상승이라는 긍정적 효과가 서로 상쇄하면서 지침 도입의 효과는 중립적으로 평가될 수 있다.

지중해형은 대륙형 다음으로 파견 노동자를 많이 사용하고 있지만 사용 비율은 가장 크게 줄었고, 정규직 사용 비율은 대륙형 다음으로 낮지만 정규직 사용 비율 증가율은 전체 평균보다 높다. 파견 노동자 사용 비율의 감소와 정규직 사용 비율의 증가 현상은 지침 도입의 긍정적 효과를 반영할 수 있으나, 장기화되는 경제 위기하에서 임시직의 절대적 규모와 상대적 비율이 동시에 감소하는 가운데 발생한 현상으로, 경제 위기에 의해 야기된 측면이 크다고 할 수 있다.[9]

북유럽형은 파견 노동자 사용 비율이 전체 평균보다 조금 낮은 편으로 사용 비율은 경미하게나마 하락하고 있는데, 정규직 사용 비율은 하락 추세를 보이고 있지만 여전히 전체 평균보다 높은 수준을 유지하고 있다. 이처럼 북유럽형 국가들의 경우 파견 노동 지침 도입의 효과는 파견 노동자 비율 하락이라는 긍정적 효과와 정규직 사용 비율 하락이라는 부정적 효과가 혼재하고 있다.

전체 유럽연합 수준에서 파견 노동자 비율이 0.04%p 증가하는 정도

9_고용 보호 법제도의 변화 정도를 비교분석한 연구들(Schömann 2014; Caluwaert & Schömann 2012; Laulom et al 2012)은 경제 위기를 성공적으로 극복한 북유럽형 국가들에서 고용 보호 법제도 변화는 경미했던 반면, 경제 위기의 타격을 크게 받고 경제 위기가 장기화된 지중해형 국가들의 경우 고용 보호 법제도가 큰 변화를 겪었다는 사실을 일관되게 보여 주고 있어, 지중해형 국가들의 파견 노동 사용 규제 관련 지침의 긍정적 효과는 상당 정도 경제 위기의 효과로 설명될 수 있다고 하겠다.

로 정체하고 있는 가운데 파견 노동자의 정규직 비율이 2.1%p로 소폭 증가했다는 사실은 파견 노동 지침 도입의 긍정적 효과를 확인해 준다. 요컨대 시장경제 유형별로 보면, 대륙형과 북유럽형 국가들은 긍정적 효과와 부정적 효과가 혼재하고, 영미형 국가들은 유연성 강화라는 부정적 효과를 보이는 반면, 지중해형 국가들에서는 긍정적 효과가 확인되었지만 상당 정도 경제 위기의 효과로 해석될 수 있다.

4. 스웨덴과 스페인: 파견 노동 사용 규제 방식과 변화

스웨덴과 스페인은 각각 스칸디나비아 모델의 유연안정성 모델과 지중해형 모델의 '비-유연안정성'의 전형적 국가로, 파견 노동을 포함한 노동시장 규제에서도 단체협약을 통한 자율적 규제 방식과 법 규정에 의한 규제 방식으로 대조적 특성을 보여 준다.

1) 스웨덴의 파견 노동 사용 규제 방식

스웨덴은 1993년 파견업을 합법화한 이래 법 규정보다 노사 간의 자율적인 단체협약을 통해 파견 노동 사용을 규제해 왔다.[10]

10_스웨덴 법 규정과 단체협약의 내용 및 변화에 대해서는 고용 보호법, 차별 금지법, 사적 고용 중개법, 공동 결정법, LO(2010), Bemanningsföretagen(2015a), SOU(2011;

(1) 단체협약 중심 파견 노동 사용 규제

스웨덴 노동관계법들은 파견 노동자를 포함한 모든 고용 형태의 노동자들에게 적용된다는 점에서 보편적 성격을 갖기 때문에, 파견 노동 사용을 규제하고 파견 노동자를 보호하는 법 규정들은 고용 보호법, 차별금지법, 사적 고용 중개법, 공동 결정법, 노동환경법 등에 산재해 있다. 단체협약은 일부 법 규정을 단체협약 규정들로 대체하고 추가적 장치들을 수립함으로써 실질적인 노동시장 작동 방식을 좌우하고 있는데, 단체협약이 적용되지 않는 노동자들의 경우 법 규정의 보호만 받는다.

유럽연합이 파견 노동 지침을 수립하고 회원국들에 2011년 12월까지 도입·집행할 것을 지시하자 스웨덴 정부도 별도의 조사위원회를 구성하여 관련법 규정들과 단체협약들의 파견 노동 사용 관련 규정들이 파견 노동 지침과 부합하는지를 검토하도록 했다. 조사위원회는 단체협약들은 노사 자율에 맡기고 주로 법 규정을 중심으로 검토했는데, 2011년 1월 제출한 조사 결과 보고서는 새로운 파견업법을 제정하도록 권고했다(SOU 2011). 그러나 2012년 12월 사적 고용 중개법의 일부 조항을 삭제하는 등 법 개정 조치가 취해졌을 뿐 새로운 파견업법은 제정되지 않았고 단체협약도 거의 영향을 받지 않았다.

파견 노동은 스웨덴 노사 관계의 자율적 규제 체제 속에 잘 통합되어 있으며 파견업에는 생산직 파견업 협약, 사무 전문직 파견업 협약과 보건 부문 파견업 협약 등 세 가지 부문별 단체협약들이 체결되어 있다.[11] 생산

2014), European Commission(2014b, 64-66), Rönnmar(2010), Eklund(2009), Brunk(2008), 조돈문(2012d)을 참조할 것.

11_본 연구에서는 파견업 부문의 유형 설정자 역할을 하는 생산직 파견업 협약을 중심으

직 파견업 협약은 파견업 협회가 생산직 총연맹 LO 산하 노조들과 체결하는데, 2000년 9월 처음 체결되었고 현재 발효 중인 단체협약의 유효기간은 2015년 5월 1일부터 2016년 4월 30일까지며, 파견 노동 지침 도입·집행 시한 내에 체결된 협약은 유효기간이 2010년 11월 1일부터 2012년 4월 30일이었다.

(2) 동등 처우 원칙과 정규직 고용 원칙

파견 노동 지침은 동등 처우 원칙의 정규직 예외 인정과 단협 예외 인정을 허용했는데, 이는 스웨덴이 파견 노동 지침 수립 과정에서 강력하게 요구했던 사항들이었다. 정부의 조사위원회도 두 예외 인정 규정을 법제화할 것을 권고했지만 스웨덴은 법 규정과 단체협약을 변경하지 않음으로써 이미 예외 인정 규정을 활용하고 있는 단체협약을 기정사실화했다.

파견 노동자와 사용 업체 직접 고용 노동자와의 임금 등 노동조건의 동등 처우 원칙은 스웨덴 노동관계법들에 법제화되어 있지는 않았지만, 차별 금지법은 기간제와 시간제 노동자들에 대한 임금 등 노동조건의 직·간접적 차별 처우를 모두 금지하고 있어 기간제 파견 노동자와 정규직 파견 노동자의 동등 처우만 법적으로 보장되고 있다. 하지만 생산직 파견업 협약은 제1조, 제4조(구 협약 제5조)와 제10조에서 사용 업체 직접 고용 노동자들에 적용되는 임금 등 고용조건 관련 협약을 파견 노동자에게도 파견 기간 동안 적용한다고 규정함으로써 포괄적인 동등 처우 원칙을 수립해 놓았다. 따라서 LO 노조원을 포함한 생산직 파견업 협약의 적용을 받

로 검토한다.

는 파견 노동자들의 경우 동등 처우 원칙의 단체협약 예외 인정을 수용해
도 여전히 임금 등 노동조건의 동등 처우 원칙의 혜택을 누리게 된다. 반
면, 생산직 파견업 협약의 적용을 받지 못하는 미조직 파견 노동자나 임금
관련 동등 처우 원칙을 수립하지 않은 사무 전문직 파견 노동자들은 파견
노동 지침 수립에도 불구하고 임금 관련 동등 처우 원칙을 적용받지 못하
는데, 사무직 노조 유니오넨UNIONEN은 동등 처우 원칙의 도입 여부는 자신
들의 노동조건에 별다른 영향을 미치지 못하는 것으로 판단하고 있다
(Eklund 2009, 159-162).

정규직 고용 원칙은 고용 보호법 제4조에 규정되어 있고, 제5조와 제
6조에서 한시적 고용계약이 허용되는 조건들을 노동자 동의에 기초한 한
시적 사용, 일시적 대체 고용, 계절적 고용, 피고용자가 67세 되는 시점,
수습 노동 등으로 적시해 두었는데, 파견 노동자의 고용계약도 동 법의 적
용을 받는다. 생산직 파견업 협약은 사무 전문직 파견업 협약과 같이 파견
업체의 정규직 고용 원칙을 규정하고 있는데, 제3조에서 기간의 정함이
없는 고용계약을 원칙으로 하되,[12] 고용 보호법의 제5조와 제6조를 무효
화하고 노동자와 합의된 6개월 이내의 한시적 고용, 학생·퇴직자와 합의
된 한시적 고용, 노동자가 요청한 반복적 단기 고용 등 고용 보호법보다
더 엄격한 사유들로 한정했다. 또한 생산직 파견업 협약은 사무 전문직 파
견업 협약과 함께 파견 업체가 파견 노동자에게 비파견 대기 기간에도 임
금을 지급하도록 의무화했는데, 제5조에서 비파견 대기 기간에도 직전 3

12_스웨덴 파견 노동자의 정규직 비율이 OECD 자료는 2006~2010년 평균 63.6%, 2011~
2012년 58.3%로 산정했는데(〈표 10.6〉), Rönnmar(2010)은 80%로 보고하고 있어 정
확한 값을 확인하기는 어려우나 58~80%의 범위 내에 있을 것으로 추정할 수 있다.

개월 평균임금의 90%를 보장하도록 했다. 그런데 2012년 단체교섭 과정에서 LO 측이 비파견 대기 기간의 시간당 임금 보장을 강력히 요구하여 7개월여에 걸친 교섭 끝에 시간당 임금 보장제로 전환하며 숙련 노동자의 경우 시간당 108크로나, 기타 시간당 1백 크로나로 규정했다. 이후, 2015년 단체교섭에서는 각각 110크로나와 103크로나로 상향 조정했는데, 2015년 단체협약부터 유효기간을 1년으로 단축해 매년 물가 인상률을 반영해 상향 조정할 수 있게 했다(Jonsson 2012; Bemanningsföretagen 2015a).

(3) 파견 노동자 보호 및 이익 대변

동등 처우 원칙 외에도 파견 노동 지침은 파견 노동자 보호를 위해 사용 업체와 파견 업체의 의무와 이익 대변 기구에 대해서도 규정하고 있다. 스웨덴의 경우 사용 업체 편의 시설과 집합적 서비스 및 훈련 기회에 대한 파견 노동자의 접근권을 보장하는 법 규정은 없지만 단체협약들을 통해 보장하고 있다. 생산직 파견업 협약 제1조, 제4조(구협약 제5조)와 제10조는 파견 노동자가 파견 기간 동안 사용 업체 직접 고용 노동자들의 고용조건 관련 단체협약을 적용받도록 하는 포괄적 동등 처우 규정을 통해 차별 처우를 금지하고 있다. 또한 교육 훈련과 관련해서는 생산직 파견업 협약 제21조에서 파견 노동자 교육 훈련에 대한 합의를 확인하고, 부록 #3에서 국제 경쟁 심화와 급격한 생산기술 발달에 대처하고 새롭게 변화하는 과제들을 수행할 수 있도록 하기 위해 파견 노동자 숙련 형성이 중요하다는 점을 강조하고 인력·조직·기술 관련 교육 훈련 조치들을 실시할 의무가 파견 업체에 있음을 명시했다. 한편, 보건 안전과 관련해서는 노동 환경법에서 사용 업체와 파견 업체에 공동 책임을 부과하고 있는데, 생산직 파견업 협약도 노동 환경법 조항들을 인용하며 파견 업체는 사용 업체가 보건 안전을 위해 적절한 조치를 취하고 관련 정보를 제공하도록 보장하는 의무를 규정해 두었다.

유럽연합이 파견 노동 지침의 집행을 확인하는 과정에서 〈표 10.4〉처럼 파견 업체에서만 노동자 대표 기구 결성권을 허용한 것으로 분류하고 있는데, 스웨덴에서는 노동자들의 단결권을 기본권으로 보장하고 있다. 생산직 파견업 협약은 제2조에서 파견 노동자의 단결권을 침해해서는 안 된다고 규정하고 있고, LO는 파견 노동자들을 위한 지침 "파견업 단체협약 : 노조 가입"Bemanningsavtalet: Fackligt medlemskap에서 파견 노동자는 사용 업체 노조와 파견 업체 노조 가운데 선택하여 가입할 수 있다고 지도하고 있다(LO 2016). 파견 노동자들은 대체로 장기 파견의 경우 사용 업체의 노조에, 단기 파견의 경우 파견 업체의 노조에 가입하고 있는데, 사용 업체의 노조에 가입한 경우 파견 기간이 종료되면 해당 사용 업체의 노조원으로 남거나 파견 업체 노조로 소속을 변경할 수 있다.

(4) 파견 노동 사용 규제 장치 및 완화

동등 처우 원칙과 정규직 고용 원칙 외에도 파견 노동 사용을 규제하고 파견 노동자를 보호하기 위해 다양한 장치들이 사용될 수 있는데, 스웨덴에서는 파견 업체의 자기 규제와 노조와의 사전 협의 절차가 핵심을 이룬다.

파견 업체 개설 자체는 허가제가 아니지만, 파견업 협회는 회원 업체들이 윤리적 가이드라인을 지키고, 단체협약을 준수하며, 경영진이 협의의 승인 교육을 이수하고, 양성 평등 실현 계획을 제출·집행하도록 하고 있다. 또한 매년 협회에 사업 보고를 제출하여 승인심사위원회의 평가를 받도록 하고 있는데 승인심사위원회에 LO 등 노동조합총연맹 대표들도 참여하도록 함으로써 절차적 공정성을 담보하고 있다. 한편, 생산직 파견업 협약은 제1조에서 LO 노조가 조직화되어 있는 파견 업체를 대상으로 한다고 규정했기 때문에 파견업을 운영하기 위해서는 사업체가 파견업

협회 회원이어야 하고 노동자들은 LO 노조에 가입되어 있어야 한다.

공동 결정법은 제38~39조에서 사용 업체가 파견 노동자를 포함해 자신이 고용하지 않은 간접 고용 노동자들을 사용하는 결정을 내리기 전에 사업장의 노동자 대표 기구에 사용 계획 관련 정보를 제공하고 협의할 의무를 규정함으로써 노동조합에 거부권을 행사할 기회를 부여하고 있다. 조사위원회는 이 조항들에 대해 파견 노동 지침과의 부합 여부를 검토하고 노동시장의 효율적인 작동을 담보하기 위해 필요하다고 정당성을 부여했다. 노조는 사전 협의 조항에 입각해 해당 파견 업체가 노동관계법과 생산직 파견업 협약을 준수하고 있는지, 사회보장세 등 납세 의무를 제대로 이행하고 있는지 등을 검토해 거부권 행사 여부를 결정하기 때문에 파견 노동의 남용을 막고 파견 노동자를 보호할 수 있다.

고용 보호법은 제5~6조에서 임시직의 사용 사유와 사용 기간을 제한하고 있는데, 생산직 파견업 협약은 동 조항들을 무력화하는 대신 별도의 제한적 사용 사유를 설정하고, 파견 업체와 파견 노동자의 합의에 기초한 자율적 고용계약은 6개월 이내로 하되 노동조합의 승인을 받으면 12개월까지 연장할 수 있도록 했다. 좀 더 강력한 파견 노동 사용의 절대 금지 조항으로 두 가지가 있다.

첫째는 생산직 파견업 협약의 제2조에서 노동조합이 파업을 전개하는 대상이 되고 있는 사용 업체에는 파견 노동자를 제공할 수 없다는 규정인데, 이 규정은 공익으로 정당화되어 존치되고 있다.

둘째는 사적 고용 중개법 제4조로서, 파견 노동자가 파견 업체에 고용되기 전에 다른 사용 업체에서 정리 해고되었다면 해고당한 지 6개월 이내에는 자신을 해고한 직전 사업체에 파견될 수 없다는 조항이다. 이 조항에 대해 조사위원회는 파견 노동 지침 제4조 1항 공익의 근거로 정당화될 수 없다고 판정하여 폐지할 것을 제안했고, 이런 권고에 따라 제4조는

2012년 12월 법 개정에서 폐지되어 2013년 1월 1일부로 효력을 상실했다.

(5) 유럽연합 파견 노동 지침의 효과

파견 노동 지침의 도입·집행은 법 규정과 단체협약에 별다른 영향을 주지 못했는데, 가장 유의미한 변화는 2012년 사적 고용 중개법의 직전 해고 일자리 6개월간 파견 금지 조항을 삭제한 것으로서 파견 노동 사용 규제의 부분적 완화라 할 수 있는데 핵심 규제 장치들은 거의 그대로 유지되었다.

스웨덴의 파견 노동 사용 규제 정도는 파견 노동 지침의 집행 기준으로 보면 0~7점 척도에서 2점(〈표 10.4〉), 사용 규제 장치 사용 정도 기준으로 보면 0.3~4.7점 척도에서 1.55점(〈표 10.5〉)으로 영국·아일랜드 등 영미형 자유 시장 모델 국가들 수준이며, 유럽연합 회원국들 가운데 최저 수준이다. 하지만 지침의 실제 집행 수준을 보면 단체협약을 통해 파견 노동자의 편의 시설과 집합적 설비 접근권을 보장하고 파견 업체뿐만 아니라 사용 업체에서의 노조 조직화도 허용하고 있어 지침 집행 지수는 2점이 아니라 4점 수준을 보여 준다. 또한 파견 노동자 사용 규제 장치의 실제 사용 수준을 보면, 사용 업체 정규직과의 동등 처우뿐만 아니라 단체협약을 통해 사용 사유와 파견 기간을 제한하고, 파견 업무의 파견업 협회 보고제를 실시하고 있어 1.55점이 아니라 3.5~4.0점 수준을 보여 준다.

스웨덴은 다른 스칸디나비아 국가들처럼 법 규정 대신 주로 단체협약을 통해 규제하고 있기 때문에 법 규정 중심으로 평가한 유럽연합 보고서(European Commission 2014a; 2014b)에서 파견 노동 사용 규제 수준이 과소평가된 것이다. 스웨덴 파견 노동자 단체협약 적용률은 2012년 6월 기준 97%로 보고되고 있어(Silva & Hylander 2012) 단체협약에 기초한 파견

표 10.7 | 스웨덴 파견 노동자 규모 변화 추이(2002~2014년)

	총 피고용자 (명)	임시직		전체 파견 업체 조사		35대 파견 업체	
		임시직 노동자(명)	총 피고용자 대비 비율(%)	파견 노동자(명)	총 피고용자 대비 비율(%)	파견 노동자(명)	총 피고용자 대비 비율(%)
2002	3,766,000	495,000	13.1			36,900	0.98
2003	3,760,000	511,000	13.6			28,700	0.76
2004	3,731,000	502,000	13.5			31,500	0.84
2005	3,720,000	526,000	14.1			30,500	0.82
2006	3,794,300	568,300	15.0			35,000	0.92
2007	3,911,800	621,800	15.9	59,400	1.52	42,715	1.09
2008	3,993,700	603,800	15.1	58,850	1.47	47,450	1.19
2009	3,929,400	537,900	13.7	46,100	1.17	38,300	0.97
2010	3,874,000	545,400	14.1	60,100	1.55	48,300	1.25
2011	4,005,300	580,400	14.5	62,863	1.57	53,251	1.33
2012	4,025,280	564,901	14.0	61,127	1.52	49,259	1.22
2013	4,022,200	586,600	14.6			69,900	1.74
2014	4,072,300	618,200	15.2			65,500	1.61

자료: 총 피고용자 및 임시직 통계치는 LO(2014b, 27); 파견 노동자 통계치는 Bemanningsföretagen(2012b, 2-5; 2013, 2-4; 2014, 2-4).

노동 사용 규제 방식이 실효성을 지닌다고 할 수 있다. 따라서 파견 노동 사용을 규제하고 파견 노동자를 보호하기 위한 별도의 장치들이 거의 전무한 영국·아일랜드 등 영미형 국가들과는 달리,[13] 스웨덴은 파견 노동 사용 규제를 포기한 것이 아니라 노사의 자율적 규제 방식을 채택하고 있는 것이다. 사용 업체 정규직과의 임금 등 노동조건 동등 처우 보장, 파견 업체의 정규직 고용 및 비파견 대기 기간 임금 보장 외에도, 공동 결정법에 의거해 사용 업체는 파견 노동을 사용하기 전에 거부권을 지닌 노동조합과 협의해야 하기 때문에 파견 노동의 오·남용은 거의 불가능하다.

파견 노동자 규모의 변화 추이를 보면, 절대적 규모와 상대적 비율은

13_영국과 아일랜드의 파견 노동 사용 규제 방식에 대해서는 European Commission (2014a; 2014b)을 참조할 것.

2008년에 정점을 기록한 다음 2009년에 하락했다가 2010년부터 다소 부침은 있지만 전반적으로 증가하는 추세이다(〈표 10.7〉). 이런 변화는 임시직의 규모 변화 추세와 동조 현상을 보여 주고 있는데, 이는 파견 노동의 규모 변화가 파견 노동 지침의 효과라기보다 파견 노동 지침이 수립되던 2008년 하반기에 발발한 세계 금융 위기에 따른 경제 위기의 효과로 해석될 수 있음을 의미한다.

2) 스페인의 파견 노동 사용 규제 방식

스페인은 1994년 파견업법을 제정하면서 파견업을 합법화한 이래 단체협약보다는 주로 법 규정을 통해 파견 노동 사용을 규제해 왔다.[14]

(1) 법 규정 중심으로 파견 노동 사용을 규제

스페인은 파견업을 합법화하며 허가제를 채택하는 한편 사용 사유를 제한하는 방식으로 파견 노동 사용을 규제하기 시작했는데, 파견 노동자는 정규직으로 고용되지 않을 경우 임시직 사용을 규제하는 노동법 규정의 적용을 받는다. 파견업법이 제정된 이래 두 차례 크게 개정되었는데, 1999년 7월과 2010년 9월이다(〈표 10.8〉).

14_파견 노동 관련 법 규정과 단체협약의 내용과 변화에 대해서는 파견업법, MESS(2012), BOE(2000; 2008), Álvarez & Moro(2011), OECD(2013b), European Commission (2014b, 36-37), Villarejo(2008), Guamán(2010, 414-421), Aragón 면담(2011), 조돈문(2013b)을 참조할 것.

표 10.8 | 스페인 파견 노동 사용 규제 법제도 변화

법제화	파견 노동 사용 규제	임시직 일반 사용 규제
1980 (노동법)		- 임시직 사용 사유 제한(5가지) : 특수한 서비스·업무/ 초과 수요/ 대체 노동/ 고용 촉진 예외/ 무기 계약 직무 단속적 수행 - 정규직과 임시직 모두 동일 직무 동일 임금
1994.6.1 (법14/1994)	- 파견 업체 합법화 - 파견업 허가제 - 파견 사용 사유: 특정 서비스나 업무, 일시적 시장 수요, 대체 노동	
1999.7.16 (법29/1999)	- 파견 사용 사유 조항 삭제, 노동법 제15조(임시직 사용 사유 제한)로 대체 - 파견 업체가 채용, 훈련, 보상 책임(매년 월 임금 1%를 훈련 기금으로 적립) - 근무 년당 12일분 계약 종료 수당 - 사용 업체 직접 고용 노동자와 동등 처우	
2001.7.9 (법12/2001)		- 해고 수당 근속 년당 8일분 임금
2006.12.29 (법43/2006)	- 파견 노동 사용 금지 4유형: 파업 노동자 대체, 위험 업무, 부당해고 혹은 정리 해고 일자리 충원, 타 파견 업체 노동자 대여	- 동일 업체 동일 직무 임시직 고용계약 반복 갱신 금지(30개월 기간 동안 24개월 이상 동일 직무 근무하면 자동적으로 정규직 전환)
2010.9.17 (법35/2010)	- 파견 노동 사용 금지 대상 위험 업무 범위 대폭 축소	- 임시직 고용계약 최장 3년(단협으로 1년 추가 연장 가능) - 임시직 해고 수당 단계적 증액(근속 년당 8일분에서 매년 1일 분씩 증액하여 2015년부터 12일 분이 되도록 함)
2010.12.31 (법 1796/ 2010)	- 영리법인 파견 업체는 공적 고용 서비스 기금으로부터 재정의 60%까지 충당할 수 있고, 비영리 법인은 90%까지 충당 가능함	

자료: 조돈문(2013b, 211-213)을 수정·보완함.

파견 노동자들은 다양한 고용 행태의 노동자들로 조직된 서비스산업의 업종별 노조들로 조직화되어 있으며, CCOO의 재정행정서비스연맹 Comfia과 UGT의 서비스연맹Fes이 파견업 협회들과 단체협약을 체결한다. 최초의 파견업 단체협약은 합법화 다음해인 1995년 2월 체결되었으며, 2007년 12월 체결된 제5차 전국 협약이 2010년 12월 31일로 유효기간이 만료되었지만 후속 협약 체결을 위한 단체교섭이 결렬과 재개를 반복하며 아직 제6차 전국 협약을 체결하지 못하고 있다.

(2) 동등 처우 원칙과 정규직 의무 고용 비율제

파견업법은 1999년 법 개정으로 파견 노동자를 사용 업체의 직접 고용 정규직 노동자들과 임금 등 노동조건에서 동등 처우한다는 원칙을 수립했다. 이후 2010년 9월 동등 처우 원칙을 규정한 파견업법 11조를 개정해 유럽연합의 파견 노동 동등 처우 원칙 조항을 그대로 옮겨, 기본적 노동·고용조건의 동등 처우 내용은 "보수, 노동시간, 초과 근로, 휴식 시간, 야간 근로, 휴가와 공휴일"로 명시하고 "보수란 고정적이거나 변동적인 모든 경제적 보상을 포함한다."고 규정함으로써 동등 처우 대상을 분명히 했다. 파견업법은 단체협약에 의한 동등 처우 원칙의 예외 허용, 정규직 파견 노동자에 대한 임금 관련 동등 처우 원칙의 예외 허용, 동등 처우 원칙 적용의 경과 기간 설정 허용 등 유럽연합의 파견 노동 지침이 허용한 동등 처우 원칙의 예외 인정 세 유형을 하나도 활용하지 않았다.

이처럼 파견업법이 예외 인정 없는 동등 처우 원칙을 강제함으로써 파견 노동자와 사용 업체 정규직 노동자의 임금 등 기본적 노동조건 격차의 여지는 거의 없다고 할 수 있다. 그런 점에서 법적으로 규정된 유일한 차별 처우는 파견 노동자의 경우 고용계약이 종료될 때 파견 업체로부터 근속 년당 12일분 임금을 보상받는 반면, 직접 고용 정규직의 경우 정당한 해고의 경우 근속 년당 20일분의 임금을 해고 수당으로 수령하고, 부당해고의 경우 근속 년당 55일분의 임금을 받았었는데 2012년 7월 법 개정을 통해 33일분으로 삭감되었지만, 여전히 파견 노동자에 비해 보상 액수가 월등히 많다.

한편, 파견 업체와 파견 노동자 사이의 고용계약 기간과 관련하여 파견업법 제10조는 무기 계약 혹은 한시적 계약을 모두 허용하고 있는데, 파견업 노사 단체들은 2000년 12월 체결된 제3차 전국 협약에서 파견 업체는 피고용 노무 제공자의 50% 이상을 정규직으로 채용하도록 하는 정규직 의무 고용 비율제를 도입했다. 이후 2007년 12월 체결된 제5차 전국 협약은 제51조에서 정규직 의무 고용 비율을 50%에서 65%로 상향 조정 하고 이를 위반하는 사업체에 대한 벌칙 내용도 명시했지만, 비파견 대기 기간의 파견 노동자 임금 보장은 규정하지 않았다.

(3) 파견 노동자 보호 및 이익 대변

파견업법과 단체협약은 동등 처우 원칙 외에도 파견 노동 사용을 규제하 고 파견 노동자를 보호하기 위한 다양한 장치들을 구비하고 있다. 파견업 법은 제17조 2항에서 파견 노동자에게 파견 기간 동안 교통, 급식, 육아 서비스 등 사용 업체의 편의 시설과 집합적 설비들에 대한 접근권을 사용 업체의 직접 고용 노동자들과 동등하게 보장하고 있다. 또한 2010년 9월 법 개정에서 17조에 4항을 추가해 사용 업체는 직접 고용 노동자들에게 제공하는 훈련을 파견 노동자들도 받을 수 있도록 적절한 조치를 취하도 록 했다. 제5차 전국 협약은 유럽연합의 파견 노동 지침 수립 1년 전에 체 결되었음에도 이미 제14조 2항에서 파견 노동자에게 파견 기간 동안 사 용 업체의 교통 서비스와 급식, 식당, 의료 서비스 등 편의 시설과 집합적 설비들에 대한 이용을 보장했다.

파견업법은 제12조에서 파견 업체에 대해서도 파견 노동자를 위한 사 회보장 기여금을 부담하도록 하고 파견 노동자 훈련을 위해 매년 임금의 1%를 투입하도록 하는 한편, 사용 업체에서 수행하게 될 업무의 직업병 과 산재 예방을 위한 훈련을 파견 전에 실시하도록 했는데 이런 위험 예방 훈련 비용은 별도로 지출하도록 했다. 제5차 전국 협약은 제49조에서 파 견법에 규정된 연 임금 1%의 훈련비용 지출을 규정하는 한편 위험 예방 훈련을 위한 지출 비용을 임금의 0.25%로 구체화했다.

스페인은 파견 노동자의 단결권과 단체교섭권의 대상을 사용 업체가 아니라 파견 업체로 설정했는데, 파견업법 제13조는 파견 업체에서 파견 노동자들의 법적 대변 기구가 없을 경우 가장 대표성이 높은 노조 조직들이 해당 노동자들에게 적용되는 단체협약을 체결할 수 있도록 했다. 파견법이 사용 업체의 노동자 대표 기구들에 파견 노동자를 위한 단체교섭권은 부여하지 않았지만, 제17조 1항에서 파견 기간 동안 사용 업체의 노동관계법 규정 준수와 관련하여 파견 노동자들의 요구 사항을 제출할 수 있도록 하는 한편, 파견 노동자들도 사용 업체의 노동자 대표 기구들을 통해 고용조건 집행 관련 요구 사항을 제출할 수 있는 권리를 보장했다. 이렇게 파견업법에 보장된 파견 노동자의 단결권과 단체교섭권을 이용하여 CCOO의 Comfia와 UGT의 FeS는 파견 노동자들을 조직하여 파견업 협회들과 단체협약을 체결해 왔고, 이렇게 체결된 제5차 전국 협약도 제14조에서 파견 노동자들이 사용 업체의 노동자 대표 기구들을 통해 노동조건 관련 요구 사항들을 제출할 수 있다고 규정했다.

(4) 파견 노동 사용 규제 장치 및 완화

스페인은 파견 노동 사용을 규제하고 파견 노동자를 보호하기 위해 동등 처우 원칙과 정규직 고용 의무 비율제 외에도 다양한 규제 장치들을 작동하고 있다. 스페인은 파견업을 합법화하며 허가제를 채택했는데 파견업법 제2조에서 파견 업체는 고용주 의무를 수행할 수 있는 조직적 구조를 갖추고, 파견업 사업에 전념해야 하며, 세금과 사회보장 기여금을 체납하지 않고, 임금과 사회보장 기여금 지불 의무를 수행할 능력을 입증해야 하고, 2차례 이상 활동 중지 징계를 받지 않아야 하며, 업체 이름에 파견업 명칭을 넣도록 하는 한편, 제5조에서는 매월 노동 당국에 활동 내역을 보고하도록 했다. 사용 업체에 대해서는 파견법 제9조에서 노동자 대표 기구들에 파견 노동자 사용 계약 개시 10일 이내에 계약 내용과 사용 사유를 통보하도록 했다.

　파견업법은 제정 당시 파견 노동 사용 사유를 특정한 서비스나 업무의 수행, 일시적 시장 수요 증대 부응, 정당한 일시적 결원 대체 등 세 가지로 한정했으나, 1999년 7월 법 개정으로 해당 조항들을 삭제하고 노동법 제15조의 임시직 사용 사유 제한 조항들로 대체했다. 파견업법은 2006년 12월 법 개정으로 제8조에 파견 노동 사용 금지 네 가지 유형을 규정했는데, ① 사용 업체의 파업 노동자들을 대체하는 것, ② 보건과 안전에 특별히 위험한 직무를 담당하도록 하는 것, ③ 지난 12개월 동안 부당해고 혹은 정리 해고 등의 사유로 폐쇄된 일자리를 채우는 것, ④ 다른 파견 업체에 노동자를 대여하는 것이다. 제8조의 파견 노동 사용 금지 조항은 유지되고 있지만, 두 번째 유형 즉 위험한 직무에 대해서는 2010년 9월 부칙 2조를 추가하여 파견 금지 대상 직무의 범위를 크게 제한했다.[15] 부칙 2조는 이온화 방사선, 생물농약, 그리고 발암성, 돌연변이 유발, 생식 유독성 물질들에 노출된 작업들에 대해서는 파견 노동을 금지했다. 하지만 2011년 3월 31일 이전에 건설, 광산, 해양, 제조업, 폭발물 취급, 고전압 전기 위험 작업들 가운데 보건과 안전의 위험으로 단체협약에 의해 파견 노동 사용을 제한한 규정들에 대해서는 정당화될 수 있는지 재검토하여 결정할 수 있도록 했고, 2011년 4월 1일부터는 위와 같은 직무들에 대해 파견 업체가 자체적 자원으로 예방 조치들의 전부 혹은 일부를 집행

15_제5차 전국 협약도 제12조에서 위험 직무에 대한 파견 노동자 공급을 금지하는 기존의 규정들에 대해서는 노사 대화를 통해 제거하는 데 협력하기로 명시하고 있어 유럽연합의 파견 노동 지침 수립 이전부터 이미 위험 직무 축소를 수용할 준비가 되어 있었음을 확인할 수 있다.

하고 작업장에 안전보건위원회를 수립하고, 파견 노동자가 해당 직무 수행에 필요한 능력, 숙련, 자격 조건과 필요한 훈련을 받는다는 두 가지 요건을 충족시키면 파견 노동을 사용할 수 있도록 했다.

파견 노동자의 사용 계약 갱신 횟수와 총 사용 기간에 대해서는 별도의 파견업법 규정을 두지 않고 노동법에서 규정한 임시직 고용계약의 조항들을 적용하고 있다. 노동법은 제15조에서 동일 업체 동일 직무의 경우 임시직 고용계약의 반복 갱신을 금지하고 총 사용 기간을 30개월 기간 내 24개월로 한정했었는데, 2010년 9월 법 개정으로 반복 갱신 금지 조항을 삭제하고 임시직 고용계약을 최장 3년으로 하되 단체협약을 통해 12개월을 연장할 수 있도록 했다. 하지만 제5조 5항에서는 사용 업체에 직접 고용되었건 파견 업체에 고용되었건 관계없이 두 번 이상의 임시직 계약으로 30개월 기간 내 20개월을 초과했으면 정규직으로 전환된다고 규정함으로써 반복 갱신의 남용을 차단하기 위한 장치도 수립해 두었다. 한편 파견업의 제5차 전국 협약 제17조는 파견 계약 기간을 18개월 준거 기간 내 총 12개월로 제한하여 2010년 개정 내용은 물론 2006년 개정 내용보다도 더 엄격한 기준을 부과하고 있다.

(5) 유럽연합 파견 노동 지침의 효과

스페인은 파견 노동을 포함한 노동력 사용의 규제와 노동자 보호를 단체협약보다 법 규정에 의존하고 있다. 따라서 파견업의 단체협약도 법 규정의 기초 위에 설계되어 있고, 정규직 의무 고용 비율제를 제외하면 법 규정 수준을 넘어서는 단체협약상의 추가적인 파견 노동자 보호 장치는 거의 전무하다. 유럽연합의 파견 노동 지침이 수립된 2008년 12월 5일과 회원국 지침 도입·집행 시한인 2011년 12월 5일 사이에 신규로 체결되거나 갱신한 단체협약은 없었고 2010년 두 차례 법 개정만 있었다.

2010년 9월 법 개정은 파견법에서 파견 노동 사용 금지 대상 위험 업무의 범위를 대폭 축소했고, 파견 노동에도 적용되는 노동법의 임시직 사용 기간 규정을 개정하여 임시직 사용 기간을 연장함으로써 파견 노동 사용에 대한 규제를 완화하는 결과를 가져왔다. 또한 이어진 12월의 법 개정에서 비영리 법인과 영리법인 파견 업체에 대해 공적 고용 서비스 기금으로 재원을 충당할 수 있는 비중을 각각 90%와 60%까지 허용했다. 이처럼 파견 노동 지침을 집행하기 위해 동등 처우 원칙의 적용 대상을 구체적으로 명시하고 파견 노동자의 사용 업체 훈련 접근권을 보장함으로써 파견 노동자 보호를 강화한 것은 사실이지만, 경제 위기에 대응하는 과정에서 임시직 사용 규제를 완화하면서 파견 노동 사용의 규제도 완화하는 효과를 가져왔다.

이처럼 파견 노동 지침 수립 이후, 파견 노동자 보호보다 주로 파견 노동 사용 규제를 완화하는 방향으로 변화가 진행되었음에도 스페인은 여전히 여타 유럽연합 회원국들에 비해 파견 노동 사용 규제 정도가 매우 강한 나라로 분류된다. 〈표 10.5〉처럼, 스페인은 파견 노동 사용 규제 방식의 수립 정도 지수가 0.30~4.70 척도에서 3.65의 값으로 17개 비교 대상 유럽연합 회원국들 가운데 최고값을 보여 준다. 따라서 스페인이 파견 노동자 보호 장치들을 더 강화하지 않은 것은 유럽연합의 파견 노동 지침 수립 이전에 거의 모든 보호 장치를 구비하고 있었기 때문이라 할 수 있다. 반면, 파견 노동 사용 규제 완화는 임시직의 사용 규제 완화와 정규직 정리 해고 요건 완화라는 전반적 노동시장 유연화 정책의 일환으로 추진되었으며, 이런 노동시장 개혁 조치들은 노사 합의 없이, 노동계가 총파업으로 저항하는 가운데 정부에 의해 일방적으로 추진되었다(조돈문 2012b; 2013b).

유럽연합이 파견 노동 지침을 수립한 이후 스페인의 파견 노동 사용

표 10.9 | 스페인 파견 노동 관련 지표들의 변화 추이(1994~2015, 각 년도 4/4분기 혹은 12월 기준)

	피고용자 (천 명)	임시직 노동자 (천 명)	임시직 노동자 비율 (%)	파견 노동자 (명)	파견 노동자 비율 (%)	파견 업체 (개)	파견 계약 (건)
1994	9,136.4	3,151.6	34.5			86	
1995	9,412.5	3,252.8	34.6	31,812	.338	316	44,123
1996	9,886.1	3,318.8	33.6	57,975	.586	399	77,892
1997	10,404.1	3,438.6	33.1	84,329	.811	428	121,850
1998	10,958.7	3,560.7	32.5	106,201	.969	435	155,207
1999	11,860.2	3,880.4	32.7	102,044	.860	410	149,507
2000	12,640.9	4,051.7	32.1	100,742	.797	364	177,322
2001	13,148.0	4,239.1	32.2	95,974	.730	346	138,576
2002	13,869.6	4,416.3	31.8	98,144	.716	335	141,578
2003	14,546.4	4,687.5	32.2	109,324	.765	326	163,830
2004	15,211.6	5,012.5	33.0	116,914	.778	342	173,078
2005	16,025.2	5,411.5	33.8	130,331	.823	346	195,316
2006	16,644.9	5,608.0	33.7	130,877	.795	350	189,854
2007	17,095	5,268.7	30.8	140,109	.830	368	207,605
2008	16,477.2	4,569.9	27.7	93,848	.575	363	145,344
2009	15,724.6	3,921.9	24.9	101,024	.652	334	160,813
2010	15,554.7	3,835.4	24.7	115,926	.757	314	184,571
2011	15,150.5	3,756.9	24.8	111,989	.738	304	172,858
2012	14,288.7	3,260.0	22.8	110,263	.772	296	174,953
2013	14,093.4	3,334.2	23.7	132,839	.943	271	215,731
2014	14,483.1	3,511.1	24.2	145,553	1.005	248	271,117
2015	14,988.8	3,846.2	25.7	149,207	.995	255	275,116

자료: 스페인 노동이민부(www.mtin.es/), 통계청(www.ine.es/).

규제 완화 조치는 파견 노동자 보호에 어떤 영향을 미쳤을까? 먼저 피고용자 규모를 보면 〈표 10.6〉에서는 두 기간 사이 1.2%p 줄어든 것으로 나타났지만, 연도별 규모 변화 추이를 전체 피고용자와 임시직 노동자 규모 변화와 함께 보면, 파견 노동자 규모의 감축은 경제 위기 이후 전체 피고용자 감축과 함께 진행되었음을 알 수 있다(〈표 10.9〉). 임시직 노동자 규모가 2008년부터 2012년까지 크게 감소한 반면, 파견 노동자 규모는 2008년 경제 위기의 영향으로 크게 줄었지만 2009년부터 증가 혹은 정체 추세를 보여 주었다. 또한 임시직 대비 파견 노동자 규모가 상대적으로 증가하는 추세는 2010년 파견 노동 사용 규제 완화의 효과를 보여 준다.

파견 노동자의 정규직 비율은 〈표 10.6〉처럼 두 기간 사이 48.6%에서 60.0%로 증가하면서 비교 대상 17개국 가운데 가장 큰 증가폭 (11.4%p)을 기록했지만, 파견 계약 기간 분포는 확인되지 않는다. 스페인 고용사회보장부가 발표한 파견 노동 계약 기간 분포를 보면, 2011년 1월부터 12월까지 공적 고용 서비스 기구에 등록된 파견 노동 계약 숫자는 203만1,712건이었는데, 이 가운데 41.4%가 정규직 계약인 반면 1개월 이하의 파견 계약은 54.3%에 달했으며, 1주일 미만의 파견 계약도 37.7%에 달하는 것으로 나타났다(MESS 2012).

파견 노동자들이 1인당 1건 이상의 파견 계약을 체결하기 때문에 파견 노동 계약 숫자는 파견 노동자 숫자보다 많고, 임시직 파견 노동자들이 체결하는 파견 계약 숫자가 정규직보다 많다는 점에서, 파견 계약 내 정규직 점유 비율은 상대적으로 과소평가되었다고 할 수 있다. 그렇더라도 분명하게 확인할 수 있는 현상은 파견 노동 계약의 양극화 현상이다.[16] 파견 노동 계약 기간이 최장 3년에서 1년 연장이 가능하여, 최장 4년까지 가능하기 때문에 계약 기간이 1개월 이상 4년 이하인 파견 노동 계약은 전체 파견 노동 계약의 4.3%에 불과한 것이다. 통상 임시직 파견 노동자의 경우 파견 노동 계약 기간은 파견 업체 고용 기간과 상응한다(Álvarez & Moro 2011)는 점에서 임시직 파견 노동자들은 1개월 이하의 단기 계약 속

16_지역의 노동조합 관계자들에 따르면(Arcéiz 면담 2011), 중소 영세 파견 업체에 고용되어 중소 영세 사업체에서 사용되는 파견 노동자들은 노동 당국에 보고되지 않는 경우가 많아서 파견 노동 규모는 과소 산정되고 정규직 비율은 과대평가될 수 있다. 따라서 〈표 10.8〉에서 정규직 계약 비율이 과소 산정되었다 하더라도 가장 열악한 노동조건의 파견 노동자 또한 과소 산정되었기 때문에 파견 노동자의 양극화 현상 자체는 부정할 수 없다.

에서 극단적인 고용 불안정을 겪고 있음을 알 수 있다. 그런 점에서 파견업 전국 협약의 정규직 고용 의무 비율제는 노동조합이 조직된 대규모 파견 업체에 고용된 노동자들에 주어지는 특혜가 될 수 있다. 이들은 상대적으로 노동조건이 우월한 대기업 사용 업체들에 파견되어 임금 등 노동조건의 동등 처우 원칙과 편의 시설 및 집합적 서비스 설비의 접근권을 보장받는 반면, 중소 영세 파견 업체에 고용된 단기간 파견 노동자들은 열악한 노동조건에 처해 있다는 점에서 양극화 현상을 심화하는 메커니즘으로 작동할 수 있음을 보여 준다.

5. 맺음말

파견 노동 지침의 긍정적 효과

유럽연합은 회원국들이 파견 노동 지침을 도입·집행하는 데 별다른 문제점이 없었다며 지침 수립의 효과를 긍정적으로 평가했다.

파견 노동 지침은 영미형과 동구권 등 파견 노동 사용 규제 장치가 미비한 국가들을 준거로 설정된 최저 기준이기 때문에 이들 국가에 특히 큰 영향을 미쳤다고 할 수 있다. 서유럽 국가들 가운데서도 영국과 아일랜드 등 영미형 국가들은 파견 노동 지침의 도입·집행을 계기로 파견 노동 사용에 대한 실질적 규제 장치가 수립될 수 있었다.

파견 노동 지침의 도입·집행으로 인한 변화가 크지 않은 국가들도 파견 노동 사용 규제와 파견 노동자 보호를 포기한 것은 아니다. 영미형을 제외한 스칸디나비아형, 대륙형과 지중해형 국가들은 이미 파견 노동 사용에 대한 규제 체계를 수립하여 가동하고 있었기 때문에 지침 도입·집행의 영향은 상대적으로 작게 나타난 것이다.

파견 노동 사용 규제 수준의 평가와 실제

파견 노동 지침의 집행 정도와 파견 노동 사용 규제 방식의 수립 정도 등 파견 노동 사용 규제 수준에서 시장경제 모델들은 상당한 편차를 보여 주었다. 유럽연합 평가 보고에 따르면, 지중해형의 경우 규제 수준이 가장 높은 반면 영미형과 스칸디나비아형은 가장 낮고, 대륙형과 동구권은 그 사이에 있는 것으로 나타났다. 파견 노동 사용 규제에 대한 유럽연합의 평가는 주로 법 규정을 기준으로 실시되었기 때문에 단체협약 중심으로 노동시장을 규제하는 국가들은 저평가되었다. 이런 측정 오차 문제는 지중해형 스페인과 스칸디나비아형 스웨덴의 심층 분석을 통해 확인할 수 있었다.

스페인에서 단체협약은 법 규정을 해당 산업·업종에 적용하는 수준을 넘어서지 못하는 반면, 스웨덴에서는 단체협약이 핵심 부분들에서 법 규정들을 무효화하고 더욱 엄격한 규제 조항들로 대체하며 높은 단협 적용률로 파견 노동자를 보호하고 있다. 유럽연합의 평가 보고에서 스페인은 지침 집행 정도와 규제 방식 수립 정도에서 모두 규제 수준이 스웨덴보다 월등히 높았는데, 스웨덴의 단체협약 규정들을 고려하면 규제 방식의 수립 정도는 스페인과 거의 대등하고 지침의 집행 정도에서만 조금 뒤지는 것을 확인할 수 있었다. 한편, 스웨덴의 파견 업체 협회에 의한 자율적 규제 실천과 공동 결정제에 의한 파견 노동 사용의 사전적 노사 협의를 고려하면, 파견 노동자의 실질적 보호 수준은 스웨덴이 스페인보다 더 우월하다고 할 수 있다. 이처럼, 단체협약 중심 규제 국가들의 경우, 파견 노동 사용 규제 수준은 유럽연합 평가에서 과소평가되었으며, 실질적인 파견 노동 사용 규제와 파견 노동자 보호 수준은 파견 노동 지침의 집행 정도를 훨씬 상회할 수 있다.

예외 인정 의도·효과의 다양성

예외 인정을 전혀 수용하지 않은 국가는 파견 노동 사용에 대한 규제를 강화하고 파견 노동자를 보호하겠다는 의지를 보여 준다. 스페인 등 지중해형 국가들은 파견 노동 지침의 수립 과정에서 동등 처우 원칙에 대해 예외 인정을 요구하지 않았고 일관된 지지 입장을 견지했었는데, 지침 수립 후 자국 내 도입·집행 과정에서도 예외 인정을 허용하지 않으면서 높은 집행 정도를 보여 주었다. 하지만 예외 인정을 수용한 국가들의 경우 예외 인정을 규제 포기로 단정할 수는 없다.

동등 처우 원칙의 세 가지 예외 인정은 그 사용 의도와 효과가 동일하지 않은데, 동등 처우 원칙 적용 배제 인정과 정규직 예외 인정은 단체협약 인정에 비해 효과가 분명하다. 동등 처우 원칙 수립에 가장 강력하게 반대했던 영국은 동등 처우 원칙 적용 배제 인정 조항을 활용하여 경과 기간 12주를 설정했는데, 영국 내 단기 파견 계약의 광범한 확산을 고려할 때 절대다수의 파견 노동자를 사각지대로 몰아넣는 결과를 가져올 수 있다. 한편 파견 업체의 정규직 고용과 비파견 대기 기간 임금 보장의 경우 임금에 한해 동등 처우 원칙의 적용 대상에서 제외하는 예외 인정은 파견 기간의 임금만 규제하는 동등 처우 원칙보다 강력한 파견 노동자 보호 장치가 될 수 있다. 그런 점에서 동등 처우 원칙의 정당한 대체재라 할 수 있으며 파견 노동자 보호 수준의 차이가 아니라 보호 방식의 차이를 의미하는데, 물론 악용될 가능성은 배제할 수 없다.

영국과 아일랜드 등 영미형 국가들에서 정규직 예외 인정 조항이 동등 처우 원칙을 회피하기 위해 악용되는 사례들이 보고되면서 유럽연합은 정규직 예외 인정 조항의 집행에 대해 남용 예방 조치가 필요하다는 점을 강조하게 되었다. 실제 영미형 국가들에서 파견 노동자들의 정규직 고용 비율이 스칸디나비아형만큼 높게 나타나고 있어 이런 악용 가능성을 보여 준다. 이처럼 영미형 국가들이 동등 처우 원칙의 적용 배제 인정 조항을 활용하고 정규직 예외 인정 조항을 악용하는 것은, 파견 노동 지침 수립 과정에서 동등 처우 원칙의 수립을 강력하게 반대했으나 관철하지 못해 마침내 지침이 수립되자 지침 집행의 효과를 최소화하기 위한 전략으로 전환한 것으로 볼 수 있다. 그럼에도 이런 예외 인정 조항들이 파견 노동자의 적절한 보호 수준을 전제하고 있기 때문에 영미형 국가들이 파견 노동자들에게 비파견 대기 기간에도 파견 기간 평균임금의 50% 이상을 법정 최저임금 이상 수준에서 보장한 것은 파견 노동 지침의 집행으로 파견 노동자 보호 수준이 상향 조정되었음을 의미한다.

단협 예외 인정과 단협 중심의 자율적 규제

단체협약 예외 인정 국가들은 스웨덴처럼 단체협약을 통해, 동등 처우 원칙 적용 국가들보다 파견 노동자를 더 효율적으로 보호할 수 있으므로 단체협약들을 법 규정과 함께 종합적으로 검토해야 한다.

단체협약 예외 인정은 스칸디나비아형 국가들 모두와 대륙형 국가들 다수가 채택했지만, 지중해형 국가들은 대부분 채택하지 않았다. 스웨덴 등 스칸디나비아형 국가들은 통상 노동시장과 노사 관계를 노사가 자율적으로 규제·관리하는데, 단체협약은 이런 자율적 규제 체계의 골간을 형성한다. 스칸디나비아형 노동시장의 핵심인 유연안정성 모델은 법 규정에 의해 강제된 것이 아니라 수십 년간 노사 관계 속에서 구축된 역사적 산물이며, 자본의 유연성 요구와 노동의 안정성 요구는 노사가 자율적으로 균형을 유지하며 동시에 구현하고 있다. 스칸디나비아형 국가들에서 유연안정성 모델이 수립되어 균형을 유지할 수 있는 것은, 노동이 자본의 일방적 유연화를 차단하고 안정성 요구를 관철시킬 수 있는 힘을 지니고 있었기 때문이다. 이는 높은 노동조합 조직률에 기초해 있는데, 대체로 법제화 혹은 관행화된 공동 결정제에 의해 보강되고 있다.

단협 중심으로 노동시장을 규제하는 국가들의 경우 파견 노동 등 비정규직 사용에 대한 규제 장치들은 단체협약의 규제 체계 속에 통합되어 있는데, 동등 처우 원칙도 그 가운데 하나다. 따라서 파견 노동 규제 장치라는 한 요소가 변화하면 제도적 상보성으로 인해 자율적 노동시장 규제 체계의 평형상태가 훼손되며 새로운 평형상태에 도달하기까지 불안정성을 피할 수 없으므로, 단체협약 예외 인정을 선택한 것은 평형상태를 유지하기 위한 합리적이고 전략적인 선택이라 할 수 있다. 그 결과 파견 노동 지침의 집행으로 인한 변화는 작지만 파견 노동 사용 규제와 파견 노동자 보호의 수준은 매우 높을 수 있음을 스웨덴 사례는 잘 보여 준다. 반면 지중해형 모델 국가들은 노동의 안정성 요구도 자본의 유연성 요구도 구현되지 못한 '비-유연안정성'의 노동시장에 대해 법 규정 중심으로 규제하는 방식을 채택하고 있으며, 단협 예외 인정뿐만 아니라 다른 유형의 예외 인정도 사용하지 않음으로써 지침의 집행과 파견 노동 사용 규제의 높은 수준을 유지할 수 있었다. 하지만 스페인은 노동계가 총파업으로 저항함에도 불구하고 정부가 일방적으로 노동시장 유연화를 위한 법 개정을 관철하면서 일거에 파견 노동 사용 규제를 완화하고 파견 노동자의 보호 수준을 훼손하는 취약성도 보여 주었다.

제4부

유연성-안정성 균형과
노동의 대안

제11장

유럽연합의 유연성-안정성
균형의 실험과 노동의 대안

유럽연합의 유연성-안정성 균형의 실험은 우리 사회에 상당한 정책적·실천적 함의를 갖는다. 먼저 유럽연합이 유럽의 사회적 모델에 입각하여 노동시장의 유연성-안정성 균형을 실현하고자 유연안정성 모델과 비정규직 관련 지침들을 수립하고 유럽연합 회원국들을 대상으로 확산하는 실험을 정리·평가한 다음 유럽연합 실험의 정책적·실천적 함의를 검토한다.

1. 유럽연합의 유연성-안정성 균형 실험

1) 유럽의 사회적 모델과 노동시장의 유연성-안정성 균형

유럽연합은 신자유주의 세계화 추세에 편승하여 경제적 효율성을 위해 사회적 가치를 희생하는 영미형 자유 시장경제 모델에 맞서 시장에 대한 민주적 규제, 기회의 공정한 배분, 보편적인 사회적 보호 등 유럽연합 회원국들이 공유하는 사회적 가치를 지켜 내고자 유럽의 사회적 모델을 수립했다. 유럽의 사회적 모델을 중심으로 유럽연합은 약화된 유럽 경제의 경쟁력을 강화하는 동시에 사회 통합도 구현하기 위해 경제성장, 일자리, 사회 통합의 삼각 축으로 구성된 리스본 전략을 추진했다.

유럽의 사회적 모델과 리스본 전략이 성공하기 위해서는 경제성장과 사회 통합의 기초를 이루며 양자를 연계하는 노동시장의 효율적 작동이 전제되어야 한다. 따라서 유럽연합이 높은 고용률과 낮은 실업률, 특히 장기 실업률 등 노동시장의 효율성을 보여 주던 스칸디나비아 국가들에 주목하게 된 것은 자연스런 귀결이었다(〈표 11.1〉).

네 가지 시장경제 모델의 전형인 스웨덴, 독일, 스페인, 미국을 비교하면, 스웨덴은 높은 고용률, 낮은 장기 실업자 비율과 낮은 소득 불평등 정도로 노동시장의 상대적 효율성을 확인해 준다. 이런 결과를 가져온 스칸디나비아 국가들의 노동시장은 높은 수준의 유연성-안정성 균형을 특징으로 하고 있다. 고용 보호 법제화 측면에서, 독일과 스페인은 높은 경직성을 보여 주는 반면, 스웨덴은 상대적으로 유연성이 더 높다. 적극적 노동시장 정책을 보면, 스웨덴은 GDP 대비 예산 지출 규모와 정책 참여율에서 여타 국가들을 압도하고 있는데, 스페인의 경우 정책 참여율이 높은 것은 높은 실업률에서 비롯된 것이며 예산 지출 규모가 작다는 점에서 적

표 11.1 | 노동시장 지표들의 국제 비교(2014년)

비교 기준*	스웨덴	독일	스페인	미국	한국**	OECD 평균	비고
〈노동시장 효율성〉							
고용률(%)	74.85	73.78	56.00	68.15	63.35	65.66	15~64세 인구 대비
실업률(%)	7.4	4.64	22.08	5.29	3.64	6.78	취업 연령(15~64세) 노동력 대비
장기 실업자 비율(%)	17.01	44.66	49.68	25.91	0.40	35.09	총 실업자 대비(1년 이상 실업)
임시직 비율(%)	17.45	13.04	24.0	4.21(2005)	21.65	11.14	총 피고용자 대비
단기 근속자 비율(%)	19.5	13.4	15.9	20.2	30.8	17.5	근속 기간 1년 미만
장기근속자 비율(%)	33.8	41.9	41.0	27.3	20.1	33.3	근속 기간 10년 이상
연 총노동시간	1609	1371	1689	1789	2163	1770	
소득 배수	2.27	3.28	3.08	5.22	4.63	-	소득9분위/소득1분위
〈고용 보호 법제화 : 유연성-경직성〉							
집단 해고 규제	2.50	3.63	3.38	2.88	1.88	2.90	높은 값 경직성(0-6)
정규직 해고 규제	2.52	2.53	1.95	0.49	2.29	2.04	높은 값 경직성(0-6)
임시직 사용 규제	0.81	1.13	2.56	0.25	2.13	1.72	높은 값 경직성(0-6)
〈노동시장 정책: 안정성-불안정성〉							
적극적 정책(% GDP)	1.35	0.67	0.61	0.11	0.29	0.56	
소극적 정책(% GDP)	0.68	1.01	2.99	0.24	0.27	0.91	
적극적 정책 참여율(%)	5.34	3.07	11.63	-	-	3.72	전체 노동력 대비
소극적 정책 참여율(%)	5.44	6.79	12.55	-	-	6.41	전체 노동력 대비
〈참조〉							
노동조합 조직률(%)	67.3	18.1	16.9	10.7	10.1	16.7	

주: * 기준 년도: 실업률 2015년; 장기 실업자 비율, 고용 보호 법제화, 노동시장 정책 2013년(스페인과 한국은 2012년); 소득 배수 2012년; 노조 조직률 2014년(스페인, 독일, 2013년, 한국 2012년).
** 한국 노동시장의 실업률, 특히 장기 실업자 비율이 낮은 것은 조사 대상 기간에 적극적 구직 활동을 하지 않은 실망 실업자와 취업 준비생 등이 실업자 통계에서 제외되기 때문이다. 스웨덴 등 스칸디나비아 국가들을 포함한 다수의 유럽연합 국가들은 실망 실업자와 취업 준비생이 공적 고용 서비스 기구에 등록하고 구직 활동을 하면 실업 급여 혹은 기초 실업 부조를 수급할 수 있게 되는 반면, 한국은 그렇지 않다. 따라서 한국의 노동시장 지표를 해석할 때는 주의가 필요하다.
자료: OECD(2013a; 2014; 2015), OECD statistics(stats.oecd.org/).

표 11.2 | 시장경제 모델별 노동시장 특성

		안정성	
		높음	낮음
유연성	높음	스칸디나비아형 사회민주주의 모델 (유연안정성 모델)	영미형 자유 시장경제 모델 (일방적 유연화)
	낮음	대륙형 조정 시장경제 모델 (포드주의 고용 경직성)	지중해형 조정 시장경제 모델 (비-유연안정성)

극적 노동시장 정책의 실효성이 매우 취약함을 보여 준다.

이처럼 시장경제 모델들은 노동시장의 유연성과 안정성의 조합에서 확연한 차별성을 보여 준다(〈표 11.2〉). 독일 등 대륙형 국가들은 유연성 없는 안정성의 포드주의 고용 경직성을, 미국 등 영미형 국가들은 안정성 없는 유연성이라는 점에서 유연성-안정성의 비대칭성을 보여 주었다. 유연성-안정성의 대칭성을 나타내는 국가들 가운데, 스웨덴 등 스칸디나비아형 국가들은 유연성과 안정성 모두 높은 유연안정성 모델을 보여 준 반면, 스페인 등 지중해형 국가들은 유연성과 안정성 모두 낮은 '비-유연안정성'으로 유연안정성 모델의 대척점을 이룬다.

유럽연합은 경제성장과 사회 통합을 동시에 구현한 스칸디나비아 국가들을 경험적 준거로 유럽의 사회적 모델을 수립했듯이, 노동시장 정책에서도 노동시장의 효율성을 보여 준 스칸디나비아 국가들을 경험적 준거로 삼고 유럽연합 회원국들을 대상으로 노동시장의 유연성과 안정성 균형을 실현하도록 지도했다. 이를 위한 유럽연합의 실천은 유연안정성 모델과 비정규직 지침을 중심으로 진행되었다.

2) 유연안정성 모델과 황금 삼각형의 효율성

유럽연합은 유럽의 사회적 모델과 리스본 전략의 성공을 위해 새로운 형태의 유연성-안정성 균형을 이루는 유연안정성 모델을 수립하고 이를 확산시키기 위해 2007년 12월 유연안정성 공통 원칙들을 확정·발표했다. 영미형 자유 시장경제 모델에 대한 대안으로 유럽의 사회적 모델이 제시되었듯이, 유연성-안정성 균형의 유연안정성 모델 또한 신자유주의 세계화 추세 속에서 진행되는 영미형의 일방적 유연화 방식에 대한 대안으로 수립되었다.

유럽연합의 공통 원칙은 유연성에서 외적 유연성뿐만 아니라 내적 유연성도 똑같이 중요한 것으로 규정하며, 고용계약의 유연성은 안정적 일자리 이동과 사회적 보호를 담보하는 정책 장치들로 보완되어야 한다는 점을 분명히 했다. 유럽연합은 이런 유연성-안정성의 균형을 실현하기 위한 유연안정성의 구체적 정책 요소들로 ① 유연하고 신뢰할 만한 고용계약 제도, ② 포괄적인 평생 학습 전략, ③ 효율적인 적극적 노동시장 정책, ④ 지속가능한 사회 보호 체계 등 네 가지로 규정했다. 이는 덴마크 등 스칸디나비아 국가들의 황금 삼각형이 경험적 준거가 되었음을 확인해 준다. 황금 삼각형은 스칸디나비아 국가들에서 고용계약 제도의 유연성이 가져올 수 있는 부정적 결과를, 적극적 노동시장 정책에 의한 취업 보장 방식의 고용 안정성, 관대한 실업자 소득 보장 체계에 의한 소득 안정성으로 해소함으로써 유연성과 안정성의 균형을 실현하며 노동시장의 효율성을 담보한다고 판단한 것이다.

유럽연합은 유연안정성 모델이 노동시장의 효율성뿐만 아니라 경제적 성과에 있어서도 긍정적인 효과를 낳는다고 평가했는데, 정책 요소들을 경험적으로 분석한 연구들도 고용계약 제도의 유연성을 제외하면 대체로 긍정적인 성과를 확인해 준다. 평생 학습 제도와 적극적 노동시장 정책은 노동자들의 숙련 형성을 통해 생산성 향상을 돕고, 실직자들이 재취업할 수 있도록 함으로써 실업률을 낮추는 결과를 가져오는 것으로 나타났다. 단, 적극적 노동시장 정책의 경우 재취업이 어려운 노동시장 취약계층에 상대적으로 많은 자원을 투입하고 있어, 단기적 관점의 비용-편익 분석에서는 비효율적으로 나타날 수 있으나 장기 실업자 비율을 낮추는 등 장기적 관점에서 긍정적 효과가 크다.

사회보장 체계의 핵심을 구성하는 실업자 소득 보상 제도의 경우, 높은 소득 대체율을 수반하는 관대한 실업 급여 제도의 효과는 양면적인 것으로 나타났다. 관대한 실업 급여 제도는 노동자들이 장래 전망뿐만 아니라 자신의 자격 조건과 적성에 맞는 일자리를 찾을 수 있는 시간적 여유를 제공해 노동시장의 일자리 매칭 적합성을 높여 주는 한편, 생산성과 위험성이 높은 직무에도 도전할 수 있게 함으로써 노동시장의 효율성뿐만 아니라 노동생산성과 경제성장에도 긍정적인 영향을 미치고 있다. 반면, 실업자들의 구직 인센티브를 약화시키고 실업 기간을 장기화하는 부정적 효과도 지적된다. 그러나 관대한 실업 급여 제도를 효율적인 적극적 노동시장 정책과 결합해 시행하면 부정적 효과가 최소화되고 긍정적 효과가 강화되는 것으로 확인되고 있으며, 유럽연합 회원국들이 실업 급여 제도에 활성화 원칙을 도입하는 것은 이런 정책적 고려에서 비롯된 것이다.

한편, 고용계약 제도의 유연성-경직성이 노동시장과 생산성에 미치는 효과는 정(+)의 효과와 부(-)의 효과가 혼재되며, 일관된 경향성을 보이지는 않는 것으로 나타났다. 고용계약 제도의 유연성은 기업이 기술 변화나 시장 수요 변화에 신속하게 대응할 수 있게 하는 반면, 고용계약 제도의 경직성은 낮은 이직 가능성으로 기업과 노동자 모두 교육 훈련에 대한 투자 인센티브를 높이고 교육 훈련과 근속에 따른 숙련 향상과 함께 기업에 대한 헌신성을 높인다. 이처럼 고용계약 제도의 유연성-경직성은 서로 상반된 긍정적·부정적 효과를 수반하는데, 경제 위기하에서 이런 효과는 크게 증폭될 수 있다. 경제 위기 상황에서 고용계약 제도의 유연성이 정당화될 수 있는 수준에서 적절히 사용될 경우 기업이 조기에 위기 상황을 극복할 수 있지만, 적절한 규제 장치 없이 정리 해고를 남발할 경우 실업자 재정 지원 예산 증액을 압박함에 따라 세수 부족으로 공적 재정 적자를 심화시켜, 결과적으로 경제 위기를 타개하기 위해 필요한 재정 자원을 고갈시키며 경제 위기가 장기화될 수도 있다. 이런 고용계약 제도의 효과에 대한 분석은 주로 외적 수량적 유연성의 효과를 중심으로 수행되었는데, 내적 유연성의 경우 긍정적 효과가 크다는 데에는 논란의 여지가 거의 없다.

리스본 전략 10년의 성과를 평가하면서 유럽연합이 2010년에 유연안정성 모델의 노동시장 효과 및 경제적 효과를 모두 긍정적으로 평가할 수 있었던 것은 이처럼 유연안정성 모델의 개별 정책 요소들이 대체로 긍정적 성과를 수반하기 때문이다. 뿐만 아니라 유연안정성 모델의 전형으로 높은 수준에서 유연성-안정성의 균형을 이루는 스웨덴 등 스칸디나비아 국가들이 경제 위기하에서도 고용계약 제도의 유연성을 관리하며 황금 삼각형 정책 요소들의 시너지 효과에 힘입어 높은 고용률과 낮은 장기 실업률로 경제 위기를 조기에 극복할 수 있었다는 사실도 유연안정성 모델의 긍정적 평가에 경험적 근거를 제공한다.

3) 비정규직 관련 지침과 동등 처우 원칙

유럽연합은 비정규직 노동이 확산되는 가운데 비정규직 노동력의 사용을 규제하고 비정규직 노동자를 보호하기 위해 비정규직 관련 지침 수립을 추진했다. 그 결과 단시간 노동 지침과 기간제 노동 지침을 노사 합의에 기초해 각각 1997년과 1999년에 수립했으나, 파견 노동 지침의 경우 노사 합의에 실패하고 영국 등 일부 회원국들의 강경한 반대에 부딪혀 난항을 겪다가 2008년 12월에 가서야 수립할 수 있었다.

유럽연합은 비정규직 관련 지침들이 자본의 유연성 요구와 노동의 안정성 요구를 동시에 충족한다는 이중적 목적을 분명히 했다. 비정규직의 존재 자체가 노동력 사용의 유연성을 허용했다는 점에서 비정규직 지침들은, 유연화된 노동시장의 노동력 사용 방식을 규제하고 노동자들을 보호해 유연성의 피해를 최소화하기 위해 수립된 것이다. 따라서 비정규직 지침들은 비정규직 사용 규제와 노동자 보호를 위한 최저 기준으로 설정된 것이며, 노동자 보호란 유연성의 직접적 피해자인 비정규직을 우선 대상으로 하고 있지만 정규직도 잠재적이고 간접적인 피해로부터 보호되는 효과를 갖는다.

단시간 노동 지침과 기간제 노동 지침이 정규직 노동자와의 차별 처우를 금지하는 원칙을 수립했는데, 파견 노동 지침은 한 발 더 나아가 좀 더 적극적인 동등 처우 원칙을 수립했다. 파견 노동 지침이 여타 비정규직 관련 지침들에 비해 10년 정도 늦게 수립된 것은 노사 간의 이해관계가 첨예하게 대립했기 때문인데, 핵심 쟁점은 동등 처우 원칙의 비교 대상과 적용 시점이었다. 최종 확정된 파견 노동 지침은 동등 처우 원칙의 비교 대상을 동종 파견업의 파견 노동자가 아니라 사용 업체의 직접 고용 노동자로, 적용 시점은 경과 기간 없이 파견 즉시 적용하도록 했다. 이는 자본의 유연성 요구보다 노동의 안정성 요구를 우선시한 선택이지만, 유연성보다 안정성에 편향된 선택이 아니라 유럽연합이 판단한 유연성-안정성의 이중적 목적, 즉 유연성-안정성의 균형을 위한 것이라 할 수 있다.

유럽연합은 비정규직 관련 지침들을 회원국들이 성실하게 도입·집행함으로써 노동시장의 안정성을 높이고 비정규직 노동자 보호를 강화한 것으로 평가했다. 그러나 파견 노동 지침의 경우, 노사 간 이해관계 대립으로 지침 수립이 지연되었고 결국 세 유형의 예외를 인정하는 타협안으로 수립되었다는 점에서, 회원국들이 도입·집행하는 데 있어서도 우려가 컸다.

유럽연합은 회원국들이 파견 노동 지침을 도입·집행한 결과를 검토하면서 일부 항목의 경우 남용 예방 조치가 필요함을 인정하고 모니터 활동을 지속하겠다고 밝히면서도 전반적으로는 별다른 문제점을 발견하지 못했다며 긍정적으로 평가했다. 파견 노동의 사용에 대한 적절한 규제 장치가 수립되지 않던 영미형과 동구권 국가들에서 파견 노동 지침의 효과가 특히 컸던 것으로 확인되었다.

파견 노동 지침의 수립은 전반적으로 긍정적 효과를 낳은 것으로 평가되는데, 회원국들이 지침을 도입·집행하는 정도에 있어 시장경제 모델별로 상당한 편차를 보여 주었다. 스페인 등 지중해형 국가들은 유럽연합 회원국들 가운데 지침의 집행 정도가 가장 높고, 영미형 국가들이 가장 낮으며, 스칸디나비아형 국가들이 그 사이에 있는 것으로 나타났다. 이 같은 편차는 파견 노동 지침이 수립되는 과정에서 보여 준 입장의 차이가 발현된 것으로 해석할 수 있다. 영미형 국가들은 파견 노동 지침 수립에 가장 강력하게 반대했으며, 동등 처우 원칙 반대 입장에서 후퇴하기는 했지만 여전히 적용의 경과 기간 허용 등 동등 처우 원칙을 유명무실화하는 수준의 요구를 고집했다. 스웨덴 등 스칸디나비아형 국가들과 독일 등 대륙형 국가들은 동등 처우 원칙과 파견 노동 지침 수립 자체에 대해서는 반대하지 않았지만, 파견 노동자의 정규직 고용의 경우 예외 인정 혹은 단체협약에 의한 예외 인정 허용 등을 요구했다. 스페인 등 지중해형 국가들은 동등 처우 원칙이나 파견 노동 지침 수립에 전혀 반대하지 않았으며, 일관된 지지 입장을 견지했다.

동등 처우 원칙 적용의 예외 인정을 요구하지도 않고, 예외를 허용하지도 않은 것은 스페인 등 지중해형 국가들에서 확인했듯이 파견 노동 사용 규제와 파견 노동자 보호 의지를 보여 주는 것임에 틀림없다. 하지만 동등 처우 원칙의 예외 인정을 허용했다고 해서 반드시 파견 노동 사용 규제와 파견 노동자 보호 의지가 부족하다고 볼 수는 없다. 예컨대 스웨덴처럼 파견 업체가 파견 노동자를 정규직으로 고용하고, 비파견 대기 기간의 임금도 보장하도록 하며, 동등 처우 원칙의 적용 대상에서 임금을 제외한 것은, 파견 기간의 임금만 규제하는 동등 처우 원칙보다 훨씬 강력한 파견 노동자 보호 방식이라고 할 수 있다. 따라서 파견 노동 지침의 집행 정도가 가장 낮은 영미형 국가들에서도 지침 수립의 효과가 크게 나타났다는 점을 고려하면, 파견 노동 지침을 포함한 유럽연합의 비정규직 관련 지침의 수립이 파견 노동자 보호를 유의미하게 강화했다는 유럽연합의 평가는 경험적으로 타당하다고 볼 수 있다.

4) 유연안정성의 '관리된 유연성' 대對 비-유연안정성

유럽연합 회원국들도 여타 자본주의 국가들과 마찬가지로 노동력 활용의 유연성을 정규직 인력 조정과 비정규직 활용의 두 방식으로 허용하고 있는데, 어느 쪽을 활용하는가는 시장경제 모델별로 차이를 보인다. 대륙형과 지중해형 국가들은 고용계약 제도의 경직성을 선택하여 정규직 인력 조정을 상대적으로 어렵게 함으로써, 노동력 활용의 유연성은 주로 비정규직 사용을 통해 확보된다. 반면, 영미형과 스칸디나비아형은 고용계약 제도의 유연성을 선택하여 정규직 인력 조정을 상대적으로 쉽게 함으로써 비정규직 활용 인센티브를 약화시키는 한편, 노동력 활용의 유연성은 정규직 인력 조정과 비정규직 사용의 두 가지 방식으로 확보된다.

그 결과 대륙형과 지중해형 국가들은 정규직과 비정규직의 고용 안정성과 노동조건의 격차가 심화되어 노동시장의 분절화 수준이 높은 반면, 영미형과 스칸디나비아형은 노동시장 분절화 정도가 낮으며 높은 수준의 노동시장 통합을 보여 준다. 유럽연합이 정규직 고용계약 제도가 상대적으로 경직된 대륙형의 네덜란드 대신, 상대적으로 유연한 덴마크를 유연안정성의 경험적 준거로 선택한 것은, 분절화된 노동시장보다 통합된 노동시장에 기초해 유연성과 안정성의 균형을 추구하겠다는 의지의 표현이라 할 수 있다. 그런 점에서 유럽연합은 영미형 국가들의 안정성 없는 일방적 유연화가 아니라 스칸디나비아형 국가들의 유연성-안정성 균형을 선택했음을 의미한다.

　유연성-안정성 균형을 보여 주는 유연안정성의 스웨덴과 비-유연안정성의 스페인을 비교하면, 〈표 11.1〉에서 정규직 인력 조정의 지표인 집단 해고 규제 수준에서 지중해형의 스페인은 대륙형의 독일과 함께 OECD 평균보다 월등히 높은 경직성을 보이는 반면, 스칸디나비아형의 스웨덴은 OECD 평균과 영미형의 미국보다도 유연성이 높다. 뿐만 아니라 스웨덴은 미국과 함께 임시직 사용 규제에서도 스페인은 물론 OECD 평균보다도 유연성이 높다. 이처럼 OECD의 고용 보호법제화EPL 지표들에서 스웨덴이 정규직 인력 조정은 물론 비정규직의 사용에서도 영미형과 함께 높은 유연성을 보장하는 것으로 나타나고 있지만, 이런 OECD의 고용 보호법제화 지표들이 주로 법 규정을 기준으로 삼고 있어, 법 규정보다 단체협약에 의존해 노동시장과 노사 관계를 규제하는 스웨덴 등 스칸디나비아 국가들의 경우 유연성 수준을 과대평가할 위험성을 갖는다.

　스웨덴은 외적 수량적 유연성에 수반되는 피해를 최소화하기 위해 적극적 노동시장 정책을 통한 취업 보장 방식의 고용 안정성을 보장하는 한편, 자율적 실업보험제 중심의 공적 실업자 소득 보장 제도 및 노동조합의 단체협약을 통한 추가적 실업자 보상 제도라는 이중적 보호 체계의 관대한 실업자 소득 보장 체계로 소득 안정성을 보장하고 있다. 한편, 스웨덴은 정규직의 정리 해고를 허용하지만 최소 1~6개월 이상의 긴 사전 통지기간과 공동 결정제에 의한 노사 협의 의무화 등으로 규제하고 있고, 비정규직 사용을 허용하지만 사용 사유를 제한하는 한편, 정규직과의 동등 처우를 보장함으로써 비정규직의 오남용 가능성을 차단하고 있다. 따라서 스웨덴에서 고용계약 제도의 유연성은 영미형 같은 제어되지 않은 유연성이 아니라 '관리된 유연성'이라 할 수 있다.[1]

　파견 노동은 사용 업체들이 사용자로서의 책임과 의무를 회피하기 위해 오·남용하는 사례가 많다는 점에서 비정규직 가운데서도 노동자 보호가 상대적으로 어려운 고용 형태인데, 스웨덴은 파견 노동 사용 규제에 있어서도 지중해형의 스페인이나 대륙형의 독일보다 규제 수준이 월등히 낮은 것으로 나타나고 있어(〈표 5.1〉), 영미형 수준의 높은 유연성을 의심할 수 있다. 그러나 스웨덴의 파견 노동 사용 규제는 법 규정보다 주로 단체협약에 따라 수행되고 있는데, 그 핵심에는 파견 업체의 파견 노동자 정규직 고용 원칙, 파견 기간 사용 업체의 단체협약 적용 및 임금 등 노동조건의 동등 처우 원칙, 비파견 대기 기간의 임금수준 보장이 있다. 유럽연합의 파견 노동 지침이 제안하는 동등 처우 원칙도 파견 기간에 한정된다는 점에서, 비파견 대기 기간의 임금수준까지 보장하는 것은 대단히 강력한 규제 방식이라 할 수 있다.

이런 파견 노동 사용의 '관리된 유연성'을 통해, 사용 업체는 외적 수량적 유연성을 보장받고, 파견 업체는 사업의 사회적 정당성을 취득하며, 직접 고용 정규직 노동자는 노동조건의 악화 없이 고용 안정을 위한 완충재를 확보하고, 파견 노동자는 고용 안정성과 소득 안정성을 확보한다. 이렇게 이해 당사자들 모두 파견 노동 사용을 둘러싸고 공생하는 호혜 관계를 형성하고 있다는 점에서, 스웨덴 노동시장의 '관리된 유연성'은 이해 당사자들 간의 원원 게임이라 할 수 있다. 이는 노사의 이해관계가 첨예하게 대립해 파견 노동 지침의 수립이 단시간 노동 지침과 기간제 노동 지침에 비해 10년이나 더 지체되었던 유럽연합의 사례와 좋은 대조를 이룬다.

비-유연안정성의 스페인은 유럽연합의 파견 노동 지침을 집행하는 정

1_전병유(2016)가 지적하는 적정 수준의 EPL이란 외적 수량적 유연성을 허용하되 남용하지 못하도록 하는 수준으로서, 관리된 유연성의 결과라 할 수 있다.

도와 파견 노동 사용 규제 장치들의 수립 정도에서 유럽연합 최고 수준을 보여 주었다(〈표 10.4〉, 〈표10.5〉. 하지만 스페인은 정리 해고 시 노사 협의를 통해 고용 조정 계획ERE을 제출하고 정부의 승인을 받도록 하는 등 경직된 정규직 고용 보호 제도가 있음에도 불구하고 정리 해고가 남발되어 왔으며, 임시직 사용 사유 제한과 동일 직무 동일 임금 원칙 등 강도 높은 비정규직 사용 규제 장치들에도 불구하고 임시직 사용 비율이 유럽 최고 수준에 달한다. 이런 스페인 노동시장의 모순적 상황은 다양한 정규직 해고 규제와 비정규직 사용 규제 장치들이 법제화되어 있음에도 불구하고 제대로 준수되지 않았음을 의미한다. 이처럼 중소기업과 비정규직 노동자들을 중심으로 한 대다수 노동자들이 실질적인 법적 보호 대상에서 배제되고 있지만, 대기업 정규직 노동자들은 다양한 법적 규제 장치의 보호를 받는 극단적인 노동시장 분절 현상을 보여 주고 있다. 따라서 스페인 노동시장의 비-유연안정성은 안정성이 필요 없는 경직성의 보호가 아니라, 대다수 노동자들이 영미형 국가들처럼 유연성의 피해자이면서도 안정성을 보장받지 못하는 '유연-불안정성'flexicariedad[2]에 노출되어 있다(조돈문 2012a; 2012b; 2013b).

스웨덴의 '관리된 유연성'이 창출하는 윈윈 게임과 스페인의 비-유연안정성이 수반하는 대다수 노동자들의 유연-불안정성은 유로바로미터가 실시한 유럽연합 회원국 시민들의 노동시장 평가에서도 확인된다. 스웨덴 시민들은 현재 일자리 유지에 대한 확신, 정리 해고 6개월 내 재취업, 2년 후 취업 상태에 있을 가능성 등 모든 지표에서, 노동시장 고용 보호 제

2_유연-불안정성으로 번역된 스페인어의 'flexicariedad'은 유연성을 뜻하는 'flexibilidad' 와 불안정성을 의미하는 'precariedad'의 합성어로서 안정성 없는 유연성을 의미한다.

도가 경직적인 스페인과 독일 등 지중해형과 대륙형 국가들보다 훨씬 높은 고용 안정감을 보여 주었다(〈표 5.3〉).

5) 유연안정성 모델과 경제 위기 취약성 비판

2008년 경제 위기가 발발한 뒤 유연안정성 모델에 대한 비판적 입장이 강화·확산되었는데, 그 핵심은 유연안정성 모델이 경제 위기에 취약하다는 것이었다. 경제 위기가 발발하자 스페인 등 지중해형 국가들을 중심으로 노동조합의 반대를 무릅쓰고 유연성을 강화하기 위한 노동시장 개혁 조치들이 집행되었다. 체코 등 동구권 국가들에서는 고용계약 제도의 유연화와 실업수당 제도 개선을 위한 사회적 협약이 체결되었지만, 경제 위기가 발발하자 유연화 조치들은 즉각 추진된 반면, 안정성 강화 조치들은 재원 부족 문제로 신속하고 효율적으로 집행되기 어려웠다. 이런 사례들은 유연안정성 담론이 경제 위기하에서 고용계약 제도의 유연화를 위해 악용될 수 있음을 보여 주었지만, 유연안정성 모델 자체가 실패했음을 의미하지는 않는다.

유연안정성 모델 자체에 대한 비판이 경험적 근거로 제시한 것은 덴마크 노동시장의 사례였다. 덴마크의 실업률은 2008년 3.5%에서 크게 상승하여 2012년에는 7.7%에 달했고, 취업률은 2008년 77.9%에서 크게 하락하여 2012년에는 72.6%로 떨어졌는데, 이런 변화는 유연안정성 모델이 경제 위기에 취약함을 보여 준 것으로 해석되었다. 하지만 경제 위기가 일어나기 전에 구인난으로 비축되었던 여유 인력이 경제 위기 직후 방출되었고, 2000년대 초부터 시작된 주택 건설 붐이 경제 위기와 함께 급격하게 붕괴되었다는 점도 지적되었다. 이렇게 경제 위기 발발 직후 덴마크 노동시장의 급격한 고용률 하락과 실업률 상승 현상이 유연안정성 모델 자체의 문제점보다 외적 요인들에서 기인한 것으로 지적되면서, 경제 위기 시 유연안정성 모델이 취약한가를 경험적으로 검증하기 위해서는 스웨덴 등 또 다른 유연안정성 모델 국가들에 대한 경험적 분석이 요구되었다.

경제 위기 시에는 수요 하락에 따라 기업들이 인력을 감축하게 되는데, 고용계약 제도가 경직된 지중해형과 대륙형 국가들보다 고용계약 제도가 유연한 영미형과 스칸디나비아형 국가들에서 그 정도가 클 개연성은 충분하다. 또한 적극적 노동시장 정책의 경우 경제 위기하에서 정책적 효율성이 약화될 수 있다. 그것은 경제 위기하에서 실업률이 상승함에 따라 실업자의 소득을 보장하기 위한 재정 비용이 증대해, 적극적 노동시장 정책을 위한 재원 확대의 어려움이 커지고, 신규 일자리 창출이 위축되어 실업자들의 취업 기회가 제한되며, 구인난 현상이 해소되어 기업체들이 공적 고용 서비스 기구를 이용할 인센티브는 약화되기 때문이다. 이처럼 경제 위기가 적극적 노동시장 정책의 효율성을 약화시킬 수 있음은 분명하지만, 유연안정성 모델을 채택하지 않은 국가들의 강점을 의미하지는 않는다. 따라서 경제 위기 시 유연안정성 모델의 취약성 여부를 경험적으로 검증하기 위해 유연안정성의 스웨덴과 비-유연안정성의 스페인을 비교 분석할 필요가 있다.

노동시장 정책에 있어 스웨덴은 경제 위기 이후 별다른 변화를 겪지 않았다. 황금 삼각형 정책 요소들 가운데 공적 실업자 소득 보장 제도의 자율적 실업보험제가 수급 요건이 강화되고 피보험자 기여금이 인상되는 변화를 겪었는데, 이런 변화는 경제 위기 발발 전 보수정당의 집권과 함께 실시된 것이었다. 반면, 스페인은 2010년과 2012년 사이 일련의 노동법 개정을 실시했는데, 그 주요 내용은 정규직 정리 해고 요건 완화, 정리 해고 시 노사 협의 고용 조정 계획 승인제 폐지, 정규직 해고 수당 삭감 및 수급 기간 단축, 임시직 고용계약 기간 연장 및 해고 수당 증액이었다. 이처럼 경제 위기 발발 이후 실시된 노동시장 개혁은 정규직 고용계약 제도의 경직성 완화를 핵심으로 하는 일방적 유연화였다. 노동시장 정책은 스웨덴보다 스페인에서 훨씬 더 큰 변화를 수반했으며 그 변화의 방향은 안정성 없는 유연성 강화였는데, 이는 스웨덴의 유연안정성 모델보다 스페인의 비-유연안정성 모델이 경제 위기에 더 취약하며 지속 가능성이 낮음을 의미한다.

노동시장의 효율성 지표들을 보면,[3] 스웨덴은 고용률이 2008년 74.3%에서 이듬해 72.2%로 하락했으나 2011년부터 상승하여 2013년에는 74.4%로 경제 위기 이전 수준을 넘어섰고, 실업률은 2008년 6.2%에서 상승하여 2010년에는 8.6%에 달했으나 2011년 7.8%로 하락한 뒤 경제 위기 이전보다 조금 높은 수준에서 부침을 거듭하고 있다. 한편, 스페인은 고용률이 2008년 64.5%에서 꾸준히 하락하여 2013년에 54.8%에 달한 다음 이듬해부터 상승하기 시작했지만 2015년에도 57.8%로 경제 위기 이전 수준에 훨씬 미달하고 있다. 실업률은 2008년 11.3%에서 꾸준히 상승하여 2013년에는 26.1%에 달한 다음 하락하기 시작했으나, 2015년에도 22.1%로 경제 위기 이전 수준의 두 배에 달하고 있다. 이처럼 스페인은 스웨덴보다 노동시장 효율성에서 경제 위기로 인한 타격을 훨씬 더 크게 받았으며, 2015년 현재까지도 경제 위기 이전 수준을 회복하지 못하고 있다는 점에서, 스웨덴의 유연안정성 모델이 스페인의 비-유연안정성 노동시장보다 경제 위기 이전은 물론 경제 위기하에서도 월등히 효율적으

3_노동시장 효율성 지표들과 경제성장률에 대해서는 OECD Statistics(stats.oecd.org/)을 참조할 것.

로 작동했다고 할 수 있다.

경제 위기로 인한 경제성장률의 하락과 이후 회복 추세를 보면, 스웨덴과 스페인은 경제 위기 이전에는 2005~2007년 연평균 GDP 성장률이 각각 3.637%와 3.889%로 양국 모두 높은 수준이며 스페인이 조금 높았다. 한편 경제 위기 발발 직후인 2008~2009년 연평균 GDP 성장률이 스웨덴은 -2.871%, 스페인은 -1.229%로 경제 위기로 인한 타격은 스페인보다 스웨덴에서 훨씬 더 컸다. 하지만 2010~2012년 연평균 GDP 성장률은 스웨덴 2.789%, 스페인 -1.202%로 스웨덴이 훨씬 빠르게 경제 위기를 극복한 것으로 나타났다. 이처럼 스웨덴이 경제 위기로 스페인보다 더 큰 타격을 받았지만 이를 더 신속하게 극복할 수 있었던 것은, 스칸디나비아형 시장경제 모델과 그 기초가 되는 유연안정성 모델의 노동시장이 효율성에 있어서 상대적으로 우위에 있음을 확인해 준다.

이처럼 경제 위기 발발 이후 노동시장 정책의 변화, 노동시장 효율성 지표 변화, 경제성장 지표 변화 등의 측면에서 스웨덴과 스페인을 비교해 보면, 유연안정성 모델이 경제 위기에 취약하다는 비판은 경험적으로 근거가 없음을 알 수 있다. 이는 유연안정성 모델이 경제 위기하에서도 더 효율적으로 작동한다는 유럽연합의 평가가 오히려 경험적으로 타당하다는 것을 확인해 준다.

6) 유연성-안정성 균형과 노동의 전략

유럽연합이 추진한 유연안정성 모델과 비정규직 지침들에 대해, 유럽 노총과 유럽 사용자 단체가 합의한 것은 단시간 노동 지침과 기간제 노동 지침에 불과하고, 유연안정성 모델과 파견 노동 지침에 대해서는 상반된 입장을 보였다. 유럽 노총은 유연안정성 모델에 대해 비판적 지지 입장을 보였으나 파견 노동 지침에 대해서는 적극적으로 지지한 반면, 유럽 사용자 단체는 유연안정성 모델을 적극적으로 지지했지만 파견 노동 지침에 대해서는 강력하게 반대했다.

파견 노동 지침에 대한 노동의 지지와 자본의 반대는 파견 노동 지침이 수립한 동등 처우 원칙에 대한 입장 차이에서 비롯되었다. 파견 노동 지침이 동등 처우의 비교 대상을 사용 업체의 직접 고용 노동자로, 적용 시점을 파견 첫날로 설정한 것은 자본의 유연성 요구보다 노동의 안정성 요구를 우선시한 것으로 평가할 수 있다.

유연안정성 모델에 대해 유럽 사용자 단체는 내부 이견에도 불구하고 일관된 지지 입장을 표명했다. 이런 선택은 신자유주의 세계화 추세 속에서 힘의 우위를 이용하여 유연성을 강화하는 계기로 활용할 수 있다는 판단에 따른 것이었다. 반면, 유럽 노총은 모델 수립 과정에서는 강도 높게 비판했지만 모델 수립 후에는 비판적 지지 입장으로 선회했다.

유럽 노총은 유연안정성 모델의 정책 요소들 가운데 평생 학습 제도, 효율적인 적극적 노동시장 정책, 관대한 실업자 소득 보장 체계에 대해서는 원칙적으로 지지하며, 적극적 노동시장 정책에 대한 정부의 재정지출 확대와 교육 훈련에 대한 개별 기업들의 투자 증대를 촉구했다. 유럽 노총의 비판은 주로 고용계약 제도의 유연성에 초점이 맞추어졌었는데, 모델 수립 과정에서 유럽연합 집행위원회가 외적 수량적 유연성을 과도하게 강조한다고 판단했기 때문이다. 유럽 노총은 외적 수량적 유연성의 필요성을 원천적으로 부정하는 것이 아니라, 유럽 노동시장의 외적 수량적 유연성이 이미 충분하기 때문에 부당해고 금지, 정리 해고의 조기 해고 통지, 취업 보장을 통한 직장 보장 방식의 고용 안정성 보완 등 안정성 강화가 필요하다고 주장했다. 고용계약 제도의 유연성과 관련하여 유럽 노총이 특히 우려했던 것은 회원국들이 유연안정성 모델을 도입·추진하는 방식이 각국의 내적 역학 관계에 의해 결정된다는 점에서, 다수 회원국들에서 자본 측이 힘의 우위를 이용해 일방적으로 유연화를 추진할 수 있다는 판단 때문이었다.

실제 유럽연합 회원국들에서 노동시장의 유연화가 진전되고 있었으며 특히 경제 위기를 계기로 유연화 추세가 가속화되고 있었는데, 영미형과 스칸디나비아형 국가들보다 지중해형과 대륙형 국가들에서 이런 추세가 더욱 두드러졌다. 지중해형의 스페인에서는 2010~12년 노동시장 개혁에서, 대륙형의 독일은 2000년대 중반 하르츠 개혁이 이런 추세를 잘 보여 주었다. 스페인과 독일 양국 모두 노동조합은 반대했지만 정부는 노사 합의 없이 일방적으로 노동시장 유연화 조치들을 강행했다. 스페인과 독일에서 노동시장 유연화를 주도한 것은 각각 사회당과 사회민주당 같은 친노동 성향의 좌파 정당들이었다는 점에서, 일방적으로 자본 측의 이해관계를 대변했다기보다 일정 정도 경직성의 완화가 필요하다는 진단 위에서 진행되었다고 할 수 있다. 영미형 국가들의 경우 더 이상의 노동시장 유연화가 필요 없을 정도로 유연화되어 있는 반면, 스칸디나비아 국가들은 노사 합의에 기초하여 단체협약 중심으로 노동시장을 규제하고 있어 정부가 일방적인 법 개정으로 노동시장 유연화를 추진하기 어렵기 때문에 유의미한 수준의 노동시장 유연화는 진행되지 않았다.

각국 노총들의 입장은 유럽 노총의 입장과 대동소이하다. 전반적으로 유연성-안정성 균형이 바람직하다고 판단하며, 외적 수량적 유연성의 필요성을 원천적으로 부정하는 노총이 거의 없다는 점에서, 회원국 노총들은 대체로 '관리된 유연성'을 지향한다고 할 수 있다. 그런 점에서 각국 노동시장의 유연성 정도와 유연성-안정성의 균형·불균형 정도는 노자 간 힘의 역학 관계를 반영한다. 또한 노동이 정부·자본과 대립하는 것은 노동시장의 유연성 정도 및 유연성-안정성 균형 여부에 대한 상황 진단이

다르기 때문인 측면도 크다.

따라서 노동시장 유연화를 둘러싼 노사 갈등 여부는, 노동시장의 유연성-안정성 균형 및 실질적 유연성 정도와 함께 노자 간 상황 진단의 차이와 힘의 역학 관계에 의해 좌우된다. 예컨대, 대륙형과 지중해형 국가들에서 정부와 자본은 노동시장의 고용계약 제도가 경직되어 있다고 판단한 반면, 노동은 노동시장의 고용계약 제도가 충분히 유연하다고 주장하는데, 특히 지중해형 국가들이 그러하다.

유연안정성 모델의 스칸디나비아형 스웨덴과 비-유연안정성의 지중해형 스페인을 비교하면 노총들의 전략과 노동시장 유연화의 동학에서 유사성과 차별성을 확인할 수 있다. 스웨덴 생산직 노총 LO와 스페인 양대 노총 CCOO와 UGT도 유연안정성 모델에 대한 입장에서는 유럽 노총처럼 유연성-안정성의 균형은 바람직하다고 보지만 외적 수량적 유연성을 우선시하는 것에 반대하는 데는 큰 차이가 없다. 한편, 비정규직 3대 지침들 가운데 많은 논란을 빚었던 파견 노동 지침의 경우, 스페인은 지침 수립 과정에서 예외 인정을 요구하지 않았고 지침의 자국 내 도입·집행 과정에서 예외 인정도 허용하지 않은 반면, 스웨덴은 예외 인정을 요구했고 지침의 도입·집행 과정에서 정규직 예외 인정과 단협에 의한 이탈 조항들을 활용했는데, 이 같은 차이는 어느 정도 양국 노총들 사이의 입장 차이도 반영한다.

스웨덴은 유연성을 허용하되 철저하게 규제하는 '관리된 유연성' 방식으로 유럽연합의 유연안정성 모델을 실천하는 가운데, 스웨덴 LO는 유연안정성 모델을 원칙적으로 지지하는 입장 위에서 안정성 강화를 위해 적극적 노동시장 정책에 대한 재정 자원의 투입을 확대할 것을 요구한다. 스웨덴이 파견 노동 지침 적용에 대한 정규직 예외 인정과 단협에 의한 이탈을 허용한 것은 동등 처우 원칙의 안정성을 거부하는 것이 아니라, 노사 합의에 기초한 노동시장 유연성-안정성의 균형 상태가 훼손되어 노사 교섭과 갈등 속에서 새로운 평형점을 수립해야 하는 이행 비용을 거부한 것이다. 스웨덴 LO는 유럽연합 가입과 유럽통화연맹EMU 가입 여부를 둘러싸고 분열했던 것과 마찬가지로, 유럽연합의 개입과 새로운 법 규정 제정을 거부하고 현재의 노동시장과 노사 관계의 평형상태를 유지하려는 세력과 유럽연합을 통해 스칸디나비아형 사회민주주의 모델을 여타 회원국들로 확산하려는 세력으로 대립하고 있었다. 전자는 좌익당과 사회민주당 좌파 중심으로 구성되어 있고, 후자는 사회민주당 주류 중심으로 구성되어 있다.

한편 스페인은 파견 노동 지침을 모범적으로 집행하고 파견 노동 사용 규제와 파견 노동자 보호를 위한 다양한 장치들을 수립하여 운영하고 있다. 뿐만 아니라 스페인은 정규직 고용 보호와 비정규직 사용 규제를 위한 경직된 법제도를 수립해 두었지만 생산 현장에서 법 규정의 실효성은 매우 제한적이다. 이런 법과 현실의 괴리로 말미암아 노동시장 유연성-안정성 정도에 대해 노동과 자본의 진단은 상반된다. 자본은 법 규정을 근거로 노동시장이 경직적이라고 주장하고, 노동은 노동시장 실태를 근거로 과도한 유연성을 지적한다. 스페인의 2010~2012년 노동시장 유연화 조치들은 자본의 평가를 공유하는 것이었기 때문에 양대 노총은 총파업으로 이에 대응했다. 스페인 양대 노총은 정책 대안으로 외적 수량적 유연성이 아니라 내적 유연성을 적극 활용하고, 부당한 임시직 사용을 규제하며, 적극적 노동시장 정책을 강화할 것을 요구했다.[4]

4_스페인 양대 노총 CCOO와 UGT의 전략과 정책 대안에 대해서는 조돈문(2012b; 2013b)를 참조할 것.

2. 유럽연합의 실험과 한국 노동시장에 대한 함의

한국 노동시장의 유연성-안정성 균형 여부의 실태를 개괄하고, 본 연구에서 분석한 유럽연합의 유연성-안정성 균형 실험이 한국 노동시장에 어떤 정책적·실천적 함의를 갖는지 논의해 보자.

1) 한국 노동시장의 제어되지 않은 유연성 과잉

OECD의 노동시장 지표들을 검토해 보면, 한국은 OECD 회원국들 가운데 유연성이 가장 높은 국가군에 속한다는 사실을 확인할 수 있다(〈표 11.3〉).

노동력 활용의 외적 수량적 유연성의 두 가지 척도는 정규직 인력 감축의 용이성과 비정규직 사용의 규제 정도다. 임시직 비율은 OECD 회원국들 가운데 폴란드, 스페인, 네덜란드의 뒤를 이어 4위로 나타났다. 한국의 비정규직 노동자는 2015년 8월 현재 전체 피고용자 1,931만7천 명 가운데 862만5천 명으로 44.7%에 달하는데, 이는 과소 추정된 것이다. 특수 고용 비정규직 노동자 가운데 96만 명은 자영업자로 분류되어 비정규직 규모에 포함되지 않았고(조돈문 외 2016), 사용 업체에서 노동하는 협력 업체 소속 사내 하청 노동자들은 간접 고용 비정규직임에도 협력 업체의 정규직으로 분류되어 비정규직 규모에 산입되지 않았다. 고용 형태 공시 정보(www.work.go.kr/gongsi/)에 따르면, 현대자동차, 기아자동차, 삼성전자의 간접 고용 비정규직 규모는 4만2,447명으로 해당 사업체 노동력의 14.20%, 12.55%, 20.68%를 점하고 있는데, 이들은 거의 모두 협력 업체 정규직으로 산정되고 있다. 삼성전자서비스의 경우 1백여 개 협력 업체에 근무하는 간접 고용 비정규직 노동자 숫자가 1만여 명 정도로 추정되는데(권영국·류하경 2014, 300-301), 고용 형태 공시 정보에는 41명으로

표 11.3 | 한국 노동시장 유연성의 국제 비교

	한국	OECD 평균	OECD 내 한국 순위	기준 년도
임시직 비율(%)	21.7%	11.1%	3위/28국	2014년
1년 미만 단기 근속자 비율(%)	30.8%	17.5%	1위/29국	2014년
10년 이상 장기 근속자 비율(%)	18.1%	36.4%	22위/22국	2011년
연 총 노동시간	2,163시간	1,770시간	2위/34국	2013년
소득 배수 9분위/1분위	4.70배	3.46배	4위/34국	2013년
성별 임금격차 지수*	37	15	1위/34국	2002~12년

주: * 성별 임금격차 지수 = 남녀 중위 임금격차/ 남성 중위 임금.
자료: OECD(2015), OECD Statistics(stats.oecd.org/), 한국고용노사관계학회(2013).

공시되어 있어 고용 형태 공시 정보의 간접 고용 비정규직 노동자 숫자 역시 과소 산정되었다고 할 수 있다. 이처럼 자영업자로 분류된 특수 고용 비정규직 노동자와 협력 업체의 정규직으로 분류된 사내 하청 노동자들을 합산하면 전체 비정규직 규모는 1천만 명을 크게 상회하며 전체 피고용자의 절반을 넘는다는 점에서 비정규직 사용 관련 노동시장의 유연성은 과도하다고 할 수 있다.

정규직 인력 감축의 실질적 용이성 정도를 국제적으로 비교할 수 있는 지표는 없지만, 국내 대기업들의 정리 해고 과정을 보면 유연성 수준이 매우 높음을 확인할 수 있다. 한진중공업의 경우 영도 조선소에서 고율의 영업 이익률을 기록하고, 고율의 주주 배당과 임원 연봉의 대폭 인상과 함께 필리핀 수빅만 조선소 건설에 막대한 재원을 투입했음에도, 영도 조선소에는 기술 발전과 설비 개선을 위한 투자를 하지 않았다. 한진중공업은 수빅만 조선소를 건설하는 과정에서 영도 조선소 노동자들의 고용 불안감이 확산되는 것을 무마하기 위해 2007년 3월 "회사는 해외 공장이 운영되는 한 조합원의 정리 해고 등 단체협약상 정년을 보장하지 못할 행위를 하지 않는다."는 합의서를 체결했다. 하지만 2009년 4월 수빅만 조선소가 완공되면서 수주 물량을 영도 조선소에서 수빅만 조선소로 돌렸고, 영도 조선소에서는 12월에 정리 해고 절차를 시작했다. 이후에도 한진중공업은 일방적 구조 조정 중단을 합의한 다음 합의를 위반하고 구조 조정을 실시하고, 이에 맞서 노동조합이 파업에 돌입하는 악순환이 반복되었다(조돈문 2011b). 쌍용자동차 또한 신차 출시에 따른 매출 수량을 누락하고 유형 자산 손상 차손을 과다 계상하는 등 회계 보고서를 조작하고 정리 해고를 실시해 고등법원에서 정리 해고 무효 판정을 받았음에도 대법원은 정리 해고가 정당한 것으로 판정했다(쌍용자동차문제연구팀 2012; 한겨레 2014/11/13). OECD 회원국들 가운데 사측이 노사 합의를 위반하고 회계 보고서를 조작하며 정리 해고를 실시하면서도 법적 제재를 받지 않는 국가들을 찾기 쉽지 않다는 점에서 정규직 인력 감축 관련 유연성은 매우 높은 수준이라 할 수 있다.

이런 정규직 인력 감축과 비정규직 사용에서의 높은 유연성으로 인해 한국은 OECD 국가들 가운데 1년 미만 단기 근속자 비율이 가장 높고 10년 이상 장기 근속자 비율은 가장 낮다. 뿐만 아니라 총 노동시간은 OECD 국가들 가운데 멕시코의 뒤를 이어 2위를 기록하며 높은 수준의 노동시간 유연성을 보여 주고 있다. 임금 유연성에 있어서도, 소득 배수는 OECD 회원국들 가운데 4위로 높은 유연성 수준을 보여 주었고, 성별 임금격차 지수는 OECD 회원국들 가운데 1위를 기록하고 있으며, 비정규직 임금은 정규직 임금의 49.5%에 불과한데 정규직-비정규직 임금격차는 확대일로에 있다는 점에서 임금 유연성도 대단히 높은 수준임을 확인할 수 있다.

생산 현장의 노동력 사용 유연성은 현대자동차의 사례에서 확인할 수 있다. 현대자동차 비정규직 노조(현 금속노조 현대차비정규직지회)는 2004년 5월 노동부에 집단적으로 불법 파견 진정을 접수하여 같은 해 9월부터 12월 사이 노동부로부터 9234공정에 대한 불법 파견 판정을 받았다. 이후 2010년 7월 대법원은 최병승의 부당해고 구제 신청 건에 대해 "현대차가 최 씨의 사용자"라며 해당 소송 건을 파기 환송했다(조돈문 2014c). 노동부로부터 불법 파견 판정을 받은 공정들이 대법원에 의해서도 불법 파견으로 인정되었음에도 현대자동차는 최병승 이외의 불법 파견 노동자들에 대한 불법 파견 인정과 정규직 전환을 거부하며 신규 채용 방식을 고집하고 있다.

강력한 민주 노조가 포진한 대표적인 재벌 그룹 대기업 현대자동차도 법질서를 지키지 않는데, 중소 영세 사업장과 미조직 비정규직 노동자들이 제대로 법적 보호를 받는다는 것은 상상하기 어렵다. 그런 점에서 한국 노동시장은 노동력 사용의 과도한 유연성을 보여 주는 수준을 넘어서, 법 규정으로도 제어되지 않는 유연성 과잉으로 평가될 수 있다. 시장경제 모델들과 비교해 보면, 한국은 안정성이 결여되었다는 점에서 영미형이나 지중해형과 유사한데, 일정한 규제 장치가 존재하지만 법질서가 지켜지지 않음으로써 실질적으로는 일부 소수를 제외하면 보호받지 못하는 극도로 분절된 노동시장의 스페인과 유사하다고 할 수 있다. 현재 스페인은 2008년 경제 위기 이후 일련의 노동시장 유연화 조치들로 영미형으로 전환하고 있다는 점에서도 한국과 매우 흡사하다고 할 수 있다.

2) 유연성-안정성의 교환 아닌 유연성-안정성의 균형

유연안정성 모델은 유연성과 안정성의 교환이 아니라 유연성과 안정성의 균형을 의미한다. 유연성-안정성의 교환 행위는 특정 계기에 발생할 수도 있지만, 유연성-안정성의 균형은 노동과 자본 등 이해 당사자들 사이의 갈등과 타협, 형성과 재형성의 과정을 통해 구축된 역사적 산물이다.

유연성-안정성의 교환에 가장 근접한 사례는 일련의 기획된 교환을 통해 유연안정성 모델을 수립한 네덜란드에서 발견될 수 있다. 1982년 바세나르 협약은 노동과 자본이 노동시간의 단축 및 유연한 활용과 함께 임금 인상 자제라는 노동력 활용의 유연성을, 고용 보장이라는 안정성과 자율적으로 교환한 전형적 사례라 할 수 있다. 1997년 유연성·안정성법 역시 임시직 사용을 통한 유연성 보장과 임시직 노동 계약의 갱신 횟수 및 총 계약 기간을 제한하고 임금 등 노동조건을 개선하는 안정성 강화를 교환한 사례인데, 자발적 교환이 아니라 강제된 교환이었다. 이처럼 기획된 유연성-안정성 교환을 통한 유연안정성 모델 구축 사례는 특정 시점의 네덜란드에서나 발견될 수 있는 예외적 현상이다.

유연성-안정성 균형의 유연안정성 모델은 유연성과 안정성을 동시에 교환함으로써 수립된 것이 아니라, 시장에 의해 진전된 유연성에 사후적으로 사회적 규제를 부과하며 안정성을 확보하는 방식으로 수립되었다. 기획된 유연성-안정성 교환의 전형인 네덜란드에서도 단시간 노동이 먼저 확산되자 여성운동을 중심으로 단시간 노동자를 보호하기 위한 노력이 시작되었고, 노동조합이 이런 운동에 동참하면서 안정성을 확보하게 되었다. 파견 노동의 경우도 대부분의 유럽연합 회원국들에서 파견 노동은 법적으로 금지된 상태에서 확산되는 가운데 규제 장치들이 수립되기 시작했는데, ILO가 사후적으로 사적 파견을 허용하면서 규제 조치를 수립한 것이 파견 노동 규제 장치를 수립하는 주요 계기가 되었다.

비정규직 노동의 존재 자체가 노동시장의 유연성을 의미한다는 점에서 유럽연합이 비정규직 관련 지침들을 수립한 것은 사후적으로라도 비정규직 사용 방식을 규제하고 비정규직 노동자들을 보호하기 위한 시도였다. 이렇게 유럽연합은 유연성보다 안정성을 강화하기 위해 비정규직 관련 지침들을 수립했는데, 그 결과는 과도한 안정성이 아니라 유연성-안정성의 균형이었다. 비정규직 관련 지침들 가운데 파견 노동 지침 수립이 장기간 난항을 거듭했던 것은 자본의 반대로 노사가 합의를 도출하는 데 실패했고 일부 회원국들이 지침 수립에 강력하게 반대했기 때문이다. 유럽연합 회원국들 가운데 가장 강하게 반대했던 것은 영국 정부였는데, 영국 노동시장의 높은 유연성이 파견 노동 지침의 집행으로 훼손되는 것을 우려했기 때문이었다. 결국 안정성 없이 유연화만 진전되었던 영국 등 영미형 국가들이 파견 노동 지침의 도입·집행으로 가장 큰 변화를 겪게 되었는데, 이들 국가도 여전히 유연성-안정성의 불균형 상태를 벗어나지 못하고 있지만, 유연성과 안정성이 동시적으로 교환되는 것이 아니라 유연성 진전과 안정성 강화가 시차를 두고 진행되었음을 잘 보여 준다.

유연성-안정성 균형의 경험적 준거는 유연안정성 모델의 스웨덴 등 스칸디나비아형 국가들로서 유연성-안정성의 균형은 황금 삼각형의 세 정책 요소들에 의해 달성된다. 스웨덴과 비교하면, 한국의 노동시장은 안정성 결여와 유연성 과잉으로 평가될 수 있다. 이런 유연성-안정성의 불균형은 계급 역학 관계의 산물로서, 정규직 정리 해고가 남발되고 비정규직이 남용되는 상황에서 장기화되는 악성 노사분규들을 유발하고 있다.

유연화에 대한 자본의 일방적인 요구는 정부의 유연성-안정성 교환 전략으로 추진되는 경우가 많은데, 국내 유연안정성 담론들에서도 발견된다. 이런 유연성-안정성 교환 관점의 담론은 현재 한국의 노동시장이 유연성과 안정성이 균형을 이루고 있다는 전제, 혹은 유연성이 부족하다는 진단에 기초해 있다.[5] 하지만 한국 노동시장은 안정성이 결여된 상황에서 제어되지 않는 유연성 과잉으로 인해 유연성-안정성의 불균형이 심각한 상태를 보여 주고 있다. 따라서 한국 노동시장은 유연성과 안정성의 교환이 아니라 유연성 억압과 안정성 강화를 통해 유연성-안정성의 균형

5_국내 유연안정성 담론에 대해서는 전병유(2016)를 참조할 것.

을 수립하는 정책적 개입이 절실하다.

3) '관리된 유연성'의 황금 삼각형과 노동시장 차원의 고용안정성

황금 삼각형 정책 요소들 가운데 효과를 둘러싼 논란이 가장 많고, 노동과 자본이 가장 첨예하게 대립·갈등하는 부분이 고용계약 제도의 유연성이다. 스웨덴의 관리된 유연성에 기초해 유연성-안정성의 균형을 이룰 수 있었으며, 노동시장의 효율적 작동과 경제 위기 대응력은 경험적으로 입증되었다.

유연성-안정성 균형의 기초를 이루는 스웨덴 황금 삼각형의 정책 요소들 가운데 유연성 축을 구성하는 고용계약 제도는 정규직 인력 조정과 비정규직 활용에서 모두 관리된 유연성의 특성을 보여 준다.

첫째, 스웨덴 노동시장은 정리 해고를 허용하되, 공동 결정제에 입각하여 노사 합의로 진행하도록 함으로써 정당화될 수 없는 자의적 정리 해고는 추진되기 어렵다. 스웨덴 모델의 핵심 요소를 구성하는 연대 임금제는 임금 정책인 동시에 산업 정책으로서 비효율적인 기업을 퇴출시키고 해당 부문의 인력을 성장산업으로 이동하도록 압박하는 역할을 한다. 이처럼 연대 임금제가 상시적 구조 조정을 전제한다는 점에서 정규직 인력 조정의 유연성은 이미 1950년대에 제도화되었다고 할 수 있다.

둘째, 스웨덴 노동시장은 비정규직 사용을 허용하되 단체협약으로 보호하는데, 그 핵심은 동등 처우 원칙에 기초한 비정규직 사용 규제와 비정규직 노동자의 임금 안정성 보장이다. 간접 고용 비정규직으로서 보호하기 어려운 파견 노동의 경우 파견 업체가 파견 노동자를 정규직으로 고용하는 것을 원칙으로 하고, 파견 기간에는 사용 업체의 단체협약으로 보호하는 한편, 비파견 대기 기간에도 임금을 보장하도록 함으로써 파견 노동 사용을 통한 인건비 삭감 인센티브는 사라지고 온전히 외적 수량적 유연성을 위한 수단으로만 사용되고 있다.

고용계약 제도의 유연성으로 인해 발생되는 피해자는 적극적 노동시장 정책을 통해 취업 보장 방식으로 고용 안정성을 보장하는 한편, 공적 실업자 소득 보장 제도와 함께 노동조합이 단체협약을 통해 수립한 사적 실업자 소득 보장 제도로 추가적 보상을 하는 이중적 보호 체계로 실업 기간에도 소득 안정성을 보장한다.

제도적 상보성은 황금 삼각형의 유연성 장치들과 안정성 장치들 사이에만 존재하는 것이 아니라 안정성의 정책 요소들, 즉 적극적 노동시장 정책과 실업자 소득 보장 제도의 사이에도 존재한다. 관대한 실업자 소득 보장이 전제되어야 구직자가 지속 가능성 없는 열악한 노동조건의 일자리를 강요당하지 않고 자신의 적성과 숙련 수준에 부합하는 양질의 일자리를 취득함으로써, 적극적 노동시장 정책이 양질의 일자리를 중심으로 적절한 수준의 인력-일자리를 연결시킬 수 있다. 또한 활성화 원칙에 입각한 적극적 노동시장 정책과 연계되어야 관대한 실업자 소득 보장 제도가 구직 기피라는 부정적 효과 없이 노동시장의 일자리 이동을 지원해 노동시장의 역동성을 강화할 수 있다. 이처럼 황금 삼각형 정책 요소들은 하나의 정책 패키지로서 유연성-안정성 균형과 함께 노동시장의 효율적 작동을 담보할 수 있으며, 안정성 장치들이 단순한 사회적 비용이 아니라 긍정적인 경제적 효과를 수반하는 사회적 투자라는 사실은 스웨덴이 2008년의 세계 금융 위기로 촉발된 경제 위기를 조기에 극복할 수 있었던 경험에서 잘 확인할 수 있다.

한국 노동시장의 최대 과제는 전체 피고용자의 절반 이상을 점하는 비정규직의 규모를 줄이는 것이다. 비정규직 규모를 줄이기 위한 정책 대안의 핵심은, 상시적 업무와 시민의 생명·안전을 담보하는 업무에 대해서는 사용 업체가 직접 고용 정규직으로 고용하고 기업의 내부 노동시장으로 통합해 고용 안정성과 소득 안정성을 보장하는 한편, 비상시적 업무에 대해서는 외부 노동시장의 비정규직을 사용할 수 있도록 허용해 노동시장의 유연성을 확보하되 비정규직 노동자의 고용 안정성과 소득 안정성은 사회적으로 보장하는 것이다.[6]

한국 노동시장이 비정규직 문제를 해결하지 못하는 것은 노동력 사용의 유연성뿐만 아니라 안정성도 주로 사업체 단위로 집행되고 있기 때문이다. 개별 사업체가 노동력의 고용과 사용은 물론 고용 형태도 결정해 집행하는데, 사업체 수준의 유연성 규제와 안정성 장치들은 통상 내부 노동시장의 정규직 보호를 위해 설계되어 있다. 그런 점에서 노동시장 단위에서 유연성과 안정성 균형을 이루며 비정규직 문제를 해결하는 스웨덴 노동시장의 작동 방식에 대한 맥락적 벤치마킹이 요구된다.

비상시적 업무의 경우 개별 기업 단위에서는 언제 어느 규모의 비정규직 인력 수요가 발생할지 정확히 예측하기 어렵지만, 전체 노동시장에서는 총생산량에 기초하여 노동력의 총수요를 예측하는 것이 상대적으로 더 용이하다. 정부는 적극적 노동시장 정책을 통해 지역·업종 단위로 노동시장의 비상시적 업무의 총 수요량과 비정규직 인력의 총 공급량을 관리하며, 적절한 교육 훈련과 일자리 중개 서비스를 통해 개별적으로 비상시적 일자리와 비정규직 노동자를 매칭시킴으로써 노동시장 단위의 취업 보장 방식으로 고용 안정성을 보장한다. 관대한 실업자 소득 보장 제도를 통해 이런 노동자의 실직 기간 교육 훈련과 일자리 이동 과정에서 필요한

6_비정규직 문제 해결을 위한 정책 대안에 대해서는 조돈문(2012a, 357-412), 조돈문·손정순·남우근(2013, 359-385), 조돈문 외(2016)을 참조할 것.

소득 보전을 제공함으로써 소득 안정성을 보장해야 하는데, 이를 위해 고용 보험 구직 급여의 소득 대체율을 높이고 수급 기간을 연장하여 실질적으로 실업자 소득 안정성을 보장하는 한편, 수급 요건의 피보험 단위 기간을 단축해 현재 37.3%에 불과한 비정규직의 고용 보험 적용률(한국비정규노동센터 2015)을 크게 확대하는 등 고용 보험제를 대폭 확충해야 한다.

이런 비정규직 노동자를 위한 적극적 노동시장 정책과 고용 보험 제도에 필요한 추가적 재원은 사용 업체들이 부담하도록 한다. 사용 업체는 비정규직 활용을 통해 노동력 사용의 유연성을 확보하는 반면 그로 인해 발생하는 비용은 외부화하고 있다. 따라서 노동력 사용 유연성의 수혜자인 사용 업체들이 노동시장 정책에 필요한 재원을 부담하고, 그 재원을 이용하여 정부가 비정규직 노동자들에게 고용 안정성과 소득 안정성을 보장하는 것은 수익자 부담 원칙에도 부합한다.[7]

4) 분절된 노동시장과 비정규직 사용 인센티브 억압

한국 노동시장은 고용 안정성뿐만 아니라 소득 안정성도 개별 기업 수준에서 보장하며 비정규직을 배제함으로써 고용 안정성과 소득 안정성 모두 심각한 분절 양상을 보여 준다. 임금수준은 대기업과 중소기업 사이, 남성과 여성 사이, 정규직과 비정규직 사이에 양극화되어 있다. 이런 기업 규모 균열, 성별 균열, 고용 형태 균열은 서로 상응하여 대기업·남성·정규직이 특전적 부문을 구성하는 가운데 여타 부분들은 비특전적 부문

7_한국 기업들의 사회보장 기여금 부담률은 매우 낮아서 스웨덴의 30% 수준에 불과하다 (윤도현 2013; 양재진·최영준 2014).

으로 배제되고 있다.

10~29인 중소기업 대비 3백 인 이상 대기업의 임금 배수는 2008년 이래 1.6~1.7배 수준에서 정체하고 있고, 비농전산업 10인 이상 기업 기준 남성 대비 여성 임금 비율은 1999년부터 63~65% 수준에 머물고 있다. 한편 정규직 대비 비정규직 임금 비율은 꾸준한 하락세를 지속하는 가운데 2015년에는 49.5%로 절반 수준 이하로 떨어졌다.[8]

이처럼 정규직-비정규직 임금격차가 꾸준히 확대되고 있는 것은 현재 단시간 노동, 기간제 노동, 파견 노동 등에 대한 차별 처우 금지 규정들이 효과가 없음을 의미한다. 이런 차별 처우 금지 규정들의 실패는 차별 처우의 시정 신청권자가 당사자로 제한되어 있어 사용주에 의한 불이익 처분으로 시정 신청권을 행사하기 어렵기 때문이다. 뿐만 아니라 차별 처우의 비교 대상이 법 규정들에서 "당해 사업 또는 사업장" 혹은 "사업주의 사업" 내의 "동종 또는 유사한 업무"를 수행하는 노동자로 특정되어 있어, 해당 사업 내에 동종 또는 유사한 업무가 존재하지 않거나 사업주가 직무를 재설계하면 차별 처우 금지 조항이 적용될 수 없다.

유럽연합의 파견 노동 지침은 두 가지 측면에서 국내 비정규직 관계 법들의 차별 처우 금지 규정보다 실효성이 높다. 첫째, 차별 처우 금지 원칙은 입증의 책임을 노동자에게 부과하지만, 동등 처우 원칙은 입증의 책임을 사용자에게 부과하여 비정규직 노동자들을 더 효과적으로 보호할 수 있다. 둘째, 동등 처우 원칙의 비교 대상을 "사용 업체의 동일 직무에 직접 채용되었다면 적용되었을 기본적 노동·고용 조건들이 적용되어야

8_임금격차 및 변화 추세에 대해서는 한국비정규노동센터(2015)와 한국노동연구원 (www.kli.re.kr/)을 참조할 것.

한다"고 규정함으로써 해당 사용 업체에 적절한 비교 대상이 없는 경우에는 해당 사용 업체 밖에서 찾을 수 있도록 했다.

자본에 의한 노동력 활용의 유연성은 개별 사업체 단위에서 집행되지만, 노동자를 위한 안정성은 개별 사업체 단위에서는 보장하기 어려우며, 특히 비정규직의 경우 더욱 그러하다. 정규직은 정리 해고 상황을 제외하면 개별 사업체 단위의 직장 보장 방식으로 고용 안정성을 보장할 수 있지만, 비정규직은 정리 해고 상황의 정규직과 마찬가지로 노동시장 수준의 취업 보장 방식으로 고용 안정성을 보장해야 한다. 임금 등 노동조건의 동등 처우 또한 대기업의 정규직은 개별 사업체 단위에서 연공급 형태로 보호되고 있지만, 비정규직은 중소 영세 기업의 정규직과 마찬가지로 개별 사업체 수준에서 차별 처우 금지 원칙으로 보호되기 어렵기 때문에, 사업체 수준을 넘어선 전체 노동시장 수준에서 동일 가치 노동 동일 임금 원칙의 법제화와 함께 보장되어야 한다.

비정규직은 존재 자체가 사용 업체들에 외적 수량적 유연성을 보장하는 것이기 때문에 비정규직 사용을 허용하는 한 외적 수량적 유연성 인센티브는 제거할 수 없다. 하지만 비정규직 사용을 통한 인건비 절감 인센티브는 최소화할 수 있다.[9] 동등 처우 원칙 외에도 비정규직 사용 사업체에 대해 고용보험료 등 사회보장 부담금을 징벌적으로 증액하는 방식도 인건비 절감 인센티브를 억압하는 좋은 방안이 될 수 있다.

비정규직은 임금 등 노동조건에서 동등 처우를 보장받는다고 하더라

9_정규직과 비정규직의 임금격차가 작은 사업장일수록 비정규직의 정규직 전환이 더 용이하다는 것은 서울대병원과 승강기안전관리공사 사례에서도 확인된다(조돈문 2012a, 53-54).

도 정규직에 비해 고용 불안정성이 월등히 높다. 따라서 비정규직을 사용함으로써 유연성의 혜택을 누리는 사용 업체들로 하여금 비정규직 노동자들의 고용 불안정성을 보상하도록 하는 것은, 사용 업체의 비정규직 사용을 통한 인건비 절감 인센티브를 약화시키는 동시에, 비정규직 노동자들에 대한 물질적 보상을 증대하는 효과도 있다. 프랑스는 비정규직 노동자들에게 고용계약이 종료될 때 총임금의 10%에 해당하는 고용 불안정 수당을 지급하도록 하고 있고, 스페인은 임시직과 파견 노동 등 비정규직의 고용계약이 종료될 때 계약 갱신이나 정규직 전환이 이루어지지 않는 경우 근속 년당 12일분의 임금에 해당하는 고용계약 종료 수당을 지급하도록 하고 있다.

파견 노동의 경우 통상 직접 고용 비정규직의 사용 규제 장치들에 추가적 규제가 부과된다. 스웨덴의 경우 단체협약을 통해 파견 업체가 파견 노동자를 정규직으로 고용하는 것을 원칙으로 하고 비파견 대기 기간에도 높은 수준의 임금을 보장하도록 하고 있다. 스페인에서도 파견 노동의 정규직 의무 고용 비율제를 단체협약으로 부과하고 있는데, 파견 노동자 사용 억제 효과가 확인되었다. 뿐만 아니라 파견 노동을 사용하려는 사용 업체들에게 절차적 규제도 부과하고 있는데, 스웨덴의 경우 공동 결정제에 입각하여 사용 업체는 사전에 노동조합에 통고하고 협의 절차를 거치도록 함으로써 노동조합이 거부권을 행사할 수 있도록 하고 있고, 스페인은 사용 업체가 노동조합에 통보하는 의무를 부과하는 한편, 파견 노동자에게는 노동조건 개선 요구를 사용 업체 노동조합을 통해 제출하는 권리를 보장하고 있다.

Ackum Agell, Susanne. 1995. "Swedish Labor Market Programs: Efficienty and Timing." *Swedish Economic Policy Review*, 2:1(Spring), pp. 65-100.

Aftonbladet. 2014. "Arbetslinjen hotar svenska modellen", *Aftonbladet*, 2014.7.25.

Aiginger, Karl & Leoni, Thomas. 2009. "Typologies of Social Models in Europe." karl.aiginger.wifo.ac.at, pp. 1-27.

Aiginger, Karl & Thomas Leoni. 2009. "Typologies of Social Models in Europe." H:₩user₩aig₩GEMSE_Socialpolitik.doc, pp. 1-27.

Alós-Moner Vila, Ramón de. 2008. "Segementación de los mercados de trabajo y relaciones laborales. El sindicalismo ante la acción colectiva." Cuadernos de relaciones laborales. Vol. 26, N º 1, pp. 123-148.

Álvarez Rodrigo, Mario & José Maria Moro Polo. 2011. Empresas de Trabajo Temporal. (docs.google.com/viewer?a=v&q=cache:SnHk2cTJsGkJ:wilfredosanguineti .files.wordpress.com/)

Andersen, Torben M.. 2012. "A Flexicurity Labour Market in the Great Recession: The Case of Denmark." *De Economist* 160, pp. 117-140.

Anxo, Dominique. 2012. "From one crisis to another: the Swedish model in turbulent times revisited" in Lehndorff, Steffen ed. *A triumph of failed ideas: European models of capitalism in the crisis*. Brussels: ETUI, pp. 27-40.

Anxo, Dominique & Harald Niklasson. 2009. "The Swedish model: Revival after the turbulent 1990s?" in Gerhard Bosch, Steffern Lehndorff & Jill Rubery eds. *European Employment Models in Flux: A comparison of institutional change in nine European countries*. New York: Palgrave, pp. 81-104.

453

Arbetsförmedlingen. 2012a. *Arbetsförmedlingen in brief.* 2011/2012. Stockholm: Arbetsförmedlingen.

_____. 2012b. *Labour Market Outlook.* spring 2012. Stockholm: Arbetsförmedlingen.

_____. 2012c. *Annual Report of the Swedish Public Employment Service.* 2011. Stockholm: Arbetsförmedlingen.

_____. 2014a. *Arbetsmarknadsrapport.* 2014. Stockholm: Arbetsförmedlingen.

_____. 2014b. *Arbetsförmedlingens Återrapportering.* 2014. Stockholm: Arbetsförmedlingen.

_____. 2015. *Arbetsförmedlingens årsredovisning.* 2014. Stockholm: Arbetsförmedlingen.

_____. 2016. *Arbetsförmedlingens årsredovisning.* 2015. Stockholm: Arbetsförmedlingen.

Arranz, José María, Carlos García Serrano & Virginia Hernanz. 2013. "Active labour market policies in Spain: A macroeconomic evaluation." *International Labour Review* 152:2, pp. 327-348.

Auer, Peter. 2007. "In search of optimal labour market institutions." in Jørgensen, Henning and Per Kongshøj Madsen eds. *Flexicurity and Beyond: Finding a new agenda for the European social model.* Copenhagen: Djøf, pp. 67-98.

_____. 2010. "What's in a Name?: The rise(and fall?) of flexibility." *Journal of Industrial Relations* 52(3), pp. 371-386.

Baccaro L. & Howell, C. 2011. "A common neoliberal trajectory: The transformation of industrial relations in advanced capitalism." *Politics and Society.* 39:4, pp. 521-563.

Banyuls, Josepand & Albert Recio. 2012. "Spain: the nightmare of Mediterranean neoliberalism" in Lehndorff, Steffen ed. 2012. A triumph of failed ideas: European models of capitalism in the crisis(Brussels: ETUI).

Barbier, Jean-Claude. 2011. "Changes in political discourse from the Lisbon Strategy to Europe 2020: tracing the fate of 'social policy'." ETUI Working Paper 2011.01, pp. 1-21.

Bemanningsföretagen. 2010. Antal anställda och penetrationsgrad i bemanningsbranschen 2011: bemanningsföretagens utveckling. Bemanningsföretagen. 2012.3.30.

_____. 2011a. *The staffing companies' development: Annual report 2010.* Bemanningsföretagen. 2011.2.9.

_____. 2011b. Personal inhyrningen i Sverige: En studie av 500 arbetsgivares anlitande av bemanningsföretag. Bemanningsföretagen.

_____. 2012a. "Bemanningsbranschen allt större på svensk arbetsmarknad." Pressmeddelande Bemanningsföretagen, 2012.3.30.

_____. 2012b. Antal anställda och penetrationsgrad i bemanningsbranschen 2012: bemanningsföretagens utveckling. Bemanningsföretagen. Stockholm: Bemanningsföretagen.

_____. 2012c. Jobbet i bemanningsbranschen – En studie av de. bemanningsanställdas situation 2011/12. Bemanningsföretagen. Mars 2012.

_____. 2013. Årsrapport Bemanningsbranschen 2013: Antal anställda, omsättning och penetrationsgrad. Stockholm: Bemanningsföretagen.

_____. 2014. Bemanningsföretagens Årsrapport 2014: Antal anställda, omsättning och penetrationsgrad. Stockholm: Bemanningsföretagen.

_____. 2015a. Arbetare Avtal för bemanningsföretag: Avtal tecknat 2015, 2015.5.1-2016.4.30. Stockholm: Bemanningsföretagen.

_____. 2015b. Bemanningsföretagens Årsrapport 2015: Antal anställda, omsättning och penetrationsgrad. Stockholm: Bemanningsföretagen.

_____. 2015c. Bemanningsföretagens kvartalsrapport 2015, Q4. (Stockholm: Bemanningsföretagen).

Bentolila, S, Dolado, JJ & JF Jimeno. 2008. "Two-tier employment protection reforms: The Spanish experience." CESifo DICE Report 4/2008, pp. 49-56.

Berger, Suzanne & Ronald Dore(eds). 1996. *National Diversity and Global Capitalism.* Ithaca: Cornell University.

Bergh, Andreas. 2014. *Sweden and the Revival of the Capitalist Welfare State,* Chelenham: Edward Elgar.

Berghman, Jos. 2009. "The Lisbon Agenda on social policy: revitalizing the European social model" in Maria João Rodrigues ed. (2009a). *Europe, Globalization and the Lisbon Agenda.* Cheltenham: Edward Elgar, pp. 165-176.

Bergström, Ola & Alexander Styhre. 2010. "Irish Butchers Rather than Irish Meat: Trade union responses to agency work in Sweden." *Journal of Industrial Relations* 52:4, pp. 477-490.

BOE. 2000. "III CONVENIO COLECTIVO ESTATAL DE EMPRESAS DE TRABAJO TEMPORAL." Boletín Oficial del Estado. #270. 2000.11.10.

_____. 2008. "V Convenio Colectivo Estatal de Empresas de Trabajo Temporal." Boletín Oficial del Estado. #34, 2008.2.8.

_____. 2011. Boletín Oficial del Estado. 283(2011.11.24). Sec. III. 125302-125318.

Bosch, Gerhard, Steffen Lehndorff & Jill Rubery. 2009. "European employment models in flux: pressures for change and prospects for survival and revitalization" in Bosch, Gerhard, Steffen Lehndorff & Jill Rubery eds. *European Employment Models in Flux: A comparison of Institutional Change in Nine European Countries.* London: Palgrave, pp. 1-56.

Bosch, Gerhard, Steffen Lehndorff & Jill Rubery eds. 2009. *European Employment Models in Flux: A comparison of Institutional Change in Nine European Countries.* London: Palgrave Macmillan.

Bowman, John R.. 2014. *Capitalisms Compared: Welfare, Work, and Business.* Los Angeles: Sage.

Boyer, Robert. 2008. "Democracy and social democracy facing contemporary capitalisms: A «régulationist» approach." Paris School of Economics. Working paper #2008-36, pp. 1-36.

Boyer, Robert. 2009. "The Lisbon Strategy: merits, difficulties and possible reforms" in Rodrigues. Maria João ed (2009a). *Europe, Globalization and the Lisbon Agenda.* Cheltenham, UK; Edward Elgar, pp. 149-164.

Brady, D., Beckfield, J. & Seeleib-Kaiser, M. 2005. "Economic globalization and the welfare state in affluent democracies, 1975-2001." *American Sociological Review* 70:6, pp. 921-948.

Bredgaard, Thomas, Flemming Larsen & Per Kongshøj Madsen. 2007. "The challenges of identifying flexicurity in action: a case study on Denmark." in Jørgensen, Henning & Per Kongshøj Madsen eds. *Flexicurity and Beyond: Finding a new agenda for the European social model.* Copenhagen: Djøf, pp. 365-390.

Broughton, Andrea. 2002a. "EESC gives Opinion on draft temporary agency work Directive." *EurWORK.* 2002.11.18.

Broughton, Andrea. 2002b. "Parliament proposes amendments to draft temporary agency work Directive." *EurWORK.* 2002.12.2.

Broughton, Andrea. 2003. "Council fails to agree on temporary agency work Directive." *EurWORK.* 2003.6.23.

Brunk, Thomas. 2008. "Sweden: Temporary agency work and collective bargaining in the EU." European Industrial Relations Observatory. 19 December. 2008.

BusinessEurope. 2006. "Employers' Analysis of the Key Challenges Facing Europe's Labour Markets." UNICE: The Voice of Business in Europe.

UEAPME, CEEP. 2006.10.30.

_____. 2007a. "Commission Communication 'Towards Common Principles of Flexicurity'." The Confederation of European Business. 2007.11.6.

_____. 2007b. "Flexicurity: A Unique chance to modernise European Labour Markets." Press Release. The Confederation of European Business. 2007.6.26.

_____. 2007c. "Address by Mr Philippe de Buck, BusinessEurope Secretary General: Commission Stakeholder Conference on Flexicurity." The Confederation of European Business. 2007.4.20.

_____. 2007d. "Speaking Notes for Philippe de Buck, Secretary General of BusinessEurope: Debate on Flexicurity – European Parliament." The Confederation of European Business. 2007.10.16.

_____. 2007e. "European Parliament vote shows support to Flexicurity." Press Release. The Confederation of European Business. 2007.11.29.

_____. UEAPME, CEEP & ETUC. 2007. *Joint analysis of the key challenges facing European labour markets.* BusinessEurope. UEAPME, CEEP & ETUC, October 2007.

Calvo Gallego, Francisco Javier & Miguel Carlos Rodríguez-Piñero Royo. 2010. Nuevas normas en materia de intermediación y empresas de trabajo temporal. Temas laborales: Revista andaluza de trabajo y bienestar social 107, pp. 303-335

Castellanos, Mari Luz. 2006. "Social partners agree on new labour market reform." EIRO. 2006.08.21.

CCOO. 2010a. La Reforma Laboral es Regresiva y Socialmente Injusta. Gaceta Sindical. edición especial, 23, Julio 2010.

_____. 2010b. La Reforma Laboral es Regresiva y Socialmente Injusta. Gaceta Sindical. edición especial, 23, Julio 2010.

_____. 2010c. Razones para la Huelga. Gaceta Sindical, edición especial. 23, Julio 2010.

CCOO-UGT. 2010a. Valoración de la Ley 35/2010, de 17 de septiembre, de medidas urgentes para la reforma del mercado de trabajo. CCOO & UGT. 2010.9.21.

_____. 2010b. Proposición de Ley de Iniciativa Legislativa Popular: Empleo Estable y con Derechos. CCOO & UGT. 2010.11.30.

CCP. 2007. LEY 43/2006, de 29 diciembre, para la mejora del crecimiento y del empleo. BOE de 30-12-06. Confederación de Cuadros y Profesionales (www.confcuadros.com/files/LEY%2043.pdf).

Chenic, Alina Stefania. 2013. "Aspects of labor market flexicurity in the Mediterrnean and Anglo-Saxon models." *Theoretical and Applied Economics* 20:4, pp. 75-90.

Clasen, Jochen & Daniel Clegg eds. 2011. *Regulating The Risk Of Unemployment: National adaptations to post-industrial labour markets in Europe* (Oxford: Oxford University Press).

Clauwaert, Stefan. 2014. "The country-specific recommendations(CSRs) in the social field: An overview and comparison Update including the CSRs 2014-2015." Background analysis 2014.01, ETUI.

Clauwaert, Stefan & Isabelle Schömann. 2012. "The crisis and national labour law reforms: a mapping exercise." ETUI working paper 2012.04.

_____. 2013. "The crisis and national labour law reforms: a mapping exercise: Spain." ETUI. February.

Clayton, R. & Pontusson, J. 1998. "Welfare state retrenchment revisited: entitlement cuts, public sector restructuring, and inegalitarian trends in advanced capitalist societies." World Politics. #51, pp. 67-98.

Coe, Neil M., Jennifer Johns & Kevin Ward. 2009. "Managed flexibility: labour regulation, corporate strategies and market dynamics in the Swedish temporary staffing industry." *European Urban and Regional Studies* 16:1, pp. 65-85.

CO-industri. 2012. "Flexicurity: a Danish trade union view." *CO-industri*, pp. 1-31.

Comfia. 2011a. ETT: Acordada la actualización salarial de 2010. Comfia/CCOO. 24-03-2011.

_____. 2011b. Constituida la mesa de negociación del VI Convenio de Empresas de Trabajo Temporal ETT. Comfia/CCOO. 20-04-2011.

_____. 2011c. Ya no hay excusas: Publicacion en el BOE de la actualizacion de tablas y atrasos del sector de ETT. Comfia/CCOO. 24-05-2011.

_____. 2011d. La negociación del VI Convenio de ETT acude al arbitraje. Comfia/CCOO. 18-07-2011.

_____. 2012a. Convenio de ETT, propuesta sobre tiempo de trabajo. Comfia/CCOO. 23-01-2012.

_____. 2012b. ETT: Una apuesta por el Convenio Sectorial. Comfia/CCOO. 08-03-2012.

_____. 2012c. Comunicado conjunto CCOO-UGT: Empresas de Trabajo Temporal: Las patronales demuestran su verdadera cara con el personal.

Comfia/CCOO. 14-09-2012.

_____. 2012d. ETT: exigimos a las patronales una apuesta clara por el convenio sectorial. Comfia/CCOO. 25-10-2012.

Comfia-FeS. 2012. Propuesta de redaccion definitiva del convenio. Comfia-FeS. 2012.11.26.

Consilium[Council of the European Union]. 2007a. "Towards Common Principles of Flexicurity: Draft Council Conclusions." 15497/07. Brussels. 23 November, 2007.

_____. 2007b. "Towards Common Principles of Flexicurity: Council Conclusions." 16201/07. Brussels. 6 December. 2007.

Council Presidency. 2006. "Bartenstein: Forward Together with the Social Partners for a Social Europe." European Union. 2006.1.20.

Countouris, Nicola & Rachel Horton. 2009. "The Temporary Agency Work Directive: another broken promise?" *Industrial Law Journal* 38:3, pp. 329-338.

Crouch, Colin. 2012. "Beyond the Flexibility/Security Trade-Off: Reconciling confident consumers with insecure workers." *British Journal of Industrial Relations* 50(1), pp.1-22.

Cuatrecasas, Gonçalves Pereira. 2012. Modificaciones de la Ley 3/2012, de 6 de julio, de medidas urgentes para la reforma del mercado laboral. Cinco Dias. Julio de 2012.

Dagens Arena. 2015. "Ta tillbaka arbetslinjen, Löfven." *Dagens Arena*. 2015.5.21.

De la Calle Durán, María del Carmen, Marta Ortiz de Urbina Criado & Marta Romero Torre. 2008. La gestión de la temporalidadel papel de las empresas de trabajo temporal. Boletín económico de ICE, Información Comercial Española. 2942, pp. 39-52.

De Miguel, Pablo Sanz. 2011. Government endorses new measures to encourage growth and reduce deficit. EIRO. 2011.3.2.

Dolenc, Primoz and Suzana Laporsek. 2013. "Flexicurity policies and their association with productivity in the European Union." *Prague Economic Papers* 2, pp. 224-239.

Eklund, Ronnie. 2009. "Who is afraid of the Temporary Agency Work Directive?" in Ronnie Eklund et al. eds.. Skrifter till Anders Victorins minne (Iustus, Uppsala), pp. 139-166.

Engblom, Samuel. 2008. "Fixed-Term-at-Will: The new regulation of fixed-term work in Sweden." *International Journal of Comparative Labour Law and*

Industrial Relations (Spring), pp. 133-149.

ETUC. 2006a. "Informal tripartite social summit: the ETUC demands flexicurity that benefits all." ETUC. 2006.10.20.

_____. 2007a. "Commission's Communication on "Towards Common Principles of Flexicurity: More and Better Jobs through Flexibility and Security." ETUC Executive Committee of 17-18 October 2007, pp.1-7.

_____. 2007b. "ETUC welcomes and supports the European Parliament's call for a more balanced set of flexicurity principles." ETUC. 2007.11.29. ⇒ k

_____. 2007c. "Flexicurity" ETUC. 2007.11.23, pp. 1-4.

_____. 2007d. "Introduction by John Monks, general secretary, ETUC: Stakeholder conference on flexicurity." ETUC. 2007.7.11, pp. 1-3.

_____. 2007e. "ETUC calls on EU Employment Ministers to promote good jobs and put the quality of work at the heart of the flexicurity discussion." ETUC. 2007.1.18.

_____. 2007f. "Informal meeting of Ministers for Employment and Social Affairs - 'Don't let flexicurity become a risk to Europe'." ETUC. 2007.7.5.

_____. 2007g. "Flexicurity will get nowhere without reinforcing rights for workers, says the ETUC." ETUC. 2007.9.13.

_____. 2007h. "ETUC key message to the Social Summit: rebalance the European flexicurity agenda with job quality at the centre." ETUC. 2007.10.18.

_____. 2007i. "ETUC supports the European social partner joint analysis and recommendations for more and better jobs." ETUC. 2007.10.19.

_____. 2007k. "ETUC welcomes and supports the European Parliament's call for a more balanced set of flexicurity principles." ETUC. 2007.11.29.

_____. 2007l. "Trade unions deliver an urgent message to European employment ministers." ETUC. 2007.12.3.

_____. 2007m. "EU Summit: ETUC urges European leaders to demonstrate active commitment to social policy." ETUC. 2007.12.14.

_____. 2007n. "European Council: Social partners' joint labour market analysis." ETUC. 2007.12.14.

_____. 2007o. "John Monks calls on Labour MPs for a change of policy on temporary agency workers." *ETUC.* 2007.11.26.

_____. 2008a. "ETUC assesses the Social results of the Portuguese Presidency - Positive to mixed results." ETUC. 2008.1.15.

_____. 2008b. "Wages and good jobs must be a priority in safeguarding European economic stability, ETUC tells EU ministers." ETUC. 2008.1.31.

_____. 2008c. "Temporary agency workers and working time." *ETUC*. 2008.5.21.

_____. 2008d. "ETUC welcomes Eurociett and Uni-Europa joint declaration on the draft directive on working conditions for temporary agency workers." *ETUC*. 2008.5.29.

_____. 2008e. "EPSCO Council: ETUC welcomes progress on temporary agency workers but is highly critical on working time." *ETUC*. 2008.6.10.

_____. 2008f. "Adoption of Temporary Agency Work Directive breaks deadlock on social Europe." *ETUC*. 2008.10.22.

_____. 2012a. "Flexicurity." ETUC. 2012.6.4, pp. 1-4.

_____. 2012b. "Employment package: labour market reforms will not create new jobs and relaunch economy." ETUC. 2012.4.18.

_____. 2012c. "The Employment Package: the ETUC's response to the European Commission's Communication Towards a job-rich recovery." ETUC. 2012.6.5-6.

ETUI. 2012. Benchmarking Working Europe 2012. Brussels: ETUI.

Euractiv. 2007. 'Trade Unions Sceptical of EU Flexicurity Plans'. 2007.6.28. www.euractiv.com/.

EUR-Lex. 2014a. *European Labour Law Network.* "Directive 2008/104/EC of the European Parliament and of the Council of 19 November 2008 on temporary agency work. SUMMARY." 2014.6.17. eur-lex.europa.eu/legal-content/EN/TXT/?uri=URISERV:c11329.

_____. 2014b. "RELATED DOCUMENTS: Report from the Commission to the European Parliament, the Council, the European Economic and Social Committee and the Committee of the Regions on the application of Directive 2008/104/EC on temporary agency work." 2014.6.17. eur-lex.europa.eu/legal-content/EN/TXT/?uri=URISERV:c11329.

Eurobarometer. 2006. "European Employment and Social Policy." *Special Eurobarometer* 261. October 2006.

_____. 2011. "European Employment and Social Policy." *Special Eurobarometer* 377. December 2011.

Euro-CIETT & UNI-Europa. 2000. "Joint Declaration on the Sectoral Social Dialogue on Agency Work." *Euro-CIETT & UNI-Europa*. 2000.7.3.

European Commission. 2002a. *Proposal for a Directive of the European Parliament and the Council on working conditions for temporary workers.* COM. 2002. 149 final. *European Commssion*. 2002.3.21.

_____. 2002b. *Amended proposal for a Directive of the European Parliament and* the Council on working conditions for temporary workers. COM(2002) 701 final. European Commssion. 2002.11.28.

_____. 2003. *Report by the Commission's Services on the Implementation of Council Directive of 17 December 1997 concerning the Framework Agreement on part-time work concluded by UNICE, CEEP and the ETUC.* Brussels: European Commission. 2003.1.21.

_____. 2005. Working Together for Growth and Jobs: A New Start for the Lisbon Strategy. Communication to the Spring European Council from President Barroso in agreement with Vice-President Verheugen. 2005.2.2. Commission of the European Communities.

_____. 2006a. *Employment in Europe 2006.* European Commission. 2006.10.

_____. 2006b. *Report by the Commission's Services on the Implementation of Council Directive 1999/70/EC of 28 June 1999 concerning the Framework Agreement on fixed-term work concluded by ETUC, UNICE and CEEP (EU-15).* Brussels: European Commission.

_____. 2007a. "Commission Communication on Flexicurity." MEMO/07/256. Brussels: European Commission.

_____. 2007b. "Towards Common Principles of Flexicurity." COM (2007)359. final. Brussels: European Commission.

_____. 2008. *National Legislation Transposing Directive 1999/70/EC on Fixed-Term Work in the EU 10.* Commissions Staff Working Document. Brussels: European Commission. 2008.9.17.

_____. 2011. *Europe2020: An Agenda for New Skills and Jobs.* Luxembourg: Publications Office of the European Union.

_____. 2014a. *Report from the Commission to the European Parliament, the Council, the European Economic and Social Committee and the Committee of the Regions: on the application of Directive 2008/104/EC on temporary agency work.* European Commission. 2014.3.21.

_____. 2014b. *Commission Staff Working Document: Technical annexes Accompanying the document 'Report from the Commission to the European Parliament, the Council, the European Economic and Social Committee and the Committee of the Regions: on the application of Directive 2008/104/EC on temporary agency work'.* European Commission. 2014.3.21.

_____. 1998. "Council Directive 97/81/EC of 15 December 1997: concerning the Framework Agreement on part-time work concluded by UNICE, CEEP and the ETUC", *Official Journal of the European Communities.* 1998.1.20.

_____. 1999. "Council Directive 1999/70/EC of 28 June 1999: concerning the framework agreement on fixed-term work concluded by ETUC, UNICE and CEEP", *Official Journal of the European Communities*. 1999.7.10.

European Council. 2008. *Directive 2008/104/EC of the European Parliament and of the Council or 19 November 2008 on temporary agency work*. Official Journal of the European Union. 2008.12.5.

European Parliament. 2007a. *Report on Common Principles of Flexicurity*. 2007.11.15. Brussels: European Parliament.

_____. 2007b. *Flexicurity: European Parliament resolutioon of 29 November 2007 on Common Principles of Flexicurity*. 2007.11.29. Brussels: European Parliament.

European Union. 2008. "Directive 2008/104/EC of the European Parliament and of the Council of 19 November 2008 on temporary agency work." Official Journal of the European Union. 2008.12.5, pp. 327/9-327/14.

Fes. 2011a. Negociación VI Convenio Colectivo Estatal de ETT's. Fes/UGT. 2011.2.21.

_____. 2011b. Constituida la Mesa Negociadora del VI Convenio Estatal de ETTs. Fes/UGT. 18 Abril 2011.

_____. 2011c. .Plataforma de Negociación para el sector de Empresas de Trabajo Temporal. Fes/UGT. 17 Junio 2011.

_____. 2011d. Continua bloqueada la constitución de la Mesa Negociadora del Convenio de ETTs. Fes/UGT. 27 Junio 2011.

_____. 2011e. Principio de desbloqueo de la constitución de la Mesa Negociadora del Convenio de ETTs. Fes/UGT. 18 Julio 2011.

_____. 2011f. Patronales de ETT's con nulo espíritu negociador. Fes/UGT. 7 Diciembre 2011.

_____. 2012a. Propuestas de tiempo de trabajo: no a todo. Fes/UGT. 23 Enero 2012.

_____. 2012b. Fes/UGT apuesta por el Convenio Sectorial de ETTs. ¿Las patronales también?. Fes/UGT. 15 Marzo 2012.

_____. 2012c. Mal inicio de negociación en el Convenio Colectivo. Fes/UGT. 24 Abril 2012.

_____. 2012d. Las patronales muestran su verdadera cara con su personal. Fes/UGT. 13 Septiembre 2012.

_____. 2012e. Convenio de ETTs: ¡Avancemos!. Fes/UGT. 3 Octubre 2012.

_____. 2012f. Negociación del VI Convenio Estatal: No a casi todo. Fes/UGT. 27

Noviembre 2012.

Forslund, Anders & Alan B. Krueger. 1994. "An Evaluation of the Swedish Active Labor Market Policy: New and Received Wisdom." National Bureau of Economic Research Working Paper No. 4802.

Frazer, Hugh & Eric Marlier. 2010. "Europe 2020: Towards a More Social EU?" in Eric Marlier & David Natali(eds). 2010. Europe 2020: Towards a More Social EU? (Brussels: P.I.E. Peter Lang), pp. 13-44.

Frederiksen, Claus Hjort. 2006. "Flexicurity" Interview with the Danish Minister for Employment. Frederiksen. Claus Hjort. ILO.

Friedman, Thomas. 2000. The Lexus and the Oliver Tree. (N.Y.: Anchor Books).

García Serrano, Carlos & Malo, Miguel A. 2013. "Beyond the contract type segmentation in Spain : country case studies on labour market segmentation." ILO Working Papers 481498. International Labour Organization.

García-Pérez , J. Ignacio & Fernando Muñoz-Bullón. 2009. "Transitions into Permanent Employment in Spain: An Empirical Analysis for YoungWorkers." British Journal of Industrial Relations, pp. 1-41.

Gilbert, N. 2002. Transformation of the Welfare State, N.Y.: Oxford University Press.

Giménez, Daniel Toscani. 2008. Reparto de obligaciones entre las empresas de trabajo temporal y sus clientes. Gestión práctica de riesgos laborales: Integración y desarrollo de la gestión de la prevención. 52, pp. 48-55.

Glyn, Andrew, Alan Hughes, Alain Lipietz & Ajit Singh. 1990. "The Rise and Fall of the Golden Age." in Stephen A. Marglin & Juliet B. Schor eds. The Golden Age of Capitalism: Reinterpreting the Postwar Experience. Oxford: Clarendon, pp. 39-125.

Goetschy, Janine. 2009. "The Lisbon Strategy and social Europe: two closely linked destinies" in Rodrigues, Maria João. ed. 2009a. Europe, Globalization and the Lisbon Agenda. Cheltenham, UK: Edward Elgar, pp. 74-90.

Gorelli Hernández, Juan. 2007. "Spain"s 2006 labour reform." International Labour Review. 2007, pp. 115-119.

Grandqvist, Lena & Regner, Håkan. 2008. "Decentralized Wage Formation in Sweden." British Journal of Industrial Relations 46:3, pp. 500-520.

Guamán, Adoración. 2010. "Temporary agency work directive and its transposition in Spain." European Labour Law Journal 1(3), pp. 414-421.

Güell, Maia & Barbara Petrongolo. 2007. "How binding are legal limits? Transitions from temporary to permanent work in Spain." *Labour Economics* 14, pp. 153-183.

Hall, Mark. 2002. "CBI renews attack on draft temporary agency workers Directive." *EurWORK.* 2002.12.2.

_____. 2008. "Government and social partners agree on equal treatment for agency workers in EU directive." *EurWORK.* 2008.7.2.

_____. 2011. "Agency worker regulations set to come into force." *EurWORK.* 2011.9.11.

Hall, Peter A. 2007. "The evolution of varieties of capitalism in Europe".in Bob Hancke, Martin Rhodes & Mark Thatcher eds. 2007. *Beyond Varieties of Capitalism: Conflict, contradictions, and complementarities in the European Economy.* Oxford: Oxford University Press, pp. 39-85.

Hall, Peter & David Soskice. 2001. *Varieties of Capitalism: The institutional foundations of comparative advantage.* Oxford.

Harper, Beatrice. 2004. "Temporary work, working time and equality discussed at Council." *EurWORK.* 2004.10.20.

Heyes, Jason, Paul Lewis and Ian Clark. 2012. "Varieties of capitalism, neoliberalism and the economic crisis of 2008~ ?" *Industrial Relations Journal* 43:3, pp. 222–241.

Huo, Jingjing. 2009. *Third Way Reforms: Social Democracy after the Golden Age.* Cambridge: Cambridge University Press.

ILO. 2009a. "Facts on Flexicurity: 8th European Regional Meeting." ILO, February 2009.

_____. 2009b. "Combining Flexibility and Security for Decent Work." Committee on Employment and Social Policy. GB.306/ESP/3/. ILO. November 2009.

Ilsøe, Anna. 2008. "The Danish flexicurity model: A lesson for the US?" in Hendrickx. Frank ed. *Flexicurity and the Lisbon Agenda: A cross-disciplinary reflection.* Antwerp: Intersentia, pp. 65-104.

Iversen, Torben. 2007. "Economic schocks and varieties of government responses." in Bob Hancke, Martin Rhodes & Mark Thatcher eds. 2007. *Beyond Varieties of Capitalism: Conflict, contradictions, and complementarities in the European Economy.* Oxford: Oxford University Press, pp. 278-304.

Janssen, Ronald. 2006. "Protecting the worker and not the job? The real lessons from collective bargaining practice in Denmark and Sweden." *Collective*

Bargaining Information Bulletin #2006/3. ETUC. 2006.6.21.

Jensen, Carsten Strøby. 2011. "The flexibility of flexicurity: The Danish model reconsidered." *Economic and Industrial Democracy* 32:4, pp. 721–737.

Jepsen, Maria & Amparo Serrano Pascual. 2006. "The concept of the ESM and supranational legitimacy-building." in Maria Jepsen & Amparo Serrano Pascual eds. 2006. Unwrapping the European social model. Bristol, U.K.: Policy Press, pp. 25-45.

Johansson, Joakim. 2005. "Undermining Corporatism" in Perola Öberg and Torsten Svensson eds. *Power and Institutions in Industrial Relations Regime*, Stockholm: Arbetslivsinstitutet.

Jolivet, Annie & Timothée Mantz. 2010. "Sweden: Far-reaching reforms to the unemployment insurance system since 2007." in Florence Lefresne ed. *Unemployment benefit systems in Europe and North America: reforms and crisis*, Brussels: ETUI.

Jonsson, Christina. 2012. "Det finns ett EU-direktiv för bemanningsbranschen." Landsorganisationen i Sverige. 2012.8.20.

Jørgensen, Henning & Per Kongshøj Madsen eds. 2007a. Flexicurity and Beyond: Finding a new agenda for the European social model. Copenhagen: Djøf.

_____. 2007b. "Flexicurity and beyond: reflections on the nature and future of a political celebrity." in Jørgensen, Henning and Per Kongshøj Madsen eds. *Flexicurity and Beyond: Finding a new agenda for the European social model*. Copenhagen: Djøf, pp. 7-38.

Keohane, Robert & Helen Milner eds. 1996. *Internationalization and Domestic Politics* (N.Y.: Cambridge University).

Keune, Maarten and Maria Jepsen. 2007. "Not balanced and hardly new: the European Commission's quest for flexicurity." ETUI-REHS. WP 2007.1.

Kjellberg, Anders. 2007. "The Swedish trade union system in transition: High but falling union density" in Phelan, Craig ed. 2007. *Trade Union Revitalisation: Trends and prospects in 34 countries* (Oxford: Peter Lang), pp. 259-286.

Klindt, Mads Peter. 2011. "From rhetorical action to policy learning: understanding the European Commission's elaboration of the flexicurity concept." *Journal of Common Market Studies* 49(5), pp. 971-994.

Kluve, Jochen et al. 2007. *Active Labor Market Policies in Europe: Performance and perspectives* (Essen, Germany: Springer).

Koene, Bas & Hugo van Driel. 2007, "Institutional entrepreneurship: comparing Dutch and Swedish teporary work agencies." Paper for the EBHA conference in Geneva, 13-15 September 2007.

Kok, Wim. 2004. Facing the Challenge: The Lisbon Strategy for Growth and Employment. Report from the High Level Group Chaired by Wim Kok. Brussels: European Commission.

Kruse, Agenta & Ann-Charlotte Ståhlberg. 2013. *Welfare Economics: Theory, empirical results and the Swedish experience.* Lund: Studentlitteratur.

Lallement, Michel. 2011. "Europe and the economic crisis: forms of labour market adjustment and varieties of capitalism." *Work, employment and society.* 25:4, pp. 627–641.

Lamas, Juan Rivero, Ángel Luis de Val Tena & J. Jesús de Val Arnal. 2006. La negociación colectiva en el sector de empresas multiservicios. Madrid: Ministerio de Trabajo y Asuntos Sociales.

Laporsek, Suzana and Primoz Dolenc. 2012. "Do flexicurity policies affect labour market outcomes? An analysis of EU countries." *Rev.soc.polit.,* 19(2), pp. 107-130.

LAS. 2014. Lag(1982:80) om anställningsskydd. SFS 2014:423. Sveriges Riksdag.(www.riksdagen.se/sv/Dokument-Lagar/Lagar/Svenskforfattnings samling/Lag-198280-om-anstallningss_sfs-1982-80/.)

Laulom, Sylvaine, Emmanuelle Mazuyer, Christophe Teissier, Claude Emmanuel Triomphe, Pascale Vielle. 2012. "How has the crisis affected social legislation in Europe?" ETUI Policy Brief. #2/2012.

Lehndorff, Steffen ed. 2012a. *A triumph of failed ideas: European models of capitalism in the crisis.* Brussels: ETUI.

_____. 2012b. "German capitalism and the European crisis: part of the solution or part of the problem?" in Lehndorff, Steffen ed. 2012. A triumph of failed ideas: European models of capitalism in the crisis. Brussels: ETUI. 79-102.

Leschke, Janine. 2012. "Has the economic crisis contributed to more segmentation in labour market and welfare outcomes." ETUI working paper 2012.02.

Leschke, Janine, Günther Schmid & Dorit Griga. 2007. "On the marriage of flexibility and security; lessons from the Hartz reforms in Germany." in Jørgensen, Henning & Per Kongshøj Madsen(eds). 2007. Flexicurity and Beyond: Finding a new agenda for the European social model. Copenhagen: Djøf, pp. 335-364.

Lima, Campos, Maria da Paz & Antonio Martín. 2011. "Crisis and trade union challenges in Portugal and Spain." QUIT. University Autònoma of

Barcelona.

Lipietz, Alain. 1987. Mirages and Miracles: The Crises of Global Fordism. London: Verso.

LO. 2010. Avtal för bemanningsföretag. 2010.11.01-2012.04.30. Stockholm: Landsorganisationen i Sverige.

_____. 2011a. "Kollektivavtal: Ladda hem avtalen." Landsorganisationen i Sverige. 2011.11.14. www.lo.se/home/lo/home.nsf/unidView/6E57911D4296083CC125794800 543E2A

_____. 2011b. "Kollektivavtal: Bemanningsavtalet." Landsorganisationen i Sverige. 2011.11.14. www.lo.se/home/lo/home.nsf/unidView/FDD051B6FC69FF0DC12579480 0531BA8

_____. 2011c. "Bemanningsavtalet: Nätutbildning Om bemanning." Landsorganisationen i Sverige. 2011.11.14. www.lo.se/home/lo/home.nsf/unidView/DD7D780595AD00ACC1257948 0053DBB1

_____. 2011d. "Bemanningsavtalet: Uthyrd." Landsorganisationen i Sverige. 2011.11.14. www.lo.se/home/lo/home.nsf/unidView/1D1AD2D75DAEAAC9C125794 800541956

_____. 2011e. "Bemanningsavtalet: Fackligt medlemskap." Landsorganisationen i Sverige. 2011.11.14. www.lo.se/home/lo/home.nsf/unidView/CC51D01C001666CFC12579480 0542B3C

_____. 2011f. "Bemanningsavtalet: Särskilda partsöverenskommelser." Landsorganisationen i Sverige. 2011.11.14. www.lo.se/home/lo/home.nsf/unidView/70E0112C99379188C125794800 55054E

_____. 2011g. "Bemanningsavtalet: Garantilön-ett exempel." Landsorganisationen i Sverige. 2011.11.14. www.lo.se/home/lo/home.nsf/unidView/58FE2BF774526E19C125794800 5515AE.

_____. 2011h. "Bemanningsavtalet: Nya löner 2010-08-01." Landsorganisationen i Sverige. 2011.11.14. www.lo.se/home/lo/home.nsf/unidView/BFF66BD36BD2E6C2C12579480

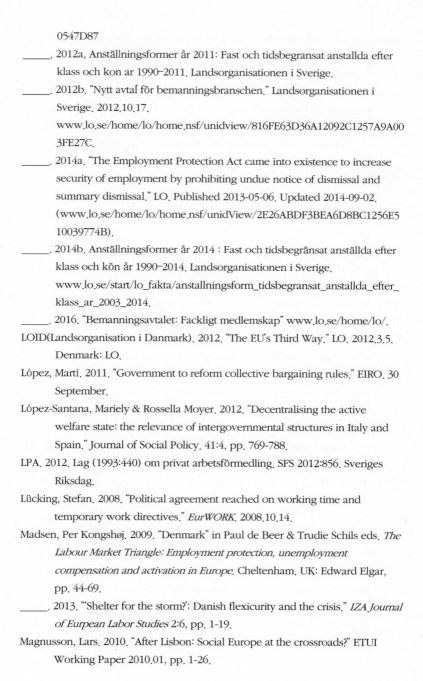

0547D87

_____. 2012a, Anställningsformer år 2011: Fast och tidsbegransat anstallda efter klass och kon ar 1990–2011. Landsorganisationen i Sverige.

_____. 2012b. "Nytt avtal för bemanningsbranschen." Landsorganisationen i Sverige. 2012.10.17. www.lo.se/home/lo/home.nsf/unidview/816FE63D36A12092C1257A9A00 3FE27C.

_____. 2014a. "The Employment Protection Act came into existence to increase security of employment by prohibiting undue notice of dismissal and summary dismissal." LO. Published 2013-05-06. Updated 2014-09-02. (www.lo.se/home/lo/home.nsf/unidView/2E26ABDF3BEA6D8BC1256E5 10039774B).

_____. 2014b. Anställningsformer år 2014 : Fast och tidsbegränsat anställda efter klass och kön år 1990–2014. Landsorganisationen i Sverige. www.lo.se/start/lo_fakta/anstallningsform_tidsbegransat_anstallda_efter_ klass_ar_2003_2014.

_____. 2016. "Bemanningsavtalet: Fackligt medlemskap" www.lo.se/home/lo/.

LOID(Landsorganisation i Danmark). 2012. "The EU's Third Way." LO. 2012.3.5. Denmark: LO.

López, Martí. 2011. "Government to reform collective bargaining rules." EIRO. 30 September.

López-Santana, Mariely & Rossella Moyer. 2012. "Decentralising the active welfare state: the relevance of intergovernmental structures in Italy and Spain." Journal of Social Policy. 41:4, pp. 769-788.

LPA. 2012. Lag (1993:440) om privat arbetsförmedling. SFS 2012:856. Sveriges Riksdag.

Lücking, Stefan. 2008. "Political agreement reached on working time and temporary work directives." EurWORK. 2008.10.14.

Madsen, Per Kongshøj. 2009. "Denmark" in Paul de Beer & Trudie Schils eds. *The Labour Market Triangle: Employment protection, unemployment compensation and activation in Europe.* Cheltenham. UK: Edward Elgar, pp. 44-69.

_____. 2013. "'Shelter for the storm?': Danish flexicurity and the crisis." *IZA Journal of European Labor Studies* 2:6, pp. 1-19.

Magnusson, Lars. 2010. "After Lisbon: Social Europe at the crossroads?" ETUI Working Paper 2010.01, pp. 1-26.

Magnusson, Lars and Sofia Murhem. 2006. "Social Europe : the role of institutions and social partners." Department of Economic History. Uppsala University, pp. 1-16.

Mailand, Mikkel. 2009a. "North, South, East, West: the implementation of the European Employment Strategy in Denmark, the UK, Spain, and Poland" in Heidenreich. Martin & Jonathan Zeitlin eds. 2009. Changing European Employment and Walfare Regimes: The Influence of the Open Method of Coordination on National Reforms. N.Y.: Routledge, pp. 154-172.

_____. 2009b. "Denmark: Flexicurity and industrial relations." EIRO. 2009.9.15.

_____. 2010. "The common European flexicurity principles: How a fragile consensus was reached." *European Journal of Industrial Relations* 16(3), pp. 241-257.

Malo, Miguel Ángel & José Juan González. 2010. Análisis comparado de los procedimientos de despido: Perspectiva económica y juridica (Madrid: Ministerio de Trabajo e Inmigración).

Mathieu, Catherine & Sterdyniak, Henri. 2008. "European social model(s) and social Europe." *Document de travail.* #2008-10. OFCE(2008), pp. 1-56.

Mato, Ola. 2011. "Spain: fragmented unemployment protection in a segmented labour marke." in Clasen, Jochen & Daniel Clegg eds. 2011. *Regulating The Risk Of Unemployment: National adaptations to post-industrial labour markets in Europe.* Oxford: Oxford University Press, pp. 164-186.

MBL. 2013. Lag (1976:580) om medbestämmande i arbetslivet, SFS 2013:615. Sveriges Riksdag. (www.riksdagen.se/sv/Dokument-Lagar/Lagar/Svenskforfattningssamling /Lag-1976580-om-medbestamman_sfs-1976-580/.)

McKay, Sonia. 2009. "Temporary agency work directive approved." EurWORK. 2009.1.5.

Meidner, Rudolf. 1997. "The Swedish model in an era of mass unemployment." *Economic and Industrial Democracy* 18:1, pp. 87-97.

MESS[Ministerio de Empleo Y Seguridad Social]. 2012. Estadística de Empresas de Trabajo Temporal: Comentario de principales resultados' Datos Avance Enero-Diciembre. 2011. Madrid: Ministerio de Empleo Y Seguridad Social.

Michon, François. 2006. "Temporary agency work in Europe." in Gleason. Sandra E. ed. 2006. The Shadow Workforce: Perspectives on contingent work in the United States, Japan, and Europe. Kalamazoo, Michigan: W.E. Upjohn, pp. 269-304.

Muffels, Ruud. 2010. "Transitional labor market and flexicurity approaches: employment strategies of Korea, Japan, the US and Europe compared." Tilburg University. Netherlands.

Muffels, Ruud & J. A., Ruud Luijkx. 2004. "Job Mobility and Employment Patterns across European Welfare States. Is there a 'Trade-off' or a 'Double Bind' between Flexibility and Security?" Paper for the TLM.Net Conference: "Quality in Labour Market Transitions: A European Challenge" at the Royal Dutch Academy of Arts and Sciences 25-26 November 2004. Amsterdam, pp. 1-33.

Murhem, Sofia. 2012. "Security and change: The Swedish model and employment protection 1995-2010." *Economic and Industrial Democracy* 34:4, pp. 621-636.

Natali, David. 2010. "The Lisbon Strategy, Europe 2020 and the Crisis in Between." in Eric Marlier & David Natali eds. 2010. Europe 2020: Towards a More Social EU? Brussels: P.I.E. Peter Lang, pp. 93-114.

Navarro, V., Schmitt, J. & Astudillo, J.. 2004. "Is globalization undermining the welfare state?" *Cambridge Journal of Economics* 28:4, pp. 133-152.

Nilsson, Veronica 면담. 2012. ETUC confederal secretary. 2012.6.15.

OECD. 2011. "G20 Country Policy Briefs: Spain, Promoting quality job creation and social protection." G20 Meeting of Labour and Employment Ministers. 2011.9.26~27, Paris.

_____. 2013a. OECD Employment Outlook 2013. Paris: OECD.

_____. 2013b. OECD EPL Database: Spain. Regulations in force on 1 January 2013. OECD.

_____. 2013c. Calculating Summary Indicators of EPL Strictness: Methodology. Paris: OECD.

_____. 2013d. Detailed Description of Employment Protection Legislation. 2012-13. Paris: OECD.

_____. 2014. OECD Employment Outlook 2014. Paris: OECD.

_____. 2015. OECD Employment Outlook 2015. Paris: OECD.

Olsen, Gregg M.. 2008. "Labour market policy in the United States, Canada and Sweden: Addressing the issue of convergence." *Social Policy & Administration* 42:4, pp. 323-341.

Onkelinx, Laurette. 2010. "Foreword" in Eric Marlier & David Natali eds. 2010. Europe 2020: Towards a More Social EU? Brussels: P.I.E. Peter Lang, pp. 11-12.

Palme, Joakim & Irene Wennemo. 1998. *Swedish Social Security in the 1990s: Reform and Retrenchment.* Stockholm: Välfärdsprojektet.

Pastor, Javier Calderón. 2010. Las empresas de trabajo temporal tras la aprobación del Real Decreto-Ley 10/2010. Conchi Obispo. 2010.9.18.

Peck, Jamie, Nik Theodore & Kevin Ward. 2005. "Constructing markets for temporary labour: employment liberalization and the internationalization of the staffing industry." *Global Networks* 5(1), pp. 3‒26.

Pérez Pérez, Manuel. 2003. "Contingent employment in Spain" in Bergström, Ola & Donald Storrie eds. 2003. *Contingent Employment in Europe and the United States. Cheltenham.* UK: Edward Elgar, pp. 107-135.

Polavieja, Javier G.. 2005. "Flexibility or Polarization?: Temporary employment and job tasks in Spain." *Socio-Economic Review* 3, pp. 233‒58.

_____. 2006. "¿Por qué es tan alta la tasa de empleo temporal?: España en perspectiva comparada." Reis: Revista española de investigaciones sociológicas. #113, pp. 77-105.

Prieto, Carlos. 2008. "Flexibilidad e (in)seguridad o precariedad en el empleo: relación y problema." Gaceta Sindical. Reflexión y Debate. #11, pp. 119-132.

Rhodes, Martin. 2005. "'Varieties of Capitalism' and the Political Economy of European Welfare States." *New Political Economy* 10:3 September, pp. 363-370.

Rodrigues, Maria João ed. 2009a. *Europe, Globalization and the Lisbon Agenda,* Cheltenham: Edward Elgar.

Rodrigues, Maria João. 2009b. "The economic governance of the Union and the quality of public finances: key issues for policy-making." in Rodrigues. Maria João ed. 2009a. Europe. *Globalization and the Lisbon Agenda. Cheltenham,* UK; Edward Elgar, pp. 91-101.

_____. 2009c. "The European Lisbon Agenda and national diversity: key issues for policy-making." in Rodrigues. Maria João ed(2009a). *Europe, Globalization and the Lisbon Agenda.* Cheltenham, UK; Edward Elgar, pp. 133-148.

_____. 2009d. "Towards a sustainable European social model: key issues for policy-making." in Rodrigues. Maria João ed. 2009a. *Europe. Globalization and the Lisbon Agenda.* Cheltenham, UK; Edward Elgar, pp. 50-73.

_____. 2009e. "Europe, globalization and the Lisbon Agenda: an introduction." in Rodrigues. Maria João ed. 2009a. *Europe, Globalization and the Lisbon*

Agenda. Cheltenham, UK; Edward Elgar, pp. 1-19.

Rönnmar, Mia. 2010. "The regulation of temporary agency work in Sweden and the impact of the (2008/104/EC) directive." *European Labour Law Journal* 1(3), pp. 422-429.

Rönnmar, Mia. 2010. "The regulation of temporary agency work in Sweden and the impact of the (2008/104/EC) directive." *European Labour Law Journal* 1(3), pp. 422-429.

Sagardoy, Iñigo. 2009. "El futuro del marco institucional del mercado de trabajo." Mediterraneo Economico. #16.

Sanz de Migue, Pablo. 2011. "Agreement signed on growth, employment and guaranteed pensions." CIREM Foundation. 11 May. 2011.

_____. 2012a. "Spain: Social partners involvement in unemployment benefit regimes." EIRO. 21 December. 2012.

_____. 2012b. "Unions oppose new law sanctioning greater flexibility." EIRO 05 March. 2012.

_____. 2013a. "Spain: Impact of the crisis on industrial relations." EIRO. 18 June. 2013.

_____. 2013b. "Budget approved despite criticism from social partners." EIRO. 08 January. 2013.

_____. 2010c. "Government approves law proposing urgent labour market reform." EIRO. 23 September. 2010.

Schils, Trudie. 2009. "The Netherlands" in Paul de Beer & Trudie Schils eds. *The Labour Market Triangle: Employment protection, unemployment compensation and activation in Europe.* Cheltenham. UK: Edward Elgar, pp. 96-118.

Schömann, Isabelle. 2014. "Labour law reforms in Europe: adjusting employment protection legislation for the worse?" ETUI working paper 2014.02. 5-6, pp. 23-53.

Schömann, Isabelle & Coralie Guedes. 2012. "Temporary agency work in the European Union: Implementation of Directive 2008/104/EC in the member states." European Trade Union Institute. Report #125.

SEJ[Social Europe Journal]. 2008. "What is the European Social Model?" *Social Europe Journal* 4:1.

Serrano Pascual, Amparo & Maria Jepsen. 2006. "Introduction" in Maria Jepsen & Amparo Serrano Pascual eds. 2006. *Unwrapping the European social model.* Bristol, U.K.: Policy Press, pp. 1-23.

Silva, Paulo & Johannes Hylander. 2012. *Bemanningsanställda på svensk arbetsmarknad.* Stockholm: Svensk Näringsliv.

Sjöberg, Ola. 2011. "Sweden: ambivalent adjustment" in Clasen, Jochen & Daniel Clegg eds. 2011. *Regulating The Risk Of Unemployment: National adaptations to post-industrial labour markets in Europe.* Oxford: Oxford University Press, pp. 208-231.

Sjögren Lindquist, Gabriella & Wadensjö, Eskil. 2007. "Social and occupational security and labour market flexibility in Sweden: The case of unemployment compensation." IZA Discussion Paper #2943. July 2007.

SO[Arbetslöshetskassornas Samorganisation]. 2010. "Historik över Arbetslöshetsförsäkringen från 1885" Arbetslöshetskassornas Samorganisation.

SOU[Statens Offentliga Utredningar]. 2011. Bemanningsdirektivets genomförande i Sverige. Stockholm: Statens Offentliga Utredningar.

_____. 2014. *Inhyrning och företrädesrätt till återanställning.* Stockholm: Statens Offentliga Utredningar.

Staab, Andreas. 2008. *The European Union Explained.* Bloomington: Indiana University.

Storrie, Donald. 2003. "The regulation and growth of contingent employment in Sweden" in Bergström, Ola & Donald Storrie eds. *Contingent Employment in Europe and the United States.* Cheltenham. UK: Edward Elgar, pp. 79-106.

Stuchlik, Andrej & Christian Kellermann. 2009. *Europe on the Way to a Social Union?: The EU Social Agenda in the Context of European Welfarism.* Berlin: Friedrich Ebert Stiftung, pp. 1-19.

Suárez, Patricia, Matías Mayor & Begoña Cueto. 2012. "The accessibility to employment offices in the Spanish labour market" Papers in Regional Science 91:4, pp. 823-849.

Tangian, Andranik. 2010. "Not for bad weather: flexicurity challenged by the crisis." *ETUI Policy Brief* 3/2010, pp. 1-9.

Telljohann, Volker & Davide Dazzi. 2008. "Social partners issue joint declaration on draft EU directive for temporary agency workers." *EurWORK.* 2008.7.2.

Thörnqvist, Christer. 1999. "The decentralization of industrial relations: The Swedish case in comparative perspective." *European Journal of Industrial Relations* 5:1, pp. 71-87.

Thorsén, Yvonne & Thomas Brunk. 2009. "Sweden: Flexicurity and industrial relations." *European Industrial Relations Observatory,* 15 September.

Toharia Cortés, Luis & Miguel Angel Malo Ocaña. 2000. "The Spanish Experiment: Pros and Cons of the Flexibility at the Margin." in G. Esping-Andersen and M. Regini eds. Why Deregulate Labor Markets? Oxford: Oxford University Press, pp. 307–336.

_____. 2009. "¿Qué se puede esperar de las reformas del mercado de trabajo?" Circunstancia: revista de ciencias sociales del Instituto Universitario de Investigación Ortega y Gasset, #20.

Toharia, Luis. 2011. "El debate sobre las reformas necesarias para la economía española: el mercado de trabajo." Gaceta Sindical: Reflexión y Debate. #17. Diciembre de 2011.

Tros, Frank. 2009. "The Netherlands: Flexicurity and industrial relations." EIRO. 2009.9.15.

Tsarouhas, Dimitris and Stella Ladi. 2013. "Globalisation and/or Europeanisation? The case of flexicurity." *New Political Economy* 18(4), pp. 480-502.

Vanhercke, Bart. 2010. "Delivering the Goods for Europe 2020? The Social OMC's" in Eric Marlier & David Natali eds. 2010. Europe 2020: Towards a More Social EU? Brussels: P.I.E. Peter Lang, pp. 115-142.

Villarejo, Esteban. 2008. Spain: Temporary agency work and collective bargaining in the EU. European Industrial Relations Observatory. 19. December.

Vincent, Catherine. 2010. "Spain: Attempting to adapt unemployment insurance to a flexible labour market." Florence Lefresne ed. *Unemployment benefit systems in Europe and North America: reforms and crisis.* Brussels: ETUI, pp. 191-204.

Wadensjö, Eskil. 2009. "Sweden" in Paul de Beer & Trudie Schils eds. *The Labour Market Triangle: Employment protection, unemployment compensation and activation in Europe.* Cheltenham: Edward Elgar.

Warneck, Wiebke. 2011. "Temporary agency work: guide for transposition at national level." European Trade Union Institute. Report #117.

Wilthagen, Ton & Sonja Bekker. 2008. "Flexicurity: Is Europe right on track?" in Hendrickx, Frank ed. *Flexicurity and the Lisbon Agenda: A cross-disciplinary reflection.* Antwerp: Intersentia, pp. 33-48.

Wilthagen, Ton, Frank Tros & Harm van Lieshout. 2003. "Towards "flexicurity"?: balancing flexibility and security in EU member states" ssrn.com/abstract=1133940, pp. 1-27.

Wölfl, A. & J.S. Mora-Sanguinetti. 2011. "Reforming the labour market in Spain." OECD Economics Department Working Papers. #845.

Yagüe, Pilar Madrid. 2012. Contratación administrativa y empresas de trabajo temporal. Revista General de Derecho del Trabajo y de la Seguridad Social. 28.

Zeitlin, Jonathan. 2009. "The Open Method of Coordiantion and reform of national social and employment policies: influences, mechanisms, effects." in Heidenreich. Martin & Jonathan Zeitlin eds. 2009. *Changing European Employment and Walfare Regimes: The Influence of the Open Method of Coordination on National Reforms.* N.Y.: Routledge, pp. 214-245.

_____. 2010. "Towards a Stronger OMC in a More Social Europe 2020: A New Governance Architecture for EU Policy Coordination." in Eric Marlier & David Natali eds. 2010. *Europe 2020: Towards a More Social EU?* Brussels: P.I.E. Peter Lang, pp. 253-274.

권영국·류하경. 2014. "삼성전자서비스의 인력운영과 위장도급." 조돈문·이병천·송원근·이창곤 편저. 『위기의 삼성과 한국사회의 선택』. 후마니타스.

김기선. 2010. "파견근로에 관한 유럽연합지침." 『국제노동브리프』 7월호. 한국노동연구원, pp. 4-14.

김영미. 2011. "스웨덴의 시간제근로: 유연성과 성평등의 긴장 속 공존." 『산업노동연구』 제17권 제1호, pp. 293-319.

손혜경. 2010. "스웨덴 인력파견 업체의 성장과 스웨덴모델." 『국제노동브리프』 4월호. 한국노동연구원, pp. 64-73.

쌍용자동차문제연구팀. 2012. 쌍용자동차 해법 모색을 위한 학계·종교계·노동계 공동 토론회, "쌍용자동차 처리 방식의 문제점과 대안." 2012.4.16. 국회도서관.

안현효·류동민. 2010. "한국에서 신자유주의의 전개와 이론적 대안에 관한 검토." 『사회경제평론』 제35호, pp. 237-282.

양재진·최영준. 2014. "한국 복지국가의 진단과 개혁과제: 남부 유럽과 자유주의 복지국가의 혼합형에서 벗어나기." 『동향과전망』 92호, pp. 9-50.

윤도현. 2013. "한국 복지국가의 계층적 성격: 공적 이전지출과 조세를 중심으로." 『경제와 사회』 제98호, pp. 205-232.

이병천. 2011. "정글자본주의에서 복지자본주의로: 복지-생산체제 혼합전략." 『사회경제평론』 제37-1호, pp. 121-168.

장선화. 2011. "1990년대 이후 스웨덴 적극적 노동시장 정책의 변화."

『스칸디나비아연구』 제12호, pp. 111-133.

전병유. 2016. "유연안전성 담론과 전략에 대한 비판적 고찰." 『산업노동연구』 22:1, pp. 1-35.

전창환. 2011. "1997년 한국의 외환·금융위기 이후 구조 조정과 증권화." 『동향과전망』 제81호, pp. 70-111.

정희정. 2008. "덴마크와 네덜란드의 유연안정성모델 비교." 『국제노동브리프』. 한국노동연구원, pp. 23-36.

조돈문. 2011a. 『노동계급 형성과 민주 노조운동의 사회학』. 후마니타스.

_____. 2011b. "한진중공업 사태의 해법 모색." 한진중공업 사태 관련 학계 3단체 제1차 토론회, "한진중공업 사태 해법 모색을 위한 토론회." 2011.8.16. 국회도서관.

_____. 2012a. 『비정규직 주체형성과 전략적 선택』. 서울: 매일노동뉴스.

_____. 2012b. "스페인 비정규직 문제와 사회적 행위 주체들의 전략." 『비정규직 주체형성과 전략적 선택』. 서울: 매일노동뉴스, pp. 311-356.

_____. 2012c. "스페인 비정규직 정책의 내용 및 성과 분석." 『비정규직 주체형성과 전략적 선택』. 서울: 매일노동뉴스, pp. 272-310.

_____. 2012d. "스웨덴의 간접 고용 사회적 규제와 '관리된 유연성': 파견업 단체협약을 중심으로." 『산업노동연구』 18권 2호, pp. 299-326.

_____. 2013a. "유럽의 사회적 모델과 유럽연합의 리스본 전략." 『현상과 인식』 제37권 4호, pp. 133-168.

_____. 2013b. "스페인의 간접 고용 사용에 대한 사회적 규제: 파견 노동의 규제 방식 및 효과를 중심으로." 『동향과 전망』 제87호, pp. 332-375.

_____. 2014a. "유럽연합의 유연안정성 모델: 유연성과 안정성의 균형 실험." 『산업노동연구』 20:2, pp. 317-354.

_____. 2014b. "유연안정성 모델의 두 유형: 덴마크와 네덜란드의 유연안정성 모델 비교." 『스칸디나비아연구』 제15호, pp. 31-61.

_____. 2014c. "현대자동차 불법 파견 투쟁의 사회적 의의와 해결방안." 민주노총 울산지역본부 주최 "현대자동차 불법 파견 해결을 위한 울산지역 대 토론회." 2014.1.22. 울산시민연대.

조돈문·손정순·남우근 편저. 2013. 『사라져 버린 사용자 책임: 간접 고용 비정규직 실태와 대안』. 매일노동뉴스.

조돈문 외. 2016. 『민간부문 비정규직 인권상황 실태조사: 특수형태근로종사자를 중심으로』. 국가인권위원회. 2016.1.4.

조임영. 2012. "프랑스의 노동력 공급에 대한 규율." 한국비정규노동센터. 『간접 고용 노동자 인권상황 실태조사』. 서울: 국가인권위원회, pp. 235-255.

한국고용노사 관계학회. 2013. 『OECD회원국의 노동시장 지표 비교연구』 12월. 고용노동부.

한국비정규노동센터. 2015. 『통계로 본 한국의 비정규노동자: 2015년 8월
　　경제활동인구조사 근로형태별 부가조사 분석』. 한국비정규노동센터. 2015.12.
홍석표. 2010. "덴마크의 유연안정성 및 활성화 사회정책." 『보건·복지 Issue & Focus』
　　제63호, pp. 71-77.

● 관계자 면담

Alós-Moner, Ramon 면담. 2011. Centro de Estudios sobre la Vida Cotidiana y el
　　Trabajo (QUIT) de la Universidad Autónoma de Barcelona. 교수 연구원.
　　2011.11.15.
_____. 면담. 2012. Centro de Estudios sobre la Vida Cotidiana y el Trabajo (QUIT)
　　de la Universidad Autónoma de Barcelona. 교수 연구원. 2012.10.24/11.25.
Aragón Medina, Jorge 면담. 2011. CCOO. Fundación 1° de Mayo 소장. Consejo
　　Economico y Social 노조측 위원. 2011.11.18.
Arcéiz, José Juan 면담. 2011. UGT-MCA Aragón, Secretario General. 2011.11.10.
Asplund, Ola. 면담. 2012. IF Metall. 정책연구책임자. 2012.7.9.
Bona González, Pedro 면담. 2011. UGT-MCA Opel Zaragoza, Secretario General.
　　2011.11.10.
Boonstra, Klara 면담. 2012. 네덜란드 FNV 고용 및 노동법 담당. Vrije Universiteit
　　Amsterdam 국제노동법 교수. 2012.6.26.
Clauwaert, Stefan 면담. 2012. ETUI researcher. EU comparative labor law 담당.
　　2012.6.13.
Danielsson, Johan 면담. 2012. LO, EU 및 노동시장 전문가. 2012.7.10.
Ernerot, Oscar 면담. 2013. LO. Dept. of Economic and Labor Market Policy.
　　2013.6.24.
Galgóczi, Béla 면담. 2012. ETUI Senior Researcher. 2012.6.4.
González González, Antonio 면담. 2013. consejero, Consejo Económico y Social,
　　2013.7.18.
Janssen, Ronald 면담. 2012. ETUC Advisor(유연안정성 모델 담당). 2012.6.15.
Johansen, René 면담. 2012. 덴마크 CO-Industri. international secretary. 2012.6.29.
Larsen, Jørn 면담. 2012. 덴마크 CO-Industri, head of department for the collective
　　bargaining area. 2012.6.29.
Leschke, Janine 면담. 2012. ETUI senior researcher. EU precarious work 담당.
　　2012.6.11.

Malo, Miguel. 면담. 2011. Universidad de Salamanca. 경제학 교수. 2011.11.7.

_____. 면담. 2013. Universidad de Salamanca. 경제학 교수. 2013.7.13.

_____. 면담. 2015. Universidad de Salamanca. 경제학 교수. 2015.6.22.

Martín, Antonio 면담. 2013. Universidad Autónoma de Barcelona. QUITCentro de Estudios sobre la Vida Cotidiana y el Trabajo 교수. 2013.7.10.

Prieto, Carlos 면담. 2011. Universidad Complutense de Madrid 사회학 교수. 2011.11.21.

Sanz, Pablo 면담. 2013. Universidad Autónoma de Barcelona. CIREM 연구원. 2013.7.10.

Sol, Els 면담. 2012. 네덜란드 AIAS, University of Amsterdam 교수. 비정규직 및 노동시장 전공. 2012.6.26.

Vandaele, Kurt 면담. 2012. ETUI researcher. EU union & precarious work 담당. 2012.6.7.

Verhulp, Evert 면담. 2012. 네덜란드 HSI. University of Amsterdam 교수. 비정규직 및 노동시장 전공, 2012.6.26.

Viñas Apaolaza, Ana 면담. 2011. Comisión Ejecutiva Confederal de UGT, Gabinete Técnico. 2011.11.08/24.

Wadensjö, Eskil 면담. 2013. SOFI economist. 2013.6.25.

● 스웨덴 법 규정

고용 보호법: Lag om anställningsskyd.

공동 결정법: Lag (1976:580) om medbestämmande i arbetslivet, SFS 2013:615.

노동환경법: Arbetsmiljölagen;

사적 고용 중개법: Lag om privat arbetsförmedling och uthyrning av arbetskraft.

차별금지법[시간제및기간제차별금지법]: Lag om förbud mot diskriminering av deltidsarbetande arbetstagare och arbetstagare med tidsbegränsad anställning.

● 스페인 법 규정

노동법: Estatuto de los Trabajadores de 1995. Real Decreto Legislativo 1/1995, de 24 de marzo. RCL 1995₩997.

파견업법: Ley de Empresas de Trabajo Temporal. Ley 14/1994, de 1 de junio. RCL 1994₩1555.

● 인터넷 홈페이지

고용 형태 공시: www.work.go.kr/gongsi/

한국노동연구원: www.kli.re.kr/

BusinessEurope: www.businesseurope.eu/

EESC: www.eesc.europa.eu/

EIRO: www.eurofound.europa.eu/

ETUC: www.etuc.org/

ETUI: www.etui.org/

Euractiv: www.euractiv.com/.

EUR-Lex: eur-lex.europa.eu/legal-content/

Eurobarometer: ec.europa.eu/public_opinion/

Eurofound: www.eurofound.europa.eu/

European Commission: ec.europa.eu/index_en.htm

European Council: www.consilium.europa.eu/en/european-council/

European Union Law: eur-lex.europa.eu/

INE[Instituto Nacional Estadística]: www.ine.es/

INE-EPA: www.ine.es/prensa/epa_tabla.htm/

IPREM: www.iprem.com.es/

LO: www.lo.se/home/lo/

Ministerio de Empleo y Seguridad Social: www.mtin.es/,
         www.empleo.gob.es/index.htm

OECD: www.oecd.org

OECD iLibrary: www.oecd-ilibrary.org/

OECD Statistics: stats.oecd.org/

Sveriges Riksdag: www.riksdagen.se/

Sveriges Riksdag Lagar: www.riksdagen.se/sv/Dokument-Lagar/

RTVE: www.rtve.es/noticias/20121114/octava-huelga-general-democracia/

Salario Minimo Interprofesional: www.salariominimo.es/

SEPE: www.sepe.es/

Wikipedia: es.wikipedia.org/wiki/

| 찾아보기 |

후마니타스의 책 | 발간순